Policy Analysis Method:
the Mechanism, Extension and Application of CGE Model

政策分析方法

CGE模型的建模机理、模型拓展与应用研究

崔连标　宋马林　王彦彭 / 编著

经济管理出版社
ECONOMY & MANAGEMENT PUBLISHING HOUSE

图书在版编目（CIP）数据

政策分析方法：CGE 模型的建模机理、模型拓展与应用研究/崔连标，宋马林，王彦彭编著. —北京：经济管理出版社，2024.4
ISBN 978-7-5096-9696-5

Ⅰ.①政… Ⅱ.①崔… ②宋… ③王… Ⅲ.①政策分析—分析方法 Ⅳ.①D0-34

中国国家版本馆 CIP 数据核字（2024）第 091643 号

组稿编辑：张巧梅
责任编辑：杜　菲
责任印制：黄章平
责任校对：蔡晓臻

出版发行：经济管理出版社
（北京市海淀区北蜂窝 8 号中雅大厦 A 座 11 层　100038）
网　　址：www.E-mp.com.cn
电　　话：（010）51915602
印　　刷：北京晨旭印刷厂
经　　销：新华书店
开　　本：720mm×1000mm/16
印　　张：23
字　　数：426 千字
版　　次：2024 年 7 月第 1 版　　2024 年 7 月第 1 次印刷
书　　号：ISBN 978-7-5096-9696-5
定　　价：69.00 元

联系地址：北京市海淀区北蜂窝 8 号中雅大厦 11 层
电话：（010）68022974　　邮编：100038

前　言

当今世界，百年未有之大变局以前所未有的方式展开，贸易冲突等“黑天鹅”事件和“灰犀牛”事件频发，叠加气候变化和能源安全等传统经济社会风险，全球政治经济格局遭遇严重冲击，国际形势正在经历深刻复杂的变化。当前，逆全球化思潮抬头，单边主义、保护主义明显上升，全球产业链和供应链加速重构，各国之间的合作与竞争日趋激烈。在全球经济增长乏力的背景下，美国仍发起单边主义和贸易保护主义，试图通过“脱钩”“断链”等手段加速推进产业链供应链的近岸化、友岸化，同时美联储不断收紧货币政策，使全球跨境贸易和投资遭遇严重阻碍。国际社会风云变幻，给中国经济社会的安全带来严峻挑战。在此背景下，全面评估全球重大事件对中国的潜在影响，据此制定相应的战略预案，对于防范化解国内外重大风险、确保中国式现代化事业顺利推进具有重要意义。

若要对全球重大事件的影响展开科学准确的评估，需要对复杂经济系统进行数量建模，而传统的计量经济学模型在此方面存在明显不足：一是全球重大事件突发性强、历史数据积累不充分；二是重大事件容易导致结构突变，使诸多计量模型的检验效果和结论可靠性大幅减弱；三是无法消除模型的内生性问题。可计算一般均衡（Computable General Equilibrium，CGE）模型以整个经济系统为研究对象，它借助数学建模的理论和思想对经济系统进行数量建模，并借助计算机求解技术对复杂经济系统进行数值求解，可以实现政策评估和政策仿真的目的。CGE 模型突破数学、经济学、管理科学、环境科学和计算机科学等不同学科的知识范畴，具有典型的学科交叉特点。CGE 模型是政策评估的有力工具，尤其在评估全球重大事件对经济和环境的影响等方面，相比其他方法具有不可替代的优势。

从建模机理来看，CGE 模型借助投入产出分析框架，以价格为纽带，将经济系统中的经济主体、生产要素等连接起来，并纳入统一系统进行综合考察。而在这个复杂系统中，对任意节点进行冲击都会导致其他节点发生改变，具备牵一发而动全身的特点。因此，CGE 模型更注重经济系统的内部结构，能够考察不同经济主体、不同生产部门之间的相互联系、相互制约的交互作用关系。CGE 模型通过一系列能够刻画经济主体的行为方程，经过不同程度的模块化简化，在保持经济系统理论均衡的前提下，通过改变现行某一政策变量，模拟其对各经济、各主体产生的影响，为设计和制定政策提供定量参考依据。尽管 CGE 模型在中国取得了快速发展，但相关模型的技术难度和应用场景仍落后于全球先进水平，而全球重大事件的频发迫切需要深化和拓展 CGE 模型在中国的实践应用。

本书首先回顾了 CGE 模型的发展历史，总结了 CGE 模型的优缺点、主要分类与应用领域。其次介绍了 CGE 模型的基础理论和数据特征，包括投入产出表中的价格关系与模型、社会核算矩阵等，并以“1-2-3”模型为例阐述 CGE 模型的建模思想和求解原理。在此基础上，以全球贸易分析模型（Global Trade Analysis Project，GTAP）为研究对象，探究了此类模型的主要架构、关键方程和求解技巧，分析了 GTAP 四类主要拓展模型（GTAP-E 模型、GTAP-E-Power 模型、GDYNE 模型、GDYNQE 模型）的改进之处和适用范围，并对基础数据库的两类拆分软件（SplitCom 软件和 SplitReg 软件）进行了细致说明。接下来，介绍了数据库合成软件 GTAPAgg 的安装和使用，以及 GTAP 的操作平台——RunGTAP 软件、GEMPACK 软件、ViewHar 软件、RunDynam 软件的下载、安装和使用，详细阐明了如何使用 GTAP 系列模型进行政策仿真。最后对欧盟碳关税的经济影响、区域全面经济伙伴关系协定的碳定价展开实证应用分析，全面展示 CGE 模型在不同领域中的应用价值。

本书是国家自然科学基金项目（编号：71974001、72374001、71934001）、安徽省高校自然科学杰出青年基金（编号：2022AH020048）、安徽省自然科学基金优秀青年基金（编号：2108085Y24）、安徽省哲学社会科学规划课题重大项目（编号：AHSKZD2022D01）、安徽省哲学社会科学创新工程创新团队和安徽财经大学一流教材项目（编号：acyljc2022008）的阶段性成果。书中的诸多模型开发及应用实践举例得到上述项目的大力支持。本书作者宋马林教授是中央组织部“万人计划”哲学社会科学领军人才，长期深耕于复杂系统与跨学科研究；崔连标教授是安徽省学术与技术带头人和安徽省“江淮文化名家”领军人才，致力于能源—经济—环境复杂系统建模，是全球多区域季度动态 CGE 模型的领衔开发者。王彦彭博士是安徽财经大学统计与应用数学学院教授、硕士生导师、系主任，河南省教育厅学术技术带头人，中国工业统计教学研究会理事。本书在撰写过程中得到安徽财经大学研究生们的大力支持，他们是王佳雪、陈惠、李晓、姜妍、李宇、涂志慧、朱雨润、江雨涛、宋国锋、章浩军、沈心怡、李徐、王梦黛等，在此表示感谢。

本书旨在为广大读者提供一套丰富易懂的 CGE 模型理论与应用手册，以便于读者更加深入地理解 CGE 模型的特点并能够加以运用。随着 CGE 模型在中国的快速发展与推广应用，希望本书不仅能为有志于学习 CGE 模型的专家学者提供方法库和知识源，而且能够推动 CGE 模型在我国更多领域中的研究和应用，更好地为建设社会主义现代化国家服务。由于时间紧迫，水平有限，书中难免有疏漏和错误之处，真诚地恳请各位读者和同行批评指正，希望能和大家一起积极交流学习。

2024 年 1 月

目　录

第1章　绪论

在经济科学研究中，一般需要使用数学模型作为工具对经济现象进行推演，经济学的进步几乎都体现在模型选择方面的不断改进上。可计算一般均衡（Computable General Equilibrium，CGE）模型是经济模型的一种，区别于传统的统计模型，该模型有着扎实的经济学理论依据，现已被国内外各大科研院所、高等院校及政府部门广泛运用于开展研究、应用与开发中。CGE 模型是一种多部门模型，也称为应用一般均衡（Applied General Equilibrium，AGE）模型，具有良好的灵活性，大到世界经济模型，小到城市 CGE 模型，既可以简单也可以复杂，主要被运用于与经济有关的政策分析和经济评价，是一种非常有效的政策分析工具。本章通过介绍 CGE 模型的发展历史、分类及主要的应用领域，使读者对该模型有一个初步的认识。

1.1　CGE 模型概述

1.1.1　CGE 模型简介

1.1.1.1　CGE 模型定义与特征

CGE 模型并没有一个统一、严格的定义，一般被描述为一种宏观经济模型，能够系统地描述和分析经济体系内各个部门之间的相互作用，以及这些部门如何对外部冲击做出调整。综合相关资料，可以将 CGE 模型界定为：同时考虑所有市场、具有行为最优化的多个经济主体以及经济主体和市场相互联系的数值型的理论模型（Theory With Numbers）。该模型基于一般均衡理论，试图捕捉整个经济系统的多个市场中的供求关系，并在这些市场上达到供给与需求的均衡状态。CGE 模型的设计目的是更全面地理解宏观经济政策、贸易政策、税收政策等对整个经济系统的影响，而不仅仅是关注某个市场或部门。

CGE 模型的核心概念涵盖了均衡概念和理性行为假设。均衡概念指经济体系在多个市场上实现供求平衡，使所有市场都达到一种整体均衡状态。行为假设则包括理性消费者和生产者的决策行为，消费者追求效用最大化，企业则追求利润最大化，这些决策构成了整个经济系统的基础。

CGE 模型建立在法国经济学家 Walras 的一般均衡理论之上，是一种基于新古典微观理论且内在一致的宏观经济模型，可以对政策的实施效果进行全面的评估。经过学者们几十年来对模型的不断研究与完善，决策者可以更全面地了解不同政策对整个经济系统的潜在影响，帮助其制定更为有效的政策措施。CGE 模型具有三个鲜明的特征，即一般（General）、均衡（Equilibrium）和可计算（Computable）。

首先，就其一般性，一是涵盖了多个市场和部门，范围广泛，CGE 模型是一种宏观经济模型。它考虑了多个市场和多个经济部门之间的相互作用，包括了不同的生产部门、消费部门、劳动力市场、资本市场以及国际贸易等方面。二是多要素和多产品，模型中通常考虑多种生产要素（如劳动力、资本）和多种产品。这使模型能够捕捉到不同要素和产品之间的复杂关系，提供更全面的经济分析。

其次，就其均衡性，一是多市场的供求平衡，CGE 模型以经济体系内外多个市场的供求平衡为基础。其中包含了商品市场、资本市场、劳动力市场等。各市场供给与需求相等，从而确保整个经济体系在宏观层面上保持均衡。具体来说：①产品市场均衡。这涉及经济体系中各种产品的生产和消费。在产品市场均衡中，需求等于供给。这不仅涉及产品数量上的均衡，还包括产品价值上的均衡。模型通过分析不同产品的供给和需求来确保这种均衡。②要素市场均衡。指生产要素的供求平衡，关注生产过程中使用的生产要素，主要是劳动力和资本。在劳动力市场上，通常假设劳动力能够自由转移，没有制度障碍。③资本市场均衡。这要求投资等于储蓄。模型通过考虑资本的供给和需求来确保资本市场的均衡。资本市场均衡是经济体系中资本形成和使用的关键方面。④政府预算均衡。这涉及政府的财政状况，要求政府的收入与其支出相等，如果政府收入超过支出，那么存在预算盈余；反之，则存在预算赤字。⑤居民收支平衡。这与居民个体的经济状况相关，要达到收支平衡，就必须使居民的收入减去支出等于结余。居民的主要收入来源是工资和储蓄利息，而支出则是消费和储蓄。⑥国际市场均衡。这涉及国际贸易，在CGE模型中，国际市场均衡表示国家与其他国家之间的贸易均衡。当贸易出现顺差时，说明外资进入，而贸易顺差则意味着国内资金的外流。它在考虑了各种国际经济因素后，确保了国际经济关系的均衡。

二是一般均衡效应，即一个市场的变化如何影响其他市场。这是与局部均衡模型不同的关键特征，它允许研究者更全面地理解政策变化或外部冲击对整个经济体系的影响。

最后，就其可计算性，意味着它基于数学表达式和计算技术。这使模型能够通过计算机进行求解和分析，提供定量的政策评估。通常，研究者会使用计算机软件（如GAMS、Matlab等）来求解和模拟CGE模型。同时，CGE模型涉及大量的参数，需结合实际的经济数据加以估计与校准。这样模型就能够更好地反映特定经济体系的实际情况，从而提高模型的可用性和准确性。

1.1.1.2 CGE模型的建模原理

CGE模型包含如下几方面关键问题：①清晰地界定经济体系中的各个研究对象及其构成要素。传统的CGE模型由生产者、居民、政府、国外四个机构组成。生产要素主要包括劳动与资金两部分。②明确个体的行为准则或约束条件，包括选择能够体现个体经济行为的函数方程，如消费者效用最大化、生产者成本最低化或利润最大化。③明确决策信号，以价格为导向，引导经济系统，可以影响市场主体的经济行为。④从经济制度结构出发，对各利益主体之间的行为规律进行约束，主要包括：零利润情况下，市场主体处于完全竞争状态的假设；当有超额利润时，市场主体处于垄断状态的假设。⑤明确模型所需要选择的函数与变量，其中包含外生变量和内生变量。这两者的区别就是，内生变量是由模型解出来的；而外生变量是人为引入的，其值是固定的外生因素，参数通常是根据经验设定得到。⑥确定宏观关闭法则与系统平衡法则，其中主要有新古典宏观关闭法则、约翰森关闭法则、新凯恩斯关闭法则等。这些法则是根据研究的目的而制定的，并与计算的结果有直接的联系。

综合而言，CGE模型把瓦尔拉斯的一般均衡理论转化成了一个可以用数据来计算的经济学模型。以方程组的形式来描述市场主体的供应需求关系，其中价格和数量都是变量。在追求生产者的利润最大化或消费者的最大效用约束下，可以确定市场中各个主体在达到均衡状态时的数量和价格。政策模拟的实现方式是改变政策外生变量，此时经济系统会从一种均衡状态转变为另一种均衡状态，再由模型得出改变后的价格与数量，对比两组值以评估政策变动对经济系统的影响。

CGE 模型是用来刻画经济体系中各个经济主体在收入和支出、供求等方面所形成的一种复杂的经济相互作用和周期关系。企业既是产品的生产者，也是生产要素的需求者。其财政收入主要来自资金投入产出的利润和政府对企业的转移支付，支出中的税收以税收负担为主，剩余的部分则以利润红利的形式向居民发放；居民通过提供劳动力要素获取收入，并从政府那里获得转移支付，即补贴也是居民收入的一部分。在总收入约束下，居民部分收入被用来支付个人所得税，而另一部分收入则被视为供消费的可支配收入。作为一个特殊的经济主体，政府在宏观经济调控中扮演重要角色。一方面，通过对企业、居民的税负来实现税收；另一方面，通过转移支付的方式将一部分税收返还到居民、企业等部门，并为政府消费提供资金；境外组织通过进出口贸易与国内机构进行贸易，企业生产的产品部分满足本国的需要，部分用于出口。国内机构产品的需求中有一部分是由本国企业生产，还有一部分是从国外进口。总储蓄主要包含居民储蓄、政府储蓄和国外储蓄三个方面，而投资总额是从储蓄总额中转化而来的。这一复杂而有机的经济系统通过各个主体之间的协同作用形成循环，构建了一个相对平衡的经济结构。

1.1.1.3　模型结构

CGE 模型是一种整体均衡模型，能够同时考虑经济体系中各个部门和市场的相互关系，是经济政策分析的有力工具。该模型采用了一组方程来描述供求关系以及市场关系。在这个方程组中，除了商品与生产要素的数量，还包括价格等变量。通过一系列最优条件（最大的生产者利润、最大的消费者效用、最大的进口收入利润以及最小的出口成本等），分别对所建立的模型进行求解从而得到在各个市场都达到均衡时的一组数量和价格。CGE 模型的基本结构可以分为供给部分、需求部分、供求关系部分三大类。CGE 模型因其行为主体和研究对象的差异而被广泛地应用于全球与地区贸易、财政与税收、环境资源、技术变革、卫生与教育等众多领域。CGE 模型是一个复杂的系统工程，它涉及宏观微观经济理论、数学模型理论和计算机技术等多个领域的知识。下面就 CGE 模型的建模思想及模型结构进行分析。

（1）CGE 模型的建模思想

CGE 模型旨在建立经济系统中满足各变量条件的数学关系，对市场经济中各主体的行为进行分析，刻画出生产者、消费者、政府等行为主体在自身预算约束下如何实现利润与效率的最大化，从而实现市场机制下的均衡。在资源约束的情况下，生产者按照利润最大化原则，明确各类商品的最优供应量及对生产要素的需求量；在预算约束的情况下，消费者依据效用最大化原则来明确对各类商品的需求量；只有在最优供给量与最优需求量相等的情况下，才能使整个经济系统趋于均衡状态，从而确定最终的商品与要素的均衡价格。在计算公式方面，可用优化模型来刻画主体的决策行为，并用方程表示市场约束。在给定系统参数及外生变量后，再对数学模型进行求解，即可得到所需内生变量的解。

（2）模型结构

CGE 模型以生产者、消费者、政府、外国经济为研究对象。因为不确定的经济政策和 CGE 模型本身的飞速发展，使模型具有较强的灵活性，其基本结构可归纳为以下几个方面：

1）生产行为。在 CGE 模型中，生产者在有限的生产环境及资源限制下，寻求最大的收益。这是一种次优解（Sub-optimal）。关于生产者的方程有两种：一是描述性方程，如生产者的生产过程以及中间生产过程等，主要描述生产要素投入和产出之间的关系，这种关系可以采用常替代弹性函数（Constant Elasticity of Substitution，CES）、柯布—道格拉斯生产函数（Cobb-Douglas）、常弹性转换函数（Constant Elasticity of Transformation，CET）以及列昂惕夫生产函数（Leontief）等进行分析，针对具体问题，可以选择不同的生产函数进行描述。二是优化条件方程，也被称作利润最大化方程，用以描述受生产函数限制的生产者，怎样才能使其利润达到最大，也即是产量的边际收益和边际成本相等的问题。

2）消费行为。与生产方程类似，在描述消费行为的方程中，同时还包含了描述性方程及优化方程。消费者最优决策问题本质上是在预算约束的条件下，如何对产品（服务、投资和休闲）进行最优配置，从而获得最大收益。与生产行为方程相似，消费行为也包含描述性方程和优化方程，其效用最大化行为方程有多种，如 CES 效用函数、线性支出系统（LES）等。

3）政府行为。一般而言，政府所扮演的角色主要是制定相关的政策，如税收、利率、财政补贴等，在 CGE 模型中通常将相关政策作为政府控制变量纳入方程，以研究政府政策的出台对整个经济体系产生的影响。同时，作为消费主体的政府，其财政收入主要来源于税收，而政府支出则主要由各种公共事业支出、转移支付和政策性补贴构成。

4）对外贸易。对外贸易是拉动经济增长的“三驾马车”之一，其在一国经济发展中起到了不可替代的作用。在可计算一般均衡模型中，也需要考虑到国际市场之间的均衡，因此对外贸易也是 CGE 模型中相对比较重要的变量。在 CGE 模型中，对于进口和出口行为要采取分类处理，为了使企业获得最大的收益，在国内市场和出口之间最优地配置本国商品，一般采用常弹性转换方程（CET）来描述。或者用 Armington 方程式来描述如何将进口和国产最优组合以达到最低的成本。

小国假设是 CGE 模型中对外贸易的重要假设，若将一国定义为小国，表示该国出口数量较少，其对世界市场价格的影响也较小；若将一国定义为大国，则世界价格会随着该国进出口商品数量的变化而变化，在多国模型中此假设经常能够得到体现。

5）市场均衡。在 CGE 模型中，均衡是一项重要概念，CGE 模型的市场均衡和预算均衡主要包含如下几个方面：

①产品市场均衡。产品市场均衡需要所有部门的总供给与总需求相等，即既要实现数量的均衡，又要实现价值的均衡。当一个产品市场不能实现供需平衡，即没有达到均衡时，两者之间的差额就可以用库存来表示，此时的 CGE 模型描述的是广义均衡。

②要素市场均衡。主要是劳动力市场均衡，即劳动力总供给等于总需求，假定劳动力是无条件迁移的，不存在迁移的制度障碍。在发展中国家中，劳动力供给和迁移是特别重要的两个特征，由于各产业部门边际利润率不同，劳动力会在各部门之间发生迁移，实现生产行为和消费行为的最优目标，劳动力转移是一国工业化和现代化的主要推动力之一。

③资本市场均衡。即总投资等于总储蓄。资本市场均衡代表着供需平衡点投资，在供给方面，企业和其他组织发行投资品，如股票、债券和其他项目，供投资者购买。资本市场包括来自不同行业的大量企业，这些行业不同类型的投资可能会导致出现几个不同的点，从而导致资本市场的均衡。在每一种情况下达到平衡，通常每种投资的价格都会有所不同，消费者在自由竞争的市场环境中进行投资，最终达到资本市场的均衡。

④政府预算均衡。这是一种广义均衡，若政府收支不相等，则会产生财政赤字，将财政赤字作为变量纳入政府收入方面。在 CGE 模型中，可以使用均衡方程来表达政府预算不均衡的情况。

⑤居民收支平衡。居民的收入主要来源于工资及存款利息等。在缴纳了个人所得税之后，居民收支差产生的结余可加入消费或者储蓄的环节，以达到收支均衡状态。

⑥国际市场均衡。在CGE模型中，外贸出超以外资流入的形式出现，而外贸入超则以国内资本外流的形式表现。若将外资净流入作为一个变量，那么国际收支也应该达到均衡状态。

6）CGE模型基本结构。图1-1展现了多部门CGE模型的结构。从图中可以看出，该模型是一个联立方程系统，反映决策行为。由给定的进口和出口产品价格以及生产者价格开始，可以将其分解为一系列的决策和调控过程。

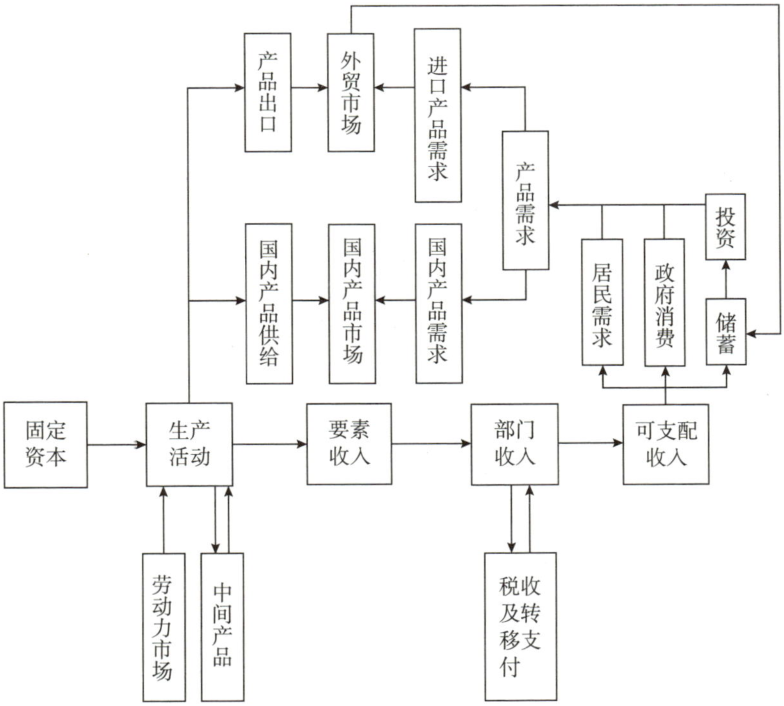

图1-1 CGE模型的结构

生产者价格由出口产品和国内销售产品间的替代弹性计算得到；固定的生产要素包括资金、土地；当产品的价格、工人的工资一定时，企业的利润最大化就是企业对劳动力的需求。在劳动力市场完善的情况下，工资、劳动力供求关系都会得到调整，达到充分就业状态。生产要素的收入在居民、企业和政府等部门中进行分配，而不同部门间的相互转移支付，如政府税收、生产性利润分配以及政府对居民企业的转移支付等，都会影响初次分配的收入，从而定义了各个部门的可支配收入。

在一些部门中，储蓄消费行为主要有以下几个方面：第一，政府所颁布的明确的政策；第二，企业一般将其全部剩余收入储存起来；第三，同一社会背景下的居民一般都有稳定的储蓄率，以及追求效用最大化的需求机制。这些行为决策都依赖于消费者价格，消费价格是由国内市场商品价格、进口商品价格以及进口商品与本地商品的替代弹性共同决定的。储蓄决定投资的总量，增加消费与投资的需求，就可以提高对商品的总需求。进口产品和本地产品的需求分布、相对价格及其替代弹性系数等因素决定了商品的国内需求和进口需求。

对于企业而言，国内和出口市场间的生产分配取决于商品相对价格的替代弹性，由此定义了商品的国内供给和出口供给；在对外国际贸易中，进口构成了对外国际贸易的总需求，而出口则构成了对外国际贸易的总供给。通过调整国内市场的价格与汇率，可以有效地解决国内市场上各种商品的供求失衡、外贸市场供求失衡等问题。当一个新的均衡价格出现时，这个商品市场的周期就结束了。这个价格包括当地的生产者价格、出口商品价格以及进口商品价格。

假设企业为求生存，会不断调整其生产策略，以配合新的价格与收益，此调整过程将继续进行，直至各市场上的商品趋于价格均衡。

（3）基准数据集

社会核算矩阵（SAM）是 CGE 模型的基本数据结构，它描述的是一个经济体在某一时间段（通常是一年）所发生的经济活动。一个完备的经济模型需要良好的数据库作支撑，为了使 CGE 模型达到预期的效果，需要对模型中的部门进行细化。因此，至少要以投入产出表为基础，才能进行 CGE 模型的数据库建设。20 世纪 60 年代，剑桥增长项目研发出了社会核算矩阵，相比投入产出表而言，社会核算矩阵的优势在于，在各种生产部门、生产要素和机构水平上都有一套完整的、一致的经济交易记录，其进一步细化了国民经济核算账户，并且它们与社会经济体系的投入产出账户相一致。

社会核算矩阵是求解 CGE 模型的基准数据集，用于校准所研究的经济系统的特征参数，它满足以下四个条件：①所有商品的需求与供给相等；②所有产业利润等于零；③所有机构满足预算约束；④国际收支平衡。SAM 是一个方阵，在代数上可以表示为：

$$T = \{t_{ij}\} \tag{1-1}$$

其中，t_{ij} 是账户 i 从账户 j 获得的收入，同时也是账户 j 对账户 i 的支出。

按照收支平衡原则，在 SAM 中，每一个账户的收支都应该是相等的，也就是说，在 SAM 中，每一个账户的行和与列和都是相等的，即对于所有的 k，有：

$$\sum_j t_{jk} = \sum_j t_{kj} \tag{1-2}$$

在 SAM 中，每一个账户都有行与列，其中方阵中非零的元素表示账户之间的交易。按照会计平衡记账原则，每个账户的相应行和都要与列和相等，也就是说，每个账户的收入总和（行和）一定要与所有账户的支出总和（列和）相等。

表 1-1　社会核算矩阵（SAM）

项目		企业		居民	要素		汇总
		食品	服装	城乡	劳动	资本	
企业	食品	4	2	2			8
	服装	2	6	4			12
居民	城乡				4	2	6
要素	劳动	1	3				4
	资本	1	1				2
汇总		8	12	6	4	2	

一个简单 SAM 如表 1-1 所示，从表格中右侧部分开始，按照列支付行的原则，食品产业支付 1 单位劳动报酬，服装产业支付 3 单位劳动报酬，总共 4 单位劳动报酬，正好等于表格第四列生产要素的子项目劳动要素收入，说明 SAM 和投入产出表都存在着行列的平衡关系。

1.1.1.4　CGE 模型建模的几个基本概念

通常，CGE 模型中的变量可以被分为内生变量和外生变量两大类。例如，价格这一变量是最关键的内生变量之一。通常，构建 CGE 模型的核心理念是寻找一组价格变量，以实现该模型所要描述的经济均衡状态。可见，价格变量是由模型的计算结果决定的，而非人为干预得出的，因此价格变量是内生的。而外生变量指那些为验证某一假设或进行某种预测而人为将其纳入方程或模型中的变量。由于外生变量具有随机性，因此其引入会影响对模型结果的正确解释以及政策制定的有效性。例如，对于一个具体的税收政策，特定的税率可以被视为一个标准的外生变量，其值由人为因素决定，而非由模型确定。特别地，在模型中，内生和外生的变量可以根据不同的建模目标进行互相转化。由于税收作为一种经济政策工具，其本身就包含许多可供分析讨论的因素。例如，在税收制度的优化问题中，在一定价格水平下寻求一个最优的税收政策时，价格水平就是主观确定的，视作外生变量；模型的计算结果决定了最优的税率，此时是内生变量。

建立 CGE 模型时需要对一类外生变量，即初始禀赋进行专门的探讨。初始禀赋是用统计方法获得的外界经济客观存在的一组数据，用来体现经济特性，为了在特定的经济状况下获得均衡解，这是不可或缺的前提。在相同的模型体系中，初始禀赋不同得到的均衡解也会有所不同。在实际应用场景中，CGE 模型所需要的大部分数据都是基于投入产出表来获取的，这一模型包含了各种经济联系，其中还包含了对各种行为（如服务）的刻画，因而需要更为严格的数据支撑。要精确地反映各单元的收支平衡关系，就需要以投入产出表为基础，构建社会核算矩阵。

在构建 CGE 模型的过程中，需要对大量的方程系数（Function Parameters）进行标定。这些系数的准确程度直接关系模型在经济体系中模拟的成功与否。通常情况下，CGE 模型的方程系数都是使用一种特定的标定方式，即校准法（Calibration）。但是，由于校准法自身的特性使其在应用过程中存在着难以达到一般均衡条件下的基期一致性、模型的可靠性和参数验证不充分等问题。为此，近年来 CGE 模型参数标定方法出现了将校准法与计量经济学方法相结合的趋势。具体来说，通过使用计量经济学方法测算影响研究结论的关键参数（如生产函数、要素需求函数、家庭需求函数、进口函数和出口函数中的弹性系数），及采用校准法构建社会核算矩阵的方法获得其他参数。

1.1.2 CGE 模型发展历史

传统的 CGE 模型已经被 Dervis、Parmenter、Whalley 等学者广泛讨论。所设计出的模型可以涵盖一国、多国甚至全球，多用来做比较静态的或反事实的分析。模型通常假定完全竞争，但是也允许工资刚性，部门专用资本，乃至进口配额这样的非完全竞争特性。这种模型遵循了瓦尔拉斯的传统，仅对经济的实质部门进行建模，未关注实质部门与金融部门间的相互影响，结果就是结论只在中长期内有效。

基于静态模型，学者们对传统的 CGE 模型进行了多方面的扩展，得出的结论是，实施贸易自由化和税制改革所带来的福利效益与整体经济相比微不足道。直观来看，贸易与税务政策虽然比较重要，但并非经济的首要议题，所以要说服政策制定者采纳这类政策是非常困难的。Summers（1981）等就指出，主要的福利效应来自较长期的跨期替代效应。

经济学理论的发展推动了 CGE 模型的演进。20 世纪七八十年代，新国际经济学出现后，学者们发现不完全竞争会使过去政策分析的结果发生变化。部分学者将规模经济和不完全竞争引入 CGE 模型中，并逐步将研究重点转移到 CGE 模型的新发展方向上。在全球贸易与经济一体化的背景下，外生冲击不仅通过相对价格的变化影响一个国家的经济，还通过宏观和金融变量影响。于是，学者们在新古典 CGE 模型中引入了许多更细致的宏观经济结构。当然，采取引入动态或金融因素的方式可以解决宏观闭合的合适性争论问题，使外生宏观闭合内生化。标准 CGE 模型的特殊假设也引发了宏观闭合的问题，正是这些问题推动着 CGE 模型的进步和发展。CGE 模型的新发展包含以下几点：

1.1.2.1　建立动态模型

动态 CGE 模型主要分为两类：一是递推序列均衡方法，其核心特征在于假设行为人在决策时忽略了对未来的预期影响，这可以说是一种近视的决策方式。二是跨期替代模型，这种模型被广泛用于构建宏观经济学的微观基础。有关跨期替代模型，已有充分的文献提供了相应的理论基础和实践模型。在时序动态模型方面，研究者致力于更好地捕捉经济系统随时间的变化，包括对多期模型的建模，以研究长期趋势和政策影响。在不确定性和风险建模方面，模型中引入了更多的不确定性元素，以更好地评估政策和外部冲击对经济的长期影响。在气候变化和可持续发展方面，随着对关注的增加，研究者已经开始将这些因素纳入动态 CGE 模型中，以评估长期政策对环境和可持续发展目标的影响。在技术创新和人力资本方面，一些研究着眼于更全面地考虑技术进步和人力资本的动态积累，以更准确地模拟现代经济中的动态变化。

1.1.2.2　加入金融因素

金融变量对实际经济指标（如产出、实际投资、就业等）的影响虽然是短期的，但实体部门的调整具有长期效应。将金融变量纳入瓦尔拉斯框架中困难重重，解决这一难题的方法通常需要引入不确定性，以努力避免在瓦尔拉斯框架内考虑货币因素。然而，若仍使用传统的 CGE 模型将无法解决扩大财政政策对私人投资的挤出效应等问题。

必须借鉴其他领域的经验，由此，凯恩斯建构了宏观经济学中涉及金融市场的模型，如众所周知的 IS-LM 框架，在这个框架里，货币和债务市场都是保持均衡的。Tobin 的理论研究为将 CGE 模型引入金融研究领域中奠定了良好的基础。在传统的模型中，经济的财富只包含了实物资本，而居民的储蓄则被直接转换成了实物资本的投资。然而，随着各种不同金融资产的引进，人们开始按照资产组合的引导规则来分配自己的财富。

1.1.2.3　加入非完全竞争的 CGE 模型

在传统 CGE 模型中，通过引入 Armington 假设来解决需求侧问题。在供给侧，使用 CET 函数解释部门内部贸易，并维持了完全竞争、规模收益不变的假定。但是，新的国际贸易理论却更多强调对规模收益以及不完善竞争的重视。学者们开始对 CGE 模型加入非完全竞争展开研究，这个转变主要是为了更准确地模拟现实世界中存在的市场不完全竞争和垄断现象。例如，Paul Krugman、Avner Shaked 和 John Sutton 等学者提出了关于产品差异化和垄断竞争的模型，这些模型将市场结构更多地建模为具有差异化产品和非完全竞争的情形，以更好地描述现实中的市场现象；Jean Tirole 和 Oliver Hart 等学者关注企业的定价行为和市场权力，探讨企业在非完全竞争市场中的定价策略、市场影响力等问题。

1.1.3　CGE 模型优缺点

1.1.3.1　CGE 模型优点

CGE 模型被设计用于捕捉经济系统中各个要素之间错综复杂的相互作用关系，涵盖了从生产到消费再到投资的方方面面。正是因为其全面性和复杂性，CGE 模型在经济学研究和政策分析中具有独特的地位。与宏观计量模型、投入产出模型等其他模型方法相比较，典型的 CGE 模型有以下四大优点：

（1）严密的理论联系

典型的 CGE 模型与标准新古典微观经济理论联系密切，以便深入研究模型结果的经济学意义。这种密切的关系还能让决策者在经济背景下更好地判断模型结果的可行性。

CGE 模型与宏观计量模型的不同之处在于，宏观经济模型通常缺少严密的理论关联，因而通常无法对那些将经济从其趋势线中脱离出来的冲击所产生的经济效应进行有效建模。此外，CGE 模型通常是“校准”的，可以重复一个基准年份，而宏观计量模型一般都是建立在估算的基础上，以便与在某个时间序列上观测到的历史数据相匹配。这两个不同点凸显出CGE模型更加坚实的理论基础。

（2）经济范围内协调一致的相互作用机制

与其他模型相比，CGE模型能够在一定程度上兼顾整体经济的互动机制。在外生冲击或政策变动对一个经济体的供给或需求决策产生影响的同时，也会对其他经济体的供给和需求决策做出反应，从而影响整个经济体。相较而言，CGE模型是一个综合考虑间接和直接效应的多部门模型，所得的评估结果更为详尽和全面。此外，CGE模型还可以对市场上各经济主体之间的互动关系的综合结果进行定量分析。

（3）替代可能和非线性关系

CGE模型采用拓展的投入产出模型方法，其中包含国内产品与进口产品间的不完全替代、国内销售产品与出口产品之间的不完全转换等替代可能性。基于此，可将传统投入产出模型中多数线性函数转化为非线性函数。与投入产出模型、线性规划模型相比，这种拓展使CGE模型在政策研究中具有更强的解释力。但这种扩展也使CGE模型的算法变得更加复杂。

（4）价格内生和混合经济机制

CGE模型也被称为价格内生模型，是因为在调节过程中，各种产品的价格要达到统一，从而使生产决策与居民和其他自发决策者的最终需求决策相协调。CGE模型中的价格以成本为基础，没有需求就无法独立存在。在此基础上，可将一个反馈机制引入CGE模型中，通过价格机制使供需双方在寻求最优的过程中达到一种均衡。需要注意的是，CGE模型不需要坚持完全竞争、所有市场同步清算的原则，而是注重各经济主体之间的互动关系、自发性优化行为以及市场清算的过程。CGE模型是一种包含采用价格激励的方法起效的市场机制与政策工具，它能够细致地刻画生产、需求与国际贸易间的相互依赖关系。由于其特有的优点，CGE模型已然变为政策分析与研究中极为重要的系统工具。

1.1.3.2 CGE模型不足

CGE模型优点颇多，但也存在一些不足。早在1972年，Evans就利用线性规划方法设计了一个单国贸易模型，但是这个模型却表现出了对贸易政策的过度专业化的影响效果。这一问题随后被不完全替代的贸易假定所解决，而这一假定一直沿用至今。

到20世纪80年代初，Dervis、De Melo、Robinson、Dixon、Whalley等人的模

型为目前的标准 CGE 模型建立了基础，但是，目前的模型还存在着第一代 CGE 模型的主要缺陷，那就是完全竞争性的 Heckscher-Ohlin 设定。另外，第一代 CGE 模型对于结构参数的选取不严谨，很多情况下缺乏令人满意的可供选择的参数，在这种情况下，弹性系数的设置一般以经验为主。

总体而言，CGE 模型存在的问题主要是如何确定关键参数，以及如何确定模型的前提假设。近年来，国内外学者针对上述不足进行了较多研究，通过考虑更为现实的特性，如引入贸易条件效应、财政影响以及商品和要素市场的不完全竞争性等，进一步完善了模型的结构设定。

CGE 模型的方法缺陷在一定程度上阻碍了其被广泛接受，部分缺陷源于其他实证经济分析所普遍存在的问题，而不是模型本身的问题。如果可以准确地阐述并理解某些假设，那么 CGE 模型就可以给决策者提供可靠的预测结果。此外，CGE 模型也在逐步完善中。相对于局部均衡模型，详细且估计良好的 CGE 模型可以提供更加稳健、细致的政策模拟结果，从而为经济学研究提供有力的解释工具。虽然针对某些特定的产业细节或产品差异性问题，只能采用局部均衡分析，但即便如此，采用 CGE 模型来粗略估算被忽视的效果，仍不失为一种较好的选择。

1.2 CGE 模型分类

1.2.1 早期分类方法

CGE 模型有多种分类方法，如 Clarette 和 Roumasset（1986）在美国农业与应用经济协会年度会议上提出了三种 CGE 模型划分方法：一是根据算法不同，分为线性化和不动点两类，其中线性化是指捕捉到模型的线性化实质，经过一些数学运算或变量代换，使其按线性方式求出模型中的参数，从而得到最后的预测模式，而不动点法则利用映射的思想来求解 CGE 模型；二是依据参数值的确定方式不同，分为校准法和测量法两类；三是依据模型架构的差异，分为新古典与非新古典两类。

Bergman（1990）将 CGE 模型按年代顺序区分为四种方法：①源于挪威经济学家 Johansen 的多部门增长（MSG）模型及其扩展模型方法；②源于 Harberger

（1962）的两部门数值模型、Scarf（1967）的一般均衡算法、Shoven 和 Whalley（1973）以及 Shoven（1973）对瓦尔拉斯系统均衡存在性的证明及其求解算法的 CGE 模型；③基于 Jorgenson 等的计量经济学方法的 CGE 模型，而不是“校准”（Calibration）方法的 CGE 模型；④基于“活动分析”（Activity Analysis）和线性规划建模的扩展方法模型。

Thissen（1998）总结了两种 CGE 模型划分方法：第一种，也是最主要的一种划分方法，是根据 CGE 模型的发展和建模目的，可以分为从 20 世纪 70 年代的宏观模型及多部门分析发展而来的宏观 CGE 模型和在瓦尔拉斯一般均衡理论框架下发展而来的瓦尔拉斯 CGE 模型。对于宏观 CGE 模型，研究者通常根据“闭合规则”（Closure Rule）进行进一步划分，当前，CGE 模型有四种较为常用的宏观闭合规则，分别是新古典闭合规则、一般理论模型假设、约翰逊闭合规则以及新凯恩斯闭合规则。他们将瓦尔拉斯 CGE 模型视为宏观 CGE 模型的一种特例，瓦尔拉斯 CGE 模型基于新古典闭合规则，假设投资为内生变量，其值与计划储蓄相等，并通过模型外部利率调控机制决定投资和储蓄之间的均衡关系。而宏观 CGE 模型则使用其他闭合规则，如新凯恩斯、约翰逊等。瓦尔拉斯 CGE 模型是基于居民效用最大化和厂商利润最大化的竞争性均衡的扩展，它起始于 Harberger 的两部门数值模型，后来的 Shoven 和 Whalley 模型与 GTAP 模型都属于此类。宏观 CGE 模型是 Leontief 投入产出分析和线性规划模型的扩展，挪威经济学家 Johansen 的多部门增长模型（MSG）可看作第一个宏观 CGE 模型，后来的 ORANIMONASH 模型也属于此类。宏观 CGE 模型相对于瓦尔拉斯 CGE 模型可以包含特别的组成部分，从而使经济主体的最优化行为不需要从最优化条件导出。第二种，根据参数确定方法的不同，可以分为基于“校准”方法和基于计量经济学方法的 CGE 模型，如图 1-2 所示。

1.2.2 现代分类方法

CGE 模型在经历了近 50 年的发展之后，已经被各国和各经济组织所采用，发达国家利用 CGE 模型解决本国贸易保护等问题，而众多发展中国家正处于从对 CGE 模型的初步认识到对国内政策分析的应用阶段，在此过程中衍生了许多具有不同政策意义的模型。在已有研究成果的基础上，结合 CGE 模型构造的基本原理、闭合规则、研究区域的范围以及性质等，可将其划分为如下几类：

1.2.2.1　按理论依据和假设划分

按照理论依据和假设差异，可将 CGE 模型划分为新古典主义传统 CGE 模型和结构主义传统 CGE 模型。以 Keynes 的分析传统为基础，构建了结构主义 CGE 模型，将经济系统的结构特征视作行为的基础，这些结构包括收入与财富分配、土地租赁关系、对外贸易方式与程度确定、生产链密度、市场集聚程度、人口在地理上和部门上的分布以及他们的技能等。事实上，结构主义传统 CGE 模型以机构与政治经济的分析为基础。基于新古典经济理论的新古典主义传统 CGE 模型，从经济主体的最优化与充分就业的假定出发，将瓦尔拉斯抽象一般均衡理论与经济结构相结合，通过对供给、需求、价格等因素的量化分析，找出引起一系列市场均衡的各种因素，包括 Shoven 和 Whalley（1984）创建的社会福利 CGE 模型，通过测量收入差距的福利成本或观察额外储蓄对福利增长的影响，将其反映在模型的计算中。

结构主义传统 CGE 模型又可以分为以下三种：

（1）弹性结构主义 CGE 模型

弹性结构主义 CGE 模型又被称为新古典结构主义 CGE 模型，是一种保留了新古典模型的理论结构，同时考虑到了许多关键因素，如在多种重要关系中设定有限替代弹性，其特点是国际贸易中的不完全替代弹性。模型假设：国内产品中出口品与内销品之间存在非线性转换关系，内销品是进口品的不完全替代物，当生产部门的生产函数为 CES 型函数，并假设企业以利润最大化为目标，那么出口品与内销品之间的关系可以用不变弹性转化（CET）函数来表示。

弹性结构主义 CGE 模型中进口和出口的假设与处理隐含着这样一种经济内涵：消除了进口中的完全可替代性和产品的非竞争性两种极端假设，这是由于完全可替代性假设夸大了外贸政策对本国价格体系和生产结构的作用能力，认为本国产品与进口品之间没有区别，也就是说一种产品只能进口或者出口，而不能既进口又出口。实际上，在很多发展中国家，如果模型的集结程度很高，部门的产品是由多种技术、层次和等级的产品组合而成，那么同一部门的某些产品，有的需要进口，有的需要出口。与完全可替代性不同，产品的非竞争性将进口商品视为本国产品的一种必需的补充。因此，诸如汇率、关税等贸易政策变量不再具有调节进口的功能，这与发展中国家的现实情况不符，消除进口的完全可替代性和非竞争性假定，并以有限替代弹性为基础构建的进口贸易集结函数，更能反映发展中国家的经济现实。

利用CET函数来刻画出口品和内销品的相对价格之间的转化关系，是建立在这样一个假设基础上的：把本国看作国际市场价格的吸收者而非价格的制定者。也就是说，本国出口产品的外汇是一个外生变量，那么，按照CET函数的形式，它的出口量与本国的对外贸易政策有着密切的联系。

弹性结构主义CGE模型还存在贸易平衡约束，即贸易平衡量是外生的，通过对实际汇率的调整可实现国际收支平衡。在选择不同的价格作为基准时，实际汇率并不一定能够准确地反映名义汇率的真实状况。弹性结构主义CGE模型仅能刻画产品市场中重要关系之间的替代弹性，其理论体系仍停留在新古典理论下，为更精确地刻画不同市场环境下的结构刚性，以弹性结构主义为基础，学者们发展出了微观结构主义CGE模型。

（2）微观结构主义CGE模型

微观结构主义CGE模型假设多种市场运行不正常或者根本就不存在，在一个或多个重要市场，有要素流动、价格刚性、配额和新古典不均衡的限制。发展中国家的CGE模型大多建立在新古典结构主义模型框架的基础上，并加入了对市场运作能力的限制，即微观结构主义特征，其中最一般的微观结构主义约束是假定工资与汇率固定，在CGE模型中，如果某个均衡变量的价格是固定的，那么就需要另一种平衡机制来实现超额需求的分配。

在发展中国家，由于生产力水平低、劳动力剩余等原因，工资无法有效调节劳动力市场均衡，即无法通过工资调整来实现劳动力充分就业，就需要基于微观结构主义CGE模型，对劳动力市场进行假设与处理，认为企业始终与劳动力需求曲线相匹配，一切失业都由劳动者承担，去除劳动力供给方程，使供给等于需求，由此实现了劳动力市场的均衡。

微观结构主义CGE模型假定汇率固定，由于很多发展中国家长期面对着外汇不足的困境，其潜在的进口需求总是超过其最大出口能力。因此，汇率的波动无法实现国际收支的均衡，必须寻求新的均衡机制。微观结构主义CGE模型有时还假定产品价格固定，这是由于某些产品的供应能力有限，而实际需求总是超过供给，通过价格调控无法实现供需平衡，使用数量调节方法，实质上削弱了生产部门利润最大化的假设。

在CGE模型中引入微观结构主义特征，引发了一系列的理论与实际问题。首先，在把某些价格（如工资、汇率等）固定后，需要指出替代的调节机制和均衡变量，CGE模型中的固定价格指固定的相对价格，因此需要说明它们之间的相对关系。此外，在价格固定的情况下，价格不能再作为经济信号来调控经济行为，需要引入新的行为模型，即明确新的约束最大化行为准则，在采用定量配额机制时，还需确定其溢出效应（Spillover Effects）。

在将微观结构主义引入 CGE 模型中时，也需要从宏观层面上加以论证，因此，如何使宏观理论与微观结构协调统一，成为建模人员需要高度关注和着力解决的难题。为此，有学者提出了宏观结构主义 CGE 模型。

（3）宏观结构主义 CGE 模型

宏观结构主义 CGE 模型集中了种种宏观经济变量的均衡，尤其是储蓄和投资、进出口、政府收支等的均衡，如中国的 DRCCGE、PRCGEM 经济发展 CGE 模型以及澳大利亚莫纳什大学的 ORANI 模型等就属于宏观结构主义 CGE 模型。从宏观效果上讲，以储蓄与投资为研究经济增长问题的核心，各种宏观封闭机制均以此为中心设置。

新古典封闭规则假定储蓄决定投资，认为经济增长由储蓄驱动，而约翰逊封闭规则假定投资决定储蓄，集结的消费由储蓄剩余确定，二者均未考虑均衡变量，投资和储蓄的不同决策都是外生的。由于宏观结构主义 CGE 模型假设模型中的名义边际和实际边际是紧密联系的，相对价格在新古典模型中失去作用。为实现宏观均衡，宏观结构主义 CGE 模型一般使用凯恩斯乘数效应等宏观均衡机制，即通过调整总需求来调整总供给，并以物价总水平的变动来促进投资和储蓄之间的均衡。

在开放经济中，为获取投资—储蓄平衡及贸易平衡提供了另外一种潜在的均衡机制，即假设贸易平衡的外币值不变，由于本国通货反映的贸易平衡值会随着汇率的变化产生变动，从而对总储蓄产生影响。如果该假定中贸易平衡值是可以调整的，那么汇率和储蓄之间的关系就会变得更加紧密，可以将实际汇率作为一个宏观均衡变量来看待。

1.2.2.2 按闭合规则划分

按照闭合规则，可将 CGE 模型划分为凯恩斯模型、Kaldor 模型、新古典模型和 Johansen 模型。40 多年以前，一些学者指出，在一个封闭的经济体系中，若投资水平与政府支出水平一定，要实现利润优化目标，则无法保持充分就业；要实现充分就业（即劳动力市场平衡），则无法达到系统的优化状态。在此基础上，通过对 CGE 模型进行适当的假定，消除一系列限制条件，使其满足一般均衡，并确保解的唯一性，需要权衡失业率（劳动力市场均衡）、公共开支（政府预算均衡）、投资水平（投资与节余均衡）以及要素收入水平（生产优化条件）。因此，CGE 模型有了四种不同的形式。

（1）凯恩斯模型

凯恩斯闭合规则以凯恩斯经济理论为依据，在凯恩斯经济理论中劳动与资本的供给是内生变量，需求起决定性作用。假设贸易平衡是固定的，那么通过调整实际汇率，就可以使商品的合成价格水平发生变化，实际工资也会随之变动，从而引起劳动力供给及收入的变化，最终达到储蓄和投资的均衡。

以汇率为外生变量，国外储蓄为内生变量，工资水平作为基准价格，通过合成价格对实际工资进行调节，在价格水平上涨时，实际工资下降，劳动力供给、收入和储蓄得到提升。但是价格水平也会使实际汇率升值，从而增加进口，降低出口，提高国外储蓄。在这种情况下，投资和储蓄的平衡可以从两个方面实现：一是提高收入，使储蓄增加；二是增加国外储蓄。

这种理论并不认同实际工资与劳动力边际产出相等的假设，相反，它通过一种收入分配的方式来调节投资与储蓄之间的关系，使其达到平衡。

（2）Kaldor 模型

在新凯恩斯经济理论的基础上，Kaldor 闭合把投资与储蓄看作外生的，投资与储蓄之间的均衡是由收入分配机制来实现的，实际工资并不等于劳动边际产出，市场不均衡，即允许存在失业，可以把 CGE 模型中的劳动力需求方程式去掉。

Kaldor 闭合放弃了劳动力市场与商品市场同时达到均衡，此时，就业率被视为内生变量，劳动力实际工资率固定，以产出价格作为基准价格。每个部门都可以按照系统变化的要求对劳动力数量进行调整，同时劳动力可以随时补充进入生产部门。这其实是反映了凯恩斯需求不足以及供给过剩的假设。因此，当各部门的劳动力需求量都是内生变量时，这种模型就是所谓的 Kaldor 模型。在这种情况下，投资可以看作是外生的，但工资仍然取决于劳动的边际生产率，以就业的变化实现储蓄与投资的均衡。

（3）新古典模型

新古典封闭建立在新古典经济学的基础上，认为价格是灵活的且由模型内生决定，资金和劳动力都被充分地使用，经济进入了均衡的状态，利率能够被自由调节，金融市场在利率的调控下实现了均衡，此时供给就成为了一个决定因素，投资是由储蓄决定的。也就是说，新古典规则假设投资是一个不能被任意确定的量，是内生变量，应该与计划中的储蓄相等，而投资和储蓄之间的均衡则通过模型外的利率调节机制来出清。

在保证生产者利润优化的前提下，将投资水平作为一个内生变量，通过模型外部利率调节机制对投资和储蓄之间的均衡出清。这种闭合的 CGE 模型称为储蓄驱动（Saving Driven）模型，在充分就业的情况下，居民储蓄决定了投资，本期投资在下一期转变成为生产成本，因此，储蓄是经济运行的动力。这种模式与新古典学派的假定一致，因此也被称为新古典模型。

（4）Johansen 模型

Johansen 闭合与新古典闭合的经济理论背景一致，但与新古典闭合有所不同。它假定投资是外生的，储蓄率是内生的，储蓄由投资决定，模型外财政政策是计划储蓄与自主给定的投资相等，调节储蓄率以达到投资和储蓄的平衡，从而使模型内的投资与储蓄出清。

与新古典闭合相对应，Johansen 闭合中的储蓄取决于投资，且投资驱动整个经济系统，故这种闭合的模型又被称作投资驱动（Investment Driven）模型。

1.2.2.3 按研究派别划分

按照研究派别，可将 CGE 模型划分为世界银行学派、耶鲁大学学派、约翰逊学派。Dervis、De Melo、Robinson、Grais 和 Corbo 等学者属于世界银行学派，他们的许多研究都是在世界银行的研究项目下进行的，而且追随 Adelman、Robinson 和 Dervis 等早期的研究工作。Serra-Pache、Kehoe、Clarette 和 Whalley 等学者属于耶鲁大学学派，是在 Shoven 和 Whalley 早期工作的基础上主要研究发展中国家的税收政策建模。Vincent、Mayer、Gupta 和 Dixon 等学者主要致力于澳大利亚 ORANI 模型的理论结构和求解技术研究，他们追随约翰逊的线性化求解技术，故被称为约翰逊学派。

1.2.2.4 按参数确定方法划分

按照参数确定方式，可将 CGE 模型划分为计量经济学 CGE 模型和基于校准方法 CGE 模型。计量经济学的研究方法是根据历史数据，运用计量工具得到自由参数，包括最小二乘法、非线性方法和 Taylor 近似法等。但基于计量经济学方法估计的 CGE 模型由于对数据的要求较高而不多见，其优势在于精度相对较高，但其数据获取成本也相对较高，部分数据难以获取或无法获取。McKibbin 和 Wilcoxen（1999）构建的 G-Cubed 模型是在计量经济学基础上估计的动态 CGE 模型。

（1）基于计量经济学确定参数

1）贝叶斯方法。贝叶斯方法通过对所有参数组合的一个随机样本的分析来代替对所有参数组合的分析。先对每一个参数进行先验分析，再得出各参数的备选值。即若第k个参数存在m个备选值，则将其分成m个区间，按照概率密度函数使各区间同样大，计算出各区间内参数的均值，均值即为备选值。这种方法的优点在于，当样品数量较少时，可以很容易地进行计算。但该方法存在两个缺点：一是各参数分布的偶数阶矩估计值偏小，随着样本量增大，低估的概率趋近于1，而参数分布的奇数阶矩估计值可能偏小或者偏大；二是没有提供合适的样本容量，一定数量的样本对某些模型是合适的，而对于其他的模型则不一定。

2）高斯积分法。高斯积分法为每个参数设定一个先验分布，并根据该概率分布选取模型可求解的点。该方法与贝叶斯方法对分布的处理方式不同，它能在参数中保留分布的二阶矩和高阶矩。设为每个参数的备选值数目，高斯积分可以在相对一般的条件下再生产目标变量的矩。然而，其精度仍然需要很高的计算成本。

3）蒙特卡洛实验法。蒙特卡洛实验法通过对各参数设定先验分布，从而随机获得相应的参数集。这些分布可以是一种或几种常见分布（如均匀分布、正态分布、对数正态分布等），各参数分布的整体参数可根据所研究的国家或相似国家或地区进行实证获得。这种分布可以是单变量或多变量的，多变量分布需要对各参数之间的协方差进行估计，但后者往往很难获得。这种方法的优势在于，通过目标变量的置信程度可以确定所需的模拟次数。

4）广义最大熵方法。广义最大熵方法（Generalized Maximum Entropy，GME）是对最大熵（ME）原理的拓展，它是一种可以用来描述不依赖于分布的结构方程模型的参数估计方法。ME仅考虑模型系统中的某个随机变量，而GME则以使方程组中全部随机变量的Shannon熵最大为目标。在样本量较小的条件下，相对于其他参数求解方法，GME可以使模型得到更为准确的参数估计。另外，相对于其他统计学方法，GME能够很好地处理模型中存在的异常数据、缺失数据等问题，保证模型达到收敛，具有较好的稳定性。因此，一些学者利用GME来估计CGE模型中的参数。

当CGE模型有关数据不足时，适宜采用最大熵方法。Arndt等（2002）利用最大熵方法对CGE模型中的自由参数进行了估算，并且认为这种方法有如下优势：一是它充分利用了所有的一般均衡约束条件；二是允许先验信息与参数值相结合；三是允许部分数据缺失；四是能够生成历史数据以及显著性参数。在此基础上，广义最大熵方法可以看作计量方法与校准方法的折中。

（2）基于校准方法确定参数

1）条件系统敏感性分析。条件系统敏感性分析方法（Conditional Systematic Sensitivity Analysis，CSSA）是在模型中给每个参数设置若干备选值，在其中取一组参数值作为基期。在进行模拟的过程中，以其他参数作为基期值，某一参数选择其他所有备选值。以此类推，模拟每一个参数。当模型中包含 k 个参数，且每一个参数都有 m 个备选值（含基期值），则该模型必须进行 k（m-1）+1 次模拟［所有参数为基期值需模拟一次；m 个参数，每个参数还有 m-1 个选择，需模拟 k（m-1）次］。该方法具有可计算、模拟次数与参数数量呈线性关系的优点。甚至对于大型 CGE 模型，它的运算速度都很快。其不足之处在于，每次仅可改变一个参数，从而忽视了两个及两个以上的变量共同改变可能对模型结果带来的影响。

2）无条件系统敏感性分析。无条件系统敏感性分析允许很多或者所有参数同时变化，如果有 k 个参数，每个参数的备选值分别为 m_i 个，那么模型就需要模拟 $\prod_{i=1}^{k} m_i$ 次。当模型参数数量大于两个备选值时，计算量会非常大。如果有 10 个参数，每个参数有 3 个备选值，那么就需要模拟 3 的 10 次方；如果有 5 个备选值，那就得模拟 5 的 10 次方，且参数越多，指数次数越高，模拟次数将以指数增长。显然，这种方法无法进行计算，除非模型很小。

3）有限灵敏性分析方法。有限灵敏性分析方法无需给出参数的先验分布，而仅需给出几个相关参数的代表性数值，模型仅需对部分关键参数的代表性数值进行模拟。该方法具有计算简便的优点，但其不足之处在于，参数和参数备选值的选取相对比较随意。

4）极值方法。极值方法通过预先确定参数的取值范围，再将极值代入模型中，使所获得的模拟结果（有关的经济变量）也在一个区间内。

5）置信区间方法。置信区间方法既能兼顾模型参数的统计特性和模型结果的可信度，采用自由参数的协方差矩阵解得内生变量的置信区间，又能考虑方程误差项对内生变量冲击的置信区间。与灵敏性分析方法（包含条件系统灵敏性分析方法、无条件系统灵敏性分析方法、有限灵敏性分析方法）相比，该方法能够以较低的成本全面考虑到各种自由参数的变化。

1.2.2.5 按分析维度划分

按照分析维度可将 CGE 模型划分为全球模型、单区域模型（国家模型）和多区域模型（多国模型）。

（1）全球模型

全球模型的研究对象是世界上所有的国家或经济区域（如欧洲联盟）。各国都有自己的投入产出结构，国家间可以通过贸易、投资以及交通运输等模型设定相互联系，从而更好地研究国际问题。

（2）单区域模型

单区域模型或称国家模型，其研究对象仅限于单个区域（如中国，或单个省、单个县市），在单国家模型中，对外贸易比较容易处理，没有其他国家，也就没有双边贸易，故其出口需求大多是外生的。

中国社会科学院数量经济与技术经济研究所与澳大利亚莫纳什大学政策研究中心联合构建的中国能源经济 CGE 模型——PRCGEM，从静态分析方法角度对削减 5%、10%、20%的二氧化碳排放量时征收碳税的长期和短期影响以及不同情景下征收碳税的减排成本进行了比较深入的研究。这是我国较为典型的一种单国 CGE 模型。

单个省模型相比于单国模型，在考虑对外贸易的同时，也要考虑到国内其他省的流出，某省的 CGE 模型，既要考虑国外的贸易，又要考虑外省与省内的贸易。以此类推，具体到单个县市，除上述以外，还要把省内其他县市的需求也纳入考虑范围。在单区域模型中，如中国的北京、湖南、内蒙古等地区的 CGE 模型就很多了。

CoPS 是位于澳大利亚维多利亚大学商学院的一个独立的研究机构，致力于经济模型的开发、应用和实用政策模拟的研究，为国际机构和全球多个地区的政府部门与企业提供经济模型与政策咨询服务。该研究机构独立构建并开发了一种典型的单区域国家模型——CGE 澳大利亚学派著名的 ORANI 国家模型，其后来的版本 ORANI-G 与原始版本的 ORANI 设定类似，经常被用于介绍 ORANI 方法以及其他模型开发的起始点。如今，它已经作为基础模型应用于中国、南非、越南、韩国、泰国等国家。

（3）多区域模型

多区域模型是指一个国家由多个州、省组成，不同区域存在其自己的投入产出结构，这些区域之间通过省级间贸易相互联系，如中国的多区域模型，较为详细的分为 31 个省份、100 多个行业，进一步细分，如 CoPS 所开发的包括 365 个县市区域、160 多个行业的结构。TERM 是 CoPS 开发的一种教学模型，适用于单国多区域受政策影响的研究。

1.2.2.6 按分析机制划分

按照分析机制，可将 CGE 模型划分为静态 CGE 模型与动态 CGE 模型。静态及动态模型都可以与全球模型、单区域模型和多区域模型有交叉，也就是说，以上分类的模型都可以用静态与动态区分，根本来说，比较静态 CGE 模型就是对在政策执行前后的两种均衡状态间的差别进行分析；而动态 CGE 模型则是分析模拟经济政策等每年所造成的效益或影响。以两国贸易摩擦为例：若对一国 GDP 影响为 0.5%，意味着发生贸易摩擦，相较于不发生贸易摩擦，一国 GDP 将受到 0.5% 的影响，及一国 GDP 的增速在两种情形下的差异；动态是指两国之间的贸易摩擦若一直持续，每年会对一国 GDP 产生怎样的影响，如果持续 20 年，那么动态 CGE 模型将持续模拟，模型将会得出这 20 年中每年对一国的 GDP 影响是多少。

1.2.2.7 按研究规模划分

谈论 CGE 模型的规模主要是指该模型对经济系统的涵盖范围。按照研究规模可将 CGE 模型划分为宏观、中观和微观 CGE 模型。

（1）宏观 CGE 模型

宏观 CGE 模型通常包含多个产业、部门和因素，通过建模供给和需求的关系来分析整体经济的变化。这些模型考虑了国民经济的总体结构，如总产出、总消费、总投资等。宏观 CGE 模型提供了对整体宏观经济运行的全面理解，能够评估宏观政策对整个经济的影响，如评估货币政策、财政政策、贸易政策等。它们也常用于研究全球经济变化和国际贸易。

（2）中观 CGE 模型

中观 CGE 模型专注于某个特定行业、地区或产业链。它们可以更详细地考虑特定产业之间的相互作用，同时不失整体性。中观 CGE 模型提供了更为详细的经济结构，使研究者能够深入了解某些产业或地区的政策变化对经济的影响。它们有助于理解中等规模的经济变化。

（3）微观 CGE 模型

微观 CGE 模型聚焦于个别市场、产业或企业，强调个体经济主体的行为和决策，具有更高的细节度，能够深入研究市场结构、企业竞争、消费者行为等微观层面的经济现象。

表 1-2　按区域和动态、静态分类的一些 CGE 模型

	静态模型	动态模型
单区域	DMR（世界银行） ORANI（澳大利亚，Monash 大学） LHR（国际食物政策研究所） DRCCGE（中国，国研中心） PRCGEM（中国，社科院数技经所） GEMTAP（美国） ME-GAMEX（墨西哥） GE-PAK（巴基斯坦）	MONASH（澳大利亚，Monash 大学） SCREEN（瑞士，能源政策与经济中心） DACEM（美国） DICE（美国，耶鲁大学） IGEM（美国）
多区域	MR-WATERGEM（中国台湾） TERM（澳大利亚） MMRF（澳大利亚）	G-Cubed（澳大利亚国立大学） GTEM（澳大利亚农业与经济资源局） IMAGE（荷兰，公共健康与环境研究所） GREEN（经济合作与发展组织，OECD） World Scan（荷兰，经济政策分析局） MultMod（国际货币基金组织） GEMREG（泰国） C-REM（中国，清华大学能源环境经济研究所）
全球	GTAP（美国，普渡大学） FRAM（荷兰） MERGE（英国） GEMINI-E3（法国）	AIM（日本，国家环境研究所和东京大学） GTAP-E GTAP-Dyn MIT-EPPA（美国，普渡大学） RICE（美国，耶鲁大学） C-GEM（中国，清华大学能源环境经济研究所） GEM-E3（欧洲经济研究中心）

表 1-2 所示的分类方法中，根据分析维度和分析机制分类的方法尤为重要，在 CGE 模型使用过程中，经常根据是全球、单区域还是多区域，以及是静态还是动态的模型分为 6 种类型，即单区域静态模型、单区域动态模型、多区域静态模型、多区域动态模型、全球静态模型和全球动态模型。

单区域动态、静态 CGE 模型多用于分析一国内财政税收及收入分配政策造成的影响，如早期的 ORANI 模型、墨西哥的 ME-GAMEX 模型等；多区域动态模型及全球动态模型通常用于温室气体减排等全球问题，其中 GREEN 模型横跨 11 个部门，基于 CES 生产函数与 Armington 贸易假设，是国际上较为典型的应用于节能减排的多区域动态 CGE 模型，其他相关模型如 RICE、GTAP-E 以及 GEM-E3 等模型均在碳减排方面有较多的应用。

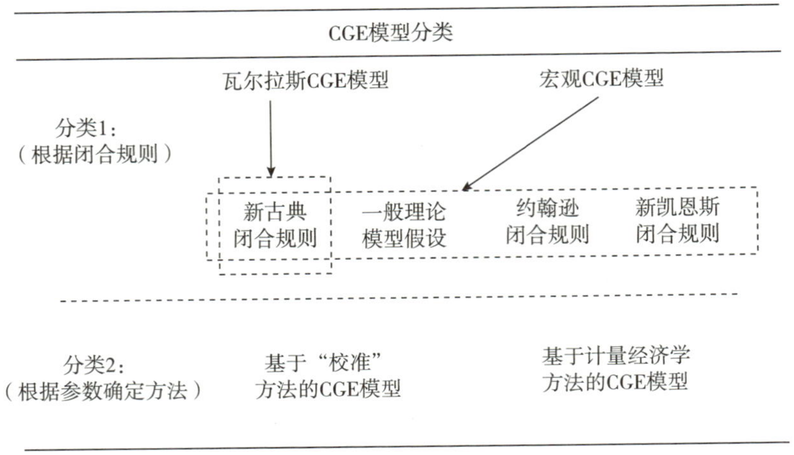

图 1-2　CGE 模型分类

1.3　CGE 模型应用

1.3.1　CGE 模型应用领域概况

可计算一般均衡模型的理论基础是一般均衡理论，100 多年来，许多经济学家致力于一般均衡理论的研究，使之成为经济学研究中最活跃的领域之一（徐滇庆，1993）。另外，在应用上，自从 Johansen（1960）的第一个 CGE 模型产生以来，经过近半个世纪的应用和发展，CGE 模型无论是在发达国家还是在发展中国家都获得了广泛的应用和发展。

关于 CGE 模型的应用领域，庞军和邹骥（2005）根据不同的应用目的，将 CGE 模型分为税收政策评价、国际贸易问题分析、发展政策研究、能源政策研究和环境政策分析。Devarajan 和 Robinson（2005）认为 CGE 模型在公共政策研究中主要用于贸易政策、公共财政（如税收）、结构调整、能源与环境和收入分配等问题。Chumacero 和 Schmidt-Hebbel（2005）认为 CGE 模型主要应用于国际贸易、公共财政、环境问题以及政策变化的模拟，外生冲击对经济的影响和预测等。Ezaki（2006）认为 CGE 模型广泛应用于发展中国家和发达国家的贸易、税收、收入分配、结构调整和环境问题等。

本节的综述涵盖了 CGE 模型在以下领域的一些应用：国际贸易；公共财政政策，特别是税收政策的变化对经济的影响；资源和环境；其他（如收入分配和贫困、健康、交通等）。读者可以参考下面的一些综述性文章，如 Shoven 和 Whalley（1984）综述了 9 个税收 CGE 模型和 9 个贸易 CGE 模型，并说明了其部门划分、数据来源以及主要模拟结果等。Decaluwe 等（1988）综述了 26 个发展中国家的 73 个单国 CGE 模型，这些模型侧重于生产、消费和贸易模块的处理，以及模型宏观闭合规则的处理。Partridge 和 Richman（1998）综述了用于区域经济分析的 28 个地区 CGE 模型，并对生产和消费函数、部门划分、生产投入要素、劳动市场闭合，以及资本和劳动的流动性设定等问题进行了详细说明。还可以参考 Taylor 等（2016）的文献，文章简述了 CGE 模型在发展中国家中的历史，同时介绍了一些带有金融扩展功能的模型。

1.3.2 CGE 模型在国际贸易中的应用

CGE 模型中的贸易政策分析是一个非常重要的研究方向。若某一个国家或地区所出口的商品具有比较优势，则其贸易模型的差异体现了比较优势嵌入模型的方法和政策制度的不同。在这些模型中，有些模型是分析全球问题的多国模型，另一些模型是单国模型；有些模型是针对特定贸易问题的模型，另一些模型则是一般意义上的模型，只是其中一个部分可以分析贸易问题；有些模型是发达国家的模型，另一些模型是发展中国家的模型，而两者的贸易政策在很大程度上是不同的。该类模型运用不同的方法处理贸易保护政策，其中包括关税和非关税壁垒。处理非关税壁垒的一个简单方法是采用从价等值关税（Ad Valorem Equivalent，AVE），但这在一些情况下是不可行的，如在数量限制条件下，由于价格的变化，AVE 不会保持不变（Shoven & Whalley，1984）。对于多国模型和单国模型，Shoven 和 Whalley（1984）认为有两点区别，其中主要的差异在于处理贸易方式的不同。多国模型对包含在其中的每个国家都有一个生产和需求的设定，而单国模型则采取了一种较为粗略的处理方式，将其他国家和地区作为一个经济主体，也就是世界其他地区（Rest of the World，ROW），一般采用一个闭合规则，即建立一个简单的进口供给以及出口需求函数。另外一个不同之处在于，多国模型能够解决关贸总协定（General Agreement on Tariffs and Trade，GATT）框架下的贸易自由化这样的多边贸易问题，而单国模型则不适合分析此类问题。

贸易领域 CGE 模型的典型代表是全球贸易分析项目（Global Trade Analysis Project，GTAP）建立的 GTAP 模型和数据库，其最新版数据库（Version 10.0）包括 141 个地区，每个地区包括 65 个部门。许多后来建立的贸易 CGE 模型都或多或少地受 GTAP 模型的影响。

发达国家贸易领域 CGE 模型研究较多的是关于世界/地区贸易一体化。例如，关于北美自由贸易协定（North American Free Trade Agreement，NAFTA）的 CGE 模型，研究内容涉及协定实施后，三个国家（美国、加拿大和墨西哥）的利益与成本估算，以及对美国劳动市场的冲击、对美国和墨西哥移民的影响、对具体部门的影响（如农业、自动化和纺织）、对美国和墨西哥双边贸易平衡的影响、对墨西哥经济的影响等。又如，Flores 等（2018）运用 CGE 模型作为估计基础，使用墨西哥的社会会计矩阵来评估墨西哥不同贸易政策方案产生的经济影响，其结论是仅考虑关税变化情况下北美自由贸易协定的最终取消将对墨西哥经济产生一部分的影响。Beckman 和 Zahniser（2018）探讨了终止 NAFTA 的市场准入条款对农业可能产生的影响。其他相关 NAFTA 的研究，如 Georges 等（2008，2010）和 Harrison 等（1997）的文献。

发展中国家在 20 世纪建立的贸易 CGE 模型，有多国模型和单国模型两种。Naranpanawa 和 Arora（2014）讨论了单国模型，并首次为印度经济建立了一个单一国家的多区域可计算一般均衡模型来研究贸易自由化与单个国家的区域差异之间的联系。表 1-3 列举了一些关于国际贸易的 CGE 模型。21 世纪以后，发展中国家贸易 CGE 模型涉及多个方面。例如，Nguyen 等（2020）用 CGE 模型研究了贸易自由化对越南不同家庭群体之间收入分配的影响。Anderson 等（2020）研究 CGE 模型中关于贸易自由化对发展中国家收入不平等和贫困的影响。Banerjee 等（2021）基于地域性消费的替代框架，研究了发展中国家出口实施 BCA 的影响。Freund 等（2021）对发展中国家联盟的效率和公平效应进行了研究。范子杰等（2022）聚焦于关税成本变化，量化分析了扩大进口带来的贸易与福利效应；在完全竞争情形下，构建了一个纳入投入/产出结构的多国多部门异质性企业一般均衡分析模型，结合中国加入 WTO 这一事件，讨论了扩大开放下中间品和最终品关税削减变化的贸易和福利效应。

表 1-3 国际贸易 CGE 模型

研究者	供给面		需求面		基年	政策模拟
	生产函数	部门数（个）	需求函数	部门数（个）		
崔连标等（2023）	嵌套的 Leontief/CES 生产函数	11	嵌套的常差弹性（CDE）/CES 函数	2	2014 年	芯片进口受限
董婉璐等（2023）	嵌套的 Leontief/CES 生产函数	24	嵌套的 Leontief/CES 生产函数	2	2017 年	RCEP 的经济影响
李侨敏和王晓岭（2021）	嵌套的 C-D/CES 生产函数	15	LES 需求系统	1	2014 年	中美贸易冲突
崔连标等（2018）	嵌套的 Leontief/CES 生产函数	17	嵌套的常差弹性（CDE）/CES 函数	2	2014 年	中美贸易冲突
吴先华等（2018）	嵌套的 C-D/Leontief 生产函数	6	嵌套的 C-D 和 CES 生产函数	2	2010 年	中日“钓鱼岛事件”对中国经济的影响
Hallaert（2007）	嵌套的 Leontief/CES 生产函数	6	嵌套的常差弹性（CDE）/CES 函数	6	2005 年	马达加斯加加入南非发展共同体

有关亚太经合组织（Asia-Pacific Economic Cooperation，APEC）问题。在区域贸易合作方面，Scollay 和 Gilbert（2000）综述了有关 APEC 自由贸易和投资问题研究的 CGE 模型，并建立了自己的 CGE 模型，认为该模型不同于其他研究 APEC 的 CGE 模型有两点：一是排除了东南亚国家联盟对研究 APEC 的影响；二是包含了一个在 APEC 食品系统下的食品产品模拟。结果表明 APEC 具有坚实的利益基础，大多数国家可以从中受益，不过要警惕弹性原则（the Principle of Flexibility）可能导致开放进程出现的倒退；其结果还说明 APEC 大部分的潜在利益来自农业的贸易开放。Kawasaki（2015）使用全球贸易 CGE 模型来估计取消关税和减少非关税措施（NTMs）对整个经济的影响。Lejour 等（2008）对 APEC 的服务业自由化进行了完整分析。

在理论上，贸易 CGE 模型一般都采用 Armington 假设，即假设不同地区生产的同类产品具有不同的性质。采用该假设的原因是多方面的（Shoven & Whalley，1984）：一是在国际贸易中除了同种产品的双向贸易（Cross-Hauling），早期的贸易模型由于采用不同国家的同种商品是同质的（Homogeneous）这种强假设，并采用近似于直线的生产可能性边界（Production Possibility Frontier，PPF），所以贸易政策的微小变化会导致相关变量不切实际的较大变动；二是进出口弹性值是 CGE 模型中的关键参数，如果不采用 Armington 假设，参数校准就会发生困难，而 Armington 假设可以解决该问题。

有关贸易领域 CGE 模型的综述，可参阅 De Melo（1988）、Shoven 和 Whalley（1984）的文献。De Melo（1988）针对发展中国家的贸易 CGE 模型进行了方法上的综述，由简单的单部门数值模型逐步扩展、推广到多部门模型，用数值方法说明相关的政策问题和怎样对这些问题进行模拟。Shoven 和 Whalley（1984）综述了 1977~1983 年的 6 个多国模型和 3 个单国模型，说明了其部门划分、供给面和生产面的函数类型、数据来源、假设以及主要模拟结果等。Ko 和 Ito（2017）利用多区域、多部门的可计算一般均衡模型，在宏观经济层面上对日韩自由贸易协定（FTA）下两国农业的潜在经济影响进行了量化评估。Piermartini 和 Teh（2005）综述了关于乌拉圭回合谈判的 5 个 CGE 模型，以及基于 GTAP 数据库下关于多哈回合谈判的 8 个模型。

1.3.3 CGE 模型在财政税收中的应用

财政政策也是 CGE 模型研究的重要领域，主要集中于对税收政策的分析，其他则是对包括补贴在内的政府支出政策的分析等。在很多发展中国家，食品补贴在政治经济中发挥着重要的作用，这方面的例子有很多，如 Esmaeili 等（2013）使用 CGE 模型调查了替代性粮食补贴改革对伊朗的生产、外贸、家庭福利和政府支出的影响。

以研究美国税制改革的 GEMTAP 模型（Ballard et al.，1985）为例，税收 CGE 模型主要考虑税制改变、税收扭曲、具体税收系统的结构特征，以及税制变化对福利得失的影响等。多数发达国家的税收政策 CGE 模型属于耶鲁学派。一些欠发达国家的政策分析者也追随耶鲁学派，尤其是追随美国第一代税收 CGE 模型，如研究墨西哥 1980 年税改的 MEGAMEX 模型（Kehoe & Serra-Puche，1983；Bandara，1991）。表 1-4 列举了一些关于财税政策的 CGE 模型。

表 1-4 财政税收 CGE 模型

研究者	供给面		需求面		基年	政策模拟
	生产函数	部门数（个）	需求函数	部门数（个）		
庞军和李戈（2023）	嵌套的 Leontief 和 CES 函数	23	C-D 效用函数	2	2017 年	中国碳税模拟
段梦和娄峰（2022）	Leontief 函数	26	线性函数	2	2007 年	房地产税制改革
杨新吉勒图等（2021）	嵌套的 CES 生产函数	42	线性支出系统（LES）	2	2012 年	增值税改革
李毅等（2021）	CES 函数	11	C-D 效用函数	2	2017 年	中国碳税模拟
刘磊和张永强（2019）	嵌套的 Leontief 和 CES 函数	42	C-D 效用函数	10	2015 年	增值税改革
Ballard 等（1985）	嵌套的 Leontief 和 CES 函数	19	从嵌套的 CES/C-D 效用函数导出	16	1973 年	所得税调整

税收 CGE 模型源于 Harberger（1962）建立的用于分析美国公司和资本收入所得税的两个部门（公司部门和非公司部门）一般均衡模型，随后的税收 CGE 模型都带有 Harberger 模型的特点。Fullerton 和 Ta（2017）也对运用 CGE 模型进行税收政策分析做出了重要贡献，为了帮助经济学一年级或二年级的研究生应用其理论训练，设计了一个如何使用计算机解决问题的简单而直观的 CGE 模型，并展示了如何同时解决资本和劳动力价格（在收入来源方面的发生率）、两种产出价格（在使用方面的发生率）、整体福利损失的确切措施，如等值变化、超额负担和边际超额负担等。Radulescu 和 Stimmelmayr（2010）本着 Harberger 的精神，运用一个动态的 CGE 模型估算出德国企业和非企业部门之间的资本分配中由税收引起的扭曲所产生的过度负担。袁嫣（2013）构建相互嵌入式的模型，定量探析碳关税对我国对外贸易、总体经济、生态环境、不同省份经济的影响。

庞军和李戈（2023）使用中国多部门 CCE 模型来模拟碳税在排放端和燃料端的两种计税依据，分析了在不同计税依据下实施碳税政策对我国宏观经济、能源消费、碳减排、行业产出及进出口的影响。李毅等（2021）通过 CGE 模型系统地分析了在不同水平下碳税征收对能源—经济—环境系统的影响，进而揭示出碳税政策的实施能否实现环境保护与经济发展的双重红利效应。刘磊和张永强（2019）构建 CGE 模型模拟分析了 2019 年 4 月实施的增值税减税政策对宏观经济及各行业的影响。段梦和娄峰（2022）构建中国房地产税收 CGE 模型，比较分析了不同房地产税制改革方案对我国国民经济及居民收入分配的影响。杨新吉勒图等（2021）构建了地区增值税 CGE 模型，模拟了分析增值税改革对地区产业，尤其是对战略性新兴产业和高耗能产业的影响。王亮和黄德林（2019）结合当前国际贸易形势，采用标准 GTAP 模型分析了关税调整和贸易便利化提升对中日韩各国的经济影响。张衍斌和李洪心（2017）在跨境电商进口税收新政被暂缓执行的背景下，构建 CCE 模型模拟分析了跨境电子商务进口税收新政对政府税收及不同年龄段居民消费的影响。

1.3.4 CGE 模型在低碳转型中的应用

在评价低碳转型的 CGE 模型中，一个应用较早且最为广泛的模型是 GREEN 模型（General Equilibrium Environmental Model），详细情况可参考 Lee 等（1994）和 Burniaux 等（1992）的文献。麻省理工学院（MIT）全球变化联合研究项目①的 EPPA（Emissions Prediction and Policy Analysis）模型就是在 GREEN 模型的基础上建立的。另一个著名的分析全球温室气体减排的 CGE 模型是 McKibbin 和 Wilcoxen（1999）开发的 G-Cubed 模型（Global General Equilibrium Growth Model）②，并应用于京都议定书框架下不同国家二氧化碳（CO_2）减排问题的研究（McKibbin & Wilcoxen，1999，2004）。在气候变化领域，侧重于研究农业问题的一个较好模型是 FARM 模型（Future Agricultural Resources Model）（Darwin，1995；Darwin et al.，1996）。FARM 模型由地理信息系统（GIS）和一个 CGE 模型组成。GIS 包含 12 个区域，链接气候变量与水土资源，用于估计由于海平面上升导致的土地减少。CGE 模型包含 8 个地区，链接水、土等基本生产要素以及贸易和商品消费，可用于估计福利损失。Darwin 和 Tol（2001）用 FARM 模型研究了海平面上升对全球经济的影响。表 1-5 列举了一些关于低碳转型的 CGE 模型。

---

① 可参见 http：//web. mit. edu/globalchange/www/。

② 可参见 http：//www. gcubed. com/或 http：//msgpl. com. au/。

表 1-5 低碳转型 CGE 模型

研究者	供给面		需求面		基年	政策模拟
	生产函数	部门数（个）	需求函数	部门数（个）		
张宁等（2023）	嵌套的 Leontief 和 CES 生产函数	22	Leontief 函数	2	2017 年	可再生能源绿证交易机制模拟
袁永科等（2022）	Leontief 生产函数和 CET 函数	14	C-D 函数	2	2017 年	关键部门碳市场减排策略
林泽伟等（2022）	嵌套的 Leontief 和 CES 生产函数	33	C-D 函数和 CES 函数	2	2017 年	碳控制政策模拟
瞿小松等（2017）	CES 函数	14	线性支出系统（LES）	5	2007 年	不同交易模式下的全球减排效率
崔连标等（2014）	嵌套的 Leontief/C-ES 生产函数	22	嵌套的常差弹性（CDE）/CES 函数	2	2007 年	减排贡献原则下 GCF 分配效果
Burniaux 等（1992）	嵌套的 Leontief/C-ES 函数	11	嵌套的 ELES/Leontief/CES 函数	4	1985 年	碳税、能源税和交易许可的改革

其他模型还有如 Nordhaus（1992）的 DICE 模型（Dynamic Integrated Model of Climate and the Economy），以及 Nordhaus 和 Yang（1996）的 RICE 模型。DICE 模型相对简单，并且有详细的文档说明。Nong 等（2021）采用全球气候变化政策模型（GTAP-E-Power）来研究当只有二氧化碳排放与非二氧化碳温室气体排放额外需缴税的情况相比，使用 15 美元统一碳税的影响有什么不同。

许多包含环境税的应用模型大都是 CGE 类型的模型，其中对能源问题有较为详细的描述（Arikan & Kumbaroğlu，2001），如 Li 等（2021）构建 CGE 模型，用于评估中国最新的环境税政策。另外，政府间气候变化专业委员会（Intergovernmental Panel on Climate Change，IPCC）① 第三工作组的网站上②也有关于研究

① 可参见 http：//www. ipcc. ch/。

② 可参见 http：//sres. ciesin. org/OpenProcess/htmls/source_ tbl. html。

气候变化问题 CGE 模型的丰富信息。

在能源方面，Meng 等（2018）设计了一个整合电力供应的 CGE 模型，以衡量国家排放交易计划（ETS）对澳大利亚能源部门以及社会的经济影响。模拟结果显示，ETS 可以有效地减少排放，而且对整体经济的影响相对较小。但是，ETS 对个别行业的影响不同。风力发电预计将大大受益，而褐煤发电和天然气发电预计会受到严重影响。令人惊讶的是，其对黑煤发电的影响是负面的，但相对较小。

Beckman 等（2011）采用了一种新的方法来验证一个广泛使用的全球 CGE 模型—GTAP-E。通过比较模型生成的石油价格分布方差（由模型的历史需求和供应冲击驱动）和观察到的 5 年移动平均价格分布，得出了 GTAP-E 中的能源需求在这个中期范围内价格弹性太大的结论。在纳入最新的能源需求和供应弹性的计量经济学估计后，Beckman 等重新审视验证问题，发现模型的表现更加令人满意。作为进一步的检查，还比较了一个确定性的全球一般均衡模拟，该模拟基于 2001~2006 年的历史同样提出此期间石油价格急剧上升，全球能源需求不断增长的问题。正如随机模拟所预期的那样，修订后的模型参数在这个全球一般均衡的背景下比 GTAP-E 参数表现得更好。

关于该领域 CGE 模型的综述。张宁等（2023）构建了具有电力部门细分特征的中国“能源—环境—经济”递推动态 CCE 模型，模拟了在可再生能源电力消纳保障机制框架下实行强制性绿证交易的经济影响。袁永科等（2022）通过构建 CGE 模型比较基准情景、红利情景、替代情景、混合情景等碳市场减排策略的作用效果，同时分析不同碳市场情景对碳排放、经济增长、社会福利、清洁行业产出以及清洁行业消费的影响，并构建指标体系对此进行综合评价，得出优化的碳市场减排策略。林泽伟等（2022）通过构建国家—陕西两区域 CGE 模型，设计基准情景和三个减排情景，评估“碳达峰”目标的倒逼机制作用对宏观经济及产业部门的影响。瞿小松等（2017）利用一个动态 CGE 模型对《巴黎协定》所采用自主贡献方案下的全球温室气体减排效果进行分析，并比较了不同交易模式下的全球减排效率。徐晓亮等（2015）构建动态递归 CGE 模型，采用 GAMS 软件以 2%、5%和 10%的税率区间分析煤炭资源税改革对行业发展、资源效率和减排的影响。崔连标等（2014）采用环境版全球贸易分析模型（GTAP-E）定量分析了 GCF 分配方案对各国的经济环境影响。张友国（2013）用一个简单的理论框架比较了碳排放强度约束和总量限制的绩效，并进一步结合 CGE 模型和蒙特卡洛方法模拟了要素能源替代不确定情形下这两种约束对中国经济总量、碳排放总量、破排放强度及边际碳减排成本的影响。

1.3.5 CGE模型在土地利用中的应用

1.3.5.1 土地利用变化CGE模型

土地利用变化相关的CGE模型，也是被众多学者广泛探讨的模型，如汤娜（2019）基于土地利用优化、土地利用碳排放、可持续发展、一般均衡理论相关理论基础，对陕西省近8年土地利用状况及土地利用碳排放量进行了分析，通过建立凸显土地利用与碳排放的陕西省CGE模型，研究不同碳排放约束下各类型用地的数量变化及各类型用地数量变化对部门产值及宏观经济的影响，并对2020年及2030年各类型用地数量进行预测。

Simola（2015）研究认为在土地利用CGE模型中对密集边际的不充分处理可能会产生误导性的结论和错误的政策建议。朱光明（2012）综合运用城市地理学、土地规划学、GIS空间分析、CGE模型等相关理论和方法，以地理学"格局—过程—机理—优化"的研究思路，在综合考虑长春市经济社会发展和土地资源约束的前提下，识别长春市土地利用的基本格局，分析土地利用结构变化过程和变化机理。马晓哲等（2019）采用气候变化综合评估模型GOPer-GC模型，构建国际碳税情景，模拟分析了2008~2050年碳税政策的实施对全球各区域农业土地覆被及土地利用变化碳排放的影响。

Weng等（2019）利用CGE模型，增加了一个土地分配模块，并设计了一个场景方法来模拟不同的土地使用管理模式。Bai等（2021）采用了可计算的土地利用变化一般均衡模型（CGELUC）来模拟土地利用变化，然后用动态土地系统（DLS）模型对张掖市三种发展情景下2015~2030年的土地利用变化进行空间化处理。Matsumoto（2019）使用CGE模型和土地利用模型，评估了区分气候和森林政策选择的四种情景，并评估了到2030年同时实施这两种政策的有效性。杨燕萍（2013）在对一般均衡理论和生态用地服务功能及价值研究的基础上，通过编制嘉峪关市生态用地社会核算矩阵，构建包含生态用地账户的可计算一般均衡模型，并以2007年为基准年，对嘉峪关市生态用地变化和经济发展进行分析。Helming和Tabeau（2018）评估了在将欧盟（EU）共同农业政策（CAP）的第一支柱预算削减20%，并将节省下来的资金用于初级农业劳动力补贴的情况下，所产生的对欧盟经济、环境和农业土地利用的影响。Abdula（2006）应用国际食物政策研究所（International Food Policy Research Institute，IFPRI）的标准 CGE 模型对土地利用变化和生物能源问题进行研究，其中有对农业和林业，尤其是农业土地利用变化的详细设定和描述。

另外，Stenberg 和 Siriwardana（2007）综述了 9 个应用于森林相关政策的 CGE 模型，并说明目前用于这方面研究的 CGE 模型还处于早期阶段。表 1-6 列举了一些关于土地利用的 CGE 模型。

表 1-6　土地利用 CGE 模型

研究者	供给面		需求面		基年	政策模拟
	生产函数	部门数（个）	需求函数	部门数（个）		
马晓哲等（2019）	嵌套的 Leontief/CES 生产函数	14	嵌套的常差弹性（CDE）/CES 函数	2	2007 年	碳税政策对农业土地利用变化碳排放的影响
汤娜（2019）	嵌套的 CES 生产函数	6	线性支出系统（LES）	6	2012 年	碳排放模拟
杨燕萍（2013）	嵌套的 Leontief/CES 生产函数	14	线性支出系统（LES）	2	2007 年	嘉峪关市生态用地变化和经济发展
Stenberg 和 Siriwardana（2007）	嵌套的 Leontief/CES 生产函数	8	线性支出系统（LES）	9	1990 年	森林保护 25 年计划的四个政策
Kim 等（2006）	嵌套的 Leontief/CES 生产函数	5	线性函数	5	1995 年	绿地、工业和商业用地变为居民用地对经济指标的影响

1.3.5.2　模型对土地要素的处理方法

在 CGE 模型分析中，最重要的是如何在模型中引入土地要素。土地是基本的生产要素，具备其自身的特点。第一，土地不像劳动力与资本，它具有地理位置上的固定性。第二，除农业土地转为非农业土地以外，农业生产土地异质性也应当作为重要问题被纳入模型中。由于土地具备异质性，一片土地的产出取决于土地类型、灌溉条件、气候条件等，在一定的劳动力、资本投入下，这些因素会对具体农作物的收获产生影响，因而对其所影响的相关经济活动起决定性作用。

因此，在建立关于农业和土地利用CGE模型时，必须考虑土地异质性带来的供给约束。若模型以土地同质为基础，由于没有将农业、气候等因素纳入考量，会过分强调供应对价格的反映程度。CGE模型的窍门是描述这些约束的本质，而不需要开发一个分地区和土地类型的农业生产模型（Hertel，2002）。Hertel和Tsigas（1988）把农业土地的供给看作是固定的，土地类型包括食品谷物、饲料谷物、油料作物和其他农业土地，不同作物供给面积的大小依赖于土地相对租金的变化，并用CET函数描述一种土地类型向另一种土地类型的转变。Hertel（2002）认为，CGE模型中对土地的处理，最简单的或许是Hertel和Tsigas（1988）所使用的方法，他们设定了一个转换函数，把总的农业土地作为投入并根据相对租金的不同设定不同的用途。描述农业土地异质性的另一种方法涉及区分土地类型和土地利用，在这个框架下，土地市场的均衡牵涉任何给定类型土地的税后收益率相等。但是，假设不同土地类型对于给定作物的生产具有不完全替代性，将会存在不同的土地类型具有不同的租金率问题。

Cattaneo（2002）认为，第一种方法是根据不同用途的土地类型划分土地市场，这种方法暗含土地生产活动要么是完全替代的，要么就是根本不可替代的。第二种灵活的方法是区分土地类型和土地利用，但土地类型在给定作物的生产中具有不完全替代性。以上两种方法中，假设具体的一种土地在不同的土地利用中具有相同的租金。第三种方法是根据Hertel和Tsigas的研究（1988），设定一个转换函数，把总的土地作为输入，并根据转换弹性和相对租金把其分为不同的用途。

在土地要素的处理方法上，Fujimori等（2014）比较了CET和Logit函数在未来情景中的作用，并评价了CET对土地使用面积的影响。蒋庭松等（2004）假设土地不是非农业部门的生产要素，农业各部门的土地供给由CET函数决定，它依赖于居民的土地禀赋、每个部门土地的相对价格以及转换弹性。土地的不完全流动性反映了土地利用的自然限制和政策限制。Wong（2003）基于GTAP模型，构造了一个含有9个区城、6个部门的全球CGE模型，用于分析气候变化所引起的生态和经济问题。关于土地利用的问题大多将土地视为一种具有异质性的生产要素，如Chitiga和Mabugu（2008）使用了一个CGE模型和一个微观模拟模型，以量化土地再分配在贫困、不平等和生产方面的影响；Ferreira等（2014）使用与2005年巴西I-O表校准的区域间、自下而上的动态一般均衡模型，分析了巴西乙醇生产扩张的间接土地利用变化（ILUC）效应。

综上所述，可以看到在 CGE 模型中，土地要素涉及土地的不可流动性、异质性和替代性等问题，其处理方式大致可以分为以下几种：①一种较为简便的方法，即按照土地利用方式的不同将土地市场进行分类，该方法隐含着土地的生产活动只有完全替代和完全不可替代两种；②采用由下到上的方法。利用 CES 函数，土地类型在给定作物的生产中具有不完全替代性；③采用由上到下的方法，运用 CET 函数，将总的土地利用加入模型中，并按各部门间的土地相对价格、转换弹性等进行合理配置。

一般情况下，根据所描述的经济系统以及所要分析问题的侧重点不同，资源环境因素纳入 CGE 模型的方式也各不相同，很难概括出适合分析所有资源环境问题的统一方法。例如，在分析污染控制问题的 CGE 模型中，生产者和消费者的最优行为在某种程度上将受到污染排放控制政策的影响。图 1-3 描述了污染—生产之间的相互作用，图中的上、下虚线内两部分分别表示生产过程中由环境问题导致的外部成本和内部投入成本的变化。

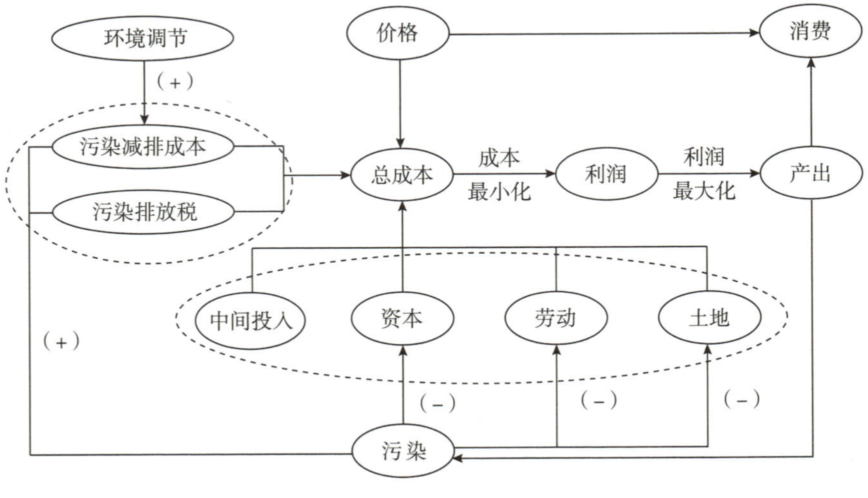

图 1-3 污染—生产之间的相互作用

资料来源：根据 Xie 和 Saltzman（2000）整理，略有改动。

图 1-4 所示的经济—环境相互作用基于物质平衡原则，环境系统在其中扮演两个角色：一是作为生产和消费原材料的提供者；二是作为生产和消费所产生污染物的容器。但环境容量是有限的，当超过限度时，就会导致污染和环境退化。这些也可以在 CGE 模型中考虑。

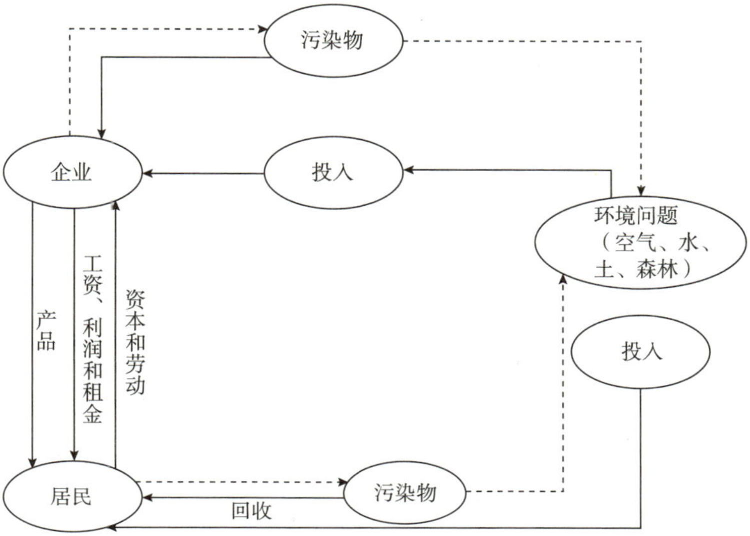

图 1-4　经济—环境系统

资料来源：http：//www. unescap. org/。

另外，在许多国家和地区，由于之前的经济发展过程中忽略或较少考虑资源环境问题，当经济发展到一定程度时，资源环境问题就变成制约该国经济快速、健康发展的瓶颈。当前，中国政府处在资源紧缺、环境压力沉重的特殊时期，构建符合中国国情以及相关政策背景的 CGE 模型，并在此基础上对各项资源环境政策进行经济评价，是中国环境经济研究的一项重要课题。

1.3.6　CGE 模型在收入分配中的应用

CGE 模型通常用于模拟外生冲击和政策变化对社会经济系统的影响，尤其是对收入分配的影响（Decaluwe et al.，1999）。在 20 世纪 60 年代和 70 年代早期，快速的经济增长和结构变化没有减少贫困，大批低收入者没有从发展中国家的快速发展中受益，这引发了在 CGE 框架下进行收入分配的研究（Bandara，1991）。在一般均衡框架下研究收入分配和贫困的常用方法有两种：一是构建含有代表性居民的标准 CGE 模型并比较每组代表性居民的收入和福利变量；二是为每个社会经济组建立允许进一步进行收入分配和贫困分析的方程（Decaluwe et al.，1998）。

这方面的代表性研究是 Anderson（2020），其对 CGE 模型中关于贸易自由化对发展中国家收入不平等和贫困的影响证据进行了系统的回顾。证据有力地表明，贸易自由化倾向于减少贫困，但更可能增加不平等而不是减少不平等。Phimmavong 和 Keenan（2020）使用一个自上而下的宏观微观经济模型框架来评估老挝的种植园发展政策对贫困和不平等的影响，结果显示，福利和不平等会增加，而贫困发生率会下降。这些结果可用于改善经济发展和扶贫的政策。

李宝峰等（2023）通过构建税收 CGE 模型，编制 2018 年中国社会核算矩阵，从收入端和消费端两个方面对增值税税负归宿与调节收入分配效应进行了分析。孙晔和吕康银（2019）通过动态可计算模型模拟获得人口老龄化对于宏观商品以及要素价格的影响效果，基于我国人口老龄化分布的区域性特征，利用自上而下且自下而上的循环链接方式将宏观经济变量链接到家庭微观模拟模型中，利用收入不平等指标阐述不同区域间人口老龄化对于收入不平等的影响。

表 1-7 列举了一些关于收入分配的 CGE 模型。例如，解垩（2017）假设增加的公共转移支付有两种筹资方式使财政收支保持平衡，一种筹资选择为增加家庭和企业的直接税，另一种筹资选择为增加家庭和企业的间接税，并使用计量估计的微观模拟模型与可计算一般均衡模型相结合的自上而下和自下而上的方法，评估公共转移支付增加对收入不平等和贫困的效应。Savard（2005）在进行收入分配和贫困问题的研究中，用了两类 CGE 模型方法：一是传统的代表性经济主体（Representative Agent，RA）方法，RA 根据教育水平分为 7 组；二是带有很多居民家庭的微观模拟（Microsimulation，MS）方法。Nguyen（2020）利用动态 CGE 框架，研究了贸易自由化对越南不同家庭群体之间收入分配的影响。庞军等（2020）通过构建包含 7 个城镇居民组和 5 个农村居民组的多收入阶层 CGE 模型，在低税率、实际税率和高税率三种情景下模拟了煤炭、石油和天然气资源税改革单独实施和同时实施对城镇和农村居民的收入分配效应，并对税收补偿措施的效果进行了分析。

表 1-7　收入分配 CGE 模型

研究者	供给面		需求面		基年	政策模拟
	生产函数	部门数（个）	需求函数	部门数（个）		
李宝峰等（2023）	嵌套的 Leontief 和 CES 生产函数	75	线性支出系统（LES）	2	2018 年	增值税调节居民收入的效应

续表

研究者	供给面		需求面		基年	政策模拟
	生产函数	部门数（个）	需求函数	部门数（个）		
庞军等（2020）	嵌套的Leontief和CES生产函数	23	C-D效用函数	13	2012年	能源资源税改革对收入分配的影响
孙晔和吕康银（2019）	嵌套的Leontief/CES生产函数	14	Stone-Geary效用函数	3	2010年	不同区域间人口老龄化
解垩（2017）	一般的CES生产函数	17	线性支出系统（LES）	1	2012年	公共转移支付调整
Savard（2005）	文章未具体交代	20	C-D效用函数或LES	19	1997年	关税调整
Adelman和Robins-on（1978）	嵌套的C-D/CES生产函数	29	线性支出系统（LES）	15	1968年	26种政策对收入分配的不同影响

1.3.7 CGE模型在其他领域中的应用

CGE模型不仅在贸易、财税等传统问题中有着广泛的应用，近年来在非传统领域中也取得了快速的发展。例如，对公共卫生和环境健康的经济评价，区域经济发展问题，以及旅游、交通、教育，甚至对战争问题也有相关的分析。

1.3.7.1 公共卫生和环境健康经济评价

近年来，健康逐渐成为CGE模型所关注的热点问题，如艾滋病、SARS（Severe Acute Respiratory Syndrome）等公共卫生问题，以及环境健康经济评价等。以下是一些模型的具体情况：

Cui等（2023）使用全球动态多区域可计算一般均衡（CGE）模型，科学计量由COVID-19导致的劳动生产率下降及其对世界各国实际GDP、社会福利、投资和居民消费的影响，还计算了疫情在不同国家造成的宏观经济损失，并从生命和经济两个维度比较分析不同地区的防疫成效。结果表明，劳动报酬在初始要素分布中的比例越高，经济损失越大，发达国家可能比发展中国家遭受的损失更大；COVID-19对全球劳动力市场产生重要负面冲击，致使劳动生产率大幅下降。

Liang（2021）使用了 CGE 模型来研究不同劳动力损害情况下的农业生产、贸易和价格的变化。结果显示，在疫情被当地控制的情况下，农业生产受到的影响较小。与全国蔓延的情况相比，地方疫情的情况对中国粮食安全的影响较小，这表明中国对疫情的政策是有效的。虽然疫情影响下的劳动力短缺对中国的影响相对有限，考虑到中国的粮食安全，应该关注疫区农产品的增加和农产品贸易的变化。疫区居民无法有效获得营养食品，影响了他们的健康。因此，政府也应该充分调动农业资源来保证居民的饮食健康。

Dixon 等（2004）用递归动态 CGE 模型研究了卫生保健干预方法对博茨瓦纳的艾滋病问题。卫生干预包括减少其他性传播疾病从而降低艾滋病感染的可能性和采用大众传媒方式的健康教育计划以减少新的感染者。模型的原型是国际食物政策研究所（IFPRI）的标准 CGE 模型（Lofgren et al.，2002），嵌入了一个分区的传染病模型，它使传染病对劳动供给的影响通过死亡率而内生化。此外，还进行了 6 种不同的模拟，包括由艾滋病导致的劳动力减少、政府卫生保健费用的上升以及结合两种干预措施等问题。

Arndt（2006）基于动态 CGE 模型研究了莫桑比克艾滋病问题对经济的影响。该模型包括 19 个生产部门、6 种基本要素（非农业技术人员、熟练和不熟练劳动力；农业熟练和不熟练劳动力；资本）和城乡两类居民家庭，认为艾滋病影响经济增长的方式有三种：一是生产率的增长；二是人口、劳动力和人力资本积累；三是资本积累。总的来说，前两个是影响劳动力的质和量，后一个则通过居民和企业的储蓄率变化而受到影响，这是因为模型是储蓄驱动的（Saving-Driven）。Rutten 等（2003）也认为，流行病的典型特征包括：一是减少不同熟练类型劳动力的供给，降低要素的生产率；二是提高居民和政府在医疗保健上的花费，从而导致在其他方面的消费和储蓄量的减少。

Wolkinger 等（2018）认为在城市客运中实施低碳政策，通过增加体力活动和改善空气质量，可以在近期内为居民带来健康的共同利益。然而，在决策过程中政府往往没有考虑到共同利益和相关的成本减少，这可能是因为它们不容易捕捉。在一个跨学科的多模型方法中，Wolkinger 等解决了这个问题，他们调查了三个城市因气候减缓政策而增加体育活动和改善空气质量所带来的共同利益。在方法上，将交通建模工具、交通排放模型、排放扩散模型、健康模型和 CGE 模型联系起来，以分析三种气候变化缓解方案。研究表明，高水平体育锻炼会减少由于采取缓解措施而接触污染物的可能，大大降低了发病率和死亡率。

Zhang 等（2021）利用综合建模框架，结合当地空气污染物排放清单和已发布的政策文件，定量评估了中国快速发展的内陆省份四川的空气质量和深度碳减排的共同效益的现状和目标。结果表明，省级碳减排可以带来空气质量和健康效益的显著提升。以空气污染或碳减排为导向的政策对改善环境质量和公众健康都很重要。

综上所述，健康问题纳入 CGE 模型的思路一般有以下几种方法：一是通过健康问题引起的劳动力数量或劳动生产率的变化；二是通过由健康问题所引起的医疗服务费用的增加，这种花费可以是居民的也可以是政府的，或者是政府和居民共同负担的；三是既考虑劳动力又考虑医疗保健费用支出的变化。

1.3.7.2 区域经济问题

Kim 和 Kim（2003）建立了一个韩国的多区域 CGE 模型，用来研究大城市发展对经济增长和收入分配的影响。其模型把生产分为 14 个区域：6 个大城市（首尔、釜山、大丘、仁川、光州和大田）和 8 个省，把居民分为 10 个不同的收入组。结果表明，如果国家的发展侧重经济增长的同时致力于减少地区收入差距，把总投资分散到 6 个大城市是最好的政策选择。

袁永娜等（2012）构建 30 个省份的 CGE 模型，模拟分析了碳排放许可的强度分配标准对我国区域经济协调发展的影响。结果表明，按行业属性设定强度分配标准，会加剧区域经济发展不平衡状况；按区域经济发展水平设定强度分配标准，对区域协调发展的影响较小，但会对高排放行业造成较大的冲击。

Kim 和 Kwon（2023）估算了野火损害对韩国区域经济的影响，为韩国建立了一个综合灾害经济体系。该系统由东部山区（EMA）和韩国其他地区的区域间可计算一般均衡（ICGE）模型、贝叶斯野火模型、交通需求模型和旅游支出模型四个模块组成。其中，ICGE 模型是连接到其他三个模块的核心模块。该研究有助于在自下而上的灾害影响分析系统中发展宏观和微观空间模型之间的定量联系，将区域经济模型与基于地点的灾害模型以及旅游和交通需求结合起来。

Filippo 等（2021）利用空间数值一般均衡模型，探讨了欧洲联盟区域的经济弹性，主要分析了欧洲联盟区域在三种不同的经济衰退冲击下的弹性，每种冲击都会引发不同的经济调整和机制；同时还衡量了区域的脆弱性、抵抗力和可恢复性，并确定影响区域抵御和从意外外部冲击中恢复能力的关键区域特征。分析表明，区域响应随外界扰动的性质和震前区域特征而变化。此外，似乎韧性还取决于要素流动性。

Li 等（2015）考察了能源消费总量控制政策和能源配额分配方案对中国区域经济的影响，采用动态可计算一般均衡（CGE）模型分析了 30 个省级行政区不同公平和效率权重的能源配额分配方案的影响。结果表明，效率优先分配方案成本最小，但扩大了区域收入差距，而公平优先分配方案和基于强度目标的分配方案的结果相似，均与效率优先分配方案的结果相反。效率优先与公平优先的配置方案更具可行性，能够均衡地带来区域经济损失，防止能源相关产业大规模跨区域迁移。

李科等（2008）构建了一个区域可计算一般均衡模型（CGE），揭示了区域经济体的运行特征，为分析区域经济体的经济增长、生产要素的价格或结构变动等提供了一个分析框架；在模型的理论框架中，作者详细分析了区域 CGE 模型各个模块的构建思想及对应的主要方程，并从财税、贸易等方面分析了其特性；运用 CGE 的原理构建了区域 CCE 模型的整体框架和对应的社会核算矩阵；结合 CCE 模型分析了油价波动的不同涨幅对湖南省实际 GDP 总量和重点行业发展的影响。

总体而言，CGE 模型在区域经济分析中提供了一个综合性的框架，能够同时考虑多个经济要素之间的相互关系，可以用于评估区域内各种经济政策对产业结构、就业、收入等方面的影响，研究区域内产业结构的变化、规划和评估区域发展战略等，为政策制定者和研究人员提供有力的工具来分析和理解区域经济的相关问题。

1.3.7.3 旅游、交通、教育等

Ji（1999）用 CGE 模型研究了公共教育投资对教育平等和地区人力资源增长的影响。吴先华等（2020）采用动态 CGE 模型，从疫情灾害直接影响制造业、交通行业和服务行业，减少进出口贸易及劳动力等方面入手，并考虑国际形势的动态变化，测算了疫情的综合经济损失的动态影响趋势。Gonseth 和 Vielle（2019）创建了一个旅游部门，通过构建多区域（即国际）可计算一般均衡（CGE）模型，利用未来积雪的气候变化情景，分析了它们对瑞士滑雪产业的影响。庄序莹和侯敬雯（2012）探究高铁与公路建设的经济效益问题，在一般均衡理论的框架下，构建了符合我国当前经济现状的 CGE 模型。经过模拟分析，发现高铁、公路投资的增加对经济体具有显著的正向作用，符合经济效益原则。相比更为完善的公路建设状况，铁路的投资具有更大的乘数效应，由此证实了当前

政府大力推动高铁建设对经济的拉动作用，并对高铁投资的较高乘数效应做了经济学解释。表1-8列出了一些其他领域的CGE模型。

表1-8 其他领域CGE模型

研究者	供给面		需求面		基年	政策模拟
	生产函数	部门数（个）	需求函数	部门数（个）		
Kim等（2023）	嵌套的Leontief和C-D生产函数	12	C-D效用函数	2	2013年	野火损害对区域经济的影响
吴先华等（2020）	嵌套的Leontief/CES生产函数	19	CES效用函数	6	2000年	疫情的综合经济损失
Gonseth和Vielle（2019）	嵌套的CES生产函数	28	嵌套的CES效用函数	1	1951年	气候变化对瑞士冬季旅游业的影响
吴先华等（2018）	嵌套的Leontief/CES生产函数	8	C-D效用函数	5	2012年	恢复力在减少灾害损失中的作用
Berg（2007）	嵌套的Leontief/CES生产函数	21	嵌套的CES消费函数	24	1998年	带有详细居民交通需求子模块的扩展EMEC模型
Ji（1999）	嵌套的Leontief/C-D生产函数	5	C-D效用函数	5	1993年	公共教育支出调整

Rokicki等（2021）应用一个区域动态CGE模型来衡量波兰NUTS2地区大型交通基础设施投资的影响。Schaefer和Jacoby（2005）对气候政策评估中的交通技术问题进行了研究，Berg（2007）则用一个包含居民交通需求子模型的CGE模型研究了瑞典温室气体减排的社会成本。Steininger和Friedl（2007）用CGE模型研究了基于行车里程的汽车收费对环境、经济和社会可持续发展的影响。O'Rourke（2007）用一个简单的CGE模型分析了1807~1814年拿破仑战争期间实行的禁运和封锁对法国、英国和美国的影响，令人吃惊的结果是，损失最大的

不是对战双方，而是处于中立的美国。

1.3.8 总结

综上所述，CGE 模型自产生以来，逐渐得到广泛的认可和赞同，无论是在发展中国家还是在发达国家，其应用都非常广泛，几乎涉及经济问题的各个方面和层次。模型可以小到城镇、大到全球，从静态到动态、从简单到复杂、从单国/区域到多国/区域、从传统领域到新兴领域，无一不体现着 CGE 模型的活力和强劲发展势头。我们有理由相信，随着 CGE 模型建模技术的改进和数据支撑的加强，其应用领域和深度会进一步扩展和加深。

虽然针对具体问题的模型在某些方面有不同的设定，但典型 CGE 模型有一些共同特征，这些特征包括：①经济的完全竞争假设，并对经济主体的行为进行设定。一般假设生产者在技术约束下追求利润最大化，而消费者在预算约束下追求效用最大化，并根据研究目的对生产部门和居民类型进行划分，模型结构应能够较好地描述现实经济的特征。②对生产技术进行设定。规模报酬不变（Constant Returns to Scale）通常是合理的假设（Varian，1992）。生产函数一般采用嵌套的 Leontief/CES 或 Leontief/C-D 函数，其中，附加值函数通常采用 CES 函数或 C-D 函数，中间投入采用 Leontief 函数，而 Stone-Geary、C-D 或 CRESH 函数常应用于居民需求（Gilbert & Wahl，2002）。③贸易的 Armington 假设，即生产于不同地区的同类商品具有不完全替代性，Armington 弹性值的大小说明了国内商品和国外商品替代程度的高低，短期模型中通常采用较小的值，长期模型中通常采用较大的值（Fraser & Waschik，2005），进口替代一般采用 CES 函数描述，出口转换一般用 CET 函数描述。应用 Armington 假设的原因是多方面的：一是当进口为完全互补时，贸易政策的任何变化不会对经济结构产生大的直接影响（Gelan，2002）；二是使模型的参数校准相对容易（Shoven & Whalley，1984）。④需求函数通常采用扩展/线性支出系统（Extended/Linear Expenditure System，E/LES），但也可采用 C-D 或 CES 效用函数。⑤贸易的小国假设，假设一国或地区某种商品的需求或供给不会影响该商品的世界价格。⑥常采用汇率或消费者价格指数（Consumer Price Index，CPI）作为价格基准（Numeraire）。尤其重要的是，诸如弹性值等关键参数的确定、函数形式的选择（Bohringer & Vogt，2003），以及闭合规则的设定都会对模型结果产生重要影响。

另外，CGE 模型在广泛应用的同时，也受到一些方面的质疑。首先，模型在从非均衡到满足均衡条件的过程中，没有交易费用的产生，不经任何中介状态。好像是在均衡发生之前所有的经济主体都不做任何决策，这与经济现实不符（Borges，1986）。其次，在数据上，CGE 模型用一个时点的社会核算矩阵（Social Accounting Matrix，SAM）确定大部分参数，而不是用计量经济学方法确定，也没有相关的参数检验，具有很大的不合理性（McKitrick，1996，1998），更有甚者说 CGE 模型是"垃圾进，垃圾出"（Garbage In，Garbage Out）。再次，一些关键参数如 Armingtcn 弹性等替代弹性值不易获取，有时不得不采用文献中的数据或猜测（Beet Guest）的方法确定，这对模型的结果影响较大。最后，受数据限制的缘故，只能使用比较简便的函数形式，故无法较为精确地反映经济状况。

第2章　投入产出表中的价格关系与模型

2.1　投入产出表与模型

2.1.1　投入产出表

投入产出表是用来刻画各产业间的经济活动及其相互联系的一种统计表，它是以投入产出模型为依据的。要深入了解投入产出表，首先要了解它的基本结构。在投入产出表中，行表示产品的产出和分配使用去向，列表示生产过程中的投入和构成。投入产出法是对整个国民经济以生产不同的产品进行部门的划分，进而在行业间更好地反映出国民经济的整体状况。根据表2-1，可以把国民经济分为6个部门，即工业、农业、建筑业、商业饮食业、其他服务业以及运输邮电业。投入产出表曾经采用实物型的方式，使用长度、重量等计量单元，能够有效规避价格和价值偏差等因素对投入结构的影响，更能客观地反映出产品生产中的技术关联。然而，实物型投入产出表只能进行横向累积，而不能进行纵向累积，限制了其在国民经济整体均衡分析中的应用。在计算各类货物和劳务的经济产出时，采用的办法是将这些货物和劳务按其价值相加。因而，现代的投入产出表与社会核算矩阵（SAM）都是以货币作为统计单元来计算的。这样就可以根据各种产品的价值，对各种产品进行累加或累减，这就是所谓的价值型投入产出表。在以价值为基础的投入产出表或社会核算矩阵中，一般都是使用“亿元”这种类似的货币单位来计量

表 2-1 2017 年中国投入产出表（6 部门）

单位：亿元

行业	农业	工业	建筑业	运输邮电业	商业饮食业	其他服务业	中间使用合计	消费	资本形成	出口	最终使用合计	进口	总产出
农业	5965	38461	468	3	1061	4870	50828	11133	79	967	12179	-4345	58662
工业	10058	643473	111996	22808	13766	100716	902817	123835	88154	132202	344191	-120441	1126567
建筑业	32	469	7307	138	87	2467	10500	0	218044	825	218869	-583	228786
运输邮电业	1228	33413	7184	11043	1363	24661	78892	18064	3824	7969	29857	-6196	102553
商业饮食业	55	5279	1584	1660	97	15783	24458	17378	0	475	17853	-4248	38063
其他服务业	3295	128066	44948	20443	7929	162341	367022	273767	54359	21409	349535	-13455	703102
中间投入合计	20633	849161	173487	56095	24303	310838	1434517	444177	364460	163847	972484	-149268	2257733
固定资产折旧	1323	38496	1958	19802	3738	45009	110326						
劳动者报酬	39754	105011	34212	22067	7624	214601	423269						
生产税净额	-3398	56263	8073	1016	315	32709	94978						
营业盈余	350	77636	11056	3573	2083	99945	194643						
增加值合计	38029	277406	55299	46458	13760	392264	823216						
总投入合计	58662	1126567	228786	102553	38063	703102	2257733						

资料来源：国家统计局。

产品的总量。例如，农业部门在 2007 年的产量为 4200 亿元等。表 2-1 是中国 2017 年价值型投入产出表（6 部门）。

一般情况下，产品既可以被作为中间产品，也可以被作为最终产品。在不考虑存货的情况下，有些产品多是被用作中间产品，而另一些产品更多是被用作最终产品。中间产品是指在生产过程中，所提供的各种投入，如原材料、燃料以及劳务。最终产品可以进一步分为不同类型，首先是消费品，如日常生活所需的食物、衣物和用品，以及耐用消费品如烤箱、空调和微波炉，抑或是家庭购买的代步工具，还包括各种消费服务，如公共交通、运动健身、快递服务等。其次是资本形成，人们更多地将住宅视为资本产品，而非消费产品。在与房屋有关的消费品中，仅包含装饰材料及房屋租金；而房屋本身则是建筑业的最终成品，用于资本形成。此外，资本品还包括机器设备、林木等有形资本品，以及程序软件等无形资本品。还有一些是尚未完工的半成品，需要进行深加工，它们被归类为中间消耗品，也可以被归为未出售的库存品。这些产品在当前期间脱离了生产过程，不再属于中间产品或者消费品，而是归为存货。存货和固定资本相加构成了资本形成总额。最后是出口商品，无论未来是作为消费品或资本使用，都被称为出口产品。所有的最终产品包括消费品、资本形成、出口商品这三部分。在我国的投入产出表中，将消费进一步划分为居民消费与政府消费两部分，其中资本形成总额又被划分为固定资本形成和存货的增加。根据中间使用和最终使用的用途不同，总产出可以划分为中间产品和最终产品。

投入可以分为中间投入和初始投入。中间投入是指各种原材料、燃料等物料的消耗，而初始投入则是生产过程中的工资报酬、租金以及利息支出。在投入产出表中，初始投入包括劳动者报酬、生产税净额和营业盈余。中间投入和最初投入的不同之处是，中间投入的价值全部转移到新产品中，而包括职工工资、营业盈余等在内的初始投入被看作是新的价值，也就是所谓的增加值。另外，固定资产折旧与中间投入并无本质区别，都属于价值转移。但是，从国民经济核算的角度来看，固定资产折旧被认为是增加值和国内生产总值（GDP）的组成部分。在建立投入产出表时，通常把固定资产折旧和中间投入分开，把它看作是一种初始投入。对生产者而言，所有的投入都是一种支出，而对要素所有者而言，却可以从中获取一定的收益。在此基础上，中间产品的消耗给生产者带来了产品的销售收益，产品的初始投入也给要素所有者带来要素收益。为了更好地理解投入产出表，以表 2-2 为例，展示了假想中的 M 国在 2017 年的投入产出情况。M 国的经济分为：部门1（农业）、部门2（工业）和部门3（服务业）三个主要部门。生产各类产品需要劳动力和资本的投入，这两者统称为生产要素。在投入产出表中，生产要素被视为初级投入，假定在当年不会被其他产业部门生产。

表 2-2 中省去了中间类别的合计项目，如中间投入合计和最终使用合计。

表 2-2　2017 年 M 国投入产出表　　单位：亿元

投入＼产出		中间使用			最终使用		总产出
		部门 1	部门 2	部门 3	消费	投资	
中间投入	部门 1	240	210	140	300	110	1000
	部门 2	100	380	220	800	500	2000
	部门 3	80	350	320	300	200	1250
要素投入/增加值	劳动报酬	400	560	380			
	资本/折旧	180	500	190			
总投入		1000	2000	1250			

投入产出表可以计算出国内生产总值（GDP），国内生产总值的核算有生产法、支出法以及收入法（也称分配法）三种方式。

生产法：

国内生产总值＝总增加值之和＝总产出－中间投入

支出法：

国内生产总值＝最终消费+资本形成总额+净出口

收入法：

国内生产总值＝固定资产折旧+劳动者报酬+生产税净额+营业盈余

M 国的国内生产总值是 2210 亿元，这可以由生产法计算得出。M 国的社会总产值为 4250 亿元，既可以通过总产出之和得出，也可通过总收入之和计算获得。社会总产值之所以高于 GDP，是因为它包含了中间投入的重复计算值。

投入产出表中的每一行都显示某一部门产品在其他部门的使用情况。例如，第二行的数据反映了工业部门（部门 2）的产品如何作为各部门的投入被利用。工业部门的总产值为 2000 亿元，其中 380 亿元被工业部门自身用作投入，如购买机械等。农业部门（部门 1）也需使用工业产品作为生产原料，如农机和化肥。在第二行的第一列中，农业部门需使用价值 100 亿元的工业产品作为生产农产品的中间投入。第二行的第三列显示服务业使用了 220 亿元的工业产品作为投入，如通信和清洁设备等。居民消费工业产品额为 800 亿元，企业将 500 亿元的工业产品作为投资（如存货）。总和达到 2000 亿元。从每一列来看，是生产某一部门产品所需的其他部门产品投入。具体到第二列，为了生产价值 2000 亿元的工业产品，所需的投入包括：210 亿元的农业产品、380 亿元的工业产品（如机械设备），以及 350 亿元的服务业产品（如机械维修、技术指导等）。此外，还需包括工业劳动者的报酬 560 亿元的劳动力投入，以及以固定资产和机械设备折旧计算的资本投入 500 亿元。所有这些投入的总额应是 2000 亿元。

一般情况下，每个单元格中的数字表示列部门为购买行部门的产品作为投入而支付的金额。在投入产出表中，行和列相交，形成了四个象限：左上角代表中间投入—中间使用，左下角代表要素投入，右上角代表最终使用。第四象限（象限Ⅳ）通常包括转移支付等账目。投入产出表标准形式没有右下角的第四象限（见表 2-3），而在社会核算矩阵（SAM）表中则会出现第四象限。中间投入—中间使用部分反映了不同部门间用作中间投入的情况；要素投入部分指列部门所购买的要素投入；最终使用部分则反映了居民家庭或企业购买的行部门的消费品和投资品。

表 2-3　投入产出表的组成部分

象限Ⅱ：中间使用	象限Ⅰ：最终使用
象限Ⅲ：中间投入—要素投入	象限Ⅳ：空白

初始投入要素如劳动、技术、土地（自然资源）、资本（设备、机械）等，在投入产出表及之后介绍的 SAM 表中都归属于商品的增值部分。在我国现行的投入产出表中，一般采用资产折旧来表示生产商品的资本投入，同时也将营业盈余纳入资本投入中。投入产出表反映了产业各部门间的平衡关系：

行平衡关系：

中间使用+最终使用=总产出

列平衡关系：

中间投入+初始投入（增值）= 总投入

总量平衡关系：

每个部门的总投入=该部门总产出

中间投入合计=中间使用合计

总投入 = 总产出

在投入产出分析中，使用变量符号不仅有助于理解经济系统的内在结构，而且也是进行分析和应用的核心，现将投入产出表用变量符号表示如表 2-4 所示。

表 2-4　M 国投入产出表（用变量符号表示）

产出 投入		中间使用					最终使用		总产出
		部门 1		部门 i		部门 n	消费	投资	
中间投入	部门 1	W_{11}	…	W_{1j}	…	W_{1n}	E_1	F_1	W_1
		…	…	…	…	…	…	…	…
	部门 i	W_{i1}	…	W_{ij}	…	W_{in}	E_i	F_i	W_i
		…	…	…	…	…	…	…	…
	部门 n	W_{n1}	…	W_{nj}	…	W_{nn}	E_n	F_n	W_n
要素投入/增加值	劳动报酬	L_1	…	L_j	…	L_n			
	资本/折旧	K_1	…	K_j	…	K_n			
总投入		W_1	…	W_j	…	W_n			

W_j 是 j 部门生产的商品量；W_{ij} 是生产 W_j 所需要部门 i 的投入量；L_j 是生产 W_j 所需劳动要素的投入量；K_j 是生产 W_j 所需资本要素的投入量；E_i 是 i 部门商品的最终消费量；F_i 是 i 部门商品的最终投资量。假设 M 国的经济系统共有 n 个产业部门，将表 2-2 用变量符号表示：

在第一象限中，行向表示了某种产品作为最终产品使用的不同用途，包括消费、资本形成和出口；从每个最终使用类别的列向上来看，可以观察到该类别最终使用的结构。例如，通过投资列向量可以计算不同产品投资在总投资中的比例。

在第二象限中，从列向上来看，每个元素 W_{ij} 表示产品 j 在生产过程中对产品 i 的消耗量，从行向上来看表示产品 i 被分配给产品 j 的使用量。

在第三象限中，从列向上来看，各个部门不同类型的初始投入在总投入中所占的比重，包括计算要素投入在总投入中的比例。例如，可以通过资本折旧行向量计算不同部门资本折旧在总资本折旧中的比例，以及哪些部门占据较大比重。

2.1.2　投入产出模型

投入产出模型是基于投入产出表来分析经济活动中不同行业之间依存和影响

的关系，该模型采用矩阵来表示经济中不同产业部门之间的商品和服务流动。根据投入产出表的结构，可以得出行与列之间的等式关系。然而，这些等式关系只是核算关系，无法进行经济分析。因此，需要引入系数将核算关系转化为一种经济分析模型。直接消耗系数是投入产出分析中的基本概念之一，被国外文献称为投入产出系数（Input-Output Coefficient），记为 a_{ij}，也被称为技术系数（Technical Coefficient）。假定技术是稳定的，可以利用直接消耗系数构建投入产出模型。技术的稳定给之后进行投入产出分析及预测带来许多便利。投入产出模型依赖于“纯部门假定”，这个假定就是保证直接消耗系数的变化只反映的是技术变化。为了实现这一目的，就需要保证投入产出表中的部门是“纯部门”，只有按照产品进行分类才能更好地满足这一要求。在投入产出表中，虽然采用了产业分类的名称，但它是经过调整后的“纯部门”的产品部门。投入产出系数计算公式为：

$$a_{ij}=\frac{W_{ij}}{W_j} \tag{2-1}$$

式中，W_{ij} 为投入产出价值表中第Ⅱ象限的元素，表示部门 j 对产品 i 所消耗的价值量，W_j 是投入产出价值表列向总和，为部门 j 的总投入量。由于任意部门的投入量都等于该部门的产出量，因此 a_{ij} 表示为生产单位 j 的总产出对产品 i 的直接消耗价值量。例如，产值 2000 亿元的工业产品需 210 亿元农产品投入。表示生产 1 元工业产品，需要 0.105 元农产品投入（210/2000），服务投入 0.175 元（350/2000），劳动投入 0.28 元（560/2000）。其他产业部门同理可得。

在构建和运行计算一般均衡（CGE）模型时，通常只需使用到直接消耗系数。根据式（2-1），$a_{ij}W_j=W_{ij}$，在投入产出分析中，给出一组结果如 $a_{21}=0.1$，这一投入产出系数假定是不变的，这种不变的含义是如果部门 1 要生产 1000 亿元的总产出 W_1，部门 1 要从部门 2 购买 $W_{21}=a_{21}W_1=0.1\times1000=100$ 亿元，也就是当部门 1 的产出被扩大 2 倍时，来自部门 2 的投入也被扩大了 2 倍。a_{ij} 被视为对一个部门产出与其投入之间固定关系的一种度量。上述表示的投入产出关系是一个固定比例的生产函数，也被称为列昂惕夫生产函数（Leontif Production Function）。对部门 j 来说，它的生产函数如下所示：

$$W_j=f\left(W_{1j},\ W_{2j},\ \cdots,\ W_{nj},\ E_j,\ F_j\right) \tag{2-2}$$

利用式（2-1）中投入产出系数的定义，可以把式（2-2）变为：

$$W_j=\frac{W_{1j}}{a_{1j}}=\frac{W_{2j}}{a_{2j}}=\cdots=\frac{W_{nj}}{a_{nj}} \tag{2-3}$$

这里忽略 E_j 和 F_j 的作用。

这一极端简化的公式存在一个问题，即如果某个特定的投入 i 在 j 的生产过程中并不被使用，该公式将毫无意义。因为 $a_{ij}=0$，所以 $\frac{W_{ij}}{a_{ij}}$ 将会是无穷大。因此，投入产出模型的这类生产函数通常被设定为：

$$W_j=\min\left(a_{1j}^{-1}W_{1j},\ a_{2j}^{-1}W_{2j},\ \cdots,\ a_{nj}^{-1}W_{nj}\right) \tag{2-4}$$

其中，min（a，b，c）表示数值 a，b 和 c 中哪个是最小的数。在投入产出模型中，对于那些不为 0 的系数 a_{ij}，这些比例都是一样的，都等于 W_j；而对于那些等于 0 的系数 a_{ij}，比例 $\frac{W_{ij}}{a_{ij}}$ 将会是无穷大，所以在这些比例中找最小值的过程将会被忽略。投入产出模型中这种特殊的生产函数反映了规模报酬不变的假定：即用任何一个常数乘以 W_{1j}，W_{2j}，…，W_{nj}，该数值也同样乘以 W_j（投入被扩大 2 倍，产出也被扩大 2 倍；投入减少 1/3，产出也将减少 1/3）。

相应的条件要素需求函数是：

$$W_{ij}=a_{ij}W_j,\ i=1,\ \cdots,\ n \tag{2-5}$$

上述公式表明要生产 W_j 的数量，需要的 i 部门投入的数量为 $W_{ij}=a_{ij}W_j$。表 2-5 是将投入产出表 2-2 换算成投入产出系数。

表 2-5　M 国在 2017 年的投入产出（直接消耗）系数

投入＼产出		中间使用		
		部门 1	部门 2	部门 3
中间投入	部门 1	0.240	0.105	0.112
	部门 2	0.100	0.190	0.176
	部门 3	0.080	0.175	0.256
要素投入/增加值	劳动报酬	0.400	0.280	0.304
	资本/折旧	0.180	0.250	0.152
总投入		1.000	1.000	1.000

投入产出模型常用的形式是行模型。该模型建立在投入产出表的第Ⅰ和第Ⅱ象限的行平衡关系上，这种关系通过特定经济平衡等式来表示，以反映商品数量供求平衡状态。表 2-4 总共有 n 个部门，用联立方程表示行模型如下所示：

$$
\begin{aligned}
&W_{11}+\cdots+W_{1j}+\cdots+W_{1n}+E_1+F_1=W_1\\
&\vdots\\
&W_{i1}+\cdots+W_{ij}+\cdots+W_{in}+E_i+F_i=W_i\\
&\vdots\\
&W_{ni}+\cdots+W_{nj}+\cdots+W_{nn}+E_n+F_n=W_n
\end{aligned}
\tag{2-6}
$$

利用投入产出系数，$W_{ij}=a_{ij}W_j$，方程（2-6）改写如下：

$$
\begin{aligned}
&a_{11}W_1+\cdots+a_{1j}W_j+\cdots+a_{1n}W_n+E_1+F_1=W_1\\
&\vdots\\
&a_{i1}W_1+\cdots+a_{ij}W_j+\cdots+a_{in}W_n+E_i+F_i=W_i\\
&\vdots\\
&a_{n1}W_1+\cdots+a_{nj}W_j+\cdots+a_{nn}W_n+E_n+F_n=W_n
\end{aligned}
\tag{2-7}
$$

把中间投入的投入产出系数用矩阵表达，有：

$$
A=\begin{bmatrix} a_{11} & \cdots & a_{1n}\\ \vdots & a_{ij} & \vdots\\ a_{n1} & \cdots & a_{nn}\end{bmatrix}
\tag{2-8}
$$

矩阵 B 表示最终使用，矩阵 W 表示 n 部门产品产量：

$$
B=\begin{bmatrix} E_1+F_1\\ \vdots\\ E_i+F_i\\ \vdots\\ E_n+F_n\end{bmatrix}
\tag{2-9}
$$

$$
W=\begin{bmatrix} W_1\\ \vdots\\ W_i\\ \vdots\\ W_n\end{bmatrix}
\tag{2-10}
$$

因此，投入产出的行模型（2-6）用矩阵形式表示如下：

$$
AW+B=W
\tag{2-11}
$$

式（2-11）表示中间产品与最终产品之和等于总产品。通过变换推导如下：

$$B=W-AW=(I-A)W \tag{2-12}$$

$$I-A=\begin{bmatrix} 1-a_{11} & \cdots & -a_{1n} \\ \vdots & 1-a_{ij} & \vdots \\ -a_{n1} & \cdots & 1-a_{nn} \end{bmatrix} \tag{2-13}$$

主对角线上的元素是（$1-a_{ij}$），由于 $a_{ij}<1$，所以（$1-a_{ij}$）>0，元素均是正数。而对角线之外的元素均是负数或零。

一般情况下，我们所要解决的就是在给定某种最终使用的数量下，如消费、投资等，计算出各个部门所对应的产品数量。即 B 为外生变量，W 为要求解的内生变量。根据逆矩阵的定义，$AA^{-1}=I$。矩阵 A 被称作投入产出（直接投入）系数矩阵，根据求逆矩阵的基本定义，$(I-A)^{-1}=(1/|I-A|)[adj(I-A)]$。如果 $|I-A|\neq 0$，那么 $(I-A)^{-1}$ 存在，利用线性方程组的标准矩阵运算结果，求得唯一解：

$$W=(I-A)^{-1}B \tag{2-14}$$

相应地，要解决 B 变化后会引起 W 如何变化问题，用符号 Δ 表示变化，有：

$$\Delta W=(I-A)^{-1}\Delta B \tag{2-15}$$

2.2 投入产出表价格关系

现代的投入产出表和 SAM 表一般都属于价值型投入产出表，这些表将各个商品的产量按货币单位衡量。例如，表 2-1 中的“469 亿元”表示工业部门为生产 1126567 亿元的商品而购进的建筑商品的价值。这里的 469 亿元，原本被理解为产量或实际产出量。由于这些数值的单位是货币，所以所用的价格指数是以当年为基准年。通常情况下，基准年的价格指数定为 1，可以理解为价格等于 1。价值型投入产出表中的数值应该被理解为实际产出量与价格的乘积，从而得出的价值量。例如，如果 2017 年的投入产出表显示稻谷产量为 2500 亿元，这一数字应被视为名义产出值。名义产出是基于货币价值计量的产出值，相当于 2017 年的实际产出量与当年价格指数 1 相乘得到的结果。这类似于经济学中实际 GDP=名义 GDP/GDP 折算指数（即实际 GDP 与名义 GDP 的区别）。下面用实例表示在农业部门“价格×数量=价值”的等式：

2017 年的稻谷价格指数×2017 年的稻谷实际产出（亿元）= 1×2500 = 2500

（按 2017 年价格计算的稻谷名义产出，亿元）

用变量符号表示，有：

$$p_i \times q_i = W_i \tag{2-16}$$

式中，p_i 和 q_i 为部门 i 的价格和产量，W_i 代表 i 部门当年产出的名义价值。在 CGE 建模中，应注意 SAM 表中的数值通常指的是价值，即价格与实际产出量的乘积。尽管在基准年，数字本身表面上是一致的，但是非基准年份的情况则不同。如果价格指数不为 1，那么实际产出量与价值型投入产出表或 SAM 表上的名义数值可能会有所不同。

假设 2018 年的稻谷产量和 2017 年的相同，但是稻谷价格增加了 10%，指数为 1.10，有：

2018 年的稻谷价格指数×2018 年的稻谷实际产出（按照 2017 年的价格，亿元）#=1.1×2500=2750（按 2018 年价格计算的稻谷名义产出，亿元）

2018 年的稻谷实际产出量与 2017 年相同，均为 2500 亿元。然而，按照价格计算，2018 年的稻谷名义产出价值为 2750 亿元，增长了 10%。在之后的 CGE 模型中，我们都要遵循这一思路，因为该模型数据基础是价值型 SAM 表。

2.3 投入产出表系数计算

根据价值型投入产出表中的数字 $W_{ij}=p_iq_{ij}$ 和 $W_i=p_iq_i$，接下来将表 2-4 改成价值型投入产出表的乘积表述（见表 2-6）。其中，p_i 为部门 i 的价格，R_x 为要素 x 的价格。

表 2-6 用乘积表示 M 国投入产出表

产出 投入		中间使用					最终使用		总产出
		部门 1		部门 j		部门 n	消费	投资	
中间投入	部门 1	p_1q_{11}	…	p_1q_{1j}	…	p_1q_{1n}	p_1E_1	p_1F_1	p_1q_1
		…	…	…	…	…	…	…	…
	部门 i	p_iq_{i1}	…	p_iq_j	…	p_iq_{in}	p_iE_i	p_iF_i	p_iq_i
		…	…	…	…	…	…	…	…
	部门 n	p_nq_{n1}	…	p_nq_{nj}	…	p_nq_{nn}	p_nE_n	p_nF_n	p_nq_n

续表

投入＼产出		中间使用					最终使用		总产出
		部门 1		部门 j		部门 n	消费	投资	
要素投入/增加值	劳动报酬	R_1L_1	…	R_1L_j	…	R_1L_n			
	资本/折旧	R_kK_1	…	R_kK_j	…	R_kK_n			
总投入		p_1q_1	…	p_jq_j	…	p_nq_n			

表中第一象限和第二象限形成的名义价值的行等式是：

$$p_iq_{i1}+\cdots+p_iq_{ij}+\cdots+p_iq_{1n}+p_iE_i+p_iF_i=p_iq_i,\ i=1,\ \cdots,\ n \tag{2-17}$$

等式两边除以价格 p，得到实际数量的行等式：

$$q_{i1}+\cdots+q_{ij}+\cdots+q_{1n}+E_i+F_i=q_i,\ i=1,\ \cdots,\ n \tag{2-18}$$

在实际建模和计算投入产出系数（直接消耗系数）中，需要特别注意价值型表和实物型表之间的区别。在价值型投入产出表中，数值表示的是名义价值。因此，在使用这些数值时，必须将其除以价格才能得到实际数量。例如，在价值型投入产出表中单元格 ij 上的数值为 W_{ij}，要将它除以价格 p_i 才是实际的数量 q_{ij}。通过名义总量价值 W_i 计算实际总量 q_i 与最终使用名义价值 T 计算实际数量 t，计算方法与上述类似。公式如下：

$$q_{ij}=W_{ij}/p_i \tag{2-19}$$

$$q_i=W_i/p_i \tag{2-20}$$

$$t_i=T_i/p_i \tag{2-21}$$

价值型表上的要素数量 X 也表示名义价值，将它除以要素价格 R_x 得到的才是实际要素数量：

$$x_j=X_j/R_x \tag{2-22}$$

需要注意的是，仅在 p_i 被设定为 1 的情况下，名义值和实际值才能保持一致。在计算投入产出系数或者进行建模时，不能忽视这个价格变量。因为我们将来可能需要研究价格在政策冲击下的变化，或者进行价格变化的模拟，若缺少价格变量，模型将无法正常运行。

由于生产函数反映了实际投入量与实际产量的关系，因此，在计算投入产出系数时，一定要用到实际产量间的比例。由此，价值型投入产出表推导出了各生产要素及中间投入的投入产出系数如下：

$$a_{ij}=\frac{q_{ij}}{q_j}=\frac{W_{ij}/p_i}{W_j/p_j} \tag{2-23}$$

$$a_{xj}=\frac{X_j/R_x}{W_j/p_j} \tag{2-24}$$

由投入产出系数推导得出的矩阵 A，表示如下：

$$A=\begin{bmatrix} a_{11} & \cdots & a_{1n} \\ \vdots & a_{ij} & \vdots \\ a_{n1} & \cdots & a_{nn} \end{bmatrix} \tag{2-25}$$

实际总量 q、实际最终使用量 t 以及价格 P，用矩阵表示如下：

$$q=\begin{bmatrix} q_1 \\ \vdots \\ q_i \\ \vdots \\ q_n \end{bmatrix} \tag{2-26}$$

$$t=\begin{bmatrix} t_1 \\ \vdots \\ t_i \\ \vdots \\ t_n \end{bmatrix} \tag{2-27}$$

$$P=\begin{bmatrix} p_1 & 0 & \cdots & 0 \\ 0 & \ddots & \cdots & 0 \\ \vdots & 0 & p_i & 0 \\ 0 & \cdots & 0 & p_n \end{bmatrix} \tag{2-28}$$

投入产出的行模型用矩阵表示如下：

$$Aq+t=q \text{ 或者 } q=(I-A)^{-1}t \tag{2-29}$$

名义价值的行等式模型用矩阵表示如下：

$$PAq+Pt=Pq \text{ 或者 } Pq=(I-A)^{-1}Pt \tag{2-30}$$

2.4 投入产出表价格模型

在投入产出分析研究中，一般所说的价格模型指的都是从列向关系（成本角度）建立起来的价格决定模型。投入产出表的列平衡关系如下：

总投入=中间投入+初始投入（增值）。如第一列的平衡关系表示为：

$$p_1q_1=p_1q_{11}+\cdots+p_iq_{i1}+\cdots+p_nq_{n1}+R_lL_1+R_kK_1 \tag{2-31}$$

由于所有 n 部门的列平衡关系成立，因此可以得到以下投入产出列模型：

$$p_jq_j=p_1q_{1j}+\cdots+p_iq_{ij}+\cdots+p_nq_{nj}+R_lL_j+R_kK_j,\ j=1,\ \cdots,\ n \tag{2-32}$$

假设研究商品 1，即 j=1，对等式（2-31）两边除以 q_1，可得到价格关系式如下：

$$\begin{aligned}p_1&=p_1\frac{q_{11}}{q_1}+\cdots+p_i\frac{q_{i1}}{q_1}+\cdots+p_n\frac{q_{n1}}{q_1}+R_l\frac{L_1}{q_1}+R_k\frac{K_1}{q_1}\\&=p_1a_{11}+\cdots+p_ia_{\ 1}+\cdots+p_na_{n1}+R_la_{l1}+R_ka_{k1}\end{aligned} \tag{2-33}$$

a_{i1} 是投入产出系数，a_{l1} 和 a_{k1} 分别为生产 W_1 需要的初始要素投入劳动和资本的投入产出系数。将上述价格关系推广到全部 n 部门：

$$p_j=p_1a_{1j}+\cdots+p_ia_{ij}+\cdots+p_na_{nj}+R_la_{lj}+R_ka_{kj},\ j=1,\ \cdots,\ n \tag{2-34}$$

等式（2-34）也被称为投入产出模型的价格模型，用矩阵表示如下：

$$p=A'p+A_lR_l+A_kR_k \tag{2-35}$$

$p=[p_1,\ \cdots,\ p_i,\ \cdots,\ p_n]'$，

$A_l=[a_{l1},\ \cdots,\ a_{li},\ \cdots,\ a_{ln}]'$，

$A_k=[a_{k1},\ \cdots,\ a_{ki},\ \cdots,\ a_{kn}]'$。

将要素部门简化记为 $A_lR_l+A_kR_k=A_xR_x$。进一步地，有：

$$p=A'p+A_xR_x$$

$$(I-A')\ p=A_xR_x$$

$$p=(I-A')^{-1}A_xR_x \tag{2-36}$$

其中，p 为价格行向量，A_xR_x 为初始投入价格，模型中的 A' 为直接消耗系数。基于价值型投入产出表构建的投入产出价格模型，反映的是外部变化冲击下的价格变化，可以进一步计算得到价格变化的数值。当一个或几个部门的某种初

始投入发生变化时，首先会导致该部门成本的变化，其次引起该部门价格水平的变化。这种价格水平变化会影响其他部门的成本，并进一步影响其他部门的价格水平。因此，初始投入价值量的变化将导致所有部门产品的相对价格发生变化。例如，工业部门的劳动者工资水平提高，工业部门的成本就随之提高，从而工业部门生产的产品价格也相应提高。服务业部门在工作中会使用工业部门的产品，因此服务业部门成本会上涨，从而服务业部门的价格水平也会相应提高，并且工业部门在生产中是需要服务业部门进行一定的投入，因此工业部门的生产成本和价格会进一步提高。

假如要素价格变动为 ΔR_x，商品价格相应变动 Δp 表示为：

$$\Delta p = (I-A')^{-1}A_x\Delta R_x \tag{2-37}$$

这样一个外部冲击下相对价格的变化过程是基于一定的假定条件的：①产品价格随成本提高而提高，不存在内部消化；②其他初始投入要素等均保持不变；③投入产出系数（技术系数）保持不变。

在一个经济系统中，各个部门生产的产品价格之间存在着密切联系。一种商品价格的变化会导致其他商品价格的变动，这种变动在很大程度上是通过成本的变化进行传导的。这种通过成本变动引起的价格变化既有直接影响，也有间接影响。例如，当稻谷价格上涨时会引起农业部门生产成本发生变化，导致农药、化肥等生产资料价格水平提高，这是稻谷价格上涨带来的直接影响；稻谷价格的上升还会引起餐饮等服务业成本的提高，引发餐饮等服务业消费价格的上涨，这是稻谷价格上涨带来的间接影响。在使用价值型投入产出表进行计算时，计算的结果不是价格变动的绝对量，而是一种相对量。例如，如果某个部门的产品价格上涨了 5%，这将导致其他所有商品的价格也会发生变化。

在实际应用中，先将各产品及生产要素的价格设为 1，再对其进行估计，之后构建以年度均价为基准的投入产出模型。若要研究政策变化或预测时，可以假定生产要素的价格变动，并考察与之相对应的商品价格变动。

2.5 投入产出表应用举例

2.5.1 投入产出模型应用举例

例 1：假设 C 国经济系统只有两个生产部门，部门 1 和部门 2 以及要素投入。其投入产出表如表 2-7 所示。

1）用矩阵写出它的行模型，包括矩阵里的元素。

2）假设部门 1 的最终使用增加了 200，求相应的两部门总产量变化。

表 2-7 C 国投入产出表 单位：亿元

投入＼产出		中间使用		最终使用	总产出
		部门 1	部门 2		
中间投入	部门 1	800	700	500	2000
	部门 2	600	900	1000	2500
要素投入/增加值	劳动报酬	400	500		
	资本/折旧	200	400		
总投入		2000	2500		

解：

1）根据公式 $a_{ij}=\frac{q_{ij}}{q_j}$，求得 C 国投入产出系数表，如表 2-8 所示。

矩阵为：$A=\begin{bmatrix}0.4 & 0.28\\0.3 & 0.36\end{bmatrix}$，$B=\begin{bmatrix}500\\1000\end{bmatrix}$，$W=\begin{bmatrix}2000\\2500\end{bmatrix}$

由行模型 AW+B=W 表示如下：

$$\begin{bmatrix}0.4 & 0.28\\0.3 & 0.36\end{bmatrix}\begin{bmatrix}2000\\2500\end{bmatrix}+\begin{bmatrix}500\\1000\end{bmatrix}=\begin{bmatrix}2000\\2500\end{bmatrix}$$

或者通过 AW+B=W 变形得到 B=(I-A) W，矩阵表示如下：

$$\begin{bmatrix}0.6 & -0.28\\-0.3 & 0.64\end{bmatrix}\begin{bmatrix}2000\\2500\end{bmatrix}=\begin{bmatrix}500\\1000\end{bmatrix}$$

表 2-8　C 国投入产出系数表

投入＼产出		中间使用	
		部门 1	部门 2
中间投入	部门 1	0.40	0.28
	部门 2	0.30	0.36
要素投入/增加值	劳动报酬	0.20	0.20
	资本/折旧	0.10	0.16
总投入		1.00	1.00

2）假设部门 1 的最终使用增加了 200，部门 2 的使用量保持不变，则相应的两部门总产量变化用公式 $\Delta W=(I-A)^{-1}\Delta B$ 可以计算得出：

$$\Delta B=\begin{bmatrix}\Delta B_1\\ \Delta B_2\end{bmatrix}=\begin{bmatrix}200\\ 0\end{bmatrix}$$

$$\begin{bmatrix}\Delta W_1\\ \Delta W_2\end{bmatrix}=(I-A)^{-1}\begin{bmatrix}\Delta B_1\\ \Delta B_2\end{bmatrix}=\begin{bmatrix}0.6 & -0.28\\ -0.3 & 0.64\end{bmatrix}^{-1}\begin{bmatrix}200\\ 0\end{bmatrix}$$

$$=\begin{bmatrix}2.133 & 0.933\\ 1 & 2\end{bmatrix}\begin{bmatrix}200\\ 0\end{bmatrix}=\begin{bmatrix}426.667\\ 200\end{bmatrix}$$

计算得出由于部门 1 的最终使用增加了 200 亿元，相应的部门 1 和部门 2 的总产量分别增加了 426.667 亿元和 200 亿元。

例 2：Y 国的经济系统只有 3 个生产部门，部门 1、部门 2 以及部门 3，还有一个要素投入劳动。投入产出表如表 2-9 所示。

1）用矩阵写出它的行模型，包括矩阵里的元素。

2）假如部门 1 产品的最终使用增加至 400 亿元，部门 2 的最终使用增加至 600 亿元，部门 3 的最终使用减少至 500 亿元，求相应的三部门产量变化。

表 2-9　Y 国的三部门投入产出表　　单位：亿元

投入＼产出		中间使用			最终使用	总产出
		部门 1	部门 2	部门 3		
中间投入	部门 1	150	300	400	150	1000
	部门 2	360	240	420	480	1500
	部门 3	350	360	590	700	2000

续表

投入＼产出	中间使用			最终使用	总产出
	部门 1	部门 2	部门 3		
增值/劳动	140	600	590		
总投入	1000	1500	2000		

解：相应的投入产出系数如表 2-10 所示。

表 2-10　Y 国投入产出表的投入产出系数

投入＼产出		中间使用		
		部门 1	部门 2	部门 3
中间投入	部门 1	0. 150	0. 200	0. 200
	部门 2	0. 360	0. 160	0. 210
	部门 3	0. 350	0. 240	0. 295
增值/劳动		0. 140	0. 400	0. 295
总投入		1. 000	1. 000	1. 000

1）矩阵是：

$$A=\begin{bmatrix}0.150 & 0.200 & 0.200\\ 0.360 & 0.160 & 0.210\\ 0.350 & 0.240 & 0.295\end{bmatrix},\quad B=\begin{bmatrix}150\\ 480\\ 700\end{bmatrix},\quad W=\begin{bmatrix}1000\\ 1500\\ 2000\end{bmatrix}$$

行模型表示为：

$$AW+B=W$$

即

$$\begin{bmatrix}0.150 & 0.200 & 0.200\\ 0.360 & 0.160 & 0.210\\ 0.350 & 0.240 & 0.295\end{bmatrix}\begin{bmatrix}1000\\ 1500\\ 2000\end{bmatrix}+\begin{bmatrix}150\\ 480\\ 700\end{bmatrix}=\begin{bmatrix}1000\\ 1500\\ 2000\end{bmatrix}$$

或者用 $B=(I-A)W$，即

$$\begin{bmatrix}0.85 & -0.2 & -0.2\\ -0.36 & 0.84 & -0.21\\ -0.35 & -0.24 & 0.705\end{bmatrix}\begin{bmatrix}1000\\ 1500\\ 2000\end{bmatrix}=\begin{bmatrix}150\\ 480\\ 700\end{bmatrix}$$

2）部门1产品的最终使用增加至400亿元，部门2的最终使用增加至600亿元，部门3的最终使用减少至500亿元。现在新的最终使用量 $T'=\begin{bmatrix}400\\600\\500\end{bmatrix}$

假设投入产出系数A不变，那么由新的最终使用T′所需要的最终总产出由公式 $W'=(I-A)^{-1}T'$ 可以计算得出：

$$W'=(I-A)^{-1}T'=\begin{bmatrix}1.698 & 0.592 & 0.658\\1.026 & 1.659 & 0.785\\1.193 & 0.859 & 2.013\end{bmatrix}\begin{bmatrix}400\\600\\500\end{bmatrix}=\begin{bmatrix}1364.055\\1798.552\\1998.683\end{bmatrix}$$

在矩阵A保持不变的情况下，对于新的总产出W′，可以计算出每个部门新的投入与产出（见表2-11）。

表2-11　Y国的新的投入产出表　　单位：亿元

投入＼产出		中间使用			最终使用	总产出
		部门1	部门2	部门3		
中间投入	部门1	204.6083	359.7103	399.7367	400	1364.055
	部门2	491.0599	287.7683	419.7235	600	1798.552
	部门3	477.4194	431.6524	589.6116	500	1998.683
增值/劳动		190.9677	719.4207	589.6116		
总投入		1364.055	1798.552	1998.683		

还可以根据相应的最终使用变化来计算相应部门总产出的变化。部门1的使用增加了250，部门2的使用增加了120，部门3的使用减少了200。向量表示如下：

$$\Delta B=\begin{bmatrix}\Delta B_1\\\Delta B_2\\\Delta B_3\end{bmatrix}=\begin{bmatrix}250\\120\\-200\end{bmatrix}$$

用等式 $\Delta W=(I-A)^{-1}\Delta B$ 进行矩阵求解，得：

$$\begin{bmatrix}\Delta W_1\\\Delta W_2\\\Delta W_3\end{bmatrix}=\begin{bmatrix}0.85 & -0.2 & -0.2\\-0.36 & 0.84 & -0.21\\-0.35 & -0.24 & 0.705\end{bmatrix}^{-1}\begin{bmatrix}\Delta B_1\\\Delta B_2\\\Delta B_3\end{bmatrix}$$

$$=\begin{bmatrix}0.85 & -0.2 & -0.2\\ -0.36 & 0.84 & -0.21\\ -0.35 & -0.24 & 0.705\end{bmatrix}^{-1}\begin{bmatrix}250\\120\\-200\end{bmatrix}$$

$$=\begin{bmatrix}1.698 & 0.592 & 0.658\\ 1.026 & 1.659 & 0.785\\ 1.193 & 0.859 & 2.013\end{bmatrix}\begin{bmatrix}250\\120\\-200\end{bmatrix}=\begin{bmatrix}364.0553\\298.5517\\-1.3167\end{bmatrix}$$

$$W'=W+\Delta W=\begin{bmatrix}1000\\1500\\2000\end{bmatrix}+\begin{bmatrix}364.0553\\298.5517\\-1.3167\end{bmatrix}=\begin{bmatrix}1364.055\\1798.552\\1998.683\end{bmatrix}$$

计算得出由于部门 1 的使用增加了 250，部门 2 的使用增加了 120，部门 3 的使用减少了 200，相应的部门 1、部门 2 的总产量分别增加了 364.0553 亿元、298.5517 亿元，而部门 3 的总产量减少了 1.3167 亿元。

2.5.2 投入产出价格模型应用举例

例 3：

1）表 2-12 为一个三部门的投入产出表，依据该投入产出表建立相应的投入产出价格模型。

2）依据 1）中的投入产出价格模型，假设劳动价格增加了 50%，求相应的商品价格的变化。

表 2-12 三部门投入产出表 单位：亿元

投入 \ 产出		中间使用			最终使用	总产出
		部门 1	部门 2	部门 3		
中间投入	部门 1	200	250	350	200	1000
	部门 2	320	680	400	600	2000
	部门 3	380	500	600	1020	2500
要素投入/增加值	劳动报酬	60	270	600		
	资本/折旧	40	300	550		
总投入		1000	2000	2500		

解：

1）先求投入产出系数，由公式 $a_{ij}=\dfrac{q_{ij}}{q_j}$ 计算可得出如表 2-13 所示的结果。

表 2-13　三部门投入产出系数

投入＼产出		中间使用		
		部门 1	部门 2	部门 3
中间投入	部门 1	0.200	0.125	0.140
	部门 2	0.320	0.340	0.160
	部门 3	0.380	0.250	0.240
要素投入/增加值	劳动报酬	0.060	0.135	0.240
	资本/折旧	0.040	0.150	0.220
总投入		1.000	1.000	1.000

因为 p_i 和 p_j 都等于 1，根据公式（2-34）可以得出该投入产出价格模型如下：

$$p_1 = 0.2p_1 + 0.32p_2 + 0.38p_3 + 0.06R_l + 0.04R_k$$

$$p_2 = 0.125p_1 + 0.34p_2 + 0.25p_3 + 0.135R_l + 0.15R_k$$

$$p_3 = 0.14p_1 + 0.16p_2 + 0.24p_3 + 0.24R_l + 0.22R_k$$

与公式 $p = (I-A')^{-1}A_xR_x$ 相对应的矩阵形式为：

$$\begin{bmatrix} p_1 \\ p_2 \\ p_3 \end{bmatrix} = \begin{bmatrix} 1-0.2 & -0.32 & -0.38 \\ -0.125 & 1-0.34 & -0.25 \\ -0.14 & -0.16 & 1-0.24 \end{bmatrix}^{-1} \begin{bmatrix} 0.06R_l + 0.04R_k \\ 0.135R_l + 0.15R_k \\ 0.24R_l + 0.22R_k \end{bmatrix}$$

对上述矩阵形式进行验证，要将外生变量的要素价格设为 1，看内生变量的商品价格是否会还原为 1。求解得出以下结果，验证一致。

$$\begin{bmatrix} p_1 \\ p_2 \\ p_3 \end{bmatrix} = \begin{bmatrix} 1.620 & 1.067 & 1.161 \\ 0.456 & 1.947 & 0.869 \\ 0.394 & 0.606 & 1.712 \end{bmatrix} \begin{bmatrix} 0.06\times1 + 0.04\times1 \\ 0.135\times1 + 0.15\times1 \\ 0.24\times1 + 0.22\times1 \end{bmatrix} = \begin{bmatrix} 1 \\ 1 \\ 1 \end{bmatrix}$$

2）假如劳动价格增加了 50%，由公式 $\Delta p = (I-A')^{-1}A_x\Delta R_x$ 可得商品价格的相应变化如下：

$$\begin{bmatrix} \Delta p_1 \\ \Delta p_2 \\ \Delta p_3 \end{bmatrix} = \begin{bmatrix} 1.620 & 1.067 & 1.161 \\ 0.456 & 1.947 & 0.869 \\ 0.394 & 0.606 & 1.712 \end{bmatrix} \begin{bmatrix} 0.06\times0.5 \\ 0.135\times0.5 \\ 0.24\times0.5 \end{bmatrix} = \begin{bmatrix} 0.260 \\ 0.249 \\ 0.258 \end{bmatrix}$$

第 3 章　社会核算矩阵

3.1　社会核算矩阵基本概念

与投入产出表一样，社会核算矩阵（SAM）也被广泛应用于经济体系中，用于研究经济系统中各个部门之间的关系和相互依存程度。相对于投入产出表，SAM 表是在特定的条件下对投入产出表的扩展。投入产出表在某些方面存在局限性，特别是在涉及非生产性部门时。投入产出表主要关注生产性部门，即直接参与物质和服务生产的部门。这些部门的产出和需求之间的关系相对容易测量和建模。然而，非生产性部门（如政府、教育、卫生等）的经济活动往往不以市场交易形式出现，要在投入产出表中反映出来是比较困难的。例如，非生产性部门和事业账户之间的物流和资金流关系、居民的要素收入和开支、政府财政收入与开支等。社会核算矩阵则在投入产出表的基础上增加了非生产性机构部门，可以反映出经济系统中各个部门之间的直接和间接关系，不仅能反映生产部门之间的关系，也还能反映非生产部门之间以及生产部门与非生产部门之间的关系，也还可以用于计算各个部门的收入、支出等指标，为政策制定提供依据，分析经济结构的变化和调整以及对外贸易的影响等。

通常国家的统计局或财政部门会发布经济统计和国民经济核算方面的数据，其中包括社会核算矩阵。一些学术研究机构会进行经济研究，并发布有关社会经济方面的报告和研究成果。这些机构的网站通常会提供经济统计数据和研究文章，其中可能包括社会核算矩阵的相关内容。世界银行、国际货币基金组织

（IMF）和联合国等国际组织在经济统计和国民经济核算方面也有相关的数据和报告。可以通过访问这些组织的官方网站，查找相关的社会核算矩阵资料。此外，还可以通过使用搜索引擎来查找相关的学术研究论文、书籍、报告和一些在线数据库，要结合自己的需求和所在国家或地区的具体情况，寻找最相关和可靠的资料来源。

社会核算矩阵（SAM）是一个（n×n）的方阵。矩阵的行和列分别代表经济系统中的各个账户，相同的行和列代表同一个账户。矩阵的每一行记录某一账户收入的来源，每一列记录某一账户支出的去向。这些账户可以是不同的产业、行业、部门或者经济活动领域。因为总收入等于总支出，所以某一行账户的汇总等于相同列账户的汇总。矩阵中的每个元素表示各账户交易或者交流的价值，该数值即为列部门对行部门的支付，描述行（贷方）与列（借方）交汇点的一次性记录，通常这些元素可以是货物和服务的价值，资金流动、能源消耗等，这种交叉式的记录方法以单式记账的形式体现了复式记账的原则。矩阵的对角线元素表示每个部门内部的交易，即该部门自身生产的货物和服务的价值，如商品之间的交易费用，居民之间的转移支付等。矩阵的非对角线元素表示不同部门之间的交易，即一个部门向另一个部门提供货物和服务的价值，如居民账户支出直接税和收入税给政府，政府账户对居民的转移支付等。SAM表是一个综合性的经济数据框架，展示了在特定时间段内经济的所有交易活动，包括生产者、消费者、政府和外部部门之间的流动，描述了宏观经济变量之间的流量关系。它可以展现一个经济体内不同产业部门、个人、政府和国际贸易之间的相互关系，包含了各个部门之间的资源使用和产出情况，以及它们之间的交互作用。

表3-1是对标准SAM表的描述，其中有8个主要账户，分别为活动、商品、要素、居民、企业、政府、储蓄—投资和国外。为了更好地理解SAM表中元素的意义，下面对这8个账户作解释说明。

活动账户的收入用生产者价格表示，用于记录不同经济活动的产出、中间投入和最终使用情况，它反映了各个产业部门的生产活动和产出情况。通过分析活动账户，可以看到它们在经济中的地位和贡献。这对于制定经济政策、评估经济发展和进行经济模型分析非常重要。

商品账户的收入用市场价格表示，用于记录不同商品和服务的生产、流通和最终使用情况。商品账户中的数据包括了各个部门生产的最终产品、中间投入、出口、进口等指标。通过商品账户，可以了解各个部门之间的商品流通和交换关系，以及国内和国际市场上的商品供求情况。这对于制定贸易政策、评估产业发展和进行市场预测都非常重要。一般投入产出表中不区分“活动”和“商品”账户，标准 SAM 表会区分这两个账户。这一区分有利于描述一个活动部门生产多种商品，也可以考虑多活动部门生产同一商品，并且可以帮助区分不同所有制性质的活动部门。

要素账户记录不同要素（如劳动、资本、土地等）在经济活动中的使用和分配情况。通过比较不同要素的投入和产出，可以评估经济中的资源利用效率和生产效率情况，了解不同要素在经济中的收益和贡献，以及收入分配的公平性和效果。

居民账户记录居民部门在经济中的收入、支出、储蓄和财富变化。它反映了居民部门的经济活动和经济状况，通过居民账户，可以了解居民部门的收入来源、消费行为、储蓄和投资决策及其福利水平。

企业账户中的数据包括了企业部门的收入、生产成本、投资、储蓄和转移支付等信息。通过企业账户，可以了解企业部门的收入来源、生产活动、投资决策等情况。

政府账户中的数据包括了政府部门的税收收入、政府支出、储蓄和债务等指标。通过政府账户，可以了解政府部门的财政收入来源、支出用途、债务状况及其对经济稳定和可持续发展的影响。

储蓄—投资账户可以帮助分析宏观经济的一些主要问题。宏观经济中的国民经济核算为：总投资=总储蓄。从不同的角度计算国内生产总值可以得到如下国民经济核算恒等式：

总支出角度：

$$Y=C+I+G+(X-M) \tag{3-1}$$

总收入角度：

$$Y=C+S+T \tag{3-2}$$

其中，C 为消费，I 为投资，G 为政府支出，X 为出口，M 为进口，S 为储蓄，T 为税收。两式合并如下：

$$I=S+(T-G)+(M-X) \tag{3-3}$$

其中，S 为居民储蓄，T-G 为政府净储蓄，M-X 为净进口。总投资是指一个国家或地区在一定时期内用于增加固定资产和流动资产的总支出。固定资产是指在生产过程中使用多次、持续使用并具有较长使用寿命的资产，如房屋、机器设备、交通运输工具等。固定资产投资包括用于购买、建造或改造固定资产的支出。流动资产是指在生产过程中只使用一次或少次、不具有长期使用寿命的资产，如原材料、半成品、库存商品等。流动资产投资包括了用于购买、生产和储备流动资产的支出。总储蓄是指个人、企业和政府等经济主体在一定时期内剩余的收入部分，未用于消费和投资而进行的储蓄行为。SAM 表中总储蓄包括了居民、企业、政府的总储蓄，还有国外金融资本的流入。在一定时间内的贸易差额可以通过出口总值与进口总值的差额表现出来，在假设外汇储备不变的情况下，净进口等于国外净储蓄。储蓄—投资账户的这些变量，包括了宏观经济研究通常最重要的一些变量。

国外账户是指与国外经济体之间的经济交易和资金流动相关的账户。这些交易包括出口和进口、海外要素收入与支出、企业对外投资和债务、外汇储备等。其中，国外净储蓄在国民核算账户上表现为上述外汇收支平衡的余数。该账户能够帮助了解一个国家与其他国家之间的经济联系和资金流动情况，对国际经济合作、外汇政策和国际金融稳定等方面的决策具有重要意义。

由于各个国家或者地区的记录方式有所不同，在编辑社会核算矩阵表时可以做一些调整。为了详细说明一些数据来源可以增加一些账户，如加入政府补贴和预算外体制外账户，将要素账户细分为劳动力账户和资本账户等。为了需要也可以将一些账户合并，如商品和活动。而 SAM 表中每个单元格也可建立为一个子矩阵，如第二行第一列的数据表示中间投入，在地区多部门的投入产出表中，根据部门之间的归并即可合成一个方阵，也就是它的第二象限。投入产出表中第四象限一般是没有交易的空白项，而 SAM 表右下方有很多种转移支付的交易，也有很多关于储蓄—投资等资金流的交易。

表 3-1 中，从资金流动方向上看，SAM 表的每一行表示该账户从其他账户得到的收入来源，每一列表示该账户在其他行账户上所花费的支出。如表中第三行表示要素在各个账户中使用后得到的收入，第六行表示政府在各个账户获得的税收及转移支付，第六行第四列则表示政府从居民账户获得的税收，也可表示居民支付给政府账户的直接税与收入税。表 3-2 是假想的 K 国的 SAM 表矩阵。单元格中的数据则表示相交叉的行列账户之间的交易值。例如，第六行第五列 2216.40 亿元，是政府部门从企业获取的直接税收，也是企业向政府部门缴纳的盈余。

表 3-1　标准 SAM 框架

项目		1	2	3	4	5	6	7	8	汇总
		活动	商品	要素	居民	企业	政府	储蓄—投资	国外	
1	活动		市场销售产出		居民自产自销					总产出
2	商品	中间投入	交易费用		居民消费		政府消费	投资	出口	总需求
3	要素	增值							国外要素收入	要素总收入
4	居民			居民要素收入	居民间转移支付	企业对居民的转移支付	政府对居民的转移支付		国外对居民的转移支付	居民总收入
5	企业			企业要素收入			政府对企业的转移支付		国外对企业的转移支付	企业总收入
6	政府	生产税、增值税	销售税、关税、出口税	要素税、政府要素收入	直接税、收入税	企业税，企业向政府缴纳盈余			国外对政府的转移支付	政府总收入
7	储蓄—投资				居民储蓄	企业储蓄	政府储蓄		国外储蓄	总储蓄
8	国外		进口	对国外要素的支付		企业对国外的转移支付	政府对国外的转移支付			外汇总支出
汇总		总投入	总供应	要素总支出	居民总支出	企业总支出	政府总支出	总投资	外汇收入	

表 3-2　假想的 K 国 SAM 表

单位：亿元

项目		1	2	3	4	5	6	7	8	汇总
		活动	商品	要素	居民	企业	政府	储蓄—投资	国外	
1	活动		261926. 08		7027. 28					268953. 36
2	商品	176203. 63	24771. 51		37809. 14		8865. 59	34940. 86	21512. 10	304102. 82
3	要素	84014. 52							391. 13	84405. 65
4	居民			57365. 59		6388. 44	1108. 20		508. 47	65370. 70
5	企业			24641. 13						24641. 13
6	政府	8735. 22	1108. 20	234. 68	586. 69	2216. 40		3259. 41	52. 15	16192. 74
7	储蓄—投资				19947. 58	16036. 29	6127. 69		-3911. 29	38200. 27
8	国外		16297. 04	2164. 25			91. 26			18552. 55
汇总		268953. 36	304102. 82	84405. 65	65370. 70	24641. 13	16192. 74	38200. 27	18552. 55	

3.2 社会核算矩阵设计过程

SAM 表以矩阵形式描述国民经济核算体系（System of National Accounts）中各账户的供应和使用流量及其平衡关系。社会核算矩阵和国民经济核算账户是两个相关但不完全相同的概念。社会核算矩阵是一种用于描述经济系统内部各个部门之间相互关系的工具。国民经济核算账户是一种用于描述和分析一个国家或地区整体经济活动的系统性框架。通过国民经济核算账户，可以计算国内生产总值（GDP）、国民收入和国民支出等重要经济指标。在依据国民经济核算体系的规范和定义的前提下，由于一些宏观经济变量的定义以及数据来源不同，需要根据国家及地区的不同来做出相应的调整，具体情况具体分析。

SAM 表的设计是一个复杂的过程，需要收集大量的经济数据并进行分类和整理。首先，需要确定要包括在 SAM 中的经济部门。这些部门可以根据不同的产业分类（如农业、制造业、服务业等）或根据特定的研究目的进行划分。其次，收集各个经济部门的相关数据，包括生产量、收入、支出、资本流动、贸易等信息。这些数据可以来自官方统计机构、企业报表等渠道。接着将收集到的数据按照经济部门进行分类和整理，再根据收集到的数据，建立各个经济部门之间的交易关系。最后，对 SAM 进行校验和平衡，确保各个经济部门之间的交易量和资金流动总和相等。完成 SAM 表的设计后，可以进行各种经济分析和应用。需要注意的是，设计 SAM 表需要专业的经济学知识和数据处理能力，以确保数据的准确性和可靠性。

SAM 表设计中账户的确定是灵活可变的，有时对一些特殊处理的数据需要增加一些账户，如李善同等主编的 1997 年 SAM 表中有“政府补贴”、“预算外体制外”的账户，为了适应中国宏观经济环境，将这一部分的交易数据进行细分更有利于国家的监督与管理。有时需将其中的一些账户进行拆分或合并，账户的拆分和合并是指将原始的经济数据按照一定的规则和方法进行分类和整合，以便更好地分析和理解经济活动的关系和影响。例如，为了更好地区分不同的要素从各部门获得的收入可将要素账户拆分成劳力账户和资本账户。为了得到一个简化的 SAM 表可以将个人储蓄、企业储蓄和政府储蓄合并为总储蓄，分析整个经济体的储蓄水平和储蓄结构。拆分和合并账户都需要根据具体的研究目的和分析需求来确定，通常依靠专业的经济统计学和会计学知识进行操作和解释。有时 SAM 表和标准 SAM 表（见表 3-1）另一个不同之处是将一些账户的位置进行调换，如将活动和商品两个账户位置进行对调，这并不影响 SAM 表后续的计算结果，因为 SAM 表是一个矩阵，在数学上，矩阵进行初等变换对矩阵的数学结果没有影响。

制作具体应用的 SAM 表时，可能需要对数据的来源进行调整。编制 SAM 表的主要数据来源包括《中国统计年鉴》、《中国投入产出表》、《国际收支平衡表》、《资金流量表》、《中国财政年鉴》、《中国税务年鉴》、《中国劳动统计年鉴》等。大量的数据来自不同的统计机构和调查方式，因此需要对数据进行调整和整合，以确保数据的一致性和可靠性。同时需要考虑宏观经济环境的变化，如通货膨胀、汇率变动等。当遇到数据缺失时需要进行合理的插补或估算，以确保数据的完整性和准确性（见表 3-3）。

SAM 表中的有些元素可能为负数，从经济学的角度来看是合理的，因为经济活动中存在着收入和支出的差异、储蓄和借贷的行为以及国际贸易的盈亏。但 SAM 表运用在 CGE 模型中时通常要求元素数值应该是非负数，否则会在之后的 SAM 表的平衡和 CGE 估计参数及模拟中造成麻烦。例如，某个账户的储蓄为负数时，表示该账户在某个时期内消耗了其储蓄，即净借贷。这可能表示该部门或账户的资金不足，需要借贷来满足支出需求。SAM 表中的国外账户中也可能出现负数的情况。当一个国家或地区的出口少于进口时，净出口元素为负数，表示该国家或地区的贸易逆差。当 SAM 运用在 CGE 模型中则需要解决存在复数的问题。如果第 i 行 j 列的元素 t_{ij} 是负数，首先将这个单元格中数值提高为零，然后将其绝对值填到矩阵对称的第 j 行 i 列的单元格中。虽然改变了具体行和列的汇总数据，但整个 SAM 表仍是平衡的。有些对称单元格的数字本来会计意义就是一样或接近的。例如，第七行第八列的矩阵元素表示国外储蓄。如果是负数，表示国内资金流向国外等情况。把这个数值移到第八行第七列变为正数，表示了同样意思（见表 3-2）。

表 3-3　RAS 平衡后的 2017 年中国 SAM 表

单位：亿元

项目		生产活动		要素		机构			资本		ROW	汇总
		活动	商品	劳动	资本	居民	企业	政府	资本账户	存货变动	国外	
生产活动	活动		2300000									2300000
	商品	1123482. 849				326244. 70		142426. 910	424108. 650	5309. 130	478427. 760	2500000
要素	劳动	430000										430000
	资本	680000										680000
机构	居民			430000	37047. 740		32419. 382	18590. 594			1942. 284	520000
	企业				318583. 342			11416. 658				330000
	政府	66517. 151	28329. 290			10894. 933	42429. 594		32199. 078		29629. 953	210000
资本	资本账户					182860. 370	255151. 024	31988. 605				470000
	存货变动								5309. 130			5309. 13
ROW	国外		171670. 710		324368. 918			5577. 234	8383. 137			510000
汇总		2300000	2500000	430000	680000	520000	330000	210000	470000	5309. 130	510000	
目标值		2300000	2500000	430000	680000	520000	330000	210000	470000	5309. 130	510000	

注：此处目标值是根据 OLS 平衡后的总值，然后进行放大约等得到，如果直接用 OLS 平衡后的总值作为目标值，则 RAS 算法不收敛。

资料来源：苏丽敏 . 2017 年宏观 SAM 的编制及最优平衡方法选择［J］. 统计理论与实践，2020（1）。

表 3-4　宏观 SAM 的数据来源及处理　单位：亿元

项目		账户名称	数据来源及处理	原始数据
活动	商品	国内总产出	2017 年各部门投入产出表（IO 表）总产出合计	2257734.00
商品	活动	中间投入	2017 年 IO 表中间投入合计	1434518.00
	居民	居民消费	IO 表农村居民和城镇居民消费支出合计	320426.70
	政府	政府消费	IO 表政府消费支出合计	123750.30
	投资	固定资本形成	IO 表固定资本形成总额	359151.10
	存货变动	存货增加	IO 表存货净增加额	5309.13
	国外	出口	IO 表出口合计	163846.80
劳动力	活动	劳动报酬	IO 表劳动者报酬合计	423268.00
资本	活动	资本回报	IO 表各部门固定资产折旧+营业盈余	304969.10
居民	劳动力	劳动收入	IO 表劳动者报酬合计	423268.00
	资本	资本收入	《中国统计年鉴（2019）》“资金流量表（实物表）”住户部门的财产收入来源	30627.82
	企业	企业转移支付	账户平衡项：行余量	33436.12
	政府	政府转移支付	《中国财政年鉴（2018）》“国家财政预算、决算收支总表”，包括社会保障和就业支付等	24611.68
	国外	国外收益	《中国统计年鉴（2018）》—国际收支平衡表（2017）中初次收入—雇员报酬 1499271 万美元，2017 年人民币兑美元年均汇率 6.76（源自《中国统计年鉴（2018）》中附录 1-15）	1013.51
企业	资本	资本收入	2017 年 IO 表中固定资产折旧+营业盈余	304969.10
	政府	政府转移支付	《中国统计年鉴（2019）》“资金流量表（非金融交易）非金融企业部门、金融机构部门的经常转移和投资性补助”	17501.10
政府	活动	生产税净额	IO 表各部门的生产税净额汇总	94978.60
	商品	进口税	《中国统计年鉴（2018）》国家关税和进口货物增值税、消费税进行推算	14385.42
	居民	个人所得税	《中国财政年鉴（2018）》“国家财政预算、决算收支”个人所得税决算数	11966.37
	企业	企业所得税	《中国财政年鉴（2018）》“国家财政预算、决算收支”企业所得税决算数	32117.29
	投资	债务收入	2017 年政府赤字，用《中国统计年鉴（2018）》中政府收入-政府支出	30492.72
	国外	国外收入	行余量	-11347.60
	政府支出		《中国统计年鉴（2018）》	203085.50
	政府收入		《中国统计年鉴（2018）》	172592.80

续表

项目		账户名称	数据来源及处理	原始数据
投资—储蓄	居民	居民储蓄	《中国统计年鉴（2019）》"资金流量表"（非金融交易）住户总储蓄	180564.10
	企业	企业储蓄	《中国统计年鉴（2019）》"资金流量表"（非金融交易）非金融企业和金融机构总储蓄	8173636.60
	政府	政府储蓄	《中国统计年鉴（2019）》"资金流量表"（非金融交易）政府总储蓄	27943.20
	国外	国外净储蓄	《中国统计年鉴（2019）》"资金流量表"（非金融交易）国外部门总储蓄	-13120.10
存货变动	投资	存货净变动	IO 表"存货变动"	5309.13
国外	商品	进口	IO 表进口	149268.40
	资本	国外投资收益	《中国统计年鉴（2018）》"国际收支平衡表"中经常项目中的投资收益差额	337005.70
	政府	对国外的支付	列余量	9279.20
	资本	国外净投资	国外净储蓄的绝对值	13120.10

3.3 社会核算矩阵平衡原则

若 SAM 表是一个 n×n 的正方形矩阵，矩阵中第 i 行第 j 列的元素数值用 t_{ij}，$i=1, \cdots, n$；$j=1, \cdots, n$ 表示。将 SAM 表中通过各项资料收集的原始数据记为 $\bar{t}_{ij}$，$i=1, \cdots, n$；$j=1, \cdots, n$。SAM 表必须遵循社会核算系统的借贷平衡原则，即每行的汇总要等于相应列的汇总，表示如下：

$$\sum_{i}^{n} t_{ik} = \sum_{j}^{n} t_{kj}, \quad k = 1, \cdots, n \tag{3-4}$$

如表 3-2 中第一行活动账户最终的汇总额为 268953.36 亿元，与第一列活动账户的汇总额相等。这种平衡关系显示了国民经济核算中的恒等关系，即商品的总需求等于总供给，生产活动部门的总投入等于总产出，机构账户的总收入等于总支出。不过在现实经济条件下，在 SAM 矩阵中填入收集的原始数据后，最初的结果通常是不平衡的。即每行的汇总数值和相应列的汇总数值通常不相等，表示如下：

$$\sum_{i}^{n} t_{ik} \neq \sum_{j}^{n} t_{kj}, \ k = 1, \ \cdots, \ n \tag{3-5}$$

因此要对数值做校正，使同一行列的汇总数值平衡。这个过程叫作 SAM 表平衡。根据瓦尔拉斯（Walras）定理，对于 n×n 的 SAM 表矩阵，若其中 n-1 个账户的行汇总等于列汇总，则最后一个账户的行汇总和列汇总也必然相等。行列平衡原则的实现有助于验证数据的准确性和一致性，确保各个经济部门之间的交易量和资金流动总和相等。这有助于提高 SAM 表的可靠性和有效性。

为了 SAM 表中数据既能符合经济学理论又能符合现实条件，除要求行汇总等于相应的列汇总外，常常会在平衡实践时适当地增加一些限制条件，利用各种获得的信息，对 SAM 表数据的平衡做出校正。SAM 表中通常可靠的数据是经过严谨统计和核实的，具有较高的可信度和准确性。例如，居民消费支出，政府的支出、收入、债务等。这些数据通常由国家统计机构或其他专门机构进行收集和发布，经过严格的统计方法和质量控制。然而，SAM 表中也可能存在一些不准确的数据，这些数据可能受到数据收集方法的影响，存在误差或偏差，如数据收集范围的局限性、数据报告的延迟、样本选择不足、调查问卷的主观性等导致数据的不准确。一些数据缺失或难以获取，需要进行估算和推算，这可能引入不确定性和误差。一些难以准确测量的经济活动，如非正规经济、地下经济或黑市交易等。这些活动往往难以被统计和核实，因此相关数据可能存在较大的误差。例如，由于一些居民隐瞒收入，使居民账户的收入与支出不相等时，应该相应地增加能使两个变量相等的限制条件，但具体是使最终平衡结果等于其中的某一个数值还是等于他们的平均数，则需要根据理论和主观经验的判断。

在使用 SAM 表数据时，首先，需要对可能存在较大误差的数据保持谨慎，并结合其他可靠数据进行分析和判断。其次，需要注意数据的可靠性和准确性，可以参考数据来源的可信度、数据的一致性和合理性，以及与其他相关数据的比较和验证，来判断数据的准确性和可靠性。最后，需要注意数据的局限性和不确定性，避免过度依赖单一数据源或数据点。

SAM 表的平衡有不同的方法，除了需要数学技术手段外，也需要对数据和模型的了解、经验和判断。在 SAM 表所描述的经济结构保持相对稳定、行汇总和列汇总数据差距不大的情况下，可以手动来平衡。国际上常用的平衡方法是交叉熵（CE）方法和 RAS 方法。Robinson 等（2001）、Cattaneo（2002）等对相关方法进行了详细的分析。Casiano Manrique de Lara Peñate（2003）等人提出了基于 SAM 整体的非线性结构系数的调整方法。范金和万兴（2007）对 SAM 更新和平衡方法进行了系统性总结。侯瑜（2004）、万兴等（2010）等介绍了 Stone-Byron 方法、最小二乘法、绝对值法、最小交叉熵方法、带有测量误差的交互熵方法等。本章接下来介绍手动平衡方法、最小二乘法、RAS 法和交叉熵法。

3.4 社会核算矩阵平衡方法

3.4.1 手动平衡方法

手动平衡 SAM 表的可行性取决于多个因素，包括 SAM 表的规模、数据可靠性、经济结构稳定性以及平衡条件的复杂性等。较小规模的 SAM 表更容易手动平衡，因为所要调整的变量较少，平衡过程相对简单。而对于大规模的 SAM 表，手动平衡可能会非常复杂和耗时。如果 SAM 表中的数据存在较大的误差或不完整，手动平衡可能会导致数据不准确。因此，数据的可靠性是手动平衡的一个重要前提条件。SAM 表所描述的经济结构在手动平衡过程中应保持相对稳定。如果经济结构发生较大变化，手动平衡可能无法准确反映实际情况。SAM 表中的平衡条件可能包括总产出与总平衡、收入与支出平衡、资本积累平衡和外部平衡等。如果平衡条件非常复杂，手动平衡可能需要进行大量的试错和迭代，增加了手动平衡的难度和复杂性。

手动平衡 SAM 表的优点可以根据具体情况进行灵活调整，以满足特定的需求和目标。这种灵活性使我们可以针对不同的经济情况和政策目标进行个性化的调整。深入理解经济结构和各个部门之间的相互关系，有助于揭示经济的内在机制和潜在问题，并为制定政策提供参考。缺点也显而易见，需要大量的时间和劳动投入。对于大规模的 SAM 表，增加了工作的复杂性和成本。并且由于人的主观判断和操作失误，可能导致平衡结果的不准确。此外，手动平衡过程中的调整决策也可能受到主观偏见的影响。

为了演示手动平衡的方法，我们构造一个简单的假想 Z 国 SAM 表，原始数据如表 3-5 所示，表中的行汇总与相应的列汇总单元格中数据一开始并不相等。

表 3-5　Z 国未经平衡的原始 SAM 表

项目	活动	商品	要素	居民	行汇总
活动	62	50		165	277
商品	98	56		93	247
要素	155	111			266
居民			202		202
列汇总	315	217	202	258	

先在 Excel 中建立一个表格，将 Z 国未经平衡的原始 SAM 表中各个数据 t_{ij}（i=1，…，n；j=1，…，n）填入 Excel 表中。在行汇总一列的单元格里建立公式 $Y_k^r=\sum_j^n t_{kj}$，列汇总一行的单元格里建立公式 $Y_k^c=\sum_i^n t_{ik}$，当填入表中数据后 Excel 则会自动根据公式得出数值。增加一列命名为"行列数量差"，单元格中建立公式 $Y_k^r-Y_k^c$，Excel 自动得出数量差值，如表 3-6 所示。最终检验是否手动平衡，即看最后一列的行列数量差是否都变为零。

表 3-6　Z 国未经调平的原始 SAM 表的 Excel 工作表

项目	活动	商品	要素	居民	行汇总	行列数量差
活动	62	50		165	277	-38
商品	98	56		93	247	30
要素	155	111			266	64
居民			202		202	-56
列汇总	315	217	202	258		

从表 3-6 中的最后一列可看出各个行列数量差。差别最大的两个账户是账户 3（要素）和账户 4（居民），分别为 64 和-56。为了使行列差变为零，则需要同时使 64 下降及-56 上升。处理方法是将 t_{34} 数值调低，或者是将 t_{43} 数值调高。由表中可知，t_{34} 没有经济解释。因此，可以将 t_{43} 中的数值调高，调整的大小一般选择两个数值中绝对值较小的一个。第一次调平的结果如表 3-7 所示。

表 3-7　第一次调平后的 Excel 工作表结果

项目	活动	商品	要素	居民	行汇总	行列数量差
活动	62	50		165	277	-38

续表

项目	活动	商品	要素	居民	行汇总	行列数量差
商品	98	56		93	247	30
要素	155	111			266	8
居民			258		258	0
列汇总	315	217	258	258		

由第一次调整后的结果可以看出账户 1（活动）和账户 2（商品）的行列差别最大，分别是-38 和 30。同理可知，需将 t_{12} 数值调高，或者是将 t_{21} 数值调低。由表中可知，t_{12} 与 t_{21} 都有经济解释。那么可以选择只将 t_{12} 数值调高 30，或者只将 t_{21} 数值调低 30，也可以选择分别将 t_{12} 数值调高 15，将 t_{21} 数值调低 15。这一般依靠主观判断数据偏好，若在没有偏好的情况下，可以选择进行平均分配。结果如表 3-8 所示。

表 3-8　第二次调整后的 Excel 工作表结果

项目	活动	商品	要素	居民	行汇总	行列数量差
活动	62	65		165	292	-8
商品	83	56		93	232	0
要素	155	111			266	8
居民			258		258	0
列汇总	300	232	258	258		

经过第二次调整后，可以看出只有账户 1（活动）和账户 3（要素）需要进行调平。在没有偏好的情况下，仍选择将 8 平均分配给 t_{13} 和 t_{31}，表 3-9 即为手动平衡的最终结果。

表 3-9　手动平衡后的 SAM 表

项目	活动	商品	要素	居民	行汇总	行列数量差
活动	62	65		165	292	0
商品	83	56		93	232	0
要素	147	111			258	0
居民			258		258	0
列汇总	292	232	258	258		

从调整过程可以看到，手动平衡时会加入很多主观因素的判断，同样的数据可能获得不同的调平结果。实际操作中应综合考虑统计学、经济学的理论知识。根据国家或地区情况加入一些限制条件，如已知居民在商品中的消费 t_{24} 相对于别的数据来源是一个较可靠的数据，因此可以在调平的过程中限制其数值不变。在现实操作中要尽量避免完全依靠手动，应采取更有效的方法。

3.4.2 最小二乘法

最小二乘法是一种常用的 SAM 表调平方法。先将平衡条件的理论值与实际值之间的差异作为平衡误差，构建一个目标函数，再将平衡误差的平方和作为目标函数的值。最小二乘法的目标是最小化目标函数的值。通过最小化目标函数，可以求解出调整量的最优解。最小二乘法使用数学优化算法，如梯度下降法或牛顿法来迭代地调整参数，直到达到最小化目标函数的结果。

最小二乘法的优点是可以考虑多个平衡条件，并将其统一优化求解，从而得到一个整体平衡的 SAM 表。然而，最小二乘法也有一些限制，如对数据的要求较高，需要有准确可靠的数据，并且需要对平衡条件进行线性化处理。

在 n×n 的 SAM 表中，假设未平衡的实际数据记为 $\bar{t}_{ij}$，将校正后的数值记为 t_{ij}（i=1，…，n；j=1，…，n），最小二乘法是将平衡后的数据与原始数据的差的平方和最小化。设定目标函数如下：

$$\min_{t_{ij}} z = \sum_{i}^{n}\sum_{j}^{n}(t_{ij} - \bar{t}_{ij})^2 \tag{3-6}$$

加入的限制条件为：

$$\sum_{i}^{n} t_{ik} = \sum_{j}^{n} t_{kj},\ k = 1,\ \cdots,\ n \tag{3-7}$$

若在事件过程中发现 SAM 表中不同账户间的数值规模单位差异太大时，式（3-6）可改为：

$$\min_{t_{ij}} z = \sum_{i}^{n}\sum_{j}^{n}\left(\frac{t_{ij}}{\bar{t}_{ij}} - 1\right)^2 \tag{3-8}$$

仍利用假想 Z 国的数据来举例应用（见表 3-5）。

建立目标函数如下：

$$\begin{aligned} \min z = & (t_{11}-62)^2+(t_{12}-50)^2+(t_{14}-165)^2+(t_{21}-98)^2+(t_{22}-56)^2 \\ & +(t_{24}-93)^2+(t_{31}-155)^2+(t_{32}-111)^2+(t_{43}-202)^2 \end{aligned}$$

同时满足限制条件如下：

$$\sum_{i}^{4} t_{i1} = \sum_{j}^{4} t_{1j} \sum_{i}^{4} t_{i2} = \sum_{j}^{4} t_{2j} \sum_{i}^{4} t_{i3} = \sum_{j}^{4} t_{3j} \sum_{i}^{4} t_{i4} = \sum_{j}^{4} t_{4j}$$

$$t_{ij} \geqslant 0,\ i = 1,\ \cdots,\ 4;\ j = 1,\ \cdots,\ 4 \tag{3-9}$$

使用 Excel 表格进行求解。首先，在 Excel 工作表中 A1～F6 的范围内建立未经平衡的 SAM 表的表格，表中最后一行和一列皆是汇总求和。之后依次点击“文件—选项—加载项—转到”，得到一个“加载项”的窗口，如图 3-1 所示，勾选“规划求解加载项”，点击“确定”。

其次，选择六行六列的单元格范围（途中示例范围为 A9～F14）建立平衡后的 SAM 表，表中对应的各项数据等待“规划求解加载项”计算后填入，最后一行和最后一列中分别键入列汇总和行汇总的公式。然后选择 Excel 工作表里空白单元格键入目标函数。点击“数据—规划求解”，在弹出的“规划求解参数”框里按顺序分别选中“设置目标”、“可变单元格”的相关单元格，在“遵守约束”中点击添加先前设置的约束条件，可得出唯一解如图 3-2 所示。求得的结果如表 3-10 所示。

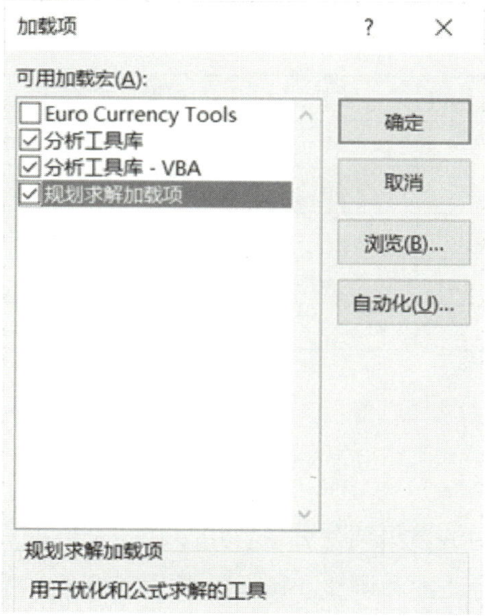

图 3-1　最小二乘法的加载项

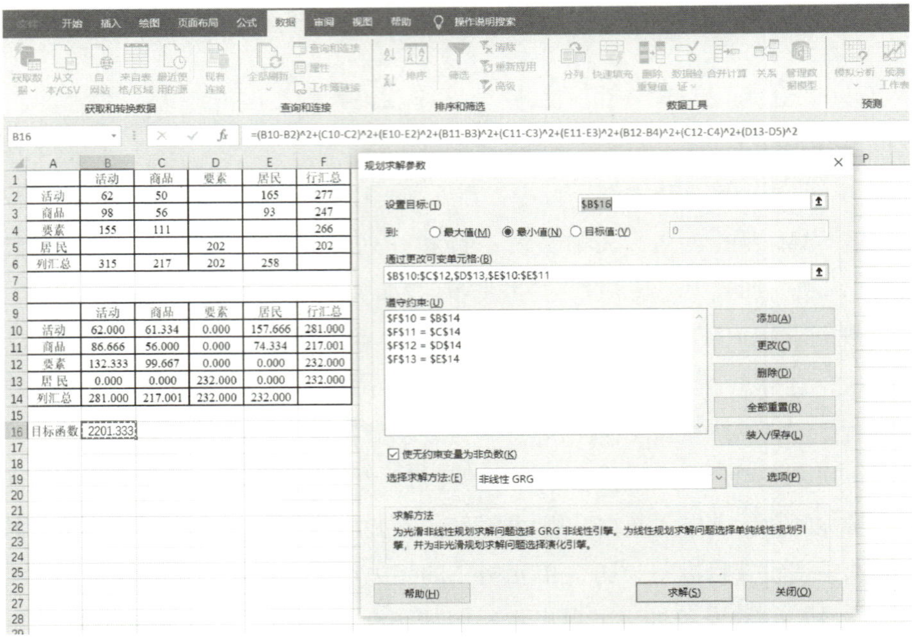

图 3-2　最小二乘法的规划求解过程

表 3-10　Z 国 SAM 表的最小二乘法平衡结果

项目	活动	商品	要素	居民	行汇总
活动	62	61		158	281
商品	87	56		74	217
要素	132	100			232
居民			232		232
列汇总	281	217	232	232	

3.4.3　RAS 法

RAS 法是一种常用的数据调整方法，用于将一个数据集的辅助信息与另一个数据集的目标信息进行匹配和调整。RAS 法常用于调整样本调查数据，以使其与目标总数或外部参考数据相一致。那么在 SAM 表的平衡中运用 RAS 法时则需要先确定一个目标汇总值，计算目标值与原数据总值之间的比例，这个比例用于将表中元素进行缩放，通过反复缩放操作以使其与目标总数相匹配。

RAS 法的实施相对简单，不需要复杂的数学模型或算法，它可以通过简单的比例缩放来实现数据的调整。在调整 SAM 表时保持了原始数据的结构，即各个部门之间的关系和比例关系，这有助于保持 SAM 表的内在一致性。然而，RAS 法的有效性取决于原始辅助信息的可靠性和准确性。如果存在误差或偏差，调整后的 SAM 表可能会受到影响。如果 SAM 表中存在非线性关系，RAS 法可能无法准确地调整数据，并且调整结果受到目标总数的影响。

在 n×n 的 SAM 表中，实际数据记为 $\bar{t}_{ij}$，校正后的数值记为 t_{ij}，行的目标总值记为 T_i^*，列的目标总值记为 T_j^*。假定初始 SAM 表和表 3-5 一样，加入目标值的 SAM 表如表 3-11 所示。

表 3-11　加入目标值的原始 SAM 表

项目	活动	商品	要素	居民	行汇总	目标值
活动	62	50		165	277	300
商品	98	56		93	247	247
要素	155	111			266	260
居民			202		202	260
列汇总	315	217	202	258		
目标值	300	247	260	260		

第一步，从表格每列的方向上进行数据缩放。分别将每列的目标总值除以对应的原始列汇总数据得到一个缩放比例，将这一列中各个元素 $\bar{t}_{ij}$ 都乘以该比例因子得到新的一列数据，记为 t_{ij}^1，表示第一次缩放。如下：

$$t_{ij}^1 = \bar{t}_{ij} \frac{T_j^*}{\sum_i t_{ij}} \tag{3-10}$$

例如，第一列的缩放比例 $\frac{T_1^*}{\sum_i t_{i1}} = \frac{300}{315}$，SAM 矩阵第一行第一列元素调整为：$t_{11}^1 = \bar{t}_{11} \frac{T_1^*}{\sum_i t_{i1}} = 62 \times \frac{300}{315} = 59.0$，同样，第二列的元素进行 $t_{i2}^1 = \bar{t}_{i2} \frac{247}{217}$ 的调整，然后依次进行后序几列数据的变换，每列数据变换后的结果如表 3-12 所示。

表 3-12　按列进行缩放后的 SAM 表

项目	活动	商品	要素	居民	行汇总	目标值
活动	59.0	56.9		166.3	282.2	300
商品	93.3	63.7		93.7	250.8	247
要素	147.6	126.3			274.0	260
居民			260.0		260.0	260
列汇总	300.0	247.0	260.0	260.0		
目标值	300	247	260	260		

第二步，从每行的方向上将上述矩阵中的数据进行缩放调整。每行的目标总值除以对应的原始行汇总数据得到一个行缩放比例，将这一行中各个元素 $\bar{t}_{ij}$ 都乘以该比例因子得到新的一行数据，记为 t_{ij}^2，表示进行了第二次缩放。如下：

$$t_{ij}^2 = t_{ij}^1 \frac{T_i^*}{\sum_j t_{ij}} \tag{3-11}$$

例如，矩阵的第一行第一列元素的调整为 $t_{11}^2 = t_{11}^1 \frac{T_1^*}{\sum_j t_{1j}} = 59 \times \frac{300}{282.2}$，每行数据经过变换后的结果如表 3-13 所示。

表 3-13　按行进行缩放后的 SAM 表

项目	活动	商品	要素	居民	行汇总	目标值
活动	62.8	60.5		176.7	300.0	300
商品	91.9	62.8		92.3	247.0	247
要素	140.1	119.9			260.0	260
居民			260.0		260.0	260
列汇总	294.8	243.2	260.0	269.0		
目标值	300	247	260	260		

第三步，仿照第一步进行列方向上的调整。

第四步，仿照第二步进行行方向上的调整……通过反复缩放调整后，得到矩阵中汇总值与目标值基本相等（误差在允许范围内）的情况即可停止。

通过矩阵来表示缩放的情况如下（此式为本例第一步和第二步的矩阵表示）：

$$t^2 = r_1 \bar{t} s_1 = \begin{bmatrix} \frac{300}{282.2} & \cdots & \cdots & 0 \\ \vdots & & \ddots & \vdots \\ \vdots & 0 & \frac{T_i^*}{\sum_j t_{ij}^1} & 0 \\ 0 & & & \frac{T_{i=n}^*}{\sum_j t_{nj}^1} \\ & \cdots & 0 & \end{bmatrix} \bar{t} \begin{bmatrix} \frac{300}{315} & \cdots & \cdots & 0 \\ \vdots & & \ddots & \vdots \\ \vdots & 0 & \frac{Q_j^*}{\sum_i \bar{t}_{ij}} & 0 \\ 0 & & & \frac{Q_{j=n}^*}{\sum_i \bar{t}_{in}} \\ & \cdots & 0 & \end{bmatrix} \tag{3-12}$$

依次通过矩阵类推缩放，直到最后与目标值基本一致。

本例通过依次迭代缩放，得到最终平衡后的 SAM 表结果如表 3-14 所示。

表 3-14　RAS 法进行平衡后的 SAM 表

项目	活动	商品	要素	居民	行汇总	目标值
活动	65.4	62.9	0.0	171.7	300.0	300
商品	94.4	64.3		88.3	247.0	247
要素	140.2	119.8			260.0	260
居民			260.0		260.0	260
列汇总	300.0	247.0	260.0	260.0		
目标值	300	247	260	260		

3.4.4　交叉熵法

SAM 表通常包含不完全或估计的数据，且由于数据收集错误或报告错误，这些表格通常不平衡。因此，需要一个数学方法来调整这些数字，同时最大限度地保持原始数据的结构和一些关键的边际分布。在运用交叉熵法平衡 SAM 表时其实是将运用 Kullback-Leibler 交叉熵构建的目标函数最小化。Kullback-Leibler（KL）交叉熵是信息论中的一个概念，用于衡量两个概率分布之间的差异。通常表示如下：

$$KL(p \parallel q) = \sum p(x) \log\left(\frac{p(x)}{q(x)}\right) \tag{3-13}$$

$$0 \leqslant p(x) \leqslant 1,\ 0 \leqslant q(x) \leqslant 1;\ \sum p(x) = 1,\ \sum q(x) = 1$$

其中，p（x）和 q（x）分别是两个概率分布在取值为 x 时的概率。KL 交叉熵可以理解为用 p（x）信息量去衡量 q（x）信息量的缺失，或者说用 p（x）分布去逼近 q（x）分布的难度。它是一个非对称的度量，即 KL（p‖q）≠KL（q‖p）。

它的值越小，表示两个概率分布越接近，反之则越远离。当且仅当 p（x）和 q（x）完全相同时，KL 交叉熵得到最小值 0。可以用 KL 交叉熵来衡量模型输出的概率分布与真实标签的概率分布间的差异，从而进行模型训练和优化。

Robinson 等（2001）讲述了如何将预期熵运用到 SAM 表的平衡过程中，此过程称为交叉熵法。使用交叉熵函数作为目标函数，交叉熵函数是基于原始 SAM 表中的数据和调整后 SAM 表中的数据之间的 Kullback-Leibler 散度。通过最小化目标函数来寻找调整后的 SAM 表，同时满足预先确定的约束条件，即将 SAM 表平衡后的数值与 SAM 表原数值构成的交叉熵值最小化，可以使平衡后结果更加接近真实分布，提高模型的准确率。此外，还需要检查平衡后的 SAM 表在经济学意义上是否合理。

交叉熵法的基本思想是在确保 SAM 表内各项数据行和列相互平衡的同时，尽可能少地改变原始数据。与其他调整方法（如 RAS 方法）相比，交叉熵法对数据的非负性和原始数据分布特征的保留有一定的优势；它在平衡表格时不会产生负数，并尊重原数据的信息内容。然而，交叉熵法也有一些限制，如需要大量的样本和计算资源，对初始概率分布的选择敏感等。

仍然用表 3-5 的 SAM 表数据举例。未平衡的实际数据记为 $\bar{t}_{ij}$，矩阵内数据总和记为 $\bar{T}$，平衡后的数值记为 t_{ij}，矩阵内数据总和为 T。因此：

$$T = \sum_{i}^{n} \sum_{j}^{n} t_{ij},\ \bar{T} = \sum_{i}^{n} \sum_{j}^{n} \bar{t}_{ij} \tag{3-14}$$

将 SAM 表中各个元素和数据总和相除，得到：

$$a_{ij} = \frac{t_{ij}}{T},\quad \bar{a}_{ij} = \frac{\bar{t}_{ij}}{\bar{T}} \tag{3-15}$$

交叉熵目标函数 z 如下：

$$\begin{aligned} z &= \sum_{j}^{n} \sum_{i}^{n} a_{ij} \log \frac{a_{ij}}{\bar{a}_{ij}} = \sum_{j}^{n} \sum_{i}^{n} \frac{t_{ij}}{T} \log\left(\frac{t_{ij}/T}{\bar{t}_{ij}/\bar{T}}\right) \\ &= \frac{1}{T} \sum_{j}^{n} \sum_{i}^{n} t_{ij}\left(\log \frac{t_{ij}}{\bar{t}_{ij}} - \log \frac{T}{\bar{T}}\right) \\ &= \frac{1}{T} \sum_{j}^{n} \sum_{i}^{n} t_{ij} \log \frac{t_{ij}}{\bar{t}_{ij}} - \frac{1}{T} \sum_{j}^{n} \sum_{i}^{n} t_{ij} \log \frac{T}{\bar{T}} \\ &= \frac{1}{T} \sum_{j}^{n} \sum_{i}^{n} t_{ij} \log \frac{t_{ij}}{\bar{t}_{ij}} - \log \frac{T}{\bar{T}}\left(\frac{1}{T} \sum_{j}^{n} \sum_{i}^{n} t_{ij}\right) \end{aligned} \tag{3-16}$$

由$\frac{1}{T}\sum_{j}^{n}\sum_{i}^{n}t_{ij}=1$，所以得到最终的目标函数如下：

$$\min_{t_{ij}} z=\frac{1}{T}\sum_{j}^{n}\sum_{i}^{n}t_{ij}\log\frac{t_{ij}}{\bar{t}_{ij}}-\log\frac{T}{\bar{T}} \tag{3-17}$$

同时满足约束条件：$\sum_{i}^{n}t_{ik}=\sum_{j}^{n}t_{kj}$，$k=1, \cdots, n$

$t_{ij}\geqslant 0$，$i=1, \cdots, n$；$j=1, \cdots, n$

相比于式（3-13），目标函数多了一项$-\log\frac{T}{\bar{T}}$，其中的$\log\bar{T}$是常数且已知，不会直接影响最优化结果中t_{ij}的选择。但在最小化过程中，T是最后平衡数据的总和，随着T的增大，$-\log\frac{T}{\bar{T}}$这一项会变得越来越小，那么目标函数最小化容易无解。因此，在进行平衡的过程中，可以将T限定在一个范围之内。

用表3-5中的数据进行举例，利用Excel进行平衡。在Excel单元格键入目标函数和限制条件。类似于最小二乘法的操作，利用规划求解加载项，填入目标函数和限制条件（见图3-3）。在这一例子中可以将$\frac{T}{\bar{T}}$限制在［0.5，2］之间，这是一个很大的区间，表示平衡后的结果在原始结果的一半到两倍之间。这里给的容忍误差范围非常大，实际误差范围应该比这个区间小得多。

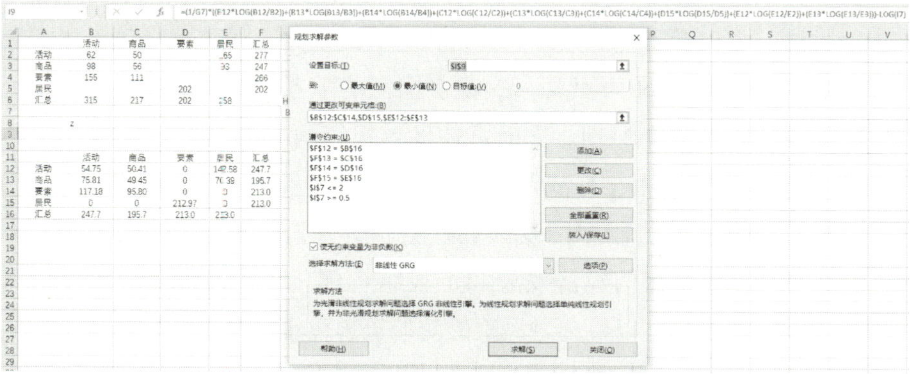

图3-3　交叉熵法的规划求解过程

最终求得的结果如表3-15所示。

表 3-15 交叉熵法平衡后的结果

项目	活动	商品	要素	居民	行汇总
活动	54.8	50.4		142.6	247.7
商品	75.8	49.5		70.4	195.7
要素	117.2	95.8			213.0
居民			213.0		213.0
列汇总	247.7	195.7	213.0	213.0	

此外，我们也会在应用中遇到一些变化，如由于时间或统计数据的原因，常常需要根据更新的数据再次调整 SAM 表。在一个已经平衡的 SAM 表中改变或者加入新的账户和新的数据又该怎么处理呢？要是变化较大时直接利用上述的交叉熵方法会产生较大的误差。而 Robinson 等（2001）提出的系数交叉熵方法，则会帮助解决这方面的问题。若想详细了解这一方法，可参考 Robinson 在 2001 年发表的这一文献。

3.5 社会核算矩阵发展方向

社会核算矩阵（SAM）是一种反映一国或地区在一定时期内所有经济活动的矩阵表示方法，它包含了生产账户、投资账户、政府账户等多个子系统的经济流动和存量数据。20 世纪 60 年代以后，许多国家的学者开始全面细致地研究社会核算矩阵的框架以及平衡原理。同时，在世界银行的积极倡导下，50 多个国家相继推出 SAM 表的分析框架，应用于投入产出分析、税收分析、收入分布分析和区域发展分析等。而编制中国及区域社会核算矩阵（Sino-SAM & Regional-SAM）将为中国及各地区的经济发展和产业结构优化、中国外贸发展战略的制定、外贸发展策略的制定以及金融风险的防控等提供重要的基础性数据支撑。

与其他经济模型相比，SAM 模型提供了一个更全面和细致的经济流动框架，但仍有一些局限性。例如，对于某些特殊情况，如非正规就业等可能无法准确反映出经济系统中的非货币交换，如家庭劳动等。SAM 需要大量详细的数据，如果统计资料不足或不可靠，将会显著影响模型的准确性和可信度。由于 SAM 包含了大量的数据和复杂的交叉联系，它可能难以被非专业的决策者理解和使用。SAM 模型通常是基于某一特定时间点或期间的静态快照，它不涉及时间序列的变化，因此无法直接用于分析经济动态过程。在构建 SAM 的过程中，必须对各部门之间分配收入、支出设立假定条件，这些假定可能影响最终的结果。SAM 模型对外部冲击的反映不足，因为它是一个封闭的系统，而在现实经济体中经常会发生外部变量变动。SAM 还是多部门一般均衡模型的基础，但并不直接提供关于价格和数量调整过程的信息，因此需配合计算一般均衡（CGE）模型来进行动态分析。

针对这些局限性，在 SAM 编制前，可利用大数据技术提高数据质量和覆盖范围，以及应用人工智能技术分析复杂的经济系统。可与微观经济模型集成，利用微观经济数据提高 SAM 的分辨率和精度，尝试在 SAM 中加入环境和可持续性条件来考虑，如纳入自然资源账户、环境影响和社会福利指标。例如，开发包含时间序列的动态 SAM 模型，使其可以模拟随时间变化的经济过程。开发更具有用户友好界面的工具，以使政策制定者和分析师能更容易地使用 SAM 模型来模拟和评估不同政策的影响。构建全球或区域链接的 SAM，能更好地分析全球化下的经济问题，特别是在考虑国际贸易和金融流动的情况下。

第4章 “1-2-3”模型

CGE 模型是将一般均衡理论应用于实际情景分析的模型。深入了解 CGE 模型，需要一定的经济学基础，明晰市场部门间资金流动过程。由此，本章首先阐述一般均衡理论中一些重要结论，为读者提供理论基础。其次介绍“1-2-3”模型的原理和应用，帮助读者更好地理解 CGE 模型的操作。最后解释模型中方程的线性化过程，为读者提供了更深层次的建模理解，也为后续读者理解 GTAP 模型奠定基础。

4.1 均衡状态

4.1.1 局部均衡和一般均衡

CGE 建模是基于市场均衡状态下对经济系统的动态模拟分析。在微观经济学中，市场均衡状态通常指在一个单一市场上实现供应需求相等的状态，这种状态也被称为局部均衡。

对商品 i，其供应函数可表示为 $q_i^s = f_i(p_i)$，其需求函数可表示为 $q_i^d = g_i(p_i)$，那么该市场（局部）均衡条件表示如下：

$$q_i^s = q_i^d \tag{4-1}$$

也就是，

$$f_i(p_i) = g_i(p_i) \tag{4-2}$$

求出的解 p_i^* 和 q_i^* 称为单一市场下的均衡解。这一局部均衡的概念虽然有效，但它基于一个关键的假设，即其他市场的变量，如其他市场的供求和价格等，在局部均衡的市场变化中不受影响，保持不变。数学上，局部均衡的完整表达如下：

供应函数：$q_i^s = f_i(p_i, \overline{p}{-i})$

需求函数：$q_i^d = g_i(p_i, \overline{p}{-i})$

$$q_i^s = q_i^d \tag{4-3}$$

其中，$\overline{p}{-i}$ 为其他部门的价格，假设固定不变。

但实际上，一般均衡状态描述的是一个完整的经济系统，是多个部门相互协调的结果。现实中，市场间的调整具有连锁效应，当一个市场调整时，其他市场的供求和价格可能都会相应地发生变化，这种效应在经济学中被称为溢出效应。显然，这与局部均衡的假设相悖。由此，考虑将局部均衡的理论放大，套用至整个经济系统中所有部门，考虑所有市场的联动关系，由此引出一般均衡理论。下面是一般均衡的数学描述。

假设有 n 个市场、n 个商品，p_i 为第 i 个商品的价格，向量 p 表示商品价格的集合，即 $p=(p_1, \cdots, p_n)$。$q_i^s(p)$ 代表整个 i 市场的所有企业对商品 i 的供应函数。$q_i^d(p)$ 表示所有居民对商品 i 的需求函数。那么在一般均衡状态下，存在一个特定价格向量 $p^*=(p_1^*, \cdots, p_n^*)$，使所有市场都达到商品供求平衡，即

$$q_i^s(p^*) = q_i^d(p^*), \quad i=1, \cdots, n \tag{4-4}$$

一般均衡状态表面上要求供求完全相等，但从理论出发，可以假设某些商品的价格为0，那么此时这些商品在均衡市场上也是允许出现供大于求的情况。这是因为消费者的需求是一定的，如果居民在满效用状态下继续进行同类商品的消费，只会给居民带来负效用。

一般均衡状态下，需求决定了实际市场交易的产量。因此，德布罗提出的市场出清或市场均衡，即我们所说的一般均衡状态，可以理解为对所有 $i=1, \cdots, n$ 市场，存在价格向量 $p^*=(p_1^*, \cdots, p_n^*)$，使得：

$$q_i^s(p^*) = q_i^d(p^*)，如果\ p_i>0$$

$$q_i^s(p^*) \geqslant q_i^d(p^*)，如果\ p_i=0 \tag{4-5}$$

不过，一般情况下都会假设所有商品都具备效用，那么一般均衡状态便要求所有市场都达到商品供求平衡。

总而言之，一般均衡是指一组价格向量和商品向量的组合 (p^*, q^*)，能够

协调多个市场的价格和商品量，以实现整个经济系统的供求平衡。当然，如同局部均衡，竞争性一般均衡也有相应的前提假设，如无论投入还是产出产品，都可以自主调整，使其总能达到均衡状态，且是任何时点都能达到均衡状态。每种商品都是在规模报酬不变或递减的条件下进行产出，且市场是充分竞争的，也就不存在垄断的情况。在这个理论框架中，经济体系内的企业和消费者都能够采取理性的行为，以最大化其利润和效用。

4.1.2 常替代弹性函数

常替代弹性生产函数，即 CES 生产函数，是 CGE 模型中最为常见和基本的非线性生产函数。CGE 模型的生产函数、效用函数和生产可能性边界的分配函数，都广泛采用 CES 生产函数。CES 生产函数的函数形式上的变形，即为我们熟知的常转换弹性函数（CET 函数）。因此，深入理解 CES 函数及其一阶条件的各种表达形式十分重要。

在 CGE 模型中，CES 生产函数常用以描述两种投入要素的生产关系，当需要面对更多投入时，往往使用嵌套的方法解决。

两要素下的 CES 生产函数的标准格式如下：

$$q=f(x_1, x_2)=A(\delta_1 x_1^{\rho}+\delta_2 x_2^{\rho})^{\frac{1}{\rho}} \tag{4-6}$$

其中，q 是产出，x_1、x_2 为要素投入。参数 A 为希克斯中性技术进步参数或者效率因子。参数 δ_1、δ_2 分别与在产出中要素投入 x_1、x_2 贡献的份额有关，用以衡量两种投入要素在生产过程中的重要地位。在规模报酬不变时，所有贡献份额相加等于 1，即 $\delta_1+\delta_2=1$。参数 ρ 和替代弹性有关，一般满足 $0<\rho<1$。

对于 CET 函数，其形式与 CES 函数较为相似，只不过弹性参数取值范围有所不同，一般满足 $\rho>1$。例如，企业在产量一定下，对出口品（E）和国内产品供给（D_s）间的分配是由 CET 函数决定：

$$\bar{X}=A_t\left[\delta_t E^{\rho}+(1-\delta_t)D_s^{\rho}\right]^{\frac{1}{\rho}} \tag{4-7}$$

从微观经济学视角出发，企业遵循利润最大化约束，它的行为表现为：

$$\max_{E,D_s} c=w_e E+w_s D_s$$

$$\text{s.t.}\quad f(E, D_s)=A_t\left[\delta_t E^{\rho}+(1-\delta_t)D_s^{\rho}\right]^{\frac{1}{\rho}}=\bar{X} \tag{4-8}$$

用拉格朗日乘数等式求解：

$$L=w_eE+w_sD_s-\lambda[A_t[\delta_tE^\rho+(1-\delta_t)D_s^\rho]^{\frac{1}{\rho}}-\bar{X}] \tag{4-9}$$

对相应变量微分，则有一阶条件：

$$\partial L/\partial E=w_e-\lambda A_t\frac{1}{\rho}[\delta_tE^\rho+(1-\delta_t)D_s^\rho]^{\frac{1}{\rho}-1}\delta_t\rho E^{\rho-1}=0 \tag{4-10}$$

$$\partial L/\partial D_s=w_s-\lambda A_t\frac{1}{\rho}[\delta_tE^\rho+(1-\delta_t)D_s^\rho]^{\frac{1}{\rho}-1}(1-\delta_t)\rho D_s^{\rho-1}=0 \tag{4-11}$$

有：

$$\frac{w_e}{w_s}=\frac{A_t\frac{1}{\rho}[\delta_tE^\rho+(1-\delta_t)D_s^\rho]^{\frac{1}{\rho}-1}\delta_t\rho E^{\rho-1}}{A_t\frac{1}{\rho}[\delta_tE^f+(1-\delta_t)D_s^\rho]^{\frac{1}{\rho}-1}(1-\delta_t)\rho D_s^{\rho-1}}$$

$$=\frac{\delta_t}{1-\delta_t}\left(\frac{E}{D_s}\right)^{\rho-1} \tag{4-12}$$

上式为企业在利润最大化下的优化条件。值得注意的是，$\frac{\delta_t}{1-\delta_t}\left(\frac{E}{D_s}\right)^{\rho-1}$ 代表等产量线的斜率，通常在经济学中称之为技术替代率（TRS）。由此，在给定下 $\bar{X}$ 即可求得最佳销售分配。即给定产量 $\bar{X}$，可以求出企业的：

1）条件要素需求函数 x_i^c。在上例出口品（E）和国内产品供给（D_s）组成的 CET 生产函数下，条件要素需求函数表示为 $x_i^c(w_e，w_s，\bar{X})$，如下：

$$x_e^c(w_e，w_s，\bar{X})=\frac{1}{A_t}\left(\frac{\delta_t}{w_e}\right)^{\frac{1}{1-\rho}}$$

$$[\delta_t^{\frac{1}{1-\rho}}w_e^{-\frac{\rho}{\rho-1}}+(1-\delta_t)^{\frac{1}{1-\rho}}w_s^{-\frac{\rho}{1-\rho}}]^{-\frac{1}{\rho}}\bar{X} \tag{4-13}$$

$$x_s^c(w_e，w_s，\bar{X})=\frac{1}{A_t}\left(\frac{1-\delta_t}{w_s}\right)^{\frac{1}{1-\rho}}$$

$$[\delta_t^{\frac{1}{1-\rho}}w_e^{-\frac{\rho}{\rho-1}}+(1-\delta_t)^{\frac{1}{1-\rho}}w_s^{-\frac{\rho}{\rho-1}}]^{-\frac{1}{\rho}}\bar{X} \tag{4-14}$$

2）利润函数 c（w，$\bar{X}$）。在上例出口品（E）和国内产品供给（D_s）组成的 CET 生产函数下，利润函数表示为 c（w_e，w_s，$\bar{X}$）$=w_eE^c+w_sD_s^c$。

可以证得：

$$c(w_e, w_s, \bar{X}) = w_e x_e^c + w_s x_s^c$$
$$= \frac{\bar{X}}{A_t}[\delta_t^{\varepsilon} w_e^{1-\varepsilon} + (1-\delta_t)^{\varepsilon} w_s^{1-\varepsilon}][\delta_t^{\varepsilon} w_1^{1-\varepsilon} + (1-\delta_t)^{\varepsilon} w_s^{1-\varepsilon}]^{\frac{\varepsilon}{1-\varepsilon}}$$
$$= \frac{\bar{X}}{A_t}[\delta_t^{\varepsilon} w_e^{1-\varepsilon} + (1-\delta_t)^{\varepsilon} w_s^{1-\varepsilon}]^{\frac{1}{1-\varepsilon}} \tag{4-15}$$

其中，ε 表示替代弹性，在下节将详细介绍。

4.1.3 技术替代率和替代弹性

CES 生产函数用以描述两种具有不完全替代性的投入要素的生产关系，替代弹性则是衡量两种投入要素替代难易程度的参数。要想深入理解替代弹性的经济意义，首先需要理解技术替代率的经济意义。

技术替代率（TRS）代表产出不变时，x_1 增加 1 单位生产（消费），x_2 需要放弃的生产（消费）量。以 CES 生产函数为例：

$$q = f(x_1, x_2) = A(\delta_1 x_1^{\rho} + \delta_2 x_2^{\rho})^{\frac{1}{\rho}} \tag{4-16}$$

技术替代率定义式如下：

$$TRS = \frac{\frac{\partial q}{\partial x_1}}{\frac{\partial q}{\partial x_2}} = \frac{\delta_1}{\delta_2}\left(\frac{x_1}{x_2}\right)^{\rho-1} = \frac{\delta_1}{\delta_2}\left(\frac{x_2}{x_1}\right)^{1-\rho} \tag{4-17}$$

可以理解 TRS 定义式中分子分母分别代表各生产要素的单位变动对产出的影响。两式相除，即代表了生产过程中，在产出固定的情况下要素间的相对替代程度。当 $|TRS|$ 变大，需要更多的 x_2 才能替换 x_1。换言之，TRS 衡量了产量不变的情况下企业进行生产要素替代的难度。

下面定义替代弹性。通过定义可知，替代弹性代表技术替代率 TRS 变动 1 个单位对同等产出下所需投入要素比例的变动量，如下：

$$\sigma = \frac{\frac{\partial(x_2/x_1)}{(x_2/x_1)}}{\frac{\partial(TRS)}{TRS}} = \frac{d\ln\frac{x_2}{x_1}}{d\ln TRS} = \frac{\frac{\partial(x_2/x_1)}{(x_2/x_1)}}{\frac{\partial(w_1/w_2)}{(w_1/w_2)}} \tag{4-18}$$

由技术替代率（TRS）定义可得：

$$TRS = \frac{\delta_1}{\delta_2}\left(\frac{x_2}{x_1}\right)^{1-\rho} \tag{4-19}$$

对式（4-19）取对数：

$$\ln TRS=\ln\frac{\delta_1}{\delta_2}+（1-\rho）\ln\frac{x_2}{x_1} \tag{4-20}$$

再对式（4-20）进行微分。

$$d\ln TRS=（1-\rho）d\ln\frac{x_2}{x_1} \tag{4-21}$$

代回替代弹性定义式，即可得到式（4-22）。

$$\sigma=\frac{1}{1-\rho} \tag{4-22}$$

可以看到，σ是一个常数，是定值。这也是为什么CES生产函数被称为常替代弹性函数。

在均衡视角下，对于一个竞争性企业，其面临的要素价格由市场决定，对企业成本最小化原则的一阶条件，有：

$$\sigma=\frac{\dfrac{\partial(x_2/x_1)}{(x_2/x_1)}}{\dfrac{\partial(w_1/w_2)}{(w_1/w_2)}} \tag{4-23}$$

可以看出，替代弹性代表生产产量不变的情况下，两种生产要素价格变动所带来生产要素投入比例的变动。注意到，w_1 是 x_1 的要素价格，投入比例变动的分子分母颠倒，但σ非负，这意味着 w_1 相对于 w_2 增大时，x_2 相对于 x_1 是增大的，符合生产理论和消费理论，即相对要素价格增加时企业自然会减少其相对使用量。

当σ越大，也就是要素投入比的变化率相对要素生产价格的变化率越高，意味着企业面对市场决定的生产要素价格变动但仍要以最小成本生产时，所做出的要素投入比例变动越大。换句话说，σ越大，意味着要素间的替代对于价格变动越敏感，要素间替换越可能发生。

特别地，$\sigma\to+\infty$时，生产函数转化为完全替代生产函数。

$\sigma\to0$ 时，生产函数转化为对数形式的生产函数，即柯布—道格拉斯函数。

$\sigma\to1$ 时，生产函数转化为完全互补生产函数，即列昂惕夫函数。

4.1.4　一般均衡下的市场行为特征

一般均衡状态是所有市场都完成了基于供应需求函数的最优分配。在一般均衡状态下，消费者和企业行为分别体现了效用最大化和利润最大化的特征。需求函数反映了居民在效用最大化的条件下做出的消费决策，而供应函数则代表了企业在追求利润最大化的条件下进行生产和供应的决策。因此，通过分析企业和消费者各自的一阶条件，能够揭示出消费和生产与价格之间的关系。通过对企业和消费者各自的一阶条件的分析，我们能够深入理解一般均衡状态下价格与生产、消费之间的交互影响。这种综合考虑企业和消费者行为的方法，有助于我们全面把握整个经济系统中不同主体之间的相互作用，从而更好地理解和解释宏观经济现象。

首先，关注一般均衡状态下的企业层面。企业行为是对不同生产要素进行合理分配或对不同产品进行合理供应，使在当前技术上能够实现利润最大化。以供应函数 CET 为例，E 为出口产品，市场价格为 P^e，D_S 为国内产品供给，市场价格为 P^d。通过导出商品供应函数和要素需求函数，由企业利润最大化，有：

$$\max_{E,D_s} P^eE+P^dD_s-c(w_1,\ w_2,\ \bar{X})$$

$$\text{s. t.}\quad A_t\ [\delta_tE^\rho+\ (1-\delta_t)\ D_s^\rho]^{1/\rho}=\bar{X} \tag{4-24}$$

由拉格朗日乘数法得到：

$$\pi=P^eE+P^dD_s-c(w_1,\ w_2,\ \bar{X})-\lambda[A_t[\delta_tE^\rho+(1-\delta_t)D_s^\rho]^{\frac{1}{\rho}}-\bar{X}] \tag{4-25}$$

$$\frac{\partial\pi}{\partial E}=P^e-[\delta_t^{\frac{1}{1-\rho}}w_e^{-\frac{\rho}{\rho-1}}+(1-\delta_t)^{\frac{1}{1-\rho}}w_s^{-\frac{\rho}{\rho-1}}]^{-\frac{1}{\rho}}$$

$$[\delta_tE^\rho+(1-\delta_t)\ D_s^\rho]^{\frac{1}{\rho}-1}\left[w_e\left(\frac{\delta_t}{w_e}\right)^{\frac{1}{1-\rho}}+w_s\left(\frac{1-\delta_t}{w_s}\right)^{\frac{1}{1-\rho}}\right]\delta_tE^{\rho-1}=0 \tag{4-26}$$

$$\frac{\partial\pi}{\partial D_s}=P^d-[\delta_t^{\frac{1}{1-\rho}}w_e^{-\frac{\rho}{\rho-1}}+(1-\delta_t)^{\frac{1}{1-\rho}}w_s^{-\frac{\rho}{\rho-1}}]^{-\frac{1}{\rho}}$$

$$[\delta_tE^\rho+(1-\delta_t)\ D_s^\rho]^{\frac{1}{\rho}-1}\left[w_e\left(\frac{\delta_t}{w_e}\right)^{\frac{1}{1-\rho}}+w_s\left(\frac{1-\delta_t}{w_s}\right)^{\frac{1}{1-\rho}}\right]\ (1-\delta_t)\ D_d^{\rho-1}=0 \tag{4-27}$$

整理可得：

$$\frac{E}{D_S}=\left(\frac{P^e\delta_2}{P^d\delta_1}\right)^{\Omega} \tag{4-28}$$

式（4-28）即为企业利润最大化下 CET 函数的一阶条件，其中 Ω 表示转换弹性，$\Omega=1/\ (\rho-1)$，$\rho>1$。

其次，关注一般均衡状态下的消费者局面。消费者行为是在满足其预算约束下，根据商品和要素的价格来做出商品需求和要素供应的选择，以实现效用的最大化。消费者的偏好通常是由效用函数来代表。CGE 模型中效用函数常常是 CES 函数。M 为进口产品，市场价格为 P^m，D_d 为国内产品需求，市场价格为 P^d，消费者收入预算为 Y，则有：

$$\max_{E,D_d} A_q(\delta_q M^\rho+(1-\delta_q)D_d^\rho)^{\frac{1}{\rho}}$$

$$s.t.\ \ P^m M+P^d D_d=Y \tag{4-29}$$

由拉格朗日乘数法得到：

$$U=A_q(\delta_q M^\rho+(1-\delta_q)D_d^\rho)^{\frac{1}{\rho}}-\lambda(P^m M+P^d D_d-Y) \tag{4-30}$$

有一阶条件如下：

$$\frac{\partial U}{\partial M}=A_q\frac{1}{\rho}(\delta_q M^\rho+(1-\delta_q)D_d^\rho)^{\frac{1}{\rho}-1}\delta_q\rho M^{\rho-1}-\lambda P^m=0 \tag{4-31}$$

$$\frac{\partial U}{\partial D_d}=A_q\frac{1}{\rho}(\delta_q M^\rho+(1-\delta_q)D_d^\rho)^{\frac{1}{\rho}-1}(1-\delta_q)\rho D_d^{\rho-1}-\lambda P^d=0 \tag{4-32}$$

整理可得：

$$\frac{M}{D_d}=\left(\frac{P^d\delta_1}{P^m\delta_2}\right)^\sigma \tag{4-33}$$

式（4-33）即为消费者效用最大化下 CES 函数的一阶条件，其中 $\sigma=1/(1-\rho)$，$\rho<1$。

4.2 "1-2-3" 模型

"1-2-3" 模型是一个简单的 CGE 模型，涵盖了一个国家、两个市场部门和三种产品，是一个典型的开放经济模型。两个市场部门分工明确，分别负责国内消耗品和出口商品。三种产品包括国内消费品（仅内销）、出口商品（仅出口）和进口商品（由国外生产用于国内消费）。三个经济主体一个代表居民、一个代表政府、一个代表国外。

"1-2-3" 模型虽然简单，但却有着经济系统的核心特征，其设计满足对实际问题进行最基本分析的需求，可以在 Excel 中进行求解，模型所需的国民收入、财政和国际收支账户等数据易获取且对数据的要求不高。“1-2-3”模型规模虽小，但几乎涵盖了 CGE 模型的所有关键组成部分，包括生产、消费、税收等经济系统的各个方面。下面将从“1-2-3”模型的数学描述和实例分析来介绍如何理解和应用“1-2-3”模型。

4.2.1 数学描述

“1-2-3”模型由实物流方程组、名义流方程组、价格方程组和均衡方程组四类方程组构成。其中，实物流方程组主要描述国内外产品供给与需求的复杂情况；名义流方程组主要描述以货币计量的各种经济变量之间的关系，价格方程组主要描述各种经济指标之间的价格关系，同时贯通了实物流方程组和名义流方程组；均衡方程组则描述了一般均衡下的四个均衡关系。“1-2-3”模型的变量设置如表 4-1 所示。

表 4-1 “1-2-3”模型的变量设置

内生变量	外生变量
E：出口产品	pw^e：出口产品世界价格
M：进口产品	pw^m：进口产品世界价格
D_s：国内产品供给	t^m：关税率
D_d：国内产品需求	t^e：出口税率
Q^S：复合商品供给	t^s：间接税率
Q^D：复合商品需求	t^y：直接税率
P^e：出口产品国内价格	tr：政府转移支付
P^m：进口产品国内价格	ft：国外转移支付给国内政府
P^d：国内产品国内价格	re：国外私人汇款
P^x：总产出价格	$\bar{s}$：平均储蓄率
P^q：复合商品价格（不含间接税）	$\bar{X}$：总产出
P^t：复合商品销售价格（含间接税）	$\bar{G}$：政府实际需求
R：汇率	$\bar{B}$：国际收支差额
T：税收	Ω：出口转移弹性
S^g：政府储蓄	σ：进口替代弹性
Y：总收入	
C：居民收入	

续表

内生变量	外生变量
S：总储蓄	
Z：实际投资	

4.2.1.1 实物流方程组

$$\bar{X}=A_t\left[\delta_t E^{\rho}+(1-\delta_t)D_s^{\rho}\right]^{\frac{1}{\rho}} \tag{4-34}$$

$$Q^s=A_q\left[\delta_q M^{\rho}+(1-\delta_q)D_d^{\rho}\right]^{\frac{1}{\rho}} \tag{4-35}$$

$$Q^D=C+\bar{G}+Z \tag{4-36}$$

$$\frac{E}{D_s}=\left[\frac{(1-\delta_t)P^e}{\delta_t P^d}\right]^{\Omega} \tag{4-37}$$

$$\frac{M}{D_d}=\left[\frac{\delta_q P^d}{(1-\delta_q)P^m}\right]^{\sigma} \tag{4-38}$$

方程（4-34）描述了在产量固定的情况下，国内产品用于出口和内销的最佳分配情况。该方程采用了常转换弹性（CET）函数的形式，其转换弹性为$\Omega=1/(\rho-1)$，$\rho>1$。上一节已经证实在一般均衡下，企业的生产行为是基于利润最大化的，通过求解可以得到在固定产量下，国内销售和出口之间的最优组合。

方程（4-35）则进一步规定了国内市场的总供给情况，包含了国内生产的国内销售产品和进口品两个部分。鉴于国内销售产品和进口品属于同类产品，具有不完全替代性，所以方程形式设定为常替代弹性（CES）函数，替代弹性$\sigma=1/(1-\rho)$，$\rho<1$。

方程（4-36）阐述了国内市场的总需求，包括了消费者需求、政府需求和实际投资的综合总和。

方程（4-37）明确定义了企业生产时决定产品用于出口还是国内销售的比例关系，其比例关系是它们相对价格的函数，出口品和国内产品供给分别与出口品价格和国内产品价格成正比。在产出一定的情况下，当出口品价格相较于国内产品价格较高时，企业将选择牺牲一定量的国内消费品，转而生产更多的出口品，以获得最大化利润，符合一般均衡理论。

相类似地，方程（4-38）则定义了消费者在购买产品时决定购买进口品或是国内产品的比例关系，其比例关系是它们相对价格的函数。不同的是，进口品和国内产品需求分别与其价格成反比，因为在消费者预算约束下，当进口品的价格高于国内产品需求时，消费者会牺牲一定量的国内产品，转而选择价格更低的出口品以实现效用最大化，符合一般均衡理论。同时也与本书上一节所证实的结论相同。

4.2.1.2　*名义流方程组*

$$T=t^{m}\times R\times pw^{m}\times M+t^{s}\times P^{q}\times Q^{D}+t^{y}\times Y+t^{e}\times P^{e}\times E \tag{4-39}$$

$$Y=P^{x}\times\overline{X}+tr\times P^{q}+re\times R \tag{4-40}$$

$$S=\overline{s}\times Y+R\times\overline{B}+S^{g} \tag{4-41}$$

$$C\times P^{t}=(1-\overline{s}-t^{y})\times Y \tag{4-42}$$

方程（4-39）界定了总税收，包括进口关税、间接税、直接税和出口税四个组成部分。其中，进口税是国家对进口商品征收的税款，由于是基于进口产品的世界价格，所以在计算过程中需要经过汇率调整。间接税和直接税又被称为价内税和价外税，间接税可以理解为被附加到商品的销售价格中的税款，该部分税款由消费者买单，而直接税是针对产品生产时所征收的税款，该部分税款由企业支付。出口税是国家对出口商品征收的税款，其基于出口产品国内价格进行税款计算，无需汇率进行调整。如果是出口退税或补贴的情况，出口税将呈现为负值。

方程（4-40）定义了国民总收入的组成部分，包括总产出、政府转移支付和国外私人汇款三个部分。其中，P^{x} 为总产出价格，代表了国家所有产品的平均价格，而 $\overline{X}$ 代表国家在一定时间内生产的所有产品和服务的总量，二者乘积即为总产出。tr 代表政府转移支付，表示政府向居民和企业提供的无需回报的支付，如政府对农业或从事某些行业企业的补贴。同时，此处计算使用到的复合商品价格是不含间接税的商品价格，这是因为政府转移支付通常作为一种补贴或支持手段，不涉及直接购买商品，因此无需考虑商品的间接税。

方程（4-41）定义了总储蓄。总储蓄反映了国家在一定时期内留存的资本量，包含了国民储蓄额、国际账户净额和政府储蓄三个部分。其中国民储蓄额是基于平均储蓄率 $\overline{s}$ 计算得到，$\overline{s}$ 表示居民和企业将总收入用于储蓄的比例，其与企业和居民的总收入的乘积即表示为国民储蓄额。$\overline{B}$ 是国际收支差额，表示国家与外部的经济交往中汇款、贷款等引起的资金差额，其经过汇率的调整，可以得到国际账户净额。

方程（4-42）则定义了总消费净额，即国民消费和复合商品销售价格的乘积，实际上是国民总收入中除去储蓄和直接税所余下的部分。该过程涉及居民对商品的直接购买，所以用到了含间接税的复合商品销售价格，其与居民消费的乘积表示总消费净额，也是居民除去储蓄和纳税而留下的可用于消费的收入。

4.2.1.3　价格方程组

$$P^m=(1+t^m)\times R\times pw^m \tag{4-43}$$

$$pw^e\times R=(1+t^e)\times P^e \tag{4-44}$$

$$P^t=(1+t^s)\times P^q \tag{4-45}$$

$$P^x=(P^e\times E+P^d\times D_s)/\bar{X} \tag{4-46}$$

$$P^q=(P^m\times M+P^d\times D_d)/Q^s \tag{4-47}$$

$$R\equiv 1 \tag{4-48}$$

方程（4-43）和方程（4-44）分别规定了进口和出口商品的价格，即其国际市场价格加上关税率或出口税率，并在此基础上通过汇率调整得到最终价格，但二者的表现形式不同，因为进口价格是基于进口商品世界价格加上关税税款，经汇率调整后所转化成为的进口商品国内价格，而出口品的国内价格应该是出口商品的世界价格经汇率调整后的价格，在数值上等于进口商品国内价格加上出口税率。

方程（4-45）强调了复合商品价格和复合商品销售价格的区别，即复合商品销售价格中涵盖了间接税的部分，这一税款是由消费者承担，在发生消费者直接购买商品时，都应使用复合商品销售价格，这与上文的解释相通。

方程（4-46）定义了国内总产出价格，是国内所有商品（出口品和国内产品供给）的平均价格，从形式上可以理解为出口产品在国内市场的总销售收入和国内所有产品的总供给收入的总和除以总产出。

方程（4-47）则定义了国内总供给价格，是国内所有商品（进口品和国内产品需求）的平均价格，从形式上可以理解为进口产品在国内市场的总销售收入和国内产品在国内市场的总销售收入的总和除以总产出。

方程（4-48）将汇率定义为价格的基准，并且固定为单位价格。因此，模型计算得到的各价格变量都是相对于汇率水平的价格。

4.2.1.4　均衡方程组

$$D_d-D_s=0 \tag{4-49}$$

$$Q^D-Q^s=0 \tag{4-50}$$

$$pw^e\times E+ft+re-pw^m\times M=\bar{B} \tag{4-51}$$

$$P^t \times Z - S = 0 \tag{4-52}$$

$$T + ft \times R - P^t \times \bar{G} - tr \times P^q - S^g = 0 \tag{4-53}$$

方程（4-49）定义了国内产品的供需平衡，即国内市场对国内商品的需求与国内市场对国内产品的供给相等。

方程（4-50）定义了国内市场复合产品的供需平衡，表示消费者对商品的总需求和市场上企业对所有商品的总供给相等。

方程（4-51）定义了国际收支平衡，可以理解为国际收支差额等于进出口差额减去净转移支付。方程左边前两项分别表示国家在进口产品上的总支出和出口产品上获得的总收入，二者的差表示进出口差额。方程左边的后两项分别表示国外对国内政府的转移支付以及国外个人向国内的汇款金额，二者差值可以理解为国外向国内的净转移支付。

方程（4-52）定义了储蓄—投资平衡。

方程（4-53）定义了政府收支平衡，代表支付对税收和国外转移支付的收入，都将用于国内政府消费、政府转移支付和政府储蓄。

4.2.2 参数和变量

“1-2-3”模型的数值求解采用 Excel 中的“规划求解”方法。步骤如下：①参数和变量的申明；②数据输入；③参数和变量的初始化；④方程的设定；⑤利用 Excel 中的规划求解工具进行数据值模拟。图 4-1 展示了 Excel 的“1-2-3”模型的参数列表（A 列~B 列）、外生变量列表（C 列~E 列）和内生变量列表（F 列~I 列）。表中 A 列是参数的简要描述，B 列是其对应的数值。C 列是对进行外部或政策冲击模拟的外生变量的说明，D 列是它们的基期值，E 列是它们的当前值。同样地，模拟后得出的内生变量新值放在 H 列，I 列是当前列（H 列）与基期值（G 列）的比值。

4.2.3 主要方程

方程的公式如图 4-2 所示。表中去掉了一个多余的方程，即储蓄—投资平衡方程。在 Excel 中，默认方程是隐藏的，只有当前的数值是可见的，可以通过 Excel 中的“公式”，选中“显示公式”，复选框即可显示出方程。在 Excel 中，公式通常只输入等式右边的部分，因而要使方程完整，必须把每一个方程赋予一个在 Excel 中定义的变量。

A	B	C	D	E	F	G	H	I
Parameters		**Exogenous variables**	Base Year	Current	**Endogenous Variables**	Base Year	Current	Cur/Base
Elasticity for CET (st)	0.60	World Price of Import (w	0.98	0.98	Export Good (E)	0.18	0.18	1.00
Elasticity for CES/Q (sq)	0.60	World Price of Export (w	0.92	0.92	Import Good (M)	0.14	0.14	1.00
					Supply of Domestic Good (Ds)	0.82	0.82	1.00
Scale for CET (at)	3.04	Import Tariffs (tm)	0.02	0.02	Demand of Domestic Good (Dd)	0.82	0.82	1.00
Share for CET (bt)	0.93	Export Duties (te)	-0.08	-0.08	Supply of Composite Good (Qs)	0.97	0.97	1.00
Rho for CET (rt)	2.67	Indirect Taxes (ts)	0.08	0.08	Demand of Composite Good (Qd)	0.97	0.97	1.00
		Direct Taxes (ty)	0.03	0.03				
Scale for CES/Q (aq)	1.38				Tax Revenue (TAX)	0.11	0.11	1.00
Share for CES/Q (bq)	0.05	Savings Rate (sy)	0.56	0.56	Total Income (Y)	1.11	1.11	1.00
Rho for CES/Q (rq)	0.67	Govt. Consumption (G)	0.10	0.10	Aggregate Savings (S)	0.50	0.50	1.00
		Govt. Transfers (tr)	0.06	0.06	Consumption (Cn)	0.41	0.41	1.00
		Foreign Grants (ft)	0.02	0.02				
		Net Priv Remittances (re	0.05	0.05	Import Price (Pm)	1.00	1.00	1.00
		Foreign Saving (B)	-0.09	-0.09	Export Price (Pe)	1.00	1.00	1.00
		Output (X)	1.00	1.00	Sales Price (Pt)	1.08	1.09	1.00
					Price of Supply (Pq)	1.00	1.00	1.00
					Price of Output (Px)	1.00	1.00	1.00
					Price of Dom. Good (Pd)	1.00	1.00	1.00
					Exchange Rate (Er)	1.00	1.00	1.00
					Investment (Z)	0.46	0.46	1.00
					Govemment Savings (Sg)	-0.04	-0.04	1.00
					Walras Law (Z-S)	0.00	0.00	

图 4-1 "1-2-3" 模型的参数和变量

J	K	L
Eq. #	**Equations**	
	Real Flows	
6.1	CET Transformation (CETEQ)	=at*(bt*e^(rt)+(1-bt)*ds^(rt))^(1/rt)
6.2	Supply of Good (ARMG)	=aq*(bq*m^(-rq)+(1-bq)*dd^(-rq))^(-1/rq)
6.3	Domestic Demand (DEM)	=cn+z+g
6.4	E/D Ratio (EDRAT)	=((pe/pd)/(bt/(1-bt)))^(1/(rt-1))
6.5	M/D Ratio (MDRAT)	=((pd/pm)*(bq/(1-bq)))^(1/(1+rq))
	Nominal Flows	
6.6	Revenue Equation (TAXEQ)	=tm*wm*er*m+te*pe*e+ts*pq*qd+ty*y
6.7	Total Income Equation (INC)	=px*x+tr*pq+re*er
6.8	Savings Equation (SAV)	=sy*y+er*b+sg
6.9	Consumption Function (CONS)	=y*(1-ty-sy)/pt
	Prices	
6.10	Import Price Equation (PMEQ)	=er*wm*(1+tm)
6.11	Export Price Equation (PEEQ)	=er*we/(1+te)
6.12	Sales Price Equation (PTEQ)	=pq*(1+ts)
6.13	Output Price Equation (PXEQ)	=(pe*e+pd*ds)/x
6.14	Supply Price Equation (PQEQ)	=(pm*m+pd*dd)/qs
6.15	Numerare (REQ)	1
	Equilibrium Conditions	
6.16	Domestic Good Market (DEQ)	=dd-ds
6.17	Composite Good Market (QEQ)	=qd-qs
6.18	Current Account Balance (CABAL)	=wm*m-we*e-ft-re
6.20	Government Budget (GBUD)	=tax-g*pt-tr*pq+ft*er

图 4-2 "1-2-3" 模型的方程

4.2.4 校准与求解

“1-2-3”模型的一个突出特点就是对数据要求不高。多数数据都可以从公开发布的官方统计数据中获取。本书收集了 2020 年中国进出口、经常账户净额等数据，构建 2020 年中国“1-2-3”模型数据集，后续情景分析也将基于该数据集进行动态模拟，如图 4-3 所示。

M	N	O	P	Q	R	S	T
	Data-CHINA 2020						
		billion yuan	Output=1			billion yuan	Output=1
	National Accounts			3	**Fiscal Account**		
1	Output (Value Added)	1016422.00	1.00		Revenue	182913.88	0.18
	Wages	529565.54	0.52		Non Tax	28601.59	0.03
					Current Expenditure	188863.67	0.19
	GDP at market prices	1025917.00	1.01		Goods & Services	111806.42	0.11
	Private Consumption	455204.91	0.45		Interest Payments	9812.62	0.01
	Public Consumption	105606.23	0.10		Transfers & Subsidies	78611.80	0.08
	Investment	505213.00	0.50		Capital Expenditure	54568.37	0.05
	Exports	179278.80	0.18		Fiscal Balance	-62765.15	-0.06
	Imports	142936.40	0.14				
	Tax Revenue			4	**Balance of Payments**		
2	Sales & Excise Tax	83354.84	0.08		Exports-Imports	36342.40	0.04
	Import Tariffs	2564.25	0.00		Net Profits & Dividends	0.00	0.00
	Export Duties	-13628.98	-0.01		Interest Payments	11978.86	0.01
	Payroll Tax	0.00	0.00		NET Private Transfers	40656.88	0.04
	Personal Income Tax	11568.26	0.01		Net Official Transfers	20328.44	0.02
	Capital Income Tax	36425.81	0.04		Current Account Balance	-188478.00	-0.19
	Total	154312.00	0.15				
					External Debt	2615.56	0.00
					Debt Service Payments	189.11	0.00

图 4-3 “1-2-3”模型的 2020 年中国数据

由于 Excel 表内的参数和变量值与使用数据相连，所以只需要更改所使用的数据框内的数据，即可实现自动化校准，当弹性值或基期数据发生变化后，校准可以自动完成（见图 4-4）。当然还可以选择固定变量值，让 Excel 求解满足基期均衡要求的参数值。这种方法的优势在于不需要求出参数的方程，就能够有效处理复杂的函数形式，但不足之处是步骤烦琐，因为弹性值或基期数据每发生变化，都需要重新校准（见图 4-5）。

A	B
Parameters	
Elasticity for CET (st)	0.6
Elasticity for CES/Q (sq)	0.6
Scale for CET (at)	=x0/(bt*e0^(rt)+(1-bt)*ds0^(rt))^(1/rt)
Share for CET (bt)	=1/(1+(pd0/pe0)*(e0/ds0)^(rt-1))
Rho for CET (rt)	=1/st+1
Scale for CES/Q (aq)	=qs0/(bq*m0^(-rq)+(1-bq)*dd0^(-rq))^(-1/rq)
Share for CES/Q (bq)	=((pm0/pd0)*(m0/dd0)^(1+rq))/(1+(pm0/pd0)*(m0/dd0)^(1+rq))
Rho for CES/Q (rq)	=1/sq-1

图 4-4 “1-2-3” 模型的参数校准

C	D	E
Exogenous variables	Base Year	Current
World Price of Import (v	=pm0/er0/(1+tm0)	=wm0
World Price of Export (v	=pe0*(1+te0)/er0	=we0
Import Tariffs (tm)	=O19/O15	0.02
Export Duties (te)	=O20/O14	=te0
Indirect Taxes (ts)	=P18/qs0	0.0844393527639044
Direct Taxes (ty)	=SUM(P21,P23)/y0	=ty0
Savings Rate (sy)	=(y0-cn0*pq0*(1+ts0)-ty*y0)/y0	=sy0
Govt. Consumption (G)	=P12/(1+ts0)/pq0	=g0
Govt. Transfers (tr)	=(T11+T12-T8)/pq0	=tr0
Foreign Grants (ft)	=T22/er0	=ft0
Net Priv Remittances (re	=SUM(T19:T21)/er0	=re0
Foreign Saving (B)	=(wm0*m0-we0*e0-ft0-re0)/er0	=b0
Output (X)	1	=x0

F	G	H	I
Endogenous Variables	Base Year	Current	Cur/Base
Export Good (E)	=P14	0.176299572512845	=e/e0
Import Good (M)	=P15+P19	0.143072079923713	=m/m0
Supply of Domestic Good (Ds)	=1-e0	0.823700421314855	=ds/ds0
Demand of Domestic Good (Dd)	=ds0	0.823700421314855	=dd/dd0
Supply of Composite Good (Qs)	=m0+dd0	0.966772494260424	=qs/qs0
Demand of Composite Good (Qd)	=qs0	0.966772494260423	=ds/ds0
Tax Revenue (TAX)	=tm0*wm0*m0*er0+te0*pe0*e0+ts0*pq0*qd0+ty0*y0	0.106997591609596	=tax/tax0
Total Income (Y)	=px0*x0+tr0*pq0+re0*er0	1.11148843169601	=y/y0
Aggregate Savings (S)	=sy0*y0+er0*b0+sg0	0.497398381732236	=s/s0
Consumption (Cn)	=P11/pt0	0.412835968738067	=cn/cn0
Import Price (Pm)	1	1.00202389473861	=pm/pm0
Export Price (Pe)	1	1	=pe/pe0
Sales Price (Pt)	=pq0*(1+ts0)	1.08564137587349	=pt/pt0
Price of Supply (Pq)	1	1.00110809547374	=pq/pq0
Price of Output (Px)	1	1.00078160431308	=px/px0
Price of Dom. Good (Pd)	1	1.00094897279114	=pd/pd0
Exchange Rate (Er)	1	1	=er/er0
Investment (Z)	=P13/pt0	0.458160912787384	=z/z0
Govemment Savings (Sg)	=tax0-g0*pt0-tr0*pq0+ft0*er0	-0.0359018867391264	=sg/sg0
Walras Law (Z-S)	=z0*pt0-s0	0	

图 4-5 “1-2-3” 模型的变量校准

Excel 的求解器可以求解非线性方程系统。第一步是描述构成模型的工作表，并为 Excel 求解器设定求解问题，这可以通过选择 Excel “数据” 菜单下的 “规划求解” 选项来进行。

第一次使用时需要从加载项中进行调用。点击 “规划求解”，Excel 会自动弹出 “规划求解参数” 框（见图 4-6）。在对话框顶部的 “设置目标” 栏内输入目标函数中需要最大化或最小化的变量名，这里选择消费变量（cn）。“规划求解参数” 中 “可变单元格” 栏内输入模型所有的内生变量名称或输入其所在的单元格，还能够点击 “添加”，在 “遵守约束” 栏内输入模型新的方程约束和非负约束条件。“通过更改可变单元格” 内则是该模型的内生变量，可以通过替换栏中单元格将不同变量设置为内生变量或外生变量。还可以选择不同的求解方式，其中包括非线性 GRG、单纯线性规划和演化方法。

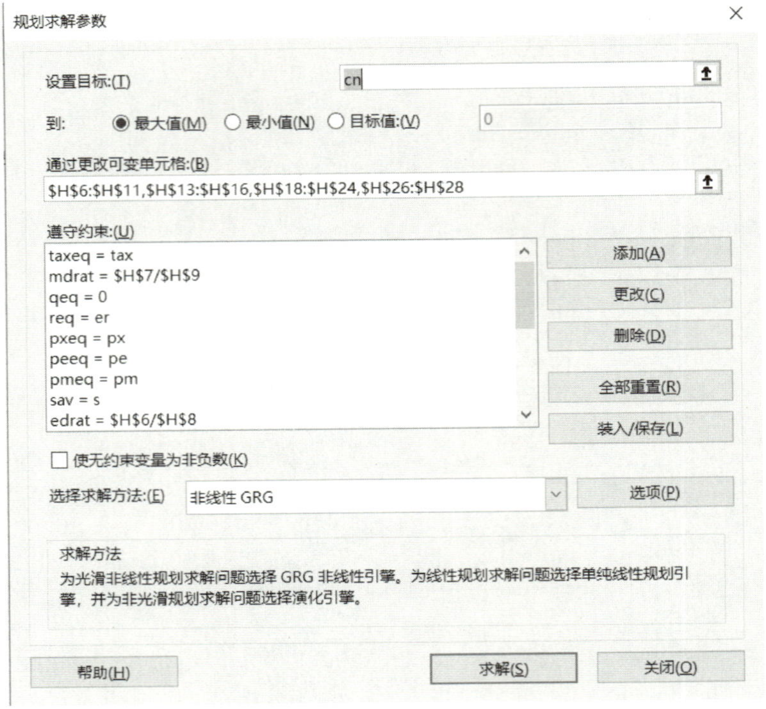

图 4-6 “规划求解参数”框

设置好内生变量后，点击“规划求解参数”的“求解”后，模型开始迭代求解，当发现满足所有约束和最优条件的解后，迭代停止，并弹出“规划求解结果”对话框，可以根据需要有选择地保留结果，或恢复为初始值而不保存。在开始求解前，为变量输入一些可行的初始值是必要的，一个空的单元格会被视为零值，对变量来说并不是一个可行值，在求解过程中会发生问题。

4.2.5 情景模拟

为验证“1-2-3”模型，需要做两个实验。一是用于测试模型性质，使汇率翻倍（见图 4-7）。修改“通过更改可变单元格”内单元格和汇率，点击求解，可以发现与价格和收入相关的变量发生了变化，但与数量相关的变量并没有发生变化。这与现实相符。

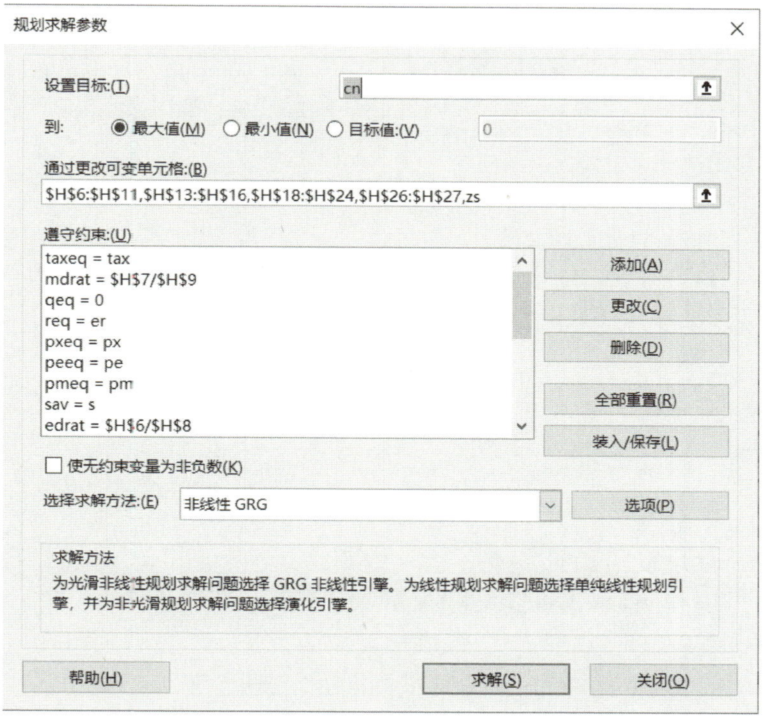

图 4-7　汇率翻倍情景下的"规划求解参数"框

二是尝试降低关税率。在贸易自由化的过程中，削弱关税将会造成政府收入的减少，为了防止对外支付状况不恶化，则需要其他税源进行冲抵（见图 4-8）。所以在该实验中，假设中国关税水平从 0.02 降低至 0.01，保持国内投资不变的情况下，需要提高多少的间接税以抵消由关税降低所造成的当前账户赤字恶化。

首先，在"通过更改可变单元格"内将参数间接税（ts）设置为内生变量，删去栏内的投资（Z）变量，即把投资设置为外生变量。点击求解，结果可以发现，间接税率由 0.08 上升至 0.09，即政府需要提高 1%的间接税率以抵消关税率降低 1%所带来的收入损失问题，此操作中其他变量也会有不同程度的变化（见图 4-9）。

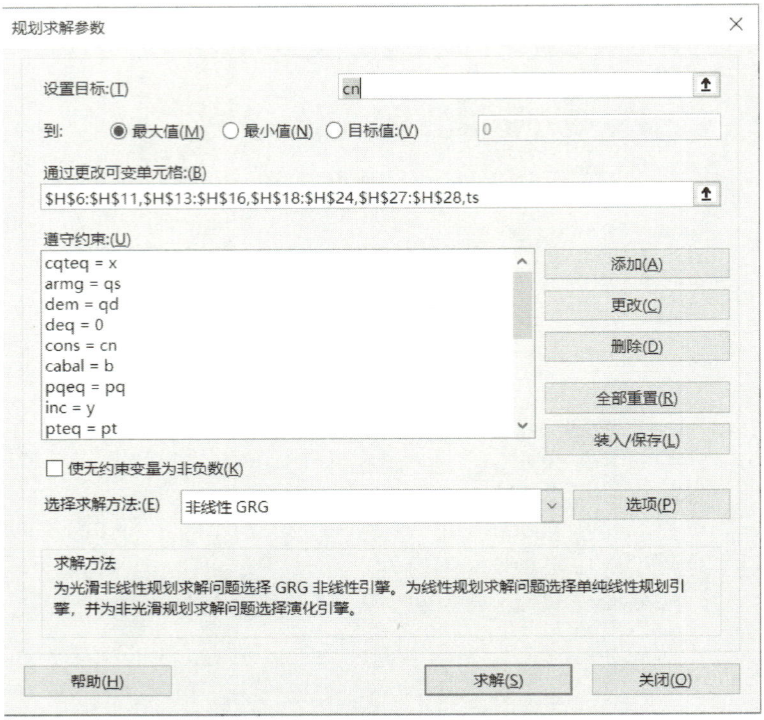

图 4-8　降低关税率情景下的“规划求解参数”框

C	D	E	F	G	H	I
Exogenous variables	Base Year	Current	Endogenous Variables	Base Year	Current	Cur/Base
World Price of Import (w	0.98	0.98	Export Good (E)	0.18	0.18	1.00
World Price of Export (w	0.92	0.92	Import Good (M)	0.14	0.14	1.00
			Supply of Domestic Good (Ds)	0.82	0.82	1.00
Import Tariffs (tm)	0.02	0.01	Demand of Domestic Good (Dd)	0.82	0.82	1.00
Export Duties (te)	-0.08	-0.08	Supply of Composite Good (Qs)	0.97	0.97	1.00
Indirect Taxes (ts)	0.08	0.09	Demand of Composite Good (Qd)	0.97	0.97	1.00
Direct Taxes (ty)	0.03	0.03				
			Tax Revenue (TAX)	0.11	0.11	1.00
Savings Rate (sy)	0.56	0.56	Total Income (Y)	1.11	1.11	1.00
Govt. Consumption (G)	0.10	0.10	Aggregate Savings (S)	0.50	0.50	1.00
Govt. Transfers (tr)	0.06	0.06	Consumption (Cn)	0.41	0.41	1.00
Foreign Grants (ft)	0.02	0.02				
Net Priv Remittances (re	0.05	0.05	Import Price (Pm)	1.00	0.99	0.99
Foreign Saving (B)	-0.09	-0.09	Export Price (Pe)	1.00	1.00	1.00
Output (X)	1.00	1.00	Sales Price (Pt)	1.08	1.08	1.00
			Price of Supply (Pq)	1.00	1.00	1.00
			Price of Output (Px)	1.00	1.00	1.00
			Price of Dom. Good (Pd)	1.00	1.00	1.00
			Exchange Rate (Er)	1.00	1.00	1.00
			Investment (Z)	0.46	0.46	1.00
			Government Savings (Sg)	-0.04	-0.04	0.99
			Walras Law (Z-S)	0.00	0.00	

图 4-9　降低关税率情景模拟结果

4.2.6 敏感性分析

CGE 模型的建立需要多种假定条件，尤其是行为方程中的参数对仿真结果有一定的影响，因此灵敏性分析在 CGE 模型中必不可少。

首先，敏感性分析就是基于不同自由参数，考察感兴趣变量对建模结果的稳健性。CGE 模型存在许多参数和假设，如生产函数的需求弹性、政策影响等。通过敏感性分析，可以对这些参数进行改变，并观察模型结果的变化情况。例如，将生产函数的参数变化一定比例，观察模型输出结果的产出、就业等指标的变动程度。

其次，在制定宏观经济政策时，政策制定者面临许多不确定性，如需求弹性的真实数值、外部环境的变化等。通过敏感性分析，可以在不同的假设下改变这些参数，进而评估政策的效果。例如，改变需求弹性的取值范围，观察政策对产出、物价等指标的影响。这有助于政策制定者了解不确定性对政策效果的影响程度，从而制定更具弹性和适应性的政策方案。

最后，CGE 模型所使用的数据可能存在误差和不确定性，通过敏感性分析，可以评估模型对于数据误差的敏感程度。例如，改变某个数据变量的取值，并观察模型结果的变化，如果模型结果对于数据变化较为敏感，可能需要进一步改善数据质量或修正模型结构。

敏感性可划分为有限灵敏度分析（LSA）和系统灵敏度分析（SSA）。这两种灵敏度分析方法区别在于自由参数个数不同。LSA 针对于改变模型中一部分自由参数，从而对结果进行稳健性分析，SSA 则针对于改变模型中所有的自由参数，从而对结果进行稳健性分析。SSA 可以进一步分为条件体系灵敏度分析（CSSA）和无条件体系灵敏度分析（USSA）。

CSSA 方法主要是通过固定模型中绝大多数的自由参数，只设置单一参数变动，进而考察感兴趣变量对建模结果的稳健性。例如，Bozatli 和 Akca（2023）应用了 DCCE 和 CS-ARDL 估算器来获得稳健性结果，梁俊（2021）通过修改弗里希参数来进行敏感性分析；张友国（2021）对 CGE 模型中进出口弹性分别设置上下浮动数值，以讨论结果稳健性。

USSA 方法则考虑得更为全面。USSA 没有对具体某一个自由参数进行限定，而是将其作为一个动态变量来研究其对模型的稳健性。所以，USSA 方法需要大量的运算，这也是该方法的不足。例如，信春华和郭凤琪（2023）通过改变弹性参量的取值来观测模型中弹性参数值的变化；张友国（2023）结合蒙特卡洛模拟方法对要素—能源替代弹性取值变化进行模拟，以分析模拟结果的稳健性。

敏感性分析作为 CGE 模型在实际应用中的一个关键环节，它可以给出仿真结果的可信性表达形式或者置信区间，为研究结果提供有力的辅助。在政策层面，本书将以点为单位进行估算，从而为决策者提供更多的思考空间。

4.3 方程线性化

经济系统作为一个复杂系统，其部门间的行为特征常常体现为非线性形式。而非线性方程往往难以直接求解，特别是针对大规模 CGE 模型，通常涉及大量的非线性方程和变量，变量求解难度巨大。同时，非线性模型在模型求解时，也可能导致更为复杂和难以解释的结果。因此，对 CGE 模型中的非线性方程进行线性化十分必要。

首先，线性化简化了 CGE 模型中方程的数学结构，从而降低求解的复杂性，可以利用矩阵运算、线性代数等方法求解，使求解过程更加高效。其次，线性化提供了在不同经济政策条件下进行敏感性分析的便利。在线性模型中，可以更容易地理解和预测政策变化对模型结果的影响。最后，线性化有助于分析模型的稳定性。通过线性化，可以更容易地研究模型的局部稳定性，这对于理解系统的行为和动力学特性十分重要。

同时，线性化会引入一定的近似误差，所以在模型求解过程中，可以通过对迭代步长的设置，使其无限逼近真实值，即使用牛顿—拉夫逊方法求解。在实际应用中，研究人员会仔细考虑线性化带来的近似误差，并评估其对模型结果的影响。

4.3.1 常见函数线性化

下面给出两种线性化方法以供参考，并以 CES 生产函数为例进行了线性化处理，两种方法在系数表达上有所差异，主要是因为两种方法对于系数的权衡处理不同。

4.3.1.1 微分线性方法

对非线性函数：

$$Z=F\ (X,\ Y) \tag{4-54}$$

由全微分公式，可以得到：

$$dZ=\frac{\partial Z}{\partial X}dX+\frac{\partial Z}{\partial Y}dY \tag{4-55}$$

取 z 定义为 Z 的变化百分比，同理对 x 和 y：

$$z=100\ \frac{dZ}{Z} \tag{4-56}$$

$$x=100\ \frac{dX}{X},\quad y=100\ \frac{dY}{Y} \tag{4-57}$$

代回全微分公式：

$$\frac{1}{100}Zz=\frac{1}{100}Xx+\frac{1}{100}Yy \tag{4-58}$$

整理可得：

$$z=\frac{\partial Z}{\partial X}\frac{X}{Z}x+\frac{\partial Z}{\partial Y}\frac{Y}{Z}y \tag{4-59}$$

定义 $S_X=\frac{X}{Z}$、$S_Y=\frac{Y}{Z}$，分别表示 X、Y 在 Z 中所占的份额。从而得到最终线性化表达式：

$$z=\frac{\partial Z}{\partial X}S_Xx+\frac{\partial Z}{\partial Y}S_Yy \tag{4-60}$$

表 4-2 给出了三种基本的函数的线性化形式。

表 4-2 基本函数线性化

函数形式	特征	线性化结果
$Z=X+Y$	$\frac{\partial Z}{\partial X}=1$，$\frac{\partial Z}{\partial Y}=1$	$z=S_Xx+S_Yy$
$Z=XY$	$\frac{\partial Z}{\partial X}=Y$，$\frac{\partial Z}{\partial Y}=X$	$z=x+y$
$Z=XY^{\varepsilon}$	$\frac{\partial Z}{\partial X}=Y^{\varepsilon}$，$\frac{\partial Z}{\partial Y}=X\varepsilon Y^{\varepsilon-1}$	$z=x+\varepsilon y$

基于此，来看一个复杂的 CES 生产函数例子。

$$Q=A\left(\delta_1X_1^\rho+\delta_2X_2^\rho\right)^{\frac{1}{\rho}} \tag{4-61}$$

取 $Q=AB^{\frac{1}{\rho}}$，其中，$B=\delta_1X_1^\rho+\delta_2X_2^\rho$。先对 B 进行线性化：

$$dB=\frac{\partial B}{\partial X_1}dX_1+\frac{\partial B}{\partial X_2}dX_2 \tag{4-62}$$

$$b=\frac{\partial B}{\partial X_1}\ \frac{X_1}{B}x_1+\frac{\partial B}{\partial X_2}\ \frac{X_2}{B}x_2 \tag{4-63}$$

$$b=\frac{\delta_1X_1^\rho}{B}\rho x_1+\frac{\delta_2X_2^\rho}{B}\rho x_2 \tag{4-64}$$

$$b=S_1\rho x_1+S_2\rho x_2 \tag{4-65}$$

其中，$S_1=\frac{\delta_1X_1^\rho}{B}$、$S_2=\frac{\delta_2X_2^\rho}{B}$。再对 $Q=AB^{\frac{1}{\rho}}$，有：

$$q=\frac{1}{\rho}b \tag{4-66}$$

得到最后线性化结果：

$$q=\frac{\delta_1X_1^\rho}{B}x_1+\frac{\delta_2X_2^\rho}{B}x_2=S_1x_1+S_2x_2 \tag{4-67}$$

其中，$S_1=\frac{\delta_1X_1^\rho}{B}$、$S_2=\frac{\delta_2X_2^\rho}{B}$分别代表了 $\delta_1X_1^\rho$ 和 $\delta_2X_2^\rho$ 在 B 中的份额。

4.3.1.2　泰勒展开线性方法

Kmenta 提出一种基于 Taylor 级数开展的线性化方法，核心思想是对 CES 生产函数进行对数变换，然后在 $\rho=0$ 处展开，只保留二阶线性部分，从而得到 CES 函数的线性近似表达。该方法虽然存在一定误差，但可以根据牛顿—拉夫逊方法，通过设置尽可能小的步长进行多次迭代计算，使近似值无限逼近真实值。在规模报酬不变的情况下，$\delta_1+\delta_2=1$，CES 函数表示如下：

$$Q=A\left(\delta_1X_1^\rho+\delta_2X_2^\rho\right)^{\frac{1}{\rho}} \tag{4-68}$$

先对 Q 取对数：

$$\ln Q=\ln A+\frac{1}{\rho}\ln\left(\delta_1X_1^\rho+\delta_2X_2^\rho\right) \tag{4-69}$$

再取 $f(\rho)=\ln Y=\ln\left(\delta_1X_1^\rho+\delta_2X_2^\rho\right)$，其中 $Y=\delta_1X_1^\rho+\delta_2X_2^\rho$。

对 $f(\rho)$ 在 $\rho=0$ 处进行 Taylor 展开：

$$f(\rho)=f(0)+\frac{f'(0)}{1!}\rho+\frac{f''(0)}{1!}\rho^2+o(\rho^2) \tag{4-70}$$

其中，

$$f(0)=\ln(\delta_1+\delta_2)=0 \tag{4-71}$$

$$f'(0)=\frac{1}{Y}\frac{\partial Y}{\partial\rho}\Big|_{\rho=0}=\delta_1\ln X_1+\delta_2\ln X_2 \tag{4-72}$$

$$f''(0)=-\frac{1}{Y^2}\left(\frac{\partial Y}{\partial\rho}\right)^2+\frac{1}{Y}\frac{\partial^2 Y}{\partial\rho^2}\Big|_{\rho=0}=\delta_1\delta_2(\ln X_1-\ln X_2)^2 \tag{4-73}$$

代回原函数：

$$\ln Q=\ln A+\frac{1}{\rho}f(\rho)=\ln A+\delta_1\ln X_1+\delta_2\ln X_2+\frac{1}{2}\rho\delta_1\delta_2(\ln X_1-\ln X_2)^2+o(\rho^2) \tag{4-74}$$

接着对式（4-74）进行微分，取变化百分比变化量：

$$q=\delta_1x_1+\delta_2x_2 \tag{4-75}$$

4.3.2 GTAP 模型线性化

在一般均衡条件下，企业将进行利润最大化生产，其一阶条件是商品价格等于边际成本，即：

$$P=\frac{\partial c}{\partial q}(w_e,\ w_s,\ \bar{X})=\frac{1}{A_t}[\delta_t^{\varepsilon}w_e^{1-\varepsilon}+(1-\delta_t)^{\varepsilon}w_s^{1-\varepsilon}]^{\frac{1}{1-\varepsilon}} \tag{4-76}$$

即只要满足该式，企业的供应都将获得利润最大化。将式（4-76）两边乘产量：

$$P\bar{X}=\frac{\partial c}{\partial q}(w_e,\ w_s,\ \bar{X})\times\bar{X}=\frac{\bar{X}}{A_t}[\delta_t^{\varepsilon}w_e^{1-\varepsilon}+(1-\delta_t)^{\varepsilon}w_s^{1-\varepsilon}]^{\frac{1}{1-\varepsilon}}=c(w_e,\ w_s,\ \bar{X}) \tag{4-77}$$

式（4-76）和式（4-77）在 CGE 模型中被称为价格函数。那么对价格函数进行线性化处理。

$$P=\frac{1}{A_t}[\delta_t^{\varepsilon}W_e^{1-\varepsilon}+(1-\delta_t)^{\varepsilon}W_s^{1-\varepsilon}]^{\frac{1}{1-\varepsilon}}=A_t^{-1}B^{\frac{1}{1-\varepsilon}} \tag{4-78}$$

其中，$B=\delta_t^{\varepsilon}w_e^{1-\varepsilon}+(1-\delta_t)^{\varepsilon}w_s^{1-\varepsilon}$。先对 B 进行线性化处理。

$$dB=\frac{\partial B}{\partial W_e}dW_e+\frac{\partial B}{\partial W_s}dW_s \tag{4-79}$$

$$b=\frac{\partial B}{\partial W_e}\frac{W_e}{B}w_e+\frac{\partial B}{\partial W_s}\frac{W_s}{B}w_s \tag{4-80}$$

$$b=\frac{\delta_t^{\varepsilon}W_e^{1-\varepsilon}}{B}(1-\varepsilon)w_e+\frac{(1-\delta_t)^{\varepsilon}W_s^{1-\varepsilon}}{B}(1-\varepsilon)w_s \tag{4-81}$$

对 $P=A_t^{-1}B^{\frac{1}{1-\varepsilon}}$，有 $p=\frac{1}{1-\varepsilon}b$，则整理可得：

$$p=\frac{\delta_t^{\varepsilon}W_e^{1-\varepsilon}}{B}w_e+\frac{(1-\delta_t)^{\varepsilon}W_s^{1-\varepsilon}}{B}w_s=S_ew_e+S_sw_s \tag{4-82}$$

其中，$S_e=\frac{\delta_t^{\varepsilon}W_e^{1-\varepsilon}}{B}$，$S_s=\frac{(1-\delta_t)^{\varepsilon}W_s^{1-\varepsilon}}{B}$。

那么，价格就被线性化为要素价格的线性函数。再看供应函数：

$$x_e^c(w_e, w_s, \bar{X})=\frac{\bar{X}}{A_t}\left(\frac{\delta_t}{w_e}\right)^{\frac{1}{1-\rho}}\left[\delta_t^{\frac{1}{1-\rho}}w_e^{-\frac{\rho}{\rho-1}}+(1-\delta_t)^{\frac{1}{1-\rho}}w_s^{-\frac{\rho}{1-\rho}}\right]^{-\frac{1}{\rho}}$$

$$=\frac{\bar{X}}{A_t}\left(\frac{\delta_t}{w_e}\right)^{\varepsilon}\left[\delta_t^{\varepsilon}w_e^{1-\varepsilon}+(1-\delta_t)^{\varepsilon}w_s^{1-\varepsilon}\right]^{\frac{\varepsilon}{1-\varepsilon}} \tag{4-83}$$

由：

$$P=\frac{\partial c}{\partial q}(w_e, w_s, \bar{X})=\frac{1}{A_t}\left[\delta_t^{\varepsilon}w_e^{1-\varepsilon}+(1-\delta_t)^{\varepsilon}w_s^{1-\varepsilon}\right]^{\frac{1}{1-\varepsilon}} \tag{4-84}$$

则：

$$X_e^c(W_e, W_s, \bar{X})=A_t^{\varepsilon-1}\left(\frac{\delta_t\times P}{W_e}\right)^{\varepsilon}\bar{X} \tag{4-85}$$

则通过线性化可得：

$$x_e=\bar{x}+\varepsilon(p-w_e) \tag{4-86}$$

同理有：

$$x_s=\bar{x}+\varepsilon(p-w_s) \tag{4-87}$$

最后，不加证明地给出一些常见函数的线性化结果，如表 4-3 所示。

表 4-3 CGE 模型常见函数线性化结果

函数形式	线性化结果
$P_1=1$	$p_1=0$
$D_{ij}=P_iX_{ij}$	$d_{ij}=p_i+x_{ij}$

续表

函数形式	线性化结果
$X_{i0} = \frac{\alpha_{i0} Y}{P_i}$	$x_{i0} = y - p$
$X_{ij} = \frac{\alpha_{ij} X_j \prod_{t=1}^{4} P_t^{\alpha_{tj}} \prod_{t=1}^{4} \alpha_{tj}^{-\alpha_{tj}}}{A_j P_i}$	$x_{ij} = x_j - (p_i - \sum_{t=1}^{4} \alpha_{tj} p_t)$
$P_j = \frac{\prod_{t=1}^{4} \alpha_{tj}^{-\alpha_{tj}} \prod_{t=1}^{4} P_t^{\alpha_{tj}}}{A_j}$	$p_j = \sum_{t=1}^{4} \alpha_{tj} p_t$
$\sum_{j=1}^{2} X_{ij} = X_i$	$x_i = \sum_{j=1}^{2} \left(\frac{X_{ij}}{X_i}\right) x_{ij}$

第 5 章　标准 GTAP 模型

本章将全面介绍全球贸易分析项目（Global Trade Analysis Project，GTAP）模型的标准框架，这是一种在国际经济政策分析和环境影响研究中广泛应用的可计算一般均衡模型。本章将深入讨论模型的 11 个关键部分：从模型的主要框架、企业生产和商品供给，到国内最终需求（包括居民、政府和投资）的详细分析；从全球贸易与国际运输的复杂动态，到商品和要素市场的均衡条件；从全球储蓄的作用、税收政策的影响，到基准价格的设定和模型闭合机制。此外，本章还探讨了 GTAP 模型数据库的结构和应用，这是理解和应用模型的重要基础。通过本章的学习，读者将获得对 GTAP 模型结构和功能的深入理解，为进一步的实际应用和分析打下坚实基础。本章分析不仅有助于研究人员和决策者评估政策变化对全球经济的潜在影响，也为全面理解今日复杂的国际经济环境提供了重要工具。

5.1　主要框架

GTAP 是一种相对静态的全球一般均衡模型，广泛应用于复杂的政策分析，同时也是多种复杂扩展模块所依赖的核心模型，涵盖全球各国和各地区，代表一个由多部门生产的多种商品组成的经济体。GTAP 模型具备独立的数据库、模型和支持软件。GTAP. TAB 是用于构建 GTAP 基本模型的计算程序，有关的电子资源可以在 GTAP 网站上获得，该模型提供了完善的理论框架，通过 GEMPACK 软件组将其转化为可执行文件，即可得到实际应用的 GTAP 模型。

5.1.1 模型简介

GTAP 是美国普渡大学主持研发的一种可计算一般均衡分析的工具，最初是经济学家从经济角度出发，进行国际贸易、资源和环境问题的数量分析研究的产物。除了具备传统 CGE 模型研究所涵盖的问题外，GTAP 最大的特点是它可以对国际贸易所产生的多方面影响进行综合的分析。该工具将建立一个全面均衡的理论分析框架，用以应对关税削减、区域贸易协定、贸易与补贴等因素引起的国际贸易价格、数量和国家福利变动等问题。经过多家世界著名的商业与发展组织及国家科研院所的大力支持，GTAP 已建立并维护了一个多地区多产业的综合平衡模型。此模型由模块主程序和模块库两部分组成。该模型主要以新古典经济学理论为基础，设置了相应的方程式，具有模拟运算的能力。模型数据库可提供国家或区域的经济运行及进出口等重要数据，为该系统的正常运行提供了可靠的数据支撑。GTAP 模型从生产角度出发，针对不同的国家、私人部门、政府和生产者，分别建立不同的生产和需求函数，并通过储蓄与投资来解决资金均衡问题。当利用 GTAP 模型来探讨特定政策变动在多国多行业中可能引起的经济影响时，首先需设定反映政策变化的外生变量至特定数值，这一步骤基于市场已存的初始均衡状态，目的在于推动商品和生产要素市场向新的均衡状态调整。随后，通过观察并比较内生变量在模型初态和新均衡状态下的数值差异，可以量化政策冲击对整体经济活动产生的效应强度。这种方法使分析者能够得到政策变化对经济结构所引发连锁反应的综合理解。

同时，GTAP 模型还具有以下特点：①全球性。GTAP 覆盖了全球范围内的国家和地区，使其不局限于单独的国家或一组选定的国家。这种全球覆盖意味着模型本身不需要指定各国家与世界其他国家和地区之间的贸易流动，因所有潜在的交易都已内嵌在模型中。虽然模型可能将某些地区数据整合形成更大的区块，但每个国家或地区还是遵守统一的模型架构，且维持其独特的经济数据和行为反应参数。②一般均衡性。GTAP 模型避免了仅关注个别部门或几个部门的局限，它的设计意图是提供一个更全面的视角，不将经济活动简化为单一商品或几类商品的交易。相反，该模型复现了一个由多个部门组成、商品生产与消费多样化的复杂经济结构，为经济政策分析提供了宏观和微观两个层面的综合视角。③一般静态性。GTAP 模型是一个静态的分析工具，重点在于比较不同政策情景或时点下的经济状态变化，而非跟踪经济随时间的连续演进。模型虽为静态，但可扩展为动态模型，如通过加入 GDYN 模型这一扩展，以探索经济政策变化随时间演进的复杂互动影响。④以投入产出核算框架为基础。GTAP 的核心架构基于投入产出分析方法，确保了经济商品从原材料阶段到最终消费的每一个步骤都被纳入了核算中。这保障了经济中所有的成本和收益变动都可追溯至特定的产品或生产要素，提供了对经济流动和变化的精准描述。本章在讨论模型的完整性时，一般是指理论和方法的严密性，并非指其覆盖全世界的完整描述。

5.1.2 主要设定

5.1.2.1 模型的假设

1）完全竞争与规模报酬不变。假定在完全竞争条件下，生产规模报酬不变的 GTAP 模型具有相对的静态特性。在这个理论框架中，生产者按照最低生产费用来进行生产，而消费者则按照效用最大化来进行消费。在这一前提下，所有的产品和投入要素在市场中达到供需平衡，整体市场在内生变量取得均衡状态时实现清零。

2）五种生产要素与三个代表性主体。GTAP 模型由土地、资本、熟练劳动力、非熟练劳动力和自然资源 5 种生产要素构成。同时，模型还涵盖了 3 个代表性主体，分别为私人家庭、政府和厂商。这 5 种要素和 3 个代表性主体共同构成了 GTAP 模型的核心结构，为分析经济体系中的相互作用和影响提供了综合的框架。

3）劳动力能够在本国内自由移动，而各部门之间没有土地的移动。

4）在国家或区域内，由地方部门决定居民的消费行为和政府的储蓄行为。根据 Armington 假设，国产产品与进口产品不能相互取代。国家间通过货物贸易和资本流形成了密切的关系，所有的税收、金融资产、资本和劳工都被纳入本国的账户，也就是“区域部门”（见图 5-1）。在这一地区中，政府开支和个人开支被划分为两部分：一是采购内需；二是进口。厂商在生产过程中使用的中间投入物也包括进口，而产品销售则涵盖了内销和外销两个方面。这一模型反映了国家内外部门之间相互依存的经济关系，为分析国内生产与进口商品之间的替代性以及国际贸易和资本流动的影响提供了框架。

5）来自各地区的产品具有差异，无法完全互相替代。

6）某一国家或地区的存款流入了一个虚拟“世界银行”，该世界银行就可以对其进行投资。

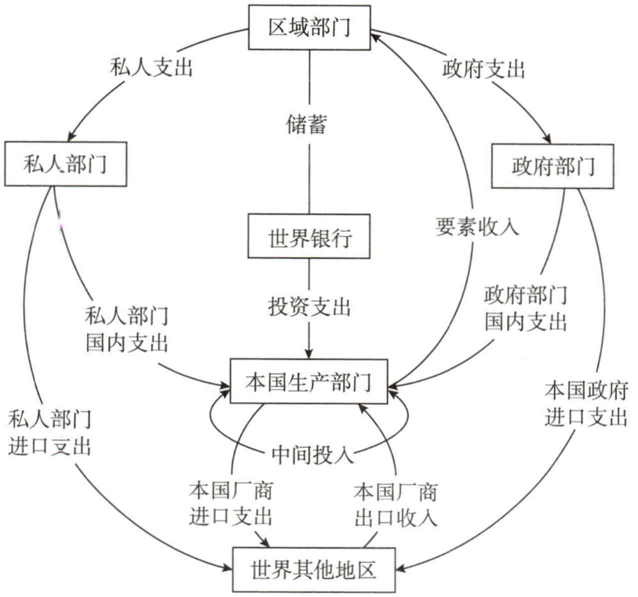

图 5-1　GTAP 模型结构

7）所有经济参与主体的支出与收入保持平衡。根据会计恒等式与市场均衡方程，形成了封闭体系下的均衡。从地区经济核算来看，居民的个人消费、储蓄和政府消费是三个主要的组成部分。在这种情况下，各地区的消费和政府的效用等式均为柯布—道格拉斯方程式：

$$U = A \times \prod_{i=1}^{n} X_i^{a_i} \tag{5-1}$$

式中，U 表示效用，而 A 则代表技术水平参数，X_i 为第 i 种产品，n 为产品数量，a_i 表示 X_i 所得在 U 中所占的份额，$\sum_{i=1}^{n} a_i = 1$。

8）初始投入要素不能跨国流动。这个假设在面对《服务贸易协定》（GATS）中提到的跨国人员流动等问题时可能难以精准建模。

9）没有库存投资（营运资本并未被认为是一种生产要素）。

10）不存在外国收入或支付，无汇款行为，不考虑国际援助。

11）政府账户中转移支付和财产收入为零，并对税收和补贴一般性处理。

该假设说明，GTAP 数据库不反映任何政府预算赤字，在一般均衡模型中，政府账户中的资金差额通过以贸易为导向（而不是以税收为导向）来进行处理。

尽管在正式的投入产出表中，一些行为如亏损或最终买家的销售行为可能导致资本收益及中间产品使用出现负值，但由于模型结构的限制，当前的模型并不能处理这种负值。

5.1.2.2 模型的设定

（1）时间、投资、财产性收入设定

GTAP 在单期模型处理未来的经济活动、储蓄和投资中，允许存在贸易逆差或顺差，伴随着资本的流入或流出。值得注意的是，该模型并没有详细描绘外国收入或支付。因此，国外资产在积累或减少的过程中并不产生收入。虽然在 GTAP 数据库中实现贸易平衡有助于保持理论一致性，但这也可能导致模型与实际情况的严重偏离。

在区域部门中，模型将储蓄看作商品，这种操作在某些方面具有优点，但也存在一些缺点。特别是当国民净储蓄为负时，一些国家的数据会显示出问题。这也引发了储蓄价格的问题，进而导致对福利进行分解时面临困难。

GTAP 模拟通常假设资本可以在一个经济体中跨行业流动，但在每个地区内的总量是固定的。这对于办公建筑等类别的资本来说可能是合理的，但在总体上合理的运行时间长度方面难以定义。

（2）特殊设定

区域部门将区域收入分配给私人消费、政府消费和储蓄，以实现区域效用最大化。这种统一的区域效用函数、优化行为的假设以及平衡数据库的处理，有助于按照要素禀赋、技术和分配效率等影响对福利进行分解。

对于私人消费的需求系统，在一般均衡建模中最常使用的函数是线性支出系统（LES）。在 LES 函数中，n 种商品对应 n 个支出弹性参数和一个衡量可替代性的平均指标，即 Frisch 参数，最常见的形式是采用具有$\frac{n^2}{2}$个参数的灵活函数形式。然而，GTAP 却采用了一种不同的方法，即恒转换弹性函数形式（CDE 函数）（Hanoch，1975），该函数具有 2n 个自由参数。相较于其他更灵活的函数形式，CDE 函数一方面要求的参数较少，另一方面具备独立校准收入弹性和自有价格弹性的优势。此外，CDE 函数是非齐次的，这意味着它允许在考虑到不同商品和支出水平的情况下更灵活地建模其需求系统。

在一般均衡模型中，针对不同的模拟时间需求，通常会对一些初始投入的生产要素进行差异化处理，即将一些要素视为固定的，另一些要素可以跨行业流动。典型的例子是，资本在短期内可能被视为固定的，而在长期内可能是可流动的。

GTAP 模型考虑到这一点，并提供了对固定要素的选择。表示这些要素可以在不同行业之间流动，但并不是完全流动的，这种流动性可以通过某种转换弹性进行校准，以更准确地描述现实中要素供给的反应。这一灵活性使模型能够更好地捕捉不同时间尺度下要素流动的复杂性。

这种设定在模型中提供了对经济长短期行为的更细致考虑，同时强调了对于要素流动性的合理建模的重要性。在使用这一特性时，需要根据具体问题和数据可用性来调整参数，以确保模型结果与实际情况一致。

根据来源不同，产品在 GTAP 模型中存在两层替代关系：一是国内产品与进口产品之间的替代性；二是不同来源的进口产品之间的替代性。这两层嵌套关系的设置在两个方面发挥作用：一是将“国产—进口”产品替代弹性值设置得相对较低，有助于贸易政策分析者了解贸易政策削减对进口渗透率的刺激效果的限制；二是通过将“进口—进口”替代弹性值设置在较高水平，可以观察到单边关税改革对贸易条件的温和损失。

GTAP 数据库记录的是税前价值和税后价值，而不是基本价值和税收。这样的数据记录使验证变得更为便捷：税前和税后的数据之间大于等于零的数值必须具有确切的相互配对关系。这种简化的数据结构方便了数据验证的进行，确保了模型的内部一致性和准确性。在使用模型结果时，需要充分理解这些设定，并在解释分析结果时考虑到这些数据结构的特性。

5.1.3 核算框架

GTAP 模型中的投入产出结构提供了一个核算框架，用于说明经济产品的供应和使用情况，包括按原产地划分的产品（商品和服务）及初始投入的生产要素。

在这个模型框架中，商品分为可交易商品和要素禀赋商品两类。可交易商品可以通过国际贸易进行流动，而要素禀赋商品则主要用于区域部门之间的生产活动。产品的供应来源包括国外进口和本国生产。商品的使用涵盖了当前的生产活动（即中间使用）和最终需求，最终需求可以分为投资（固定资本形成）、私人消费、政府消费以及出口。在模型中，各种需求的支出以及中间产品的采购都包括国内产品和进口产品，从而推动了企业在国内和国际市场的销售活动。

在模型各经济主体之间，区域部门的收入主要来自向厂商出售要素禀赋商品。这些收入主要用于满足私人部门、政府部门以及储蓄（随后会转化为投资）的最终需求。每种需求的支出和中间产品的采购都涉及国内产品和进口产品，反映了企业在不同市场的销售和采购活动，如图 5-2 所示。

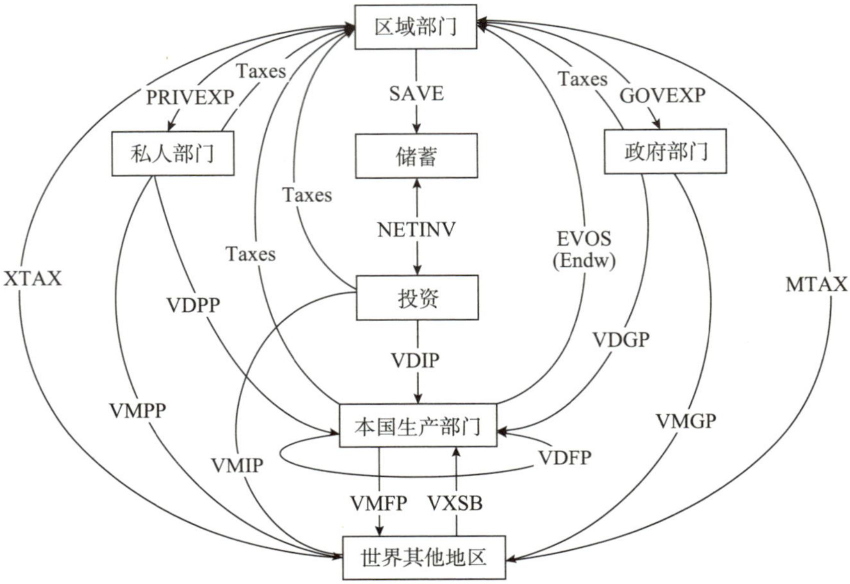

图 5-2　区域经济的循环流动

5.1.3.1　区域市场的销售分配

（1）国内市场（区域 r）

$$VOA_{i,r}+PTAX_{i,r}=VOM_{i,r}，\ i\in TRAD \tag{5-2}$$

式中，$VOA_{i,r}$ 表示区域 r 的厂商 i 得到的支付。$PTAX_{i,r}$ 表示生产税或者扣除补贴。$VOM_{i,r}$ 表示以市场价格衡量的产品价值，可视为国内销售价值 $VDM_{i,r}$ 和出口到所有目的地的总和。

（2）世界市场

$$VXMD_{i,r,s}+XTAX_{i,r,s}=VXWD_{i,r,s}+VTWR_{i,r,s}=VTWS_{i,r,s}+MTAX_{i,r,s}=VIMS_{i,r,s} \tag{5-3}$$

式中，$VXMD_{i,r,s}$ 表示企业 i 在区域 r 出口到区域 s 的出口额，用国内价格计算。$XTAX_{i,r,s}$ 表示出口关税，即将出口额转化为离岸价格，根据具体用途单独记录，并随产品或地区构成的改变而改变。$VXWD_{i,r,s}$ 表示以世界价格计算的各目的地出口值。$VTWR_{i,r,s}$ 表示国际运输收益，是将商品 i 从区域 r 运送至区域 s 的运输价值，以路程计算、用世界价格计算。$VTWS_{i,r,s}$ 表示以到岸价为基础、按来源地划分的以世界价格衡量的进口价值。$MTAX_{i,r,s}$ 表示进口税，用来估算该项交易在区域 s 内部价格衡量的收入。$VIMS_{i,r,s}$ 表示按来源地划分的以市场价格衡量的进口价值。

（3）国内市场（区域 s）

$$VIM_{i,s}=VIPM_{i,s}+VIGM_{i,s}+\sum_{r}VIFM_{i,r,s},\ i\in TRAD \tag{5-4}$$

式中，$VIM_{i,s}$ 表示以市场价格计算的商品 i 进口到区域 s 的价值，$VIPM_{i,s}$ 表示根据市场价格估算的私人消费的进口价值，而 $VIGM_{i,s}$ 则表示政府进口值，$VIFM_{i,r,s}$ 表示按市场价格估计的行业 j 的厂商进口值。这些指标分别反映了不同方面的进口活动，$VIM_{i,s}$ 是整体进口的总值，而 $VIPM_{i,s}$、$VIGM_{i,s}$ 和 $VIFM_{i,r,s}$ 则分别关注私人消费、政府和特定行业的进口活动。这一体系的建立有助于全面了解区域 s 的进口结构，为制定相关政策和战略提供深入的市场分析。

$$VDM_{i,r}=VDPM_{i,r}+VDGM_{i,r}+\sum_{j}VDFM_{i,j,r},\ i\in TRAD \tag{5-5}$$

国内销售额 $VDM_{i,r}$ 用于私人消费、政府和厂商使用。

5.1.3.2 *居民消费的来源*

现在讨论居民和厂商在这些独立市场上的购买行为。

（1）私人消费购买

$$VPA_{i,s}=VDPA_{i,s}+VIPA_{i,s},\ i\in TRAD \tag{5-6}$$

式中，$VPA_{i,s}$ 表示私人的消费购买，反映了一个经济主体所面对的物价水平。$VDPA_{i,s}$ 表示国内生产的商品的消费，并反映出在消费中所占的份额。$VIPA_{i,s}$ 表示以经济主体面临的价格估算的进口组合，是从国外进口的商品在私人消费中的价值。这些指标共同构成了对私人消费结构的综合描述，其中考虑了国内生产和国外进口的商品在私人消费中的不同影响。

$$VDPA_{i,s}-DPTAX_{i,s}=VDPM_{i,s},\ i\in TRAD \tag{5-7}$$

式中，$DPTAX_{i,s}$ 表示国内商品的税收，$VDPM_{i,s}$ 表示按市场价格计算的国内消费购买力。

$$VIPA_{i,s}-IPTAX_{i,s}=VIPM_{i,s},\ i\in TRAD \tag{5-8}$$

式中，$IPTAX_{i,s}$ 表示私人消费商品税，是私人消费商品所涉及的税收。$VIPM_{i,s}$ 表示以市场价格衡量的私人消费的进口价值，市场上私人消费的进口商品的总价值。通过这两个指标，建立起了以经济主体面临的价格衡量的行业销售额（见式（5-2））和私人消费购买价值（见式（5-7）和式（5-8））之间的联系。

（2）政府消费购买

$$VGA_{i,s}=VDGA_{i,s}+VIGA_{i,s},\ i\in TRAD \tag{5-9}$$

$$VDGA_{i,s}-DGTAX_{i,s}=VDGM_{i,s},\ i\in TRAD \tag{5-10}$$

$$VIGA_{i,s}-IGTAX_{i,s}=VIGM_{i,s},\ i\in TRAD \tag{5-11}$$

政府消费购买与私人消费购买类似，只不过将 P 换成了 G。

5.1.3.3 厂商购买来源和居民要素收入

接下来讨论厂商对于中间和原始生产要素的购买行为。

（1）企业购买的来源

1）中间投入。

$$VFA_{i,j,s}=VDFA_{i,j,s}+VIFA_{i,j,s},\ i\in TRAD,\ j\in PROD \tag{5-12}$$

式中，$VFA_{i,j,s}$ 表示以经济主体所面对的价格衡量的由经济部门 j 购买的商品 i 的价值，可以分为两个部分：一是国内来源 $VDFA_{i,j,s}$，二是进口来源 $VIFA_{i,j,s}$。

$$VDFA_{i,j,s}-DFTAX_{i,j,s}=VDFM_{i,j,s},\ i\in TRAD,\ j\in PROD \tag{5-13}$$

$$VIFA_{i,j,s}-IFTAX_{i,j,s}=VIFM_{i,j,s},\ i\in TRAD,\ j\in PROD \tag{5-14}$$

扣除中间投入税 $DFTAX_{i,j,s}$ 和 $IFTAX_{i,j,s}$，按照市场价格扣除这部分价值 $VDFM_{i,j,s}$ 和 $VIFM_{i,j,s}$，就得到式（5-4）和式（5-5）。

2）初级要素。

$$VFA_{i,j,s}-ETAX_{i,j,s}=VFM_{i,j,s},\ i\in ENDW,\ j\in PROD \tag{5-15}$$

在该模型中，厂商既可以购买贸易产品，也可以购买非贸易产品等，即要素禀赋（Endowments），该数据库中，要素禀赋包括农业土地、劳动力和资本。式（5-15）说明了从应用这些生产要素的厂商到提供这些要素的居民的价值流。其中，$VFA_{i,j,s}$ 表示以经济主体面临的价格衡量的厂商购买价值，$ETAX_{i,j,s}$ 表示在行业 j 的禀赋品 i 上征收的税，而 $VFM_{i,j,s}$ 表示以市场价格衡量的厂商购买价值。

3）零利润条件。

$$VOA_{j,s}=\sum_{i\in TRAD}VFA_{i,j,s}+\sum_{i\in ENDW}VFA_{i,j,s},\ j\in PROD \tag{5-16}$$

式（5-16）建立了从式（5-2）得出的厂商收入（如 $VOA_{j,s}$）到式（5-12）显示的厂商消费（如 $VFA_{i,j,s}$）之间的联系。如果把所有的可贸易要素（中间品）和生产要素禀赋都加进去（如初级要素），那么纯为零的经济利益就意味着要把收入全部用于消费。

（2）居民要素服务收入的来源

1）流动要素。

$$\sum_{j} VFM_{i,j,s}=VOM_{i,s}-HTAX_{i,s}=VOA_{i,s}, \quad i \in ENDWM \tag{5-17}$$

ENDWM 是可以完全流动、能够获得相同市场回报的流动要素禀赋。由于市场价格相同，可以简单地将要素使用量加总。$HTAX_{i,s}$ 表示对区域 s 的居民提供原始要素 i 所被征收的税收。$VOA_{i,s}$ 表示以经济主体面临的价格衡量的禀赋产品的价值。

2）固定要素。

$$VOM_{i,s}-HTAX_{i,s}=VOA_{i,s}, \quad i \in ENDWS \tag{5-18}$$

ENDWS 是一种固定的生产要素禀赋，也是一种难以调节的、在均衡状态下具有不同收益水平的生产要素，通过供给要素的私人消费者所获得的生产要素的真实收入来度量。当生产要素禀赋（如土地）发生变化时，该影响将引起各产业间的价格波动，这在行业指数 j 和 $VFM_{i,j,s}$ 的价格部分中能够得到反映。在此基础上，异质价格通过一个单位收入函数合成 $VOM_{i,s}$，$VOM_{i,s}$ 表示按市场价格衡量的要素产出价值，经过与可流动商品一样的处理方式，扣除居民的收入税即可得到 $VOA_{i,s}$。

5.1.3.4 分配和区域收入来源

当考虑到税收的存在时，需认识到私人消费、政府购买及储蓄这三者必须精确平衡以匹配某一特定区域的总收入。区域内产生的要素禀赋总收入构成了该区域居民的总体收入。在此基础上，为得到净收入必须首先从总收入中扣除固定资产折旧费用 $VDEP_r$。随后，加入所有净税收的调整，这个计算过程并不追踪模型中的个别所得税或现金补贴流动，而是通过比较经济主体市场或世界价格上进行交易的差异来进行。如果居民因提供劳动力得到的收入与该劳动力在市场上的价值之间存在差异，那么这个差额将精确到等于劳动所得税 $HTAX_{i,r}$。同时，此税收由从价税率为 $t_{i,r}$ 决定，居民的供给要素禀赋 i 的价格如下：

$$PS_{i,r}=(1-t_{i,r})\times PM_{i,r}=TO_{i,r}\times PM_{i,r} \tag{5-19}$$

其中，$TO_{i,r}$ 是从价税的税收力度。

$$VOM_{i,r}-VOA_{i,r}=(1-TO_{i,r})\times PM_{i,r}\times QO_{i,r}=t_{i,r}\times PM_{i,r}\times QO_{i,r} \tag{5-20}$$

这样，就可以将某一特定交易中，以其所面对的价格和市价来度量的价值之差来反映全部税费（补助）的财务效应。假定在地区 r 征收的税金始终是地区 r 地区居民的收入，则有：

$$EXPENDITURE_r = \sum_i (VPA_{i,r} + VGA_{i,r}) + SAVE_{i,r} = INCOME_r \tag{5-21}$$

$$\begin{aligned} INCOME_r = & \sum_i (VOA_{i,r} - VDEP_{i,r}) + \sum_i (VOM - VOA_{i,r}) + \\ & \sum_j \sum_i (VFA_{i,j,r} - VFM_{i,j,r}) + \sum_i (VIPA_{i,r} - VIPM_{i,r}) + \\ & \sum_i (VDPA_{i,r} - VDPM_{i,r}) + \sum_i (VIGA_{i,r} - VIGM_{i,r}) + \\ & \sum_i (VDGA_{i,r} - VDGM_{i,r}) + \sum_j \sum_i (VIFA_{i,j,r} - VIFM_{i,j,r}) + \\ & \sum_j \sum_i (VDFA_{i,j,r} - VDFM_{i,j,r}) + \\ & \sum_s \sum_i (VXWD_{i,r,s} - VXMD_{i,r,s}) + \\ & \sum_s \sum_i (VIMS_{i,s,r} - VIWS_{i,s,r}) \end{aligned} \tag{5-22}$$

式（5-22）所给出的收入表达式中其他项为每一个区域经济发展中所有其他收入来源的税收收入或者补贴支出提供了解释。其中，$\sum_i (VOA_{i,r} - VDEP_{i,r})$ 表示资本收益，$\sum_i (VOM - VOA_{i,r})$ 表示企业的直接税，$\sum_j \sum_i (VFA_{i,j,r} - VFM_{i,j,r})$ 表示企业使用中间产品间接税，$\sum_i (VIPA_{i,r} - VIPM_{i,r})$ 表示使用进口产品税，$\sum_i (VDPA_{i,r} - VDPM_{i,r})$ 表示居民使用国产品消费税，$\sum_i (VIGA_{i,r} - VIGM_{i,r})$ 表示政府使用进口品消费税，$\sum_i (VDGA_{i,r} - VDGM_{i,r})$ 表示政府使用国产品消费税，$\sum_j \sum_i (VIFA_{i,j,r} - VIFM_{i,j,r})$ 表示企业使用进口品消费税，$\sum_j \sum_i (VDFA_{i,j,r} - VDFM_{i,j,r})$ 表示企业使用国产品消费税，$\sum_s \sum_i (VXWD_{i,r,s} - VXMD_{i,r,s})$ 表示出口补贴，$\sum_s \sum_i (VIMS_{i,s,r} - VIWS_{i,s,r})$ 表示进口关税。

5.1.3.5　全球部门

为使模型更完整，引入全球运输部门和世界银行。

（1）全球运输部门

$$VTWR_{i,r,s} = VIWS_{i,r,s} - VXWD_{i,r,s} \tag{5-23}$$

式中，$VTWR_{i,r,s}$ 表示在全球范围内的运输部门所提供的服务，$VIWS_{i,r,s}$ 和 $VXWD_{i,r,s}$ 分别表示某一特定商品在特定的海运路径上的离岸价和到岸价。对各种途径及物品进行归纳，可得到国际运输服务的总需求。这些服务是由各区域经济体供应，它们将商品出口至 $VST_{i,r}$（全球运输部门）。所有的需求都被统一起来，并以综合了所有的出口运输服务的价格进行定价。

（2）世界银行

$$\sum_r (REGINV_r \times REG - VDEP_r) = GLOBINV = \sum_r SAVE_r \tag{5-24}$$

世界银行在全球储蓄和投资之间建立了中介关系，如式（5-24）所示。GLOBINV 表示一种以地区投资净额（总投资减去折旧）为基础的复合投资商品，向各地区各部门供应，以解决其储蓄需要。就这类储蓄商品来说，所有储户都面临同样的价格（PSAVE）。

为验证核算关系是否一致，需要分别计算复合投资商品的供应和对总储蓄的需求。瓦尔拉斯定律认为，当所有市场都达到平衡、所有企业（包括全球运输部门）获得零利润、所有居民的消费都在他们的预算限制范围内，全球投资必须等于全球储蓄。

$$VKB_r + REGINV_r - VDEP_r = VKE_r \tag{5-25}$$

关于资本存量的关系，VKB_r 表示初期资本存量的价值，$REGINV_r$ 表示区域投资，$VDEP_r$ 表示折旧，VKE_r 表示末期资本存量的价值。

5.1.4 线性化表示

5.1.4.1 线性化求解

为易于理解，在前面提到的核算关系通过数值的形式表达（实际上，相比于水平值，价格和数量的数值变化百分比更受关注）。GTAP 模型以线性化形式表达，虽然复杂化了简单方程，但简化了复杂的行为方程。在线性化表达中不再存在指数参数，也无需再创建一个新的世界状态，只要通过改变一个状态就可获得另一个状态的均衡。同时，能够灵活置换模型的闭合（即将变量划分为内生和外生），不同的闭合条件可以用来表示不同的经济环境或者不同的模拟周期。

虽然 GTAP 等一般均衡模型表面上由线性方程构成，但由于包含动态更新的公式和数据，实质上引入了价格弹性和份额比例的变化，因此保持了模型的非线性特征。尽管模型的某些表达被线性化，但其整体求解过程依然需要采用非线性方法（Dixon et al.，1982）。这种线性化方法的关键在于利用式（5-26）来不断调整斜率系数。通过这一处理，这种方法尽管本质上并没有解决根本的非线性问题，但也能够以更简化的方式迭代出模型的均衡解。

$$dV/V = d(PQ)/PQ = p + q \tag{5-26}$$

式中，P 表示价格指数，Q 表示数量指数，p 和 q 表示价格和数量的变动百分率。

在使用线性化方法求解非线性模型的过程中，如图 5-3 所示，模型可由方程 g（X，Y）= 0 表示，其中 X 为外生变量，Y 为内生变量。由初始均衡点（X_0，Y_0）开始，在外部变量上加上一个冲击，使它的数值从 X_0 改变到 X_1，然后计算出对应于内生性变量变动后得到的数值 Y_1。若仅考虑均衡点（X_0，Y_0）的线性近似，将得到预测点 B_J =（X_1，Y_J），但这往往是不准确的，因为 Y_J 倾向于比真实值 Y_1 偏高。为了提高模型的预测精度，可以运用线性表示的欧拉解法，将 X 的冲击分为两部分，并且在第一次冲击之后对模型进行更新，该线性模型的精确度可以明显增强，逐步从 A 点前进到 C_2 再到 B_2。在此之后，这种重新线性化的模型方法已经有了大大改进，使其收敛速度更快，能够更迅速地接近期望均衡点（X_1，Y_1）（Harrison & Pearson，1994）。而在 GTAP 模型中，通常采用外推法 Gragg 方法，默认通过多次求解，并在每一波求解中收缩求解区间，逐步细化结果。这种外推求解法大大改善了结果的准确性，与传统的线性近似相比，提供了更为优化的预测结果。

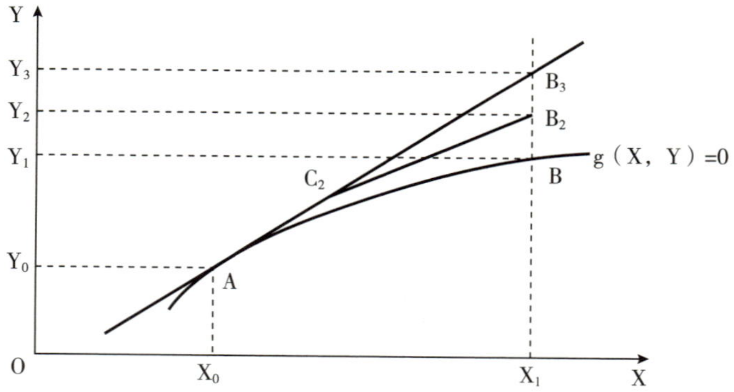

图 5-3　非线性模型的线性解法

5.1.4.2　线性化表示

GTAP 模型中核算方程的线性化表达涉及全微分，以可贸易品的市场出清条件为例：

$$VOM_{i,r} = VDM_{i,r} + VST_{i,r} + \sum_{s \in REG} VXMD_{i,r,s} \tag{5-27}$$

利用区域 r 商品 i 的数量和共同的本地市场价格重写式（5-27）如下：

$$PM_{i,r} \times QO_{i,r} = PM_{i,r} \times (QDS_{i,r} + QST_{i,r} + \sum_{s \in REG} QXS_{i,r,s}) \tag{5-28}$$

在式（5-28）两边同时除以 $PM_{i,r}$ 可得：

$$QO_{i,r} = QDS_{i,r} + QST_{i,r} + \sum_{s \in REG} QXS_{i,r,s} \tag{5-29}$$

接着将式（5-29）表示为：

$$QO_{i,r} \times qo_{i,r} = QDS_{i,r} \times qds_{i,r} + QST_{i,r} \times qst_{i,r} + \sum_{s \in REG} QXS_{i,r,s} \times qxs_{i,r,s} \tag{5-30}$$

小写变量表示变量百分比变化，在式（5-30）两边同乘共同价格 $PM_{i,r}$ 可得：

$$VOM_{i,r} \times qo_{i,r} = VDM_{i,r} \times qds_{i,r} + VST_{i,r} \times qst_{i,r} + \sum_{s \in REG} VXMD_{i,r,s} \times qxs_{i,r,s} + VOM_{i,r} \times tradeslack_{i,r} \tag{5-31}$$

式（5-31）的系数是以价值计算的，在这一设定中贸易品价格 $PM_{i,r}$ 为外生且初始值为 0。该设定下，内生变量 $tradeslack_{i,r}$ 的变化代表了交易的自由度，在新的均衡条件下，这一变量的变动揭示了供求关系中供过于求的状况，即以初始均衡产量的百分比表示的供应量超过了需求量。这一机制在模型中寻找新均衡点时起到关键作用，因为它指示了市场力量在外生价格冲击下如何推动市场返回均衡状态，调整资源分配以解决供需失衡问题。

5.2 企业生产

在 GTAP 模型中，企业的生产活动采用一种层级型的生产函数，即树形结构（见图 5-4）。该结构体现了生产过程中的投入品替代与组合关系，允许分析不同层级的投入品（如原始投入和中间投入）如何被组合以产生最终产品。该结构中的生产函数被认为是可分的，意味着生产的不同阶段可以被分离开来，并独立对待。此外，GTAP 模型假设生产函数规模报酬不变，在该假定下，企业的投入主要分为原始投入与中间投入；企业对原始投入的最优决策不受中间投入物价格的影响；企业要素投入的使用比例不会跟随生产量的变化而变化。

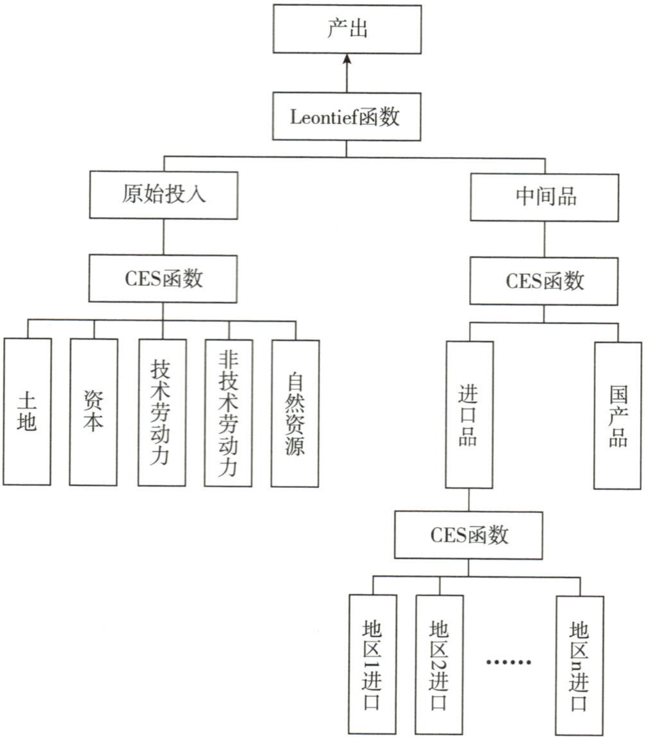

图 5-4　GTAP 模型生产结构

如图 5-4 所示，模型中包含土地、资本、技术劳动力、非技术劳动力和自然资源 5 种主要的生产要素。在生产结构方面，模型的顶层阐述了企业对原始投入和中间投入的需求。依据 Leontief 生产函数，假定中间投入和增加值投入与总产出保持不变的比例，可有效减少所需估算参数的数量。在第二层生产结构中，左侧部分探讨了原始投入与生产的相互作用，并设定了一个 CES（固定替代弹性）函数来模拟不同生产要素间的替代关系，并假设这些要素具有相同的替代弹性。而右侧部分则考量了中间投入品间的组合关系，假定本国产品与进口商品的组合符合 Armington 假设，即国内产品与进口品不能完全互换。对于进口品，根据其进口来源进行 CES 复合得到综合产品。

5.2.1　第一层嵌套

第一层嵌套描述了企业对中间投入和原始投入（增加值）的需求，具体的嵌套结构如图 5-5 所示。

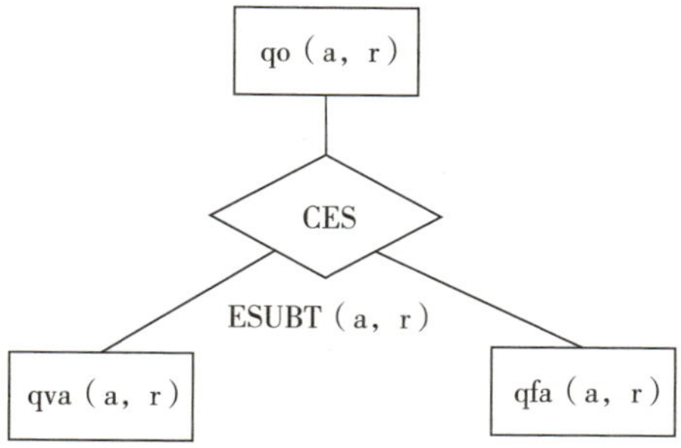

图 5-5　第一层嵌套结构

$$qva_{a,r}=qo_{a,r}-ao_{a,r}-ava_{a,r}-ESUBT_{a,r}\times(pva_{a,r}-ava_{a,r}-po_{a,r}-ao_{a,r}) \quad (5-32)$$

$$qfa_{a,r}=qo_{a,r}-ao_{a,r}-afa_{a,r}-ESUBT_{a,r}\times(pfa_{a,r}-afa_{a,r}-po_{a,r}-ao_{a,r}) \quad (5-33)$$

式（5-32）和式（5-33）分别定义了在弹性系数 $ESUBT_{a,r}$（通常假定为 0）的条件下，产出对原始投入和中间品投入的需求量。式中，$qo_{a,r}$ 表示产出相对于基准的百分比变化，$qva_{a,r}$ 表示原始投入，$qfa_{a,r}$ 表示中间品投入。模型进一步纳入了技术变革的影响，该影响通过技术变化系数 a 表示，$ao_{a,r}$ 表示希克斯中性的技术变革影响。在考虑技术变化时，相关变量前会额外增加字母 a 作为标识。

$$PO_{a,r}\times QO_{a,r}=PVA_{a,r}\times QVA_{a,r}+PFA_{a,r}\times QFA_{a,r} \quad (5-34)$$

式（5-34）表示企业生产活动的零利润条件，即该生产活动的总收入等于总投入成本。其中，$PO_{a,r}$ 和 $QO_{a,r}$ 分别表示生产活动 a 的产出价值和产出数量，$PVA_{a,r}$ 和 $QVA_{a,r}$ 分别表示增加值要素（原始投入）的价值和数量，$PFA_{a,r}$ 和 $QFA_{a,r}$ 分别表示中间商品需求要素（中间品投入）的价值和数量。

使用包络条件对式（5-34）进行全微分简化如下：

$$po_{a,r}=\sum_{e}STC_{e,a,r}\times(pva_{e,a,r}-ava_{e,a,r})+\sum_{c}STC_{c,a,r}\times(pfa_{c,a,r}-afa_{c,a,r})-ao_{a,r} \quad (5-35)$$

5.2.2　第二层嵌套

如图 5-6 所示，第二层嵌套将第一层元素分解为各自的组成部分，首先是原始投入，由各种原始要素（如土地、资本、技术劳动力、非技术劳动力、自然资源）组成；其次是中间品投入，由进口品和国产品组成（见图 5-6）。

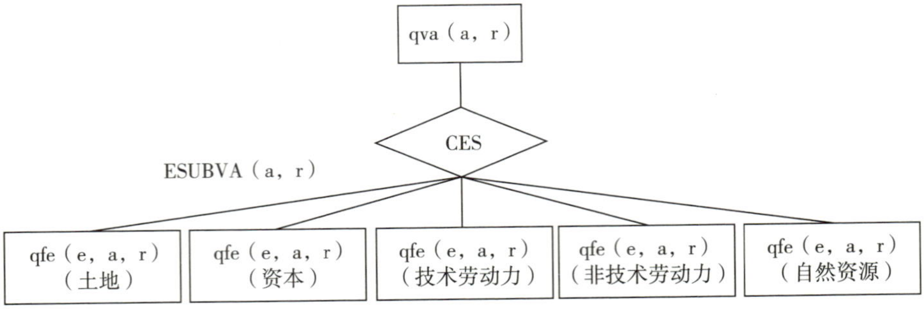

图 5-6 第二层嵌套结构（原始投入）

$$qfe_{e,a,r}=qva_{a,r}-afe_{e,a,r}-ESUBVA_{a,r}\times(pfe_{e,a,r}-afe_{e,a,r}-pva_{a,r}) \tag{5-36}$$

式中，$qfe_{e,a,r}$ 表示生产活动对初始要素的需求。原始投入 $qva_{a,r}$ 由 $qfe_{e,a,r}$ 的 CES 函数加总得出，$ESUBVA_{a,r}$ 是该函数活动 a 和区域 r 的替代弹性系数。

$$PVA_{a,r}\times QVA_{a,r}=\sum_{e}PFE_{e,a,r}\times QFE_{e,a,r} \tag{5-37}$$

式中，$PVA_{a,r}$ 和 $QVA_{a,r}$ 分别表示初始投入的价格和数量，$PFE_{e,a,r}$ 和 $QFE_{e,a,r}$ 分别表示初始要素的价格和数量。

进一步将式（5-37）简化如下，其中，$pfe_{e,a,r}$ 是初始要素在特定部门和要素下的价格。

$$pva_{a,r}=\sum_{e}SVA_{e,a,r}\times(pfe_{e,a,r}-afe_{e,a,r}) \tag{5-38}$$

5.2.2.2 中间品投入

$$qfd_{c,a,r}=qfa_{a,r}-ESUBD_{c,r}\times(pfd_{c,a,r}-pfa_{a,r}) \tag{5-39}$$

$$qfm_{c,a,r}=qfa_{a,r}-ESUBD_{c,r}\times(pfm_{c,a,r}-pfa_{a,r}) \tag{5-40}$$

如图 5-7 所示，$qfd_{c,a,r}$ 和 $qfm_{c,a,r}$ 分别表示企业对国内商品和进口商品的需求量。$ESUBD_{c,r}$ 指在 Armington 假设框架下，国内商品与进口商品之间的替代弹性系数，它决定了这两类商品相互替代的比率。

$$PFA_{a,r}\times QFA_{a,r}=\sum_{c}PFD_{c,a,r}\times QFD_{c,a,r}+\sum_{c}PFM_{c,a,r}\times QFM_{c,a,r} \tag{5-41}$$

式中，$PFD_{c,a,r}$ 和 $QFD_{c,a,r}$ 分别表示国内产品的价格和数量，$PFM_{c,a,r}$ 和 $QFM_{c,a,r}$ 分别表示进口商品的价格和数量。

$$pfa_{a,r}=\sum_{c}(1-FMSHR_{c,a,r})\times pfd_{c,a,r}+\sum_{c}FMSHR_{c,a,r}\times pfm_{c,a,r} \tag{5-42}$$

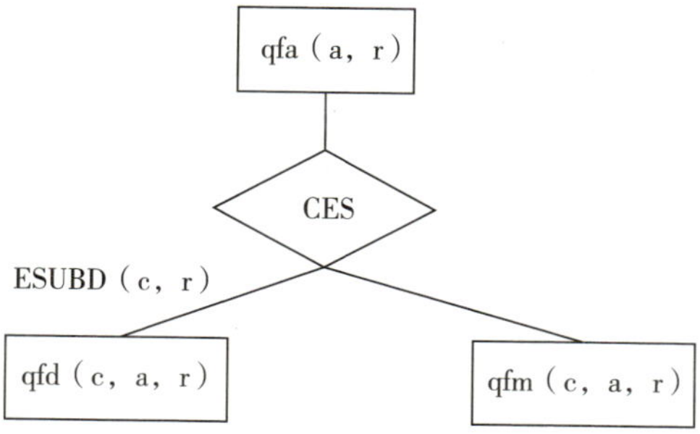

图 5-7　第二层嵌套结构（中间品投入）

式（5-42）是式（5-41）的百分比变化形式。

5.2.3　第三层嵌套

$$qms_{c,r,s}=qfm_{c,r}-ESUBM_{c,r}\times(pms_{c,r,s}-pfm_{c,r}) \tag{5-43}$$

如图 5-8 所示，企业对进口商品的需求表现为国外所有来源的进口商品。式（5-43）中，$qms_{c,r,s}$ 表示具体进口部门的商品数量，$pms_{c,r,s}$ 表示市场价格。

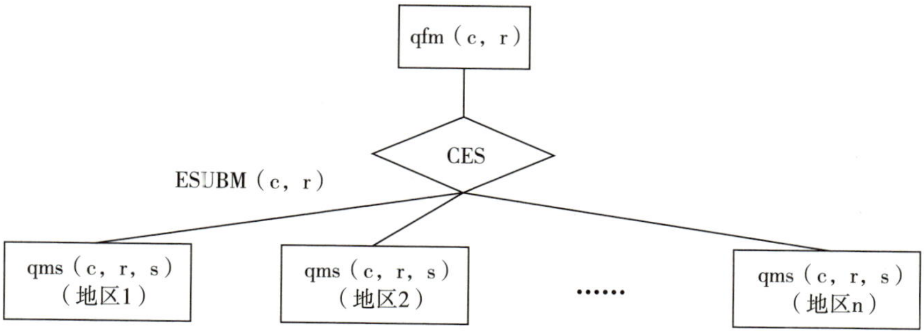

图 5-8　第三层嵌套结构

$$PFM_{c,r}\times QFM_{c,r}=\sum_{s}PMS_{c,r,s}\times QMS_{c,r,s} \tag{5-44}$$

其中，$PMS_{c,r,s}$ 和 $QMS_{c,r,s}$ 分别表示国内产品的价格和数量。

$$pfm_{c,r}=\sum_{s}MSHRS_{c,r,s}\times pms_{c,r,s} \tag{5-45}$$

式中，$MSHRS_{c,r,s}$ 表示成本份额，即区域 r 通过区域 s 进口的商品 c 占复合进口商品 c 的比重。

5.3 商品供给

5.3.1 价格联系

在阐述商品供给之前，需要深入探讨商品间的价格联系，这一连接关系通过一系列价格方程得以建立。标准 GTAP 模型的假设是商品之间存在不完全替代，因此必须根据生产活动的不同来区分商品的价格，同时替代弹性决定价格的差异程度。值得注意的是，在 GTAP 模型中，所有税收都是通过税收力度的概念来体现的，即采用 1+税率的形式。GTAP 第 10 版引进“make”矩阵以实现多种商品的生产活动，并通过对供应价格进行加总，得到与各项活动相关的单位收入，由于利润为零，单位收益等于单位成本。

图 5-9 展示了模型中的商品价格联系。从地区商品的国内供给市场价格入手，可以得到 r 地区商品在各生产活动中的基本价格。具体而言，$PCA_{c,a,r}$ 表示 c 商品在 a 生产活动中的基本价格，而 $PS_{c,a,r}$ 则表示供应商价格，$TO_{c,a,r}$ 表示 c 商品在 a 生产活动中的生产税/生产补贴。此外，$PO_{a,r}$ 和 $PB_{a,r}$ 分别是 r 地区 a 生产活动的单位收益和单位收入（以基本价格获得）。在使用标准 GTAP 数据库时，模型会使用一个 c 商品与 a 生产活动一一对应的对角矩阵，从而满足 $PDS_{c,r}=PB_{a,r}$ 的关系，其中，$PDS_{c,r}$ 表示销售价格（国内供给价格）。

随后，所有国内生产的商品被销售到国内和国际市场。在图 5-9 中，出口价格指数仅反映了需求侧的价格，然而，从商品供应的角度来看，当商品销售到国际市场时，$PFOB_{c,s,d}$ 表示出口价格（不包括运费和保险费），其等于 $PDS_{c,r}\times TXS_{c,r,d}$，其中 $TXS_{c,s,d}$ 等于“1+出口税税率”，角标 s 表示商品出口的来源国，而角标 d 则表示商品出口的目的国。此外，$PTRANS_{c,s,d}$ 是运输价格，而 $PCIF_{c,s,d}$ 则是商品的到岸价格。

一旦商品到达进口国家后，$PMDS_{c,s,r}$ 即为国内市场的进口价格，等于到岸价格加上双边关税（$TMS_{c,r,d}$）。接着，进口商将所有来源的进口商品加总形成进口商品束，这些商品以供应价格（$PMS_{c,r}$）进入国内市场。在国内市场，每个经济主体（企业、私人家庭、政府和投资者）会为进口商品支付新的价格，包括销

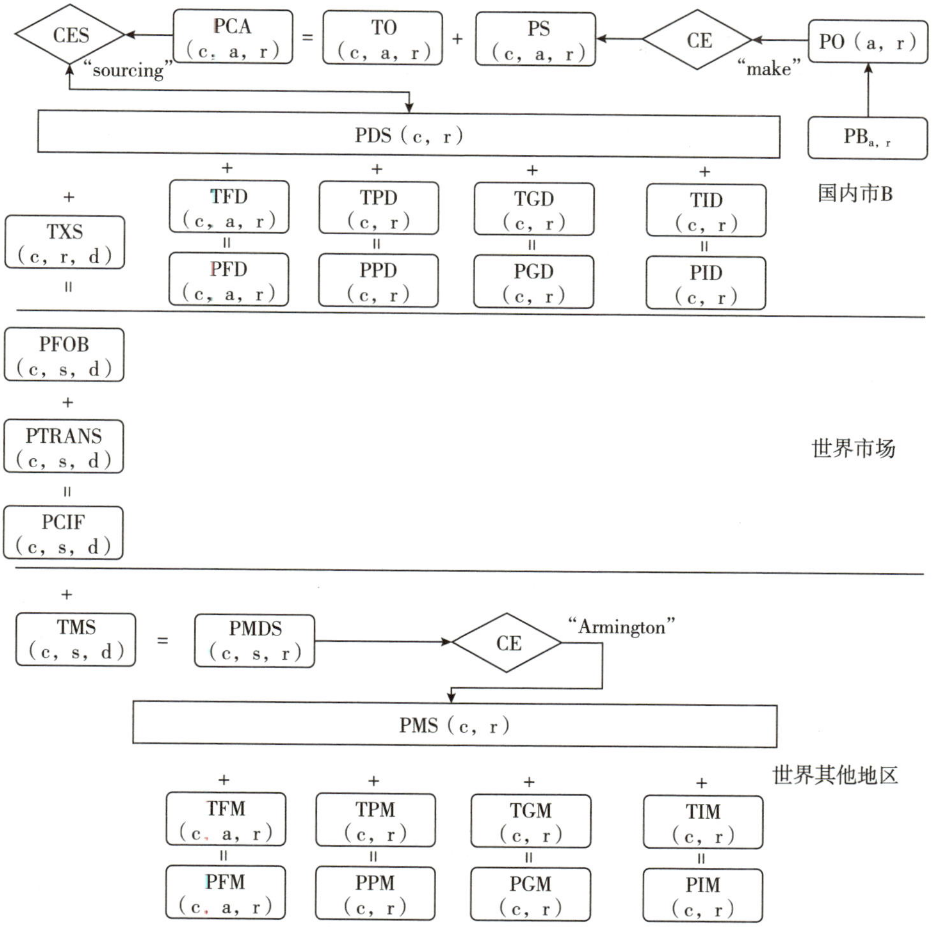

图 5-9　商品价格联系

售税：$PFM_{c,a,r}$、$PPM_{c,r}$、$PGM_{c,r}$、$PIM_{c,r}$。同时，进口商品与国内供应的商品进行竞争，国内商品的价格为 $PDS_{c,r}$。同样，每个主体也必须支付不同的销售税，形成新的支付价格：$PFD_{c,a,r}$、$PPD_{c,r}$、$PGD_{c,r}$、$PID_{c,r}$。在加总国内和进口商品的组合商品基础上，各市场主体面对的价格分别为 $PFA_{c,a,r}$、$PPA_{c,r}$、$PGA_{c,r}$、$PIA_{c,r}$。

5.3.2　供给函数

标准 GTAP 模型允许每种活动生产一种以上的产品，同时也允许多个部门产出相同的商品。

5.3.2.1　商品供给侧

在商品供给方面，模型用常转换弹性函数（CET 函数）表示多产出的生产活动，并在转变边界的恒定弹性约束下最大化其总收入。这种方法旨在描述生产活动的弹性变化，并确保其在不同产出水平下都能够灵活适应。

$$qca_{c,a,r}=qo_{a,r}-ETRAQ_{a,r}\times(ps_{c,a,r}-po_{a,r}) \tag{5-46}$$

式中，$qca_{c,a,r}$ 表示商品供给量，它取决于部门的总产出水平和所提供的商品组合的变化，$qo_{a,r}$ 表示部门的总产出水平，$ETRAQ_{a,r}<0$ 为转换弹性。式（5-46）将 a 活动生产的产出完全转化为 c 商品的供给。这一表示法有助于捕捉生产活动对不同商品的供给弹性变化，确保模型在考虑不同产出水平时能够准确反映部门的供给行为。

$$PO_{a,r}\times QO_{a,r}=\sum_{c}PS_{c,a,r}\times QCA_{c,a,r} \tag{5-47}$$

式（5-47）计算了零利润假设下的单位收入，其中 $PO_{a,r}$ 与 $QO_{a,r}$ 分别为 r 地区 a 生产活动的价格与数量，$PS_{c,a,r}$ 表示特定活动生产特定商品的单位成本，$QCA_{c,a,r}$ 表示 r 地区 a 生产活动的 c 商品的供给量。这一方程反映了零利润条件下，单位收入等于单位成本的假设，保证了模型中的生产活动在零利润的条件下按最大化总收入的原则进行供给。

$$po_{a,r}=\sum_{c}MAKESACTSHR_{c,a,r}\times ps_{c,a,r} \tag{5-48}$$

式（5-48）是式（5-47）的百分比变化形式。

$$pca_{c,a,r}=ps_{c,a,r}+to_{c,a,r} \tag{5-49}$$

其中，$to_{c,a,r}$ 为生产税。式（5-49）将活动中商品的基本价格与单位成本联系在了一起。

$$PB_{a,r}\times QO_{a,r}=\sum_{c}PCA_{c,a,r}\times QCA_{c,a,r} \tag{5-50}$$

式中，$PB_{a,r}$ 表示活动平均价格（含税），$PCA_{c,a,r}$ 表示特定活动生产特定商品的基本价格。

$$pb_{a,r}=\sum_{c}MAKEBACTSHR_{c,a,r}\times pca_{c,a,r} \tag{5-51}$$

式中，$pb_{a,r}$ 通过对 $pca_{c,a,r}$ 进行加权平均得到。如果“make”矩阵是对角阵，那么在 a 和 c 一一对应的情况下，就会有 $pb_{a,r}=pds_{c,r}$。这一操作用于获得加权平均的价格，以更准确地反映多种商品的生产活动的单位成本。

5.3.2.2　商品需求侧

在商品需求方面，模型通过 CES 偏好函数来表达多活动产出商品的购买者总成本的最小化。通过修改替代弹性值，可以使商品在需求侧成为完全的替代品，从而改变商品不完全替代的情况。这允许模型在考虑消费者偏好时灵活地调整商品的替代关系，更好地捕捉市场行为。

$$pca_{c,a,r}=pds_{c,r}-ESUBQ_{c,r}\times(qca_{c,a,r}-qc_{c,r}) \quad (5-52)$$

复合商品c的“国内供给者”使用CES偏好函数从生产商品c的所有活动a中购买其投入。式（5-52）反映了CES加总价格，$qca_{c,a,r}$ 表示对a生产活动的c商品的期望需求，而替代弹性 $ESUBQ_{c,r}=1/\sigma$ 是CES函数替代弹性的倒数，默认值为0。若 $ESUBQ_{c,r}=0$，则 $pca_{c,a,r}=pds_{c,r}$，表明一价定律成立，即国内供应商可以完全替代由各种活动生产的相同商品。

$$PDS_{c,r}\times QC_{c,r}=\sum_{a}PCA_{c,a,r}\times QCA_{c,a,r} \quad (5-53)$$

式中，$PDS_{c,r}$ 表示国内供给价格，$QC_{c,r}$ 表示零利润条件下c商品的国内供应量。

$$qc_{c,r}=\sum_{a}MAKEBCOMSHR_{c,a,r}\times qca_{c,a,r} \quad (5-54)$$

式（5-54）是式（5-53）的百分比变化形式。

5.4 国内最终需求（居民、政府、投资）

一国的总需求由私人消费（Private Consumption）、政府消费（Government Consumption）及储蓄（Saving）构成，这些需求的形成基于柯布—道格拉斯效用函数（Cobb-Douglas Utility Function，C-D）。具体而言，私人消费的产品结构由各自的固定差异弹性函数（CDE Function）所确定，政府消费通过柯布—道格拉斯效用函数决定每种产品的消费。另外，国内和国外产品部门的份额是根据CES函数来决定的。

在模型中，区域家庭单位的行为由包含政府支出、私人支出和储蓄的加总效用函数（Aggregate Utility Function）所决定。该模型假设地区家庭单位追求效用最大化时采用C-D效用函数，从而使可支配收入分配与签署两大类当期消费比例固定。私人支出考虑了非齐次性（Non-homothetic）和人口成长的影响，以平均每人为基础，使用C-D效用函数。这种设定优点在于允许对个别产品消费的收入弹性和价格弹性估计，以便采用文献上现有的需求收入弹性与价格弹性校准，更加符合实际状况。在政府部门中，消费支出在不同产品中的分布也是一样。这样就可以保证政府对各种货物的消费支出在总支出中所占的比重达到一个相对稳定的水平。在开放系统下，政府将各类商品的需求划分为国内品与进口品，并由 CES 函数构成一组商品。在消费模块（需求模块）中，私人家庭单位对产品的偏好采用固定差分弹性函数（CDE Function），呈现出异质性。

在各地区部门的消费总量中，基于 C-D 效用函数，主要包括私人部门个人消费、政府部门消费和储蓄三个方面。效用函数表达式如下：

$$U=AX^{\alpha}Y^{\beta} \tag{5-55}$$

式中，X 和 Y 代表两种产品，α 和 β 是参数，满足 $\alpha+\beta=1$，表示规模报酬不变，A 表示技术参数。

总的效应函数表示如下：

$$INCOME_r\times u_r=PRIVESP_r\times up_r+GOVEXP_r\times(ug_r-pop_r)+SAVE_r\times(qsave_r-pop_r) \tag{5-56}$$

式中，$INCOME_r$ 为总收入，$PRIVESP_r$ 为私人部门支出，up_r 为私人消费的效用，$GOVEXP_r$ 为政府部门支出，ug_r 为政府消费的效用，pop_r 为人口数量，$SAVE_r$ 为储蓄，$qsave_r$ 为储蓄的效用。

5.4.1 总收入分配

区域家庭的消费行为是一个包括个人消费组合、政府购买组合以及储蓄在内的总体效用函数。在这个静态效用函数里，储蓄被视为一种商品，这个观念源于 Howe（1975）的研究。在这个比较静态模型中，储蓄商品代表了未来消费的需求。Howe 的研究表明，通过等价的静态最大化问题，得到跨期的扩展线性支出系统（ELES）。在这个系统中，效用函数包含储蓄，从一个 Stone-Geary 效用函数开始分析，限制储蓄的日常预算份额（Subsistence Budget Share）为 0。通过这个设定，他得到一系列当期消费的支出方程，这些方程与 Lluch 研究"跨期最优化问题"得到的方程是等价的。GTAP 模型使用了 Stone-Geary 效用函数的特殊情况，即把每天的预算比例设为 0。这样，Howe 关于跨期最佳化的结论也可以应用于 GTAP 模式。

在此基础上，利用当前的政府支出指标，代替政府向社会提供公共产品与服务时所产生的福利。Keller（1979）认为：如果①居民对公共产品的偏好与对私人产品的偏好是可分离的，②在同一个区域经济中，不同居民对公共产品的效用函数是相同的，就能够推导出一个公共产品的效用函数。为推出区域福利函数，有必要将个人效用指标综合起来，再做一个假定，即在初始的均衡状态下，公共品的供应已达到最佳。如果不想使用这一假设，可以采用另一种闭合方法，如固定政府总公用事业水平，同时使地区收入全部用于私人消费。然而，这种做法破坏了区域家庭基于柯布—道格拉斯效用函数的福利最大化的属性。

顶层效用函数采用柯布—道格拉斯效用函数（Cobb-Douglas，C-D 函数）来分配三类总支出，这三种支出形式为私人消费支出、公共支出和储蓄，在标准的闭合中，每一种支出占总收入的份额保持不变。然而，在实际中，政府购买和储蓄能够被视作外生变量（保持不变或作为外生冲击）。在这种情形下，私人消费将根据区域家庭的预算约束进行相应调整。这种方法允许更灵活地考虑政府和储蓄对经济的影响，使模型能够适应不同的外部条件和政策变化。

区域家庭的行为是为了实现效用最大化：

$$U = A\sum_{f} U_f^{B_f} \tag{5-57}$$

预算约束如下：

$$\sum_{f} E_f(U_f,\ P_f) \tag{5-58}$$

在式（5-57）中，U 表示区域总效用，A 为技术水平参数，表示来源 f 的效用。在式（5-58）中，$E_f(U_f,\ P_f)$ 是在价格向量为 P_f，获得效用为 U_f 时的支出，B_f 是 C-D 函数的分配参数，角标 f 分为私人消费、公共支出和储蓄三大类。

值得注意的是，储蓄虽然是一种单一的商品，但对于政府和私人消费来说，函数将效用与商品消费联系起来。在模型中，政府消费使用 CES 函数（默认为柯布—道格拉斯效用函数，C-D 函数）；同时私人消费采用了固定差异弹性函数（Constant Difference of Elasticity，CDE 函数）（Hanoch，1975）。在这种情况下，对于支出，模型并没有解析解，但对于可计算的定量模型，可以给出数值解（Numerical Solution）。

预算约束方程通常使用价格向量 P_f 来代替效用的价格。在这个模型中，假设储蓄有一个单一的储蓄价格 P_s，政府消费有一个常数边际成本 P_g。由于 CDE 函数的偏好是非齐次的，因此在计算私人效用价格时必须考虑私人消费水平（McDougall，2002）。因为私人消费的边际效用成本是内生变量，所以，无论是在支出总量方面还是在个人消费方面（储蓄和政府消费的弹性是相同的），顶层支出份额都取决于支出对效用的弹性。因此，预算约束方程的建立考虑了不同类型消费的价格特性，以更准确地反映支出和效用之间的关系。

除了变量 U 和 U_f，效用函数还涉及参数 B_f 和 A，一般来说，它们是模型中的变量。分配参数 B_f 的变化代表区域家庭部门偏好的变化。尽管可以将这些参数内生化，但这样做会在实现其他外生变量的目标的同时，影响区域家庭部门的需求结构。正如前述，内生这些变量会破坏模型的福利分解。因此，在决策时，需要权衡内生化这些参数所带来的收益和模型解释性之间的权衡，以确定最为合适的建模方式。

5.4.1.1　区域储蓄

单一储蓄商品的"支出"与其价格 $PSAVE_r$ 和数量 $QSAVE_r$ 有关，其百分比变化形式为 $psave_r+qsave_r$。在区域收入中所占份额为 $psave_r+qsave_r-y$，通常情况下，这是一个常数（百分比变化为 0），然而，在一个比较复杂的情况下，储蓄的百分比变化可由以下方程描述：

$$psave_r+qsave_r-y_r=uelas_r+dpsave_r \tag{5-59}$$

公式（5-59）表示支出对效用的弹性（百分比变化），其中 $qsave_r$ 为储蓄量，$dpsave_r$ 是 C-D 函数的分配参数 B_r。这一方程描述了支出变化对效用的影响，其中储蓄量和 C-D 函数的分配参数均起到重要作用。这样的模型框架有助于深入理解支出与效用之间的关系，尤其是在考虑储蓄的影响时。

5.4.1.2　政府支出

以同样形式可得到政府消费支出 yg_r。

$$yg_r-y_r=uelas_r+dpgov_r \tag{5-60}$$

式中，$dpgov_r$ 是 C-D 函数的分配参数 B_G。

5.4.1.3　私人消费支出

私人消费支出如下：

$$yp_r-y_r=uelas_r+uepriv_r+dppriv_r \tag{5-61}$$

式中，$dppriv_r$ 是 C-D 函数的分配参数 B_P，$uepriv_r$ 表示个人消费支出相对于效用的弹性，与政府消费和储蓄的弹性不同，这种弹性在水平上是可变的，因此在百分比变化上是非零的。总支出的弹性 $uelas_r$ 是这三个弹性的一个指数，由于其中两个是固定的，所以其百分比变化方程只与 $uepriv_r$ 有关。

$$uelas_r=XSHRPRIV_r uepriv_r+dpav_r \tag{5-62}$$

式中，$XSHRPRIV_r$ 表示私人消费支出占地区收入的比重，$dpav_r$ 是 C-D 函数中分配参数的总变化。

C-D 函数中分配参数的总变化公式如下：

$$dpav_r = XSHRPRIV_r \times dppriv_r + XSHRPGOV_r \times dpgov_r + XSHRPSAV_r \times dpsave_r \quad (5-63)$$

式中，$XSHRPRIV_r$ 表示私人消费支出占地区收入的比重，而 $XSHRPGOV_r$ 和 $XSHRPSAV_r$ 分别表示公共支出和储蓄在地区收入中所占的份额；$dppriv_r$ 表示私人消费支出在 C-D 函数的分配参数 B_P，$dpgov_r$ 是公共支出在 C-D 函数的分配参数 B_G，$dpsave_r$ 是储蓄在 C-D 函数的分配参数 B_r。此外，公式（5-64）中计算了两个描述性变量，即收入分配的价格指数。

$$p_r = XSHRPRIV_r priv_r + XSHRPGOV_r pgov_r + XSHRPGOV_r psave_r \quad (5-64)$$

式中，$priv_r$ 表示私人部门的消费支出价格指数，$pgov_r$ 表示政府部门消费支出价格指数，$psave_r$ 表示储蓄的价格指数。这些指数反映了不同部门在地区收入中的消费价格敏感性，有助于理解不同部门在整体收入中的影响力。

5.4.1.4 顶层效用

顶层效用的表达式如下：

$$u_r = au_r + DPARPRIV_r \log(UTILPRIV_r) dppriv_r + DPARGOV_r \log(UTILGOV_r) dpgov_r + DPARSAV_r \log(UTILSAVE_r) dpsave_r + UTILELAS_r^{-1}(y_r - pop_r - p_r) \quad (5-65)$$

公式（5-65）表示区域总效用，其中，au_r 表示参数 A 在总效用的百分比变化；$DPARPRIV_r$ 是私人消费的分配参数 B_P 的水平值，$UTILPRIV_r$ 是私人消费效用 U_P 的水平值；$DPARGOV_r$ 是公共支出的分配参数 B_G 的水平值，$UTILGOV_r$ 是公共支出的效用 U_G 的水平值；$DPARSAV_r$ 是储蓄的分配参数 B_r 的水平值，$UTILSAVE_r$ 是储蓄的效用 U_r 的水平值。在大多数模拟中，分配参数的变化值为 0（尽管将分配参数设定为不同的值并从 0 到 1 进行调整）。因此，方程（5-65）可以简化如下：

$$u_r = UTILELAS_r^{-1}(y_r - pop_r - p_r) \quad (5-66)$$

也就是说，效用 u_r 取决于实际人均收入 $y_r - pop_r - p_r$，同时，支出对效用弹性 $UTILELAS_r$ 的倒数决定了效用的变化幅度；这个倒数就是效用对收入的弹性。

5.4.2 私人消费

私人消费者的偏好由一系列特定的固定差异弹性函数（Constant Difference of Elasticity，CDE）与 CES 函数互相嵌套构造成复杂的效用函数。这个效用函数既考虑了各种商品和服务的消费弹性又涵盖了价格和家庭收入的变动。通过这种方式，模型确立了私人部门购买力与价格之间的关系，从而决定市场上不同产品的需求构成，并追求达到市场的均衡状态。在考虑私人家庭消费的多样性（Non-homothetic）和人口增长的背景下，使用 CDE 效用函数有助于对收入弹性和价格弹性进行个性化估算，这为调整和适应特定的市场条件提供了灵活性。

私人消费对复合商品 c 需求的公式（5-67）在人均基础上进行了定义。对于某一商品，需求量的百分比变化和综合商品价格变化的百分比之间的关系，通过交叉价格弹性矩阵中对应向量（$EP_{c,k,r}$）的内积来计算，然后加上人均收入变动百分比，经过收入弹性（$EY_{c,r}$）调整后得出。这里的 a 代表不同的市场参与者类型。

$$pqa_{c,\ r} - pop_r = \sum_k EP_{c,\ k,\ r} ppa_{k,\ r} + EY_{c,\ r}(yr_r - pop_r) \qquad (5-67)$$

方程（5-67）展现的是一个广泛适用的经典需求方程——马歇尔需求方程（Marshallian demand equation）。在这个方程中，价格弹性和需求量（或支出份额）是由消费者对于私人消费支出的效用反映来确定的，形成一个一致的、整体的经济需求框架。该模型借助 Hanoch（1975）提出的 CDE 函数代表私人支出的偏好，这种函数特别适用 CGE 模型的分析。CDE 函数的一个优点是引入了行为参数（指代商品数量），比 CES 或者 LES 函数更加灵活。

在这些行为参数中，有一部分是与价格补偿变化相连，而其他参数则与商品需求对收入变化的反应有关。这一点与 LES 函数的处理方式有所不同，后者只用单一参数来控制所有商品对需求价格的响应。另外可选择的模型是由 Rimmer 和 Powell（1992）所提出的 AIDADS（An Implicitly Directly Additive Demand System），也称为隐式直接加总需求系统。它通过为每种商品引入两个边际预算份额参数，提高了恩格尔灵活性（Engel Flexibility）：即低收入水平以下决定商品支出，高收入水平以上决定商品支出。尽管如此，与 LES 一样，AIDADS 函数对价格变化的反映也十分有限，且在没有价格补偿的情况下，需求价格弹性在收入增长和生活必需品数量减少时倾向于收敛于 1。这在对静态模拟的比较分析中可能不恰当，因为能够明显观察到，与价格波动相比，收入变动的影响较小。

CDE 需求函数的一般形式如下：

$$\max U: \sum_c a_c U^{e_c b_c} \left(\frac{P_c}{Y}\right)^{b_c} \equiv 1 \qquad (5-68)$$

约束条件如下：

$$Y=P_cX_c \tag{5-69}$$

参数 e 被称为收入扩张参数，与收入弹性有关；b 是替代参数（在模型中分别为 $INCPAR_{c,r}$ 和 $SUBPAR_{c,r}$）。利用 Roy 恒等式和隐函数定理，预算份额如下：

$$S_c=\frac{Z_c}{\sum_k Z_k} \tag{5-70}$$

$$Z_c=a_cb_cU^{e_cb_c}\left(\frac{P_c}{Y}\right)^{b_c} \tag{5-71}$$

定义 Z，效用可以简化如下：

$$\sum_c \frac{Z_c}{b_c}=1 \tag{5-72}$$

方程（5-73）~方程（5-75）描述了价格和支出对需求的弹性 $EPC_{c,k,r}$ 和 $EY_{c,r}$ 以及它们随预算份额的变化而变化的情况。方程（5-73）简化了价格弹性的表达，它定义了 CDE 函数的 Allen 偏替代弹性（APE），指在其他商品价格保持不变的情况下，某商品价格变化时消费者对其需求量变化的灵敏度；参数 $ALPHA_c=1-SUBPAR_c$；参数 δ 是 Kroneckerδ，当指标相同时（如对角元素相同）取值 1，否则值为 0，这有助于在需求函数中构建对角线上的自商品价格弹性和非对角线上的交叉价格弹性的区别，其中系数表示商品的预算份额。方程（5-74）定义了收入弹性，它描述了消费者收入变化时需求量的相对变化。方程（5-75）定义了未补偿价格弹性，它是 APE 系数和收入弹性的一个简单函数。由于 CDE 函数的参数是不变的，这些弹性表达式中唯一变化的是不断变化的预算支出份额。

$$APE_{c,k,r}=ALPHA_{k,r}+ALPHA_{c,r}\left(1-\frac{\delta_{c,k}}{CONSHR_{k,r}}\right)-\sum_{c'} CONSHR_{c',r}ALPHA_{c',r} \tag{5-73}$$

$$EY_{c,r}=\frac{INCPAR_{c,r}(1-ALPHA_{c,r})+\sum_k CONSHR_{k,r}INCPAP_{k,r}ALPHA_{k,r}}{\sum_k CONSHR_{k,r}INCPAP_{k,r}} \tag{5-74}$$

$$EPC_{c,k,r}=CONSHR_{c,r}(APE_{c,k,r}-EY_{c,r}) \tag{5-75}$$

其中，$EY_{c,r}$ 表示收入需求弹性，$EPC_{c,k,r}$ 表示非补偿需求价格弹性。这两个弹性度量了需求对收入和价格的敏感性，是衡量市场变化对需求影响的关键指标。

此外，本书还计算了两个描述性变量。私人消费价格指数 $ppriv_r$ 是复合商品价格的加权平均值。

$$ppriv_r = \sum_c CONSHR_{c,r} ppa_{c,r} \tag{5-76}$$

式中，$ppriv_r$ 是私人消费价格指数，$ppa_{c,r}$ 是复合商品的消费价格。

5.4.2.1 家庭的复合需求

方程（5-77）决定了可贸易复合商品的人均居民需求：$pqa_{c,r}-pop_r$。

$$pqa_{c,r} = \sum_k EP_{c,k,r} ppa_{k,r} + EY_{c,r}(yr_r - pop_r) + pop_r \tag{5-77}$$

支出函数的百分比变化与私人消费产生的效用和人均支出有关。

$$yp_r - pop_r = ppriv_r + UELASPRIV_r up_r \tag{5-78}$$

其中，yp_r 是 r 地区家庭消费支出。

5.4.2.2 家庭的复合可贸易商品需求

方程（5-79）~方程（5-81），利用 CES 形式的子效用偏好函数将私人部门复合商品的支出进一步分解为对国内和进口商品的需求，分别确定了私人部门对国内商品（$qpd_{c,r}$）、进口商品（$qpm_{c,r}$）以及复合商品的消费价格（$ppa_{c,r}$）。

$$qpd_{c,r} = qpa_{c,r} - ESUBD_{c,r}(ppd_{c,r} - ppa_{c,r}) \tag{5-79}$$

$$qpm_{c,r} = qpa_{c,r} - ESUBD_{c,r}(ppm_{c,r} - ppa_{c,r}) \tag{5-80}$$

$$PPA_{c,r} QPA_{c,r} = PPD_{c,r} QPD_{c,r} + PPM_{c,r} QPM_{c,r} \tag{5-81}$$

$$ppa_{c,r} = (1 - PMSHR_{c,r}) ppd_{c,r} + PMSHR_{c,r} ppm_{c,r} \tag{5-82}$$

其中，$qpd_{c,r}$ 表示私人部门对国内商品的消费量，$qpm_{c,r}$ 表示私人部门对进口商品的需求，$ppa_{c,r}$ 表示复合商品的消费价格，$ppd_{c,r}$ 表示国内商品的消费价格，$ppm_{c,r}$ 表示进口商品的消费价格，$ppa_{c,r}$ 表示复合商品的消费价格，$ESUBD_{c,r}$ 表示国内商品和进口产品之间的 Armington 替代弹性。这些变量和参数共同构成了私人部门对不同商品的需求和消费价格的决策模型，反映了在不同商品价格和支出水平下，私人部门的购买行为和对商品的偏好。

5.4.3 公共支出

政府消费的总支出在各类商品中的分配由 C-D 效用函数决定，将政府对各类商品的支出占总支出比例设定为固定不变，即在该模型中，意味着政府在不同商品上的支出比例在模型中是恒定的，政府各类产品的本土采购和进口比例由 CES 函数决定。

5.4.3.1 政府对于复合商品的需求

政府购买混合商品的需求通过一个常弹性替代（CES）效用函数来表示。政府对混合商品的聚合需求由公式（5-83）定义，该公式包含了政府需求的 CES 替代弹性度量 $ESUEG_r$。公式（5-84）阐述了影响政府支出的价格指数，该指数中包含了各个预算份额所占比重。

$$pga_{c,r}=yg_r-pgov_r-ESUBG_r(pga_{c,r}-pgov_r) \tag{5-83}$$

$$pgov_r=\sum_c \frac{VGA_{c,r}}{GOVEXP_r}pga_{c,r} \tag{5-84}$$

其中，$pgov_r$ 表示政府购买的价格指数，$ESUBG_r$ 表示特定区域商品间的替代弹性，$pga_{c,r}$ 表示政府部门购买复合商品时所面临的消费价格。$VGA_{c,r}$ 为 r 地区政府代理商价格在复合商品 c 上的消费支出；$GOVEXP_r$ 是 r 地区政府部门的消费支出。

进一步地，公式（5-85）通过公共支出的线性同质变化百分比形式来关联政府消费的效用和总支出。

$$yg_r-pop_r=pgov_r+ug_r \tag{5-85}$$

其中，ug_r 指 r 地区政府所实现的效用水平。

5.4.3.2 复合贸易商品的需求

为了深入了解公共部门的消费习惯，特别是在国内和国际市场上的商品选择，可将 CES 效用函数应用于公共部门的混合商品需求。具体而言，式（5-86）~式（5-89）分别定量描述了公共部门对国内商品的需求（$qgd_{c,r}$）、对进口商品的需求（$qgm_{c,r}$）以及关于这些混合商品需求的总体价格（$pga_{c,r}$）。

$$qgd_{c,r}=qga_{c,r}-ESUBD_{c,r}(pgd_{c,r}-pga_{c,r}) \tag{5-86}$$

$$qgm_{c,r}=qga_{c,r}-ESUBD_{c,r}(pgm_{c,r}-pga_{c,r}) \tag{5-87}$$

$$PGA_{c,r}QGA_{c,r}=PGD_{c,r}QGD_{c,r}+PGM_{c,r}QGM_{c,r} \tag{5-88}$$

$$pga_{c,r}=(1-GMSHR_{c,r})pgd_{c,r}+GMSHR_{c,r}pgm_{c,r} \tag{5-89}$$

其中，$qgd_{c,r}$ 是政府部门对国内商品的需求量，$qgm_{c,r}$ 是政府部门对进口商品的需求量，$qga_{c,r}$ 是政府部门对复合商品 c 的需求，$pgd_{c,r}$ 是政府部门对国内商品的消费价格，$pgm_{c,r}$ 是政府部门对进口商品的消费价格，$pga_{c,r}$ 是政府部门对复合商品的消费价格，$ESUBD_{c,r}$ 是不同商品之间的替代弹性，$GMSHR_{c,r}$ 是 r 政府部门单位消费商品 c 所占份额。这一框架不仅有助于预测政府采购行为对市场价格的潜在影响，也能帮助理解政府如何根据价格变动及替代品的可用性调整其商品组合，用来维持和提高其公共服务的效率和质量。

5.4.4 投资支出

投资支出通常指政府在建设公共基础设施、购买机器设备等方面的支出，这些支出最终会体现在国家的资本存量上，并对未来的生产能力产生影响。在经济模型中，决定这类支出的函数和价格指数可以用来预测政府投资行为及其对经济的影响。

5.4.4.1 政府复合商品需求

对于投资支出（即总投资）方面，效用函数通常采用 Leontief 函数，这意味着投资的各组成部分是被视为完全互补的。Leontief 效用函数隐含着这样一个理念，即各类投资组合配比是固定的，而非可替代。方程（5-90）定义了投资部门对于商品的综合需求。这个需求量是通过总投资水平来确定的，而加总的投资需求 $qinv_r$ 由投资存储的恒等式确定，这里的存储包括了国内储蓄和外来资本的净流入。下面分别给出了投资价格的水平和百分比变化形式，其中比值表示支出份额。

$$qia_{c,r}=qinv_r \tag{5-90}$$

$$PINV_rQINVv_r = \sum_c QIA_{c,\ r}PIA_{c,\ r} \tag{5-91}$$

$$pinv_r = \sum_c \frac{VIP_{c,\ r}}{REGINV_r}pia_{c,\ r} \tag{5-92}$$

其中，$qinv_r$ 和 $pinv_r$ 分别是投资的总需求和价格指数；$qia_{c,r}$ 和 $pia_{c,r}$ 分别是复合投资商品的需求和价格。

通过这些方程，可以更精确地模拟和预测政府的投资支出模式，以及投资成本如何受到国内外因素，如税率、国内外商品价格变化等因素的影响。这些模型在制定经济政策和预测经济发展时十分重要。

5.4.4.2 投资对国内和进口商品的需求

通过引入 CES 函数，将投资对复合商品的需求进一步拆分为对国内商品和进口商品的需求，有助于理解投资如何在国内外商品之间流动。方程（5-93）~方程（5-96）分别确定了投资对国内商品（$pid_{c,r}$）、进口商品（$pim_{c,r}$）以及投资品的复合价格（$pia_{c,r}$）。

$$pid_{c,r}=pia_{c,r}-ESUBD_{c,r}(pid_{c,r}-pia_{c,r}) \tag{5-93}$$

$$pim_{c,r}=pfa_{c,r}-ESUBD_{c,r}(pim_{c,r}-pia_{c,r}) \tag{5-94}$$

$$PIA_{c,r}QLA_{c,r}=PID_{c,r}QID_{c,r}+PIM_{c,r}QIM_{c,r} \tag{5-95}$$

$$pia_{c,r}=(1-IMSHR_{c,r})pid_{c,r}+IMSHR_{c,r}pim_{c,r} \tag{5-96}$$

其中，$pia_{c,r}$ 是复合投资商品的价格；$pim_{c,r}$ 是进口投资商品的价格；$pid_{c,r}$ 是国内投资商品的价格。$ESUBD_{c,r}$ 是投资商品之间的替代弹性，这是一个关键参数，反映了价格变化如何影响国内商品和进口商品之间需求的替换程度。

5.5 全球贸易与国际运输

5.5.1 进口来源

在经济模型中明确了市场主体对国内商品和复合进口商品需求之后，接下来是进一步了解这些进口商品是如何根据它们的来源国被区分和要求的。方程（5-97）快速概览了所有经济主体（包含企业、家庭、政府以及投资者）对合成进口商品的总需求量。方程（5-98）详细说明了如何采用 CES 函数来模拟各来源国进口商品需求之间的替代关系。在这里，$ESUBM_{c,d}$ 表示进口国对不同来源国家商品的替代弹性，价格 $pmds_{c,s,d}$ 等于 s 地区生产的商品基本价格、出口税（或补贴）、贸易和运输成本以及双边贸易关税之和；$pms_{c,d}$ 表示 s 地区的进口价格；$qms_{c,d}$ 表示对进口商品的需求，$qxs_{c,s,d}$ 表示按特定路线运输的特定商品的数量。方程（5-99）定义了复合进口商品的价格 $PMS_{c,d}$。（注：r 表示区域数量；c 表示产品数量；m 表示物流产品或部门数量；a 表示活动主体数量；e 表示跨部门完全流动的初级要素数量；s 表示来源地区，d 表示目的地区）。

$$QMS_{c,r}=\sum_{a}QFM_{c,a,r}+QPM_{c,r}+QGM_{c,r}+QIM_{c,r} \tag{5-97}$$

$$qxs_{c,s,d}=qms_{c,d}-ESUBM_{c,d}(pmds_{c,s,d}-pms_{c,d}) \tag{5-98}$$

$$PMS_{c,d}QMSv_{c,d}=\sum_{s}PMDS_{c,s,d}QMDS_{c,s,d} \tag{5-99}$$

5.5.2 国际运输

GTAP 模型提供了一种分析全球经济活动的常用方法。该模型通过模拟贸易流动在国家或地区间建立联系，有利于了解和预测国家之间的经济互动和贸易政策变化的影响。在 GTAP 框架中，各个国家（或各区域）制造的国内商品和进口商品会被看作不完全替代品。这是基于 Armington 假设，该假设认为，即便同一种商品也因产地的不同而被视为不同的商品。根据这个假设，不同来源的同类商品之间存在某种程度的差异化（如在质量、品牌、服务或偏好等方面），这意味着消费者和企业并不将它们视为完美替代品。全球银行部门的引入允许包含资金流动，因此贸易不仅仅局限于商品，还包括了资金，从而为全球经济模型提供了动态性和复杂性。国际贸易状况下复合后的国内产品表达式如下：

$$X=(a_L X_m^b+a_k X_d^b)^{1/b} \tag{5-100}$$

式中，X 是市场上供应的某种产品，b 是国内产品与进口产品的替代弹性，X_m 和 X_d 分别是进口产品和国内产品，a_L 和 a_K 分别是进口产品和国内产品的市场份额。这个方程通过 Armington 假设复合国内产品和进口产品，指出了市场上供应的产品是国内生产和进口相结合的结果，通过消费者对不同来源商品的偏好反映了市场份额。

区域 s 到区域 d 的贸易流动产生了贸易和运输服务的需求。方程（5-101）描述了将商品从区域 s 运输到区域 d 产生的贸易和运输服务需求 m，需求量与运输量成固定比例，运输效率的提高可通过改变技术系数 atmfsd（从货源地到目的地的单位运输效率）来实现。由于缺乏双边的运输服务供给，每种运输方式 m 都以相同的价格 PT_m 提供给各国。全球运输价格是以各国运输服务价格的综合指标表示，如方程（5-105）所示。为了计算离岸价和到岸价的综合差价，需要将商品的所有相关运输方式的运输价格进行加总。方程（5-102）考虑了运输效率的变化，以适应技术进步或其他因素引起的运输效率变化。

全球对运输服务的需求 m 是所有商品和所有双边贸易的需求之和［见方程（5-103）］。模型假设有一个虚构的全球运输部门，它从每个地区购买运输服务 m，并且全球运输服务的购买者通过在 CES 偏好函数约束下最小化运输服务成本。方程（5-104）给出最优需求，该方程决定了区域贸易运输服务 m 的供给 $QST_{m,r}$。

$$qtmfsd_{m,c,s,d}=qxs_{c,s,d}-atmfsd_{m,c,s,d} \tag{5-101}$$

$$ptrans_{c,s,d} = \sum_{m} VTFSD\_MSH_{m,c,s,d}(PT_m - atmfsd_{m,c,s,d}) \tag{5-102}$$

$$QTM_m = \sum_{c}\sum_{s}\sum_{d} QTMFSD_{m,c,s,d} \tag{5-103}$$

$$qst_{m,r} = qtm_m - ESUBM_m(pds_{m,r} - pt_m) \tag{5-104}$$

$$PT_m QTM_m = \sum_{r} PDS_{m,r} QST_{m,r} \tag{5-105}$$

其中，$ESUBM_m$ 表示运输方式 m 的替代弹性，$qtmfsd_{m,c,s,d}$ 表示商品从区域 s 运输到区域 d 产生的贸易和运输服务需求，$atmfsd_{m,c,s,d}$ 表示技术系数，$QST_{m,r}$ 表示区域贸易运输服务的供给。这一系列方程模拟了贸易流动和运输服务的市场机制，使其在不同的运输效率和价格条件下，贸易服务的需求和供给能够得到合理的建模。

5.5.3 贸易价格

在 GTAP 模型里，贸易定价与两个关键的国际部门有关，即国际银行和国际运输部门。国际银行集中各国的储蓄，然后根据资本收益率对其适当分配。国际运输部门着眼于区域间的商品运输，调节到岸价（CIF）和离岸价（FOB）的价格差额，并通过双边贸易网络将各国紧密连接起来。GTAP 模型还考虑了不同国家之间进出口商品的关税和补贴（负值表示出口补贴）以及运费。GTAP 模型中的进出口货物价格表达式如下：

$$PFOB_{c,s,d} = PDS_{c,s} TMS_{c,s,d} \tag{5-106}$$

$$PCIF_{c,s,d} = PFOB_{c,s,d} + \xi PTRANS_{c,s,d} \tag{5-107}$$

$$PMDS_{c,s,d} = PCIF_{c,s,d} TMS_{c,s,d} \tag{5-108}$$

所有双边贸易都涉及四种关键价格。国内供应商以相同的 $PDS_{c,s}$ 价格向出口目的地国提供商品，从供应商的角度来看，目的地市场（也包含国内市场）是无差别的。统一的供给价格受供应商和边境之间（潜在的）双边出口税/补贴的影响。边境价格称为离岸价或 FOB 出口价格，详见方程（5-106）。其中，$PDS_{c,s}$ 是出口国国内商品价格，变量 $TMS_{c,s,d}$ 表示出口税/补贴。第一个区域角标 s 是征税地区，即出口国，第二个区域指数 d 是出口目的地。

在商品从港口出发到抵达目的地之间会引入一个额外的变量，即国际贸易中的运输服务价格。这一变量将离岸价格转化为进口边境价格，也称为成本、保险和运费价格或到岸价 CIF，详见方程（5-107）。其中参数 ξ 表示单位出口使用的运输服务的效率指数；$PTRANS_{c,s,d}$ 是运输服务的平均价格。在经过双边贸易关税的调整后，即可得到出口价格。这样就产生了方程（5－108）的价格 $PMDS_{c,s,d}$，其中，$PMDS_{c,s,d}$ 是进口商品国的国内价格，$TMS_{c,s,d}$ 是关税力度（即 1+关税率）。需要注意的是，虽然进出口税是乘法，但运输成本方程是加法。即如果 FOB 出口价格翻倍，除非运输服务价格也翻倍，否则 CIF 进口价格不会翻倍。

GTAP 模型利用一个全球运输部门来处理国际运输活动。该模型假设运输部门的生产采用 C-D 生产函数，其运输需求是各国进出口商品的到岸价（CIF）和离岸价（FOB）之间的价格差。因为缺少连接特定运输路径和运输服务的详细数据，可将所有区域交通服务归纳为一种综合商品。政府对商品干预主要表现为征税与补贴。在征税和补贴的双重作用下，经济系统中同时出现两种价格：一是市场价格（Market Prices）；二是消费者或生产者等行为主体所面对的价格（Agent's Prices）。国内生产者供给价格加上生产税（或扣除补贴）等于该商品在本国的市场价格。这时，该商品会有三种流向：①国内消费，国内市场价格加国内消费税就是国内消费者所面临的产品价格；②输出到虚拟的运输部门，该运输的国内市场价格将确定某一个国家的国际运输成本；③出口，在国内市场价格加出口关税或从出口补贴扣除等于该国出口产品的离岸价。若加上单位运输成本，就是进口国进口产品的到岸价；若加上进口关税，就是进口国的该种进口商品在国内市场的价格。进口国进口产品的市场价格加消费税，就是该进口产品的消费者价格。当进口国进口货物有不同的原产地，各原产地的进口组成总进口商品，其平均价格为平均进口价格。总进口品与进口国国内生产的产品能够组成一个产品集，其平均价格就是消费者所面临的综合价格。

5.6 商品市场

5.6.1 商品流通

商品市场的运作通过确保商品的国内供给与商品的需求相等来维持市场均衡。在这个条件下，国内市场价格 $pds_{c,r}$ 得以确定。其中，商品的需求是国内需求和商品出口的总和。方程（5－109）表达了国内市场主体（企业、私人家庭、政府和投资者）对国内商品的需求，排除运输服务的出口商。方程（5-110）表示了商品市场的均衡条件。在 $QDS_{c,r}$ 基础上，考虑了商品的出口和销售到全球贸易和运输部门的商品。这一条件也决定了区域内商品的市场价格。其中，$QC_{c,r}$ 表示满足国内需求和出口销售的商品供应，即商品总供给；$QST_{c,r}$ 表示商品的出口数量，$QXS_{c,r,d}$ 表示销售到全球贸易和运输部门的商品数量。通过这些因素的综合影响，商品市场的运转在保持供需平衡的前提下推动着国内市场价格的形成。

$$QDS_{c,r} = \sum_a QFD_{c,a,r} + QPD_{c,r} + QGD_{c,r} + QID_{c,r} \tag{5-109}$$

$$QC_{c,r} = QDS_{c,r} + QST_{c,r} + \sum_d QXS_{c,r,d} \tag{5-110}$$

5.6.2 商品价格

商品市场的每个国内市场主体（即企业、消费者）面临两个市场价格：$PDS_{c,r}$ 和 $PMS_{c,r}$。其中，$PDS_{c,r}$ 表示国内商品销售到国内市场的价格；$PMS_{c,r}$ 表示进口商品的 CES 加总价格。后者的价格以这些商品来源国的价格 $PDS_{c,r}$ 为基础，包含了先前提及的双边贸易关税等因素。市场主体实际支付的价格不仅受各自的消费税影响，还取决于商品来源（进口商品或国内商品）。以下的方程组详细描述了各主体对国内商品和进口商品束的需求价格。

$$PFD_{c,a,r} = PDS_{c,r} TFD_{c,a,r} \tag{5-111}$$

$$PFM_{c,a,r} = PMS_{c,r} TFM_{c,a,r} \tag{5-112}$$

$$PPD_{c,r} = PDS_{c,r} TPD_{c,r} \tag{5-113}$$

$$PPM_{c,r} = PMS_{c,r} TPM_{c,r} \tag{5-114}$$

$$PGD_{c,r} = PDS_{c,r} TGD_{c,r} \tag{5-115}$$

$$PGM_{c,r} = PMS_{c,r} TGM_{c,r} \tag{5-116}$$

$$PID_{c,r} = PDS_{c,r} TID_{c,r} \tag{5-117}$$

$$PIM_{c,r} = PMS_{c,r} TIM_{c,r} \tag{5-118}$$

5.7 要素市场与均衡机制

GTAP 模型将生产要素划分为三类，以评估它们在市场中的流动性。具体分为完全可流动要素、部分流动或黏性要素以及特定部门的要素。在标准数据库中，劳动力和资本被归类为完全可流动要素禀赋，而土地被归类为黏性要素禀赋，自然资源被归类为特定部门要素禀赋。重要的是，模型的用户可以通过使用"全球贸易分析项目（GTAP）"中的加总工具，如 GTAPAgg2 或 FlexAgg，来定义各生产要素的流动性。这为研究提供了灵活性，允许用户根据具体研究需求调整要素流动性的设定。

5.7.1 可流动要素

在经济模型中，劳动力和资本属于可流动要素，它们可以在不同的生产部门中自由转移。这种流动性意味着，在所有使用这些要素的行业中，它们的价格保持一致。因此，该模型假设，所有使用流动要素的部门都可以获得相同的要素回报率；市场均衡是通过确保要素的市场需求总量等于供给总量来实现的，而市场供求量是外生给定的。

$$QE_{e,r} = \sum_{a} QFE_{e,a,r}, \quad e \in \{ENDWM\} \tag{5-119}$$

$$pes_{e,a,r} = pe_{e,r}, \quad e \in \{ENDWM\} \tag{5-120}$$

其中，ENDWM 为流动要素禀赋。方程（5-119）表示流动要素禀赋的均衡条件。其中，$QE_{e,r}$ 是（固定的）要素供给量，$QFE_{e,a,r}$ 是活动 a 对要素禀赋 e 的需求。方程（5-119）决定了 $QE_{e,r}$，这是整个经济体对流动要素的回报。为了计算简化与成本最小化，模型包含了方程（5-120），该方程确保了在所有生产环节中使用的流动要素的单位成本是一致的。其中，$QE_{e,r}$ 表示非特定部门要素的总供给，$pe_{e,r}$ 表示非特定部门要素的价格；$QFE_{e,a,r}$ 和 $pes_{e,a,r}$ 分别表示定义在生产活动层面的要素供应和供应价格。

5.7.2 黏性要素

在经济模型框架中，土地是典型的黏性要素，即其供应在短期内是固定不变的。以农业用地为例，总量保持不变，但用于不同作物栽种的具体土地分配可能会随着不同作物的回报率变化而调整，这种调整通常发生在一个较长的时间跨度内。黏性要素之所以被称为"黏性"，是因为即便经济中其他变量（如价格、需求）发生变化，其在不同生产活动之间的流动也表现为缺乏弹性。简而言之，黏性要素不能立即响应市场信号进行重新配置。模型通过以下方式表达这些概念：使用 CET 函数的理论构造，来描述黏性要素如何在不同生产活动间进行转换，即生产转换机制。方程（5-121）决定了生产活动a中固定要素e供给 $qes_{e,a,r}$，其中 $ETRAE_{e,r}$ 是转换弹性系数，$pes_{e,a,r}$ 是特定活动支付给黏性要素的税后价格。方程（5-122）计算了黏性要素的加总价格 $pe_{e,r}$。方程（5-123）表示了一个均衡条件，即生产活动a中黏性要素e使用价格 $pes_{e,a,r}$（税后价格）的市场均衡条件。

$$qes_{e,a,r}=qe_{e,r}-ETRAE_{e,r}(pes_{e,a,r}-pe_{e,r}),\quad e\in\{ENDWS\} \tag{5-121}$$

$$PE_{e,r}QE_{e,r}=\sum_{a}PES_{e,a,r}QES_{e,a,r},\quad e\in\{ENDWS\} \tag{5-122}$$

$$QES_{e,a,r}=QFE_{e,a,r},\quad e\in\{ENDWS\} \tag{5-123}$$

这些元素联合构成了黏性要素市场均衡的理论基础，反映出特定生产活动中土地等要素供给的价格制定机制及用途转换的不易。了解这些原则有助于在政策制定或者经济预测中理解资源配置和市场响应的潜在限制。

5.7.3 生产部门要素

在经济模型中，某些要素是专门用于特定生产部门的，常见的如特定类型的自然资源。包括但不限于矿产、化石燃料、森林资源等。这些要素的可用量通常被视为外生给定的，并且 $QES_{e,a,r}$ 是固定的。这种特性导致了对应产出的供给在短期内也是相对固定的。因此，只需要一个类似于黏性要素的均衡条件，可得方程（5-124）：

$$QES_{e,a,r}=QFE_{e,a,r},\quad e\in\{ENDWF\} \tag{5-124}$$

方程（5-125）将要素禀赋的均衡市场价格与包含要素使用税和生产税的生产价格联系在一起，其中，税率为 $TFE_{e,a,r}$。方程（5-126）将生产活动层面的要素禀赋的税前和税后（所得税）价格联系起来。尽管在大多数情况下，所得税与要素用于哪种生产活动无关。总之，每一种要素都涉及三种价格和两种税种，包括表示要素在活动中的使用价格 $PFE_{e,a,r}$，其中包括在价格中的税率 $PEB_{e,a,r}$。代表要素市场的均衡价格。$PES_{e,a,r}$ 是税后价格；其中 $TINC_{e,a,r}$ 表示在生产活动层面对要素使用征收所得税。

$$PFE_{e,a,r}=PEB_{e,a,r}TFE_{e,a,r} \tag{5-125}$$

$$PEB_{e,a,r}=PES_{e,a,r}TINC_{e,a,r} \tag{5-126}$$

从总体上看，流动要素和黏性要素的供应量 $QE_{e,r}$ 是固定的。在经济运营中，特定领域内的要素 $QES_{e,a,r}$ 也是固定的。市场平衡状态决定了要素的收益。为了便于理解，模型中假定存在一个流动要素 $PEB_{e,a,r}$，它代表了生产层次上的基本资源使用费用，该费用相当于市场达到平衡状态时的资源收益 $PE_{e,r}$。

5.7.4 主要均衡模块

均衡模块是模型可解性的关键基础，它包括以下 6 个部分的平衡状态。

5.7.4.1 商品市场均衡

商品的总供应量必须与总需求量相等，以确保商品市场的均衡，即

$$Q_i = XP_i + XG_i + XV_i \sum INT_i \quad (5-127)$$

5.7.4.2 劳动力市场均衡

根据新古典经济学的假设，劳动市场将充分利用劳动力资源，达到市场均衡，即

$$\sum LAB_i = QLS \quad (5-128)$$

5.7.4.3 资本市场均衡

资本市场均衡意味着所有的市场资本都被完全利用。

$$\sum CPA_i = QKS \quad (5-129)$$

5.7.4.4 政府财政均衡

政府财政均衡确保政府的节余等于它的常规性收支差额，即政府的储蓄与支出相等。

$$SG = YG - \sum PQ_i \times XG_i - ratioE \times transGF \quad (5-130)$$

5.7.4.5 国际收支均衡

均衡的国际收支是指国外收入与国外支出加上国外净储蓄的总和相匹配。

$$ratioE \times (transFR + INFV) + \sum (PE_i \times E_i)$$

$$= ratioE \times (transCF + FCAP) + \sum (PM_i \times M_i) \quad (5-131)$$

5.7.4.6 储蓄与投资均衡

储蓄与投资均衡指在宏观经济层面上，全部储蓄与总投资量相等。

其中，Q 表示商品的总需求，XP 表示居民消费需求，XG 表示政府消费需求，XV 表示投资消费需求，$\sum INT_i$ 表示中间投入，LAB 表示劳动要素供给，CAP 表示资本要素供给，transGF 表示政府对国外转移支付，transFR 表示国外对居民的转移支付，FCAP 表示国外资本支付。

该部分主要解释前五个方程中变量的含义，所以该部分没有方程。

5.8 全球储蓄

全球储蓄模型预设每个区域的家庭储蓄被集合到一个称为“全球银行（Global Bank）”的投资者手中，这一过程连接了全球储蓄与全球投资的流动。

更具体地，如图 5-10 所示，储蓄的全球化流程开展如下：起初，各国的储蓄资金汇聚至全球银行，全球银行将这些资金转换成全球的总投资额度；接着，

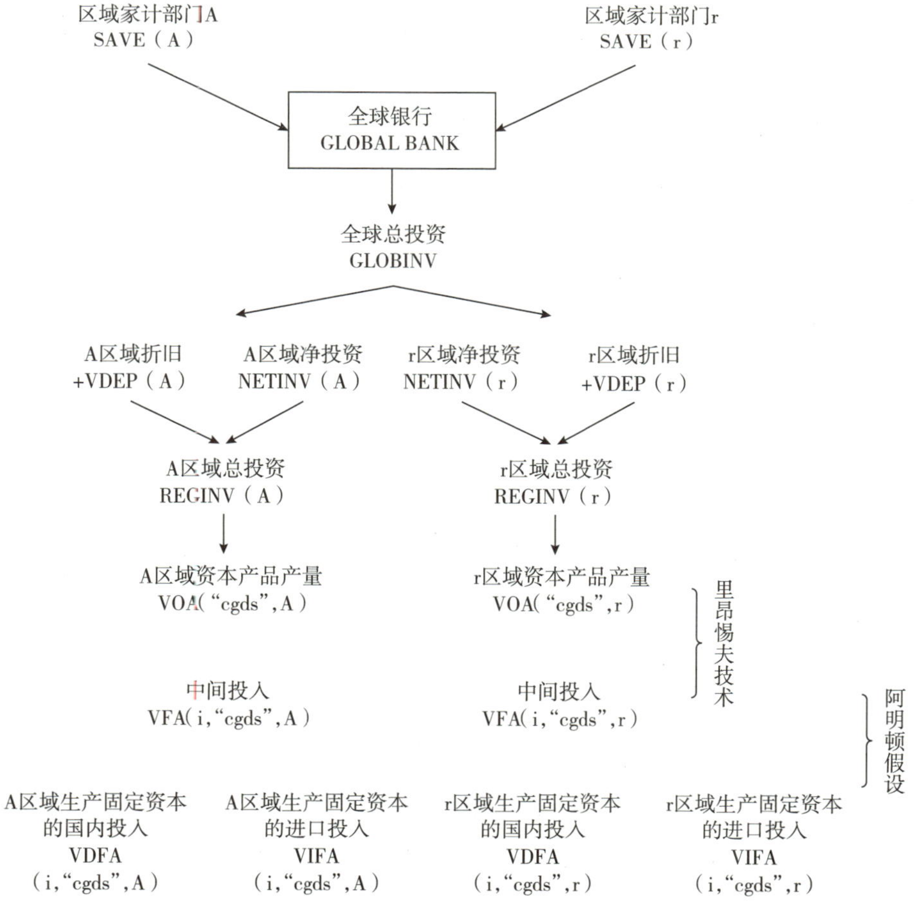

图 5-10 储蓄与资本流向

这一资金池被分配至不同的区域，形成每个地区的实际可用净投资，加上相应的资产折旧，就构成了该区域的总投资规模；最终，这些总投资在各自区域转变为具体的投资活动，这些活动需要投入各类中间产物，即会有一个对各个投资品的需求 VFA，其中，各个投资品的需求又可分为 VDFA（从国内购买）和 VIFA（从国外进口）。

全球储蓄的资金分配到不同区域主要通过以下两种机制实现。第一种机制中，一个名为“全球银行”的实体通过有效的投资配置追求收益最大化，从而保证各地区的预期投资收益率达到平衡变动。而第二种机制中，则放弃了追求特定地区资本市场预期收益的目标，转而基于每个区域最初的投资份额来进行资金分配。

这两种机制的选择由一个二进制参数 RORFLEX 控制，该参数的值为 0 或 1。研究者可根据自身需要及所进行模拟的特定情况来选择适用的分配策略。当参数设为 1 时，应用的是对投资回报率敏感的动态调整策略，即采用假定资本回报率不变的第一种分配机制。当参数设为 0 时，采用的是固定投资比例的策略，即假定资本结构不变的第二种分配机制。

5.8.1 投资机制

GTAP 模型作为一个静态分析工具，在进行模拟时通常不会考虑对初期资本存量 KB_r 的任何冲击，这意味着资本存量被设定为一个恒定值。在此模型中，资本存量的变化并不直接因投资水平的变化所驱动，而是通过改变需求结构来影响。最终，期末资本存量 KE_r 是由期初资本存量经过资本折旧的减少与净投资的增加所决定，正如方程（5-132）所示，其中 $QINV_r$ 表示当期的实际投资量，而 δ_r 表示资本的折旧率。

$$KE_r=(1-\delta_r)KB_r+QINV_r \tag{5-132}$$

资本的回报率被定义为税后资本的收益率，如方程（5-133）所示，$PES_{endwc,a,r}$ 表示经过税后处理的部门 a 特定资本回报。

$$RENTAL_r=\frac{\sum_a PES_{endwc,\ a,\ r}QES_{endwc,\ a,\ r}}{KB_r} \tag{5-133}$$

方程（5-134）描述了区域 r 内当前的固定资本净回报率，它是根据资本的重置成本价格得出的租金率减去资本折旧率。在此框架下，如果其他条件不变，降低关税将会导致投资产品成本的下降，进而使资本的重置价格下降，最终提高资本回报率。

$$RORC_r = \frac{RENTAL_r}{PINV_r} - \delta_r \tag{5-134}$$

5.8.2 基于回报率的全球投资配置

全球投资者对资本回报敏感性是分配资本的关键。根据方程（5-135）可以理解预期回报率，这一指标经过调整，反映了资本存量增长对净预期回报的影响。在其他因素（如 KB）保持不变的前提下，资本存量（KE）的增加会导致预期回报率（RORE）相对于当前净回报率（RORC）的比例下降，而这个比率的下降与资本存量的弹性 $RORFLEX_r$ 有直接关系。在做出投资决定时，投资者会把这个比例作为一个重要的参考，做出他们的投资决策。具体来说，弹性越大，预期回报率随着资本存量增加所表现的灵敏度也越高。

$$RORE_r = RORC_r \left(\frac{KE_r}{KB_r}\right)^{-RORFLEX_r} \tag{5-135}$$

根据均衡方程（5-136），不同国家之间的预期收益率应当与全球平均预期收益率保持一致。实际上，方程（5-132）阐明当期实际投资量 $QINV_r$ 是由预期回报率的相等来驱动的，以确保全球资本投资在不同地区之间平衡分配。

$$RORE_r = RORG \tag{5-136}$$

举例来说，假如 $RORFLEX_r$ 是一个很小的值，如 0.5，也就是说 KE_r 每增加 1 个百分点，只会使资本回报率下降 0.5 个百分点。例如，当前的回报率为 10% 时，资本存量增加 1%后，预期回报率可能仅微降至 9.95%。这表明资本品供给对预期回报率极为敏感，为了维持各区域预期回报率 RORE 的一致性，必须对资本投资做出相应调整。相反，若 $RORFLEX_r$ 是一个很大的值，如 50，此时意味着期末资本存量 KE_r 增加 1 个百分点就会削减资本回报率的一半。在这种情形下，新的资本品供给对期望回报率的变化不敏感。因此，不同区域的 RORE 的变化相等可以适应区域投资的微小变化。换言之，如果研究者认为实验对区域投资不会产生很大冲击或者希望脱离这种影响，那么 $RORFLEX_r$ 应选取较大的值。

Feldstein 和 Horioka（1980）的研究支持了将 $RORFLEX_r$ 赋予较大值的观点，他们将国内投资总额占 GDP 的份额与国内储蓄总额占 GDP 的份额联系起来，发现两者有紧密关系，并总结得出国际资本流动性在工业化国家之间也会受到限制。

RORG的方程式是由全球储蓄等于全球投资这一恒等式所确定的。但是，由于使用了瓦尔拉斯定律（Walras' s Law），所以该方程未被使用，但一般为了确保模型的正确运行，需要在模型运行后进行验证。模型必须确保以下方程成立：

$$PINV_r QINV_r = SAVE_r + FSAVE_r + \delta_r PINV_r KB_r \tag{5-137}$$

其中，$FSAVE_r$ 为该地区的外资净流动额。在这一框架下，方程（5-136）可以被视为判定区域间外资流动净额的依据，而方程（5-137）则用于确定国内投资水平。若将所有区域的方程（5-137）加总，可以得到全球总投资量（方程左侧），以及全球储蓄和资本折旧总量（方程右侧），从而将会出现所有地区的 $FSAVE_r$ 之和为零的情形。因此，还可以保留上面的方程，只定义（R-1）区域。

5.8.3 基于资本份额的全球投资配置

基于资本份额的全球投资配置方法是假定在模拟期间，资本存量的区域分布保持固定，不受预期相对收益率变化的影响。方程（5-138）定义了全球净投资，即各个区域净投资的总和。

$$GLOBALCGDS = \sum_r QINV_r - \delta_r KB_r \tag{5-138}$$

模型中的设定是各个区域在全球投资中所占份额固定不变，这一份额由其基础投资份额决定，通过方程（5-139）来计算。

$$QINV_r - \delta_r KB_r = \chi_r^I GLOBALCGDS \tag{5-139}$$

特别要指出的是，这一模型只需为（R-1）个区域定义投资份额，因为剩余的区域投资水平将由全球储蓄/投资余额来决定。

即便在这种假设预期相对收益率“不敏感”的情况下，尽管使用的方法有所不同，模型还是会计算全球总收益率变量RORG。在这种情况下使用区域预期收益率变量的加权平均值进行计算［见方程（5-140）］。其中由全球净投资的区域份额提供这些权重。

$$RORG = \sum_r \varphi_r RORE_r \tag{5-140}$$

其中，$\varphi_r = \dfrac{PINV_r(QINV_r - \delta_r KB_r)}{\sum_s PINV_s(QINV_s - \delta_s KB_s)}$。

5.8.4 储蓄价格

储蓄价格 $PSAVE_r$ 是投资模块的重要组成部分，它在效用函数中定义了储蓄的效用。储蓄价格与资本产品的价格联系密切。当没有跨境资本流动时，储蓄价格就等同于资本产品的价格 $PINV_r$。简而言之，如果资本仅在国内进行循环，不流入或流出国际市场，则储蓄的价值就是通过购买国内资本财物来体现的。在没有外部干扰的封闭经济中，资本的收益率由国内的供求关系决定。然而，在实际的经济体系中常常存在跨境资本流动，这时候，区域投资的成本（$PINV_r$）不仅仅用于购买本地的资本货物，而是在国内储蓄和国际资本流动之间寻求平衡。这表明区域投资成本与国内外资本的流动紧密相连，不仅受本地储蓄规模的影响，还受到国际储蓄流向的影响。在包含国际资本流动的模型中，可以做出这样的全球性假设：全球的储蓄价格等同于全球的投资价格。这个假设建立了一种机制，保证无论资本如何流动，全球储蓄与投资的关系始终保持均衡。

方程（5-141）定义了单个区域的储蓄价格，为 $PINV_r$ 加上一个地区调整因子，即区域投资价格指数的加权平均值。这个调整因子可以通过每个区域的净储蓄和净投资之差与全球净投资之比来计算。如果将所有区域的调整因子加起来，并且这些加总的调整因子之和为零，那么可以得出这样的结论：全球储蓄价格等于全球投资价格。

$$psave_r = pinv_r + \sum_s \varphi_s pinv_s \tag{5-141}$$

其中，$\varphi_s = \dfrac{NETINV_s - SAVE_s}{GLOBINV}$。

5.9 税收模块

GTAP 模型是一个用来量化全球经济活动及政策影响的具有高度结构化和细化程度的经济模型。在 GTAP 模型中，税收是重要的政策变量之一。税收都是以“税收力度”表示，这里的“税收力度”是从价税率与 1 之和，即“1 +从价税率”。收入分配中定义了总的间接税收入 $INDTAX_r$。本节将通过相关变量来计算税收情况。

5.9.1 生产活动税收

企业需要缴纳的税收主要包括生产税、要素使用税以及购买国内和进口商品的消费税。方程（5-142）对生产税进行了定义，其中，$TO_{c,a,r}-1$ 为从价税率，$PS_{c,a,r}$ 是税前供给价格（等于规模收益不变的完全竞争企业的单位成本），$QCA_{c,a,r}$ 则为商品 c 在生产活动 a 下的产出。方程（5-143）描述了要素收入，其中，$PEB_{e,a,r}$ 为税前工资水平（劳动者所得的实际工资），$TFE_{e,a,r}-1$ 为收入所得税税率。方程（5-144）描述了由于产品和服务的中间投入需求而产生的消费税收，其中 $TFD_{c,a,r}-1$ 和 $TFM_{c,a,r}-1$ 分别表示国内和进口商品（商品×活动×地区）的消费税率。

$$TAXROUT_r = \sum_c \sum_a (TO_{c,a,r} - 1) PS_{c,a,r} QCA_{c,a,r} \tag{5-142}$$

$$TAXRFU_r = \sum_e \sum_a (TFE_{e,a,r} - 1) PEB_{e,a,r} QFE_{e,a,r} \tag{5-143}$$

$$TAXRIU_r = \sum_c \sum_a (TFD_{c,a,r} - 1) PDS_{c,r} QFD_{c,a,r} + \sum_c \sum_a (TFM_{c,a,r} - 1) PMS_{c,r} QFM_{c,a,r} \tag{5-144}$$

5.9.2 最终需求税收

在 GTAP 模型中，国内最终需求税收是指那些在国内或进口商品被最终用户购买前征收的税收。这是针对私人部门、政府部门和投资部门购买商品时所支付的。方程（5-145）~方程（5-147）分别表示私人部门、政府部门和投资部门在购买国内及进口商品时产生的销售税收入。但需注意，提供给所有主体的税前供给价格都是相同的，国内税前供给价格与进口税前供应价格分别为 $PDS_{c,r}$ 和 $PMS_{c,r}$。

$$TAXRPC_r = \sum_c [(TPD_{c,r} - 1) PDS_{c,r} QPD_{c,r} + (TPM_{c,r} - 1) PMS_{c,r} QPM_{c,r}] \tag{5-145}$$

$$TAXRGC_r = \sum_c [(TGD_{c,r} - 1) PDS_{c,r} QGD_{c,r} + (TGM_{c,r} - 1) PMS_{c,r} QGM_{c,r}] \tag{5-146}$$

$$TAXRIC_r = \sum_c [(TID_{c,r} - 1) PDS_{c,r} QID_{c,r} + (TIM_{c,r} - 1) PMS_{c,r} QIM_{c,r}] \tag{5-147}$$

5.9.3 国际贸易税收

方程（5-148）描述的是征收进口关税所产生的收入，其中 $TMS_{c,s,d}-1$ 表示在 d 地区对 s 地区的进口商品 c 征收的从价税税率。征税的基础价格是进口商品的到岸价格 $PCIF_{c,s,d}$。方程（5-149）表示征收出口税/发放补贴所产生的收入，其中 $TXS_{c,s,d}-1$ 表示在 s 地区对 d 地区的出口商品 c 征收的从价税税率，$PDS_{c,s}$ 为国内商品销往国内市场的价格。对这些指数进一步研究会发现，本节对 d 地区征收进口税，而对出口国 s 地区征收出口税。这些差异也反映在区域总额的不同指数中。

$$TAXRIMP_d = \sum_s \sum_c (TMS_{c,s,d} - 1)PCIF_{c,s,d}QXS_{c,s,d} \tag{5-148}$$

$$TAXREXP_s = \sum_d \sum_c (TXS_{c,s,d} - 1)PDS_{c,s}QXS_{c,s,d} \tag{5-149}$$

关税和其他贸易税是贸易政策的关键组成部分，GTAP 模型通过考虑这些税收，可以评估关税变化对贸易流、产量、价格和福利的影响。

5.9.4 所得税及其他

方程（5-150）描述的是要素收入税（所得税），其中 $TINC_{e,a,r}-1$ 是 e 要素禀赋用于生产活动 a 所使用的所得税税率。征税的基础价格为 $PES_{e,a,r}$。例如，当 $TINC_{e,a,r}$ 为 1.2 时，所得税税率则为 20%。方程（5-151）描述了作为区域收入一部分的间接税总收入 $INDTAX_r$。由于区域家庭部门的另一部分收入是以要素均衡价格计算的全要素报酬，所以已经包含了收入所得税。方程（5-152）计算了总税收，包含所有的间接税和直接税。此变量纯粹是定义性的，在模型其他地方不会出现（虽然可以被内生化，确定总税收和收入的比例）。

$$\mathrm{TAXRINC}_r = \sum_e \sum_a (\mathrm{TINC}_{e,a,r} - 1)\mathrm{PES}_{e,a,r}\mathrm{QFE}_{e,a,r} \tag{5-150}$$

$$\begin{aligned}\mathrm{INDTAX}_r = {} & \mathrm{TAXROUT}_r + \mathrm{TAXRFU}_r + \mathrm{TAXRIU}_r + \mathrm{TAXRPC}_r + \mathrm{TAXRGC}_r + \\ & \mathrm{TAXRIC}_r + \mathrm{TAXRIMP}_r + \mathrm{TAXREXP}_r\end{aligned} \tag{5-151}$$

$$\mathrm{TTAXR}_r = \mathrm{INDTAX}_r + \mathrm{TAXRINC}_r \tag{5-152}$$

这些方程为政策制定者提供了理解税收结构和进行税收政策分析的框架。例如，了解税收如何影响国内消费、投资行为和国际贸易的决策，或者计算政府税收和国内生产总值（GDP）的比率等。

5.10 基准价格和模型闭合

从理论角度而言，模型中的基准价格可以是选定的单一价格或是一项价格指数。这个模型天然设定了全球因素收益的价格指数 PFACTWLD 作为基准。该指数是对所有因素、生产活动和区域综合后的输出，反映了全球对各要素资源配置的平均利润，如式（5-153）所示的。在该公式中，全球资源绝对量的份额起到了权重的作用。左侧的方程或关联的投资部分遵循瓦尔拉斯法则，已在之前的投资部分详细说明，它体现了全球投资与储蓄之间的恒等式。

$$PFACTWLD = \sum_{e}\sum_{a}\sum_{r}\varphi_{e,a,r}PEB_{e,a,r} \tag{5-153}$$

GTAP 模型为每个区域都设定了储蓄—投资、贸易余额、政府支出—收入（即政府赤字）三个宏观余额，且三者并不独立。这些宏观余额的确定方式是传统宏观经济模型所研究的课题，整体经济的调节机制则是形成模型宏观经济闭合（Macroeconomic Closure）的一部分，此时假设初始状态总体余额均处于均衡状态。

宏观经济平衡的设定是在经济体受到外界冲击破坏平衡后，经济恢复到全面平衡的状态。所以，若建立一种政策情境，则可以模拟这一政策冲击对整个经济或某些行业可能产生的影响。根据宏观经济调节假设的不同，模型输出结果也会有所差异，因为宏观经济平衡并非建立在模型理性行为体的最优化决策基础上。

由于这里的 GTAP 模型是静态的，即为非跨期的模型，而且也没有按照时间先后顺序得出一系列短期均衡（Burniaux & Van Der Mensbrugghe，1991），所以在这个模型中，投资不连续，也无法直接影响未来时段的区域或行业的产能，就不存在跨期选择机制（Inter-temporal Mechanism）来分析确定投资行为。此外，由于模型中未采用跨期机制来确定投资，所以面对 Sen（1963）提出的宏观闭合问题（也可以参见 Taylor & Lysy，1979）。Dewatripont 和 Michel（1987）提出了四种较为主流的方法，以处理比较静态模型中投资的不确定问题。在前三种方法中，非新古典主义闭合被运用，投资作为调整机制被固定。而在第四种方法中，投资呈变动性，仅仅吸收储蓄变化，并未形成独立投资关系。

除采用封闭的投资原则外，恰当地处理经常账户的可能变化也是非常重要的。很多地区贸易模式都是在一系列单个地区模式的基础上发展起来的。这些模型虽然缺少全球储蓄与投资闭合，但在宏观经济层面上进行了平衡。在此框架下，可以通过固定经常账户余额来实现国内储蓄和投资的同步变动，这在实践中是常见做法。为了更好地理解这一做法，可以简单地回顾以下的核算恒等式：式（5-154）两边为国家支出的来源和用途。

$$S-I\equiv X+R-M \tag{5-154}$$

该方程用来描述国家储蓄S扣除投资I恒与经常账户顺差相等，这里R代表国际转移支付（因为无法从GTAP数据库中找到R的观测值，因此将其设置为0，S为残差，它代表了剔除未观察到的转移支付之后的净国家储蓄）。当方程（5-154）右边不变时，一国的储蓄（含政府储蓄）与投资的差额是固定的，可以用固定的GTAP模型中的贸易差额来计算。

在初始均衡状态下，若全球储蓄与投资相等，则式（5-154）左边等于零，意味着所有的经常账户项目初始总和也要等于零（这一假设包括按到岸/离岸盈利计算的本国出口额）。另外，固定公式（5-154）右边，表示该区域在全球净储蓄中所占比例是不变的。因此，即便国际上没有用“全球银行”来调节，新平衡状态下全球的储蓄与投资也能保持匹配。很明显，这是一种新古典主义闭合方式（Dewatripont & Michel，1987），因为投资必须随着储蓄区域的变动而进行调整。经常账户余额的外生性反映了这样一个观念，即经常账户余额反映的是宏观经济层面而非微观经济层面的现象：式（5-154）的因果逻辑很大程度上是由左至右发生的。所有外部失衡的调节均简单地归结为经常账户的变化。储蓄虽没有直接反映在区域效用函数中（与大多数多区域AGE模型类似），但是它也为进行适当的福利分析提供了途径。由于储蓄可以转化为当前消费和进口的增加，所以即便在没有效率改善或区域贸易条件变化的情况下也可以提升效用。

然而，对于某些特定类型的实验，建模者可能更希望实现式（5-154）左右两边平衡的内生化。例如，在一些贸易政策改革中，通过增加资本回报率或降低进口商品价格，预计新增投资回报率的提高将刺激区域内投资增长，而在其他条件不变的情况下，这将恶化经常账户。在其他情况下，可能希望进一步探索模型的扩展，如研究外国直接投资对经常账户恶化的影响。在式（5-154）的左边能进行调节的情况下，就需要一个机制来确保最终平衡中的储蓄等于全球投资。而使用“全球银行”来汇总储蓄并分配投资，便是最简便的方法。

在GTAP模型中，全球银行以价格PSAVE购买区域投资商品组合而向区域家庭出售同质储蓄产品。随着全球储蓄的变动，应相应调整区域投资商品组合的规模。因此，该全球贸易平衡模型属于新古典主义类型。尽管如此，投资组合仍可基于区域情况进行一定调整，为确定投资规模增添了另一层次的维度。

5.11 GTAP 模型数据库

5.11.1 数据库概述

GTAP 数据库构成了全球贸易分析项目的核心，它是一个全面且公开存取的全球性数据库，其中记录了详尽的双边贸易数据、运输成本及贸易政策等信息。这一资源被用以构建特定基准年份如 2004 年、2007 年、2011 年、2014 年和 2017 年的世界经济模型，目前已更新至第 11 版。全球数以千计的研究者将这一数据库作为关键输入，应用于进行当代一般均衡（AGE）分析，探讨各种全球经济议题。GTAP 数据库的组成文件与其专用的集成软件包由命令行工具 FlexAgg 和图形用户界面（GUI）GTAPAgg 一同提供，方便用户操作数据库。该数据库包含数据集、参数、主要数据、能源数据和二氧化碳排放数据 5 个核心文件组，所有这些数据都采用 HAR 格式存储，即 GEMPACK 使用二进制格式（Harrison & Pearson，1996）。此外，自第 8 版数据库以来，加入了一个新的文件，其中包含投入产出表（I-O 表）的详细元数据信息。

本节提供了关于 5 个 GTAP 数据库文件组成部分的指南，还涵盖了第 11 版数据库中的 65 个部门和 160 个区域的一致性。

5.11.2 数据库构成

GTAP 数据库文件组成部分主要包含 GTAP 集合文件、GTAP 参数文件、GTAP 数据文件、GTAP 能源当量数据文件及 GTAP 二氧化碳排放数据文件，为用户提供了全面的经济数据资源集，以下将分别进行介绍。

5.11.2.1 GTAP 集合文件

GTAP 集合文件的阵列如表 5-1 所示，其中，REG 表示区域，COMM 表示区域之间如产品、服务等可贸易品。主要因素或禀赋在集合 ENDW 中表示，其中包括土地、劳动、资本和自然资源。① 为了便于实施模型的投资理论，在模型中指定了资本。由于 GTAP 第 7 版（Corong et al.，2017）考虑了制造矩阵，因此还需要在数组 ACTS 中将经济活动定义并列出。

表 5-1 GTAP 集合文件阵列

名称	维度	释义
REG	r	区域
COMM	c	产品
MARG	m	物流产品
ACTS	a	行为活动
ENDW	e	要素产品
TARS	2	关税类型

注：r 为区域数量；c 为产品数量；m 为物流产品或部门数量；a 为行为活动数量；e 为跨部门完全流动的初级要素数量。

在 GTAP 第 7 版中，要素禀赋被划分为三大类。其中，流动要素禀赋允许在每个区域内完全跨行业流动；惰性要素禀赋则表示不完全或不可流动；而特定要素禀赋受到特定活动或行业的限制。

在标准数据库中，对劳动力、资本、土地和自然资源要素禀赋进行分类后，劳动力和资本被归为流动要素禀赋，土地被列为惰性要素禀赋，而自然资源（如矿藏、林业储量等）则被划分为特定要素禀赋。这种分类适用于长期仿真模拟。然而，在短期模拟情境下，用户可能希望将资金视为惰性非流动的要素。阵列 MARG 最终详细列出了物流产品。

需要注意的是，在 GTAP 第 7 版中，用户应当留意该模型中产生的非物流产品。此外，在对阵列进行汇总后，根据存储在参数文件中的信息，模型将导出流动、惰性和特定的要素禀赋。表头 TARS 是在第 8 版数据库中引入的，而新的附加数据表头 VTTS 则展示了数据集中可得关税的组成部分。

（1）GTAP 区域

在标准的 GTAP 第 11 版数据库中，包含了 160 个区域，更新了 20 个新的区域以及 39 个 I-O 表。

表 5-2 显示了 GTAP 第 11 版数据库中关于使用区域的定义。根据 GTAP 标

① 自第 9 版数据库以来，劳动信息有 5 种类型，其中 2 种为熟练（专业和技术人员），3 种为非熟练（农业、职员和其他非熟练技术人员）。

准国家/地区列表，160 个区域被定义为 251 个国家/地区的总和（详见（2）GTAP 标准区域）。GTAP 主要区域（即从提供的国内数据库中开发的区域）的国家/地区代码是由国际标准化组织（ISO）定义的 3 位字母代码所表示。

（2）GTAP 标准区域

GTAP 第 11 版数据库的“构建”指定了一组 251 个标准国家，这是在数据库建设过程中实现区域灵活性目标的关键。通过将新区域简单地包含在区域列表及在构建数据时所使用的映射文件中，且提供其他国家的投入产出表，就可以轻松地将新区域添加到数据库中，进而实现区域灵活性。

为了实现区域灵活性，鼓励向 GTAP 提供国际数据集的国家/地区数据，而不是 GTAP 地区数据。这一做法有助于对 GTAP 区域分类进行修订，而无需向数据提供者索要新的重新分类的源数据。随后，可以通过将贡献的数据映射或转换为一组标准国家，以便将其应用于特定标准国家集。最终，数据可以通过标准国家集和 GTAP 区域集之间的映射来进行有效汇总（见表 5-2）。值得注意的是，当 GTAP 数据库引入新区域时，映射文件将会相应更改。

GTAP 第 11 版数据库的标准国家集的国家组成没有省略任何重要的经济体，可从贡献的国际数据集中获取所有重要信息，从而获得每个标准国家的 GDP 估计数，并在开发综合区域时被用作一个比例因子。

（3）GTAP 部门分类（GSC3）

表 5-3 显示了 GTAP 第 11 版数据库关于使用部门的定义，表中参考核心产品分类（Central Product Classification，CPC）来定义农业和食品加工部门，其他 GTAP 行业则参考了国际标准产业分类（International Standard Industry Classification，ISIC）。由于 ISIC 是大多数 I-O 统计信息中行业部门分类的参考点，所以对大多数的行业部门采用 ISIC 来进行定义。但由于 ISIC 关于农业和食品加工方面没有提供所需要的细节，因此采用 CPC。CPC 由联合国统计局开发，作为 ISIC 与其他行业部门分类之间的桥梁（UN，2008，2015）。

表 5-2 GTAP 第 11 版数据库的区域

编码	释义	编码	覆盖区域	编码	释义	编码	覆盖区域
AUS	澳大利亚	AUS	澳大利亚	HUN	匈牙利	HUN	匈牙利
		CCK	科科斯（基林）群岛	IRL	爱尔兰	IRL	爱尔兰
		CXR	圣诞岛	ITA	意大利	ITA	意大利

续表

编码	释义	编码	覆盖区域
AUS	澳大利亚	HMD	赫德岛和麦克唐纳群岛
		NFK	诺福克岛
NZL	新西兰	NZL	新西兰
XOC	大洋洲其他区域	ASM	美属萨摩亚
		COK	库克群岛
		FJI	斐济
		FSM	密克罗尼西亚
		GUM	关岛
		KIR	基里巴斯
		MHL	马绍尔群岛
		MNP	北马里亚纳群岛
		NCL	新喀里多尼亚
		NIU	纽埃
		NRU	瑙鲁
		PLW	帕劳
		PNG	巴布亚新几内亚
		PYF	法属波利尼西亚
		SLB	所罗门群岛
		TKL	托克劳
		TON	汤加
		TUV	图瓦卢
		VUT	瓦努阿图
		WLF	瓦利斯群岛和富图纳群岛
		WSM	萨摩亚
		PCN	皮特凯恩
		UMI	美国本土外小岛屿
CHN	中国	CHN	中国
HKG	中国香港	HKG	中国香港
JPN	日本	JPN	日本
KOR	韩国	KOR	韩国
MNG	蒙古国	MNG	蒙古国

编码	释义	编码	覆盖区域
LVA	拉脱维亚	LVA	拉脱维亚
LTU	立陶宛	LTU	立陶宛
LUX	卢森堡	LUX	卢森堡
MLT	马耳他	MLT	马耳他
NLD	荷兰	NLD	荷兰
POL	波兰	POL	波兰
PRT	葡萄牙	PRT	葡萄牙
ROU	罗马尼亚	ROU	罗马尼亚
SVK	斯洛伐克	SVK	斯洛伐克
SVN	斯洛文尼亚	SVN	斯洛文尼亚
ESP	西班牙	ESP	西班牙
SWE	瑞典	SWE	瑞典
GBR	英国	GBR	英国
CHE	瑞士	CHE	瑞士
NOR	挪威	NOR	挪威
		SJM	斯瓦尔巴和扬马延群岛
XEF	欧洲自由贸易联盟其他区域	ISL	冰岛
		LIE	列支敦士登
ALB	阿尔巴尼亚	ALB	阿尔巴尼亚
SRB	塞尔维亚	SRB	塞尔维亚
BLR	白俄罗斯	BLR	白俄罗斯
RUS	俄罗斯	RUS	俄罗斯
UKR	乌克兰	UKR	乌克兰
XEE	东欧其他区域	MDA	摩尔多瓦
XER	欧洲其他区域	AND	安道尔
		BIH	波斯尼亚和黑塞哥维那
		FRO	法罗群岛
		GIB	直布罗陀
		MCO	摩纳哥
		MKD	北马其顿
		SMR	圣马力诺

续表

编码	释义	编码	覆盖区域
TWN	中国台湾	TWN	中国台湾
XEA	东亚其他区域	MAC	中国澳门
		PRK	朝鲜
BRN	文莱	BRN	文莱
KHM	柬埔寨	KHM	柬埔寨
IDN	印度尼西亚	IDN	印度尼西亚
LAO	老挝	LAO	老挝
MYS	马来西亚	MYS	马来西亚
PHL	菲律宾	PHL	菲律宾
SGP	新加坡	SGP	新加坡
THA	泰国	THA	泰国
VNM	越南	VNM	越南
XSE	东南亚其他国家	MMR	缅甸
		TLS	东帝汶
AFG	阿富汗	AFG	阿富汗
BGD	孟加拉国	BGD	孟加拉国
IND	印度	IND	印度
NPL	尼泊尔	NPL	尼泊尔
PAK	巴基斯坦	PAK	巴基斯坦
LKA	斯里兰卡	LKA	斯里兰卡
XSA	南亚其他区域	BTN	不丹
		MDV	马尔代夫
CAN	加拿大	CAN	加拿大
USA	美国	USA	美国
MEX	墨西哥	MEX	墨西哥
XNA	北美洲其他区域	BMU	百慕大
		GRL	格陵兰岛
		SPM	圣皮埃尔和密克隆群岛
ARG	阿根廷	ARG	阿根廷
BOL	玻利维亚	BOL	玻利维亚
BRA	巴西	BRA	巴西
CHL	智利	CHL	智利

编码	释义	编码	覆盖区域
XER	欧洲其他区域	XK	科索沃
		SAR	萨克岛
		GGY	根西岛
		IMN	曼岛
		JEY	泽西岛
		MNE	黑山
		VAT	梵蒂冈
KAZ	哈萨克斯坦	KAZ	哈萨克斯坦
KGZ	吉尔吉斯斯坦	KGZ	吉尔吉斯斯坦
TJK	塔吉克斯坦	TJK	塔吉克斯坦
UZB	乌兹别克斯坦	UZB	乌兹别克斯坦
XSU	前苏联其他区域	TKM	土库曼斯坦
ARM	亚美尼亚	ARM	亚美尼亚
AZE	阿塞拜疆	AZE	阿塞拜疆
GEO	格鲁吉亚	GEO	格鲁吉亚
BHR	巴林	BHR	巴林
IRN	伊朗	IRN	伊朗
IRQ	伊拉克	IRQ	伊拉克
ISR	以色列	ISR	以色列
KWT	科威特	KWT	科威特
LBN	黎巴嫩	LBN	黎巴嫩
JOR	约旦	JOR	约旦
OMN	阿曼	OMN	阿曼
PSE	巴勒斯坦地区	PSE	巴勒斯坦地区
QAT	卡塔尔	QAT	卡塔尔
SAU	沙特阿拉伯	SAU	沙特阿拉伯
SYR	叙利亚	SYR	叙利亚
TUR	土耳其	TUR	土耳其
ARE	阿联酋	ARE	阿联酋
XWS	西亚其他区域	XWS	西亚其他区域
		YEM	也门
DZA	阿尔及利亚	DZA	阿尔及利亚

续表

编码	释义	编码	覆盖区域
COL	哥伦比亚	COL	哥伦比亚
ECU	厄瓜多尔	ECU	厄瓜多尔
PRY	巴拉圭	PRY	巴拉圭
PER	秘鲁	PER	秘鲁
URY	乌拉圭	URY	乌拉圭
VEN	委内瑞拉	VEN	委内瑞拉
XSM	南美洲其他区域	FLK	福克兰（马尔维纳斯）群岛
		GUF	法属圭亚那
		GUY	圭亚那
		SUR	苏里南
		SGS	南乔治和南桑威奇群岛
CRI	哥斯达黎加	CRI	哥斯达黎加
GTM	危地马拉	GTM	危地马拉
HND	洪都拉斯	HND	洪都拉斯
NIC	尼加拉瓜	NIC	尼加拉瓜
PAN	巴拿马	PAN	巴拿马
SLV	萨尔瓦多	SLV	萨尔瓦多
XCA	中美洲其他区域	BLZ	伯利兹
DOM	多米尼加	DOM	多米尼加
HTI	海地	HTI	海地
JAM	牙买加	JAM	牙买加
PRI	波多黎各	PRI	波多黎各
TTO	特立尼亚和多巴哥	TTO	特立尼亚和多巴哥
XCB	加勒比地区	ABW	阿鲁巴
		AIA	安圭拉岛
		ATG	安提瓜和巴布达
		BHS	巴哈马群岛
		BRB	巴巴多斯岛
		BES	博内尔、圣尤斯特歇斯和萨巴
		CUB	古巴
		CYM	开曼群岛

编码	释义	编码	覆盖区域
EGY	埃及	EGY	埃及
MAR	摩洛哥	MAR	摩洛哥
TUN	突尼斯	TUN	突尼斯
XNF	北非其他区域	LBY	利比亚
		ESH	西撒哈拉
BEN	贝宁	BEN	贝宁
BFA	布基纳法索	BFA	布基纳法索
CMR	喀麦隆	CMR	喀麦隆
CIV	科特迪瓦	CIV	科特迪瓦
GHA	加纳	GHA	加纳
GIN	几内亚	GIN	几内亚
MLI	马里	MLI	马里
NER	尼日尔	NER	尼日尔
NGA	尼日利亚	NGA	尼日利亚
SEN	塞内加尔	SEN	塞内加尔
TGO	多哥	TGO	多哥
XWF	西非其他区域	CPV	佛得角
		GMB	冈比亚
		GNB	几内亚比绍
		LBR	利比里亚
		MRT	毛里塔尼亚
		SHN	圣赫勒拿岛
		SLE	塞拉利昂
CAF	中非	CAF	中非
COG	刚果（布）	COG	刚果（布）
GAB	加蓬	GAB	加蓬
GNQ	赤道几内亚	GNQ	赤道几内亚
COD	刚果（金）	COD	刚果（金）
XAC	中南部非洲区域	AGO	安哥拉
		STP	圣多美和普林西比
TCD	乍得	TCD	乍得

续表

编码	释义	编码	覆盖区域
XCB	加勒比地区	DMA	多米尼克
		GRD	格林纳达
		CUW	库拉索
		KNA	圣基茨和尼维斯
		LCA	圣卢西亚岛
		MAF	圣马丁（法国部分）
		MSR	蒙特色拉特岛
		BLM	圣巴泰勒米岛
		TCA	特克斯和凯科斯群岛
		VCT	圣文森特和格林纳丁斯
		SXM	圣马尔滕岛（荷兰部分）
		VGB	英属维尔京群岛
		VIR	美属维尔京群岛
AUT	奥地利	AUT	奥地利
BEL	比利时	BEL	比利时
BGR	保加利亚	BGR	保加利亚
HRV	克罗地亚	HRV	克罗地亚
CYP	塞浦路斯	CYP	塞浦路斯
CZE	捷克	CZE	捷克
DNK	丹麦	DNK	丹麦
EST	爱沙尼亚	EST	爱沙尼亚
FIN	芬兰	FIN	芬兰
		ALA	阿兰群岛
FRA	法国	FRA	法国
		GLP	瓜德罗普岛
		MTQ	马提尼克
		REU	留尼汪岛
DEU	德国	DEU	德国
GRC	希腊	GRC	希腊
COM	科摩罗	COM	科摩罗
ETH	埃塞俄比亚	ETH	埃塞俄比亚
KEN	肯尼亚	KEN	肯尼亚
MDG	马达加斯加	MDG	马达加斯加
MWI	马拉维	MWI	马拉维
MUS	毛里求斯	MUS	毛里求斯
MOZ	莫桑比克	MOZ	莫桑比克
RWA	卢旺达	RWA	卢旺达
SDN	苏丹及南苏丹	SDN	苏丹及南苏丹
TZA	坦桑尼亚	TZA	坦桑尼亚
UGA	乌干达	UGA	乌干达
ZMB	赞比亚	ZMB	赞比亚
ZWE	津巴布韦	ZWE	津巴布韦
XEC	东非其他区域	BDI	布隆迪
		DJI	吉布提
		ERI	厄立特里亚
		MYT	马约特
		SOM	索马里
		SYC	塞舌尔
		SSD	南苏丹
BWA	博茨瓦纳	BWA	博茨瓦纳
SWZ	斯威士兰	SWZ	斯威士兰
NAM	纳米比亚	NAM	纳米比亚
ZAF	南非	ZAF	南非
XSC	南部非洲关税同盟区域	LSO	莱索托
XTW	世界其他区域	ATA	南极洲
		ATF	法属南部领土
		BVT	布维岛
		IOT	英属印度洋领土

注：为使欧盟成员国不会像以前的 GTAP 版本那样分开，国家/地区列表已重新排序。对于其他采矿部门（以前是“omn”代码）现在是“oxt”代码，而保险业（以前是“isr”代码）现在是“ins”代码，以避免与阿曼和以色列的国家代码混淆。

表 5-3 参考 CPC2.1 版的 GSC3 的部门定义

GSC3 序号	代码	CPC 代码	释义
1	pdr	113	水稻
2	wht	111	小麦
3	gro	112	玉米
		114	高粱
		115	大麦
		116	黑麦
		117	燕麦
		118	黍
		119	其他谷物
4	v_f	12	蔬菜
		13	水果和坚果
		15	淀粉或菊粉含量高的可食根和块茎
		17	豆类（干豆科蔬菜）
5	osd	14	含油的种子和产油的果实
6	c_b	18	糖作物
7	pfb	192	纤维作物
8	ocr	16	饮料和香料作物
		191	饲料产品
		193	主要供香料用、药用、杀虫用、杀菌用或类似用途的植物和植物的部分
		194	糖用及其他甜菜籽和饲料用植物的种子
		195	天然橡胶的初级形态或板、片或条
		196	植物；切花和花蕾；花的种子
		197	未加工烟草
		199	其他原生植物原料
9	ctl	211	活的牛
		212	其他反刍动物
		213	马和其他马
		0299	牛精液
10	oap	214	猪
		215	家禽
		219	其他活的动物
		23	新鲜的带壳母鸡蛋或其他鸟类的蛋
		24	精液
		291	天然蜂蜜
		292	螺，新鲜、冷冻、干燥、盐腌，海螺除外
		293	动物源性食用产品
		295	未加工的兽皮和皮毛
		296	昆虫蜡和鲸脑，无论是否精制或着色
11	rmk	22	原料奶
12	wol	294	用于纺织品的动物原料
13	frs	3	林业和伐木业制品
14	fsh	3	渔业与水产业
		17	狩猎、捕捉及相关服务活动
15	coa	5	煤炭和褐煤的开采
16	oil	61	原油的开采
		091 (part)	石油和天然气开采的辅助活动（石油部分）
17	gas	62	天然气的开采
		091 (part)	石油和天然气开采的辅助活动（天然气部分）

续表

GSC3 序号	代码	CPC 代码	释义
18	oxt	7	金属矿的开采
		8	其他采矿和采石
		99	其他采矿和采石的辅助活动
19	cmt	21111	新鲜或冷藏的牛肉
		21112	新鲜或冷藏的水牛肉
		21115	新鲜或冷藏的绵羊肉
		21116	新鲜或冷藏的山羊肉
		21117	新鲜或冷藏的骆驼肉
		21118	新鲜或冷藏的马肉
		21119	其他新鲜或冷冻的哺乳动物肉
		2113	冷冻的哺乳动物肉
		2115	新鲜、冷藏或冷冻哺乳动物可食用内脏
20	omt	21113	新鲜或冷藏的猪肉
		21114	新鲜或冷冻的野兔肉
		2112	新鲜或冷藏家禽的肉
		2114	冷冻家禽肉
		2116	新鲜、冷藏或冷冻家禽的可食用内脏
		2117	新鲜、冷藏或冷冻其他肉类及可食用内脏
		2118	用于保存和储备肉、内脏或血
		2119	不可食用面粉、食物、肉粒或内脏，油渣
21	vol	215	动物脂肪
		216	植物油
		217	人造黄油和类似的制剂
		218	棉短绒
		219	油饼和植物油残留物；油籽或油质水果制成的面粉和食物，除芥末；植物蜡，除甘油三酯；羊毛脂；脂肪物质产生的残留物
22	mil	22	乳制品
23	pcr	2316	半碾磨、全碾磨或去壳的大米
24	sgr	235	糖和糖蜜
25	ofd	212	腌鱼、甲壳类、软体动物和其他水生动物
		213	腌制蔬菜，豆类和土豆
		214	腌制的水果和坚果
		2311	小麦和麦子面粉
		2312	其他谷物面粉
		2313	小麦和其他谷物的细面粉、粗面粉和颗粒
		2314	其他谷物制品（包括玉米片）
		2317	其他蔬菜粉和食物
		2318	为面包师的器具准备的混合料和面团
		232	淀粉和淀粉制品；糖和糖浆
		233	用于喂养动物的制剂；紫花苜蓿粉和丸
		234	烘烤产品
		236	可可、巧克力和糖果
		237	通心粉，面条，粗麦粉和类似淀粉类产品
		239	其他制品
26	b_t	24	饮料
		25	烟草制品
27	tex	13	纺织品的制造
28	wap	14	服装的制造
29	lea	15	皮革和相关产品的制造

续表

GSC3序号	代码	CPC代码	释义
30	lum	16	木材、木材制品及软木制品的制造（家具除外）、草编制品及编织材料物品的制造
31	ppp	17	纸和纸制品的制造
		18	记录媒介物的印制及复制
32	p_c	19	焦炭和精炼石油产品的制造
33	chm	20	化学品及化学制品的制造
34	bph	21	基本医药产品和医药制剂的制造
35	rpp	22	橡胶和塑料制品的制造
36	nmm	23	其他非金属矿物制品的制造
37	i_s	241	基本钢铁的制造
		2431	钢铁的铸造
38	nfm	242	基本贵重有色金属的制造
		2432	有色金属的铸造
39	fmp	25	金属制品的制造，但机械设备除外
40	ele	26	计算机、电子产品和光学产品的制造
41	eeq	27	电力设备的制造
42	ome	28	未另分类的机械和设备的制造
43	mvh	29	汽车、挂车和半挂车的制造
44	otn	30	其他运输设备的制造
45	omf	31	家具的制造
		32	其他制造业
		33	机械和设备的修理和安装
46	ely	351	电力的生产、输送和分配
		353	蒸气和空调的供应
47	gdt	352	煤气的制造；主管道输送的燃料
48	wtr	36	集水、水处理与水供应
		37	污水处理
		38	废物收集、处理活动；材料回收
		39	补救活动和其他废物管理服务
49	cns	41	楼宇的建筑
		42	土木工程
		43	特殊建筑活动
50	trd	45	批发零售业及汽车摩托车修理
		46	批发贸易，汽车和摩托车除外
		47	零售贸易，汽车和摩托车除外
51	afs	55	住宿
		56	食品和饮料供应服务活动
52	otp	49	陆路运输与管道运输
53	wtp	50	水上运输
54	atp	51	航空运输
55	whs	52	运输中的储藏和辅助活动

续表

<table>
<tr><th>GSC3 序号</th><th>代码</th><th>CPC 代码</th><th>释义</th><th>GSC3 序号</th><th>代码</th><th>CPC 代码</th><th>释义</th></tr>
<tr><td rowspan="7">56</td><td rowspan="7">cmn</td><td>53</td><td>邮政和邮递活动</td><td rowspan="3">58</td><td rowspan="3">ins</td><td rowspan="2">65</td><td rowspan="2">保险、再保险和养恤金，但强制性社会保障除外</td></tr>
<tr><td>58</td><td>出版活动</td></tr>
<tr><td>59</td><td>电影、录像和电视节目的制作、录音及音乐作品出版活动</td><td>662</td><td>保险和养恤金的附属活动</td></tr>
<tr><td>60</td><td>电台和电视广播</td><td>59</td><td>rsa</td><td>68</td><td>房地产活动</td></tr>
<tr><td>61</td><td>电信</td><td>60</td><td>obs</td><td>M，N</td><td>专业、科学和技术活动，行政和辅助活动</td></tr>
<tr><td>62</td><td>计算机程序设计、咨询相关活动</td><td>61</td><td>ros</td><td>R，S，T</td><td>服务活动；家庭自用、未区分的物品生产和服务活动</td></tr>
<tr><td>63</td><td>信息服务活动</td><td rowspan="2">62</td><td rowspan="2">osg</td><td>84</td><td>公共管理与国防；强制社会保障</td></tr>
<tr><td rowspan="3">57</td><td rowspan="3">ofi</td><td>64</td><td>金融服务活动，保险和养恤金除外</td><td>99</td><td>国际组织和机构的活动</td></tr>
<tr><td>661</td><td>金融附属活动，保险和养恤金除外</td><td>63</td><td>edu</td><td>85</td><td>教育</td></tr>
<tr><td>663</td><td>基金管理活动</td><td>64</td><td>hht</td><td>Q</td><td>人体健康和社会工作活动</td></tr>
<tr><td></td><td></td><td></td><td></td><td>65</td><td>dwe</td><td>n. a.</td><td>n. a.</td></tr>
</table>

注：n. a. 为未知信息。

5.11.2.2 GTAP 参数文件与数据文件

如表 5-4 所示，参数文件包含不变的行为参数和开关参数，以 10 个数组形式排列。而表 5-5 则展示了以美元度量的产品和服务数据文件。

表 5-4 GTAP 参数文件数组

名称	维度	释义
ESBD	c×r	国内产品和进口产品 Armington 替代弹性（CES）
ESBM	c×r	不同区域的进口产品 Armington 替代弹性（CES）
ESBT	a×r	中间投入组合产品的 CES 替代弹性
ESBV	a×r	产品中初始要素的 CES 替代弹性
ETRE	e×r	产业之间惰性初始要素转移的 CET 弹性
INCP	c×r	消费需求系统的 CDE 扩展参数

续表

名称	维度	释义
SUBP	c×r	消费需求系统的 CDE 替代参数
RDLT	1	投资资金分配的二元转换机制
RFLX	r	预期股本净回报率的灵活性，如投资
ESBG	r	政府需求的 CES 替代弹性
ETRQ	a×r	工业产品转换的 CET 弹性
ESBS	m	国际交通物流的 CES 替代弹性
ESBC	a×r	中间投入的 CES 替代弹性
ESBQ	c×r	产品来源的 1/CES 弹性

注：r 为区域数量；c 为产品数量；m 为物流产品或部门数量；a 为行为活动数量；e 为跨部门完全流动的初级要素数量。

表 5-5　GTAP 第 11 版数据库文件数组

名称	维度	释义
ADRV	c×r×r	反倾销税
DPSM	r	家庭需求系统中分配参数的总和
EVFP	e×a×r	以生产者价格度量的初级要素
EVOS	e×a×r	按供应价格计算的初始要素（所得税后）
FBEP	e×a×r	基于要素的补贴
FTRV	e×a×r	总体要素使用税收
ISEP	c×a×r×d	净投资投入补贴
CSEP	c×a×r×d	净中间投入补贴
MFRV	c×r×r	相当于 MFA 配额溢价的出口税
OSEP	c×r	一般净产出补贴
POP	r	人口
PTAX	c×a×r	商品 c 按 r 中的活动 j 征收活动税
PURV	c×r×r	价格承诺的出口税等值
SAVE	r	按地区分配的净储蓄
TFRV	c×r×r	普通进口税
VDEP	r	资本折旧
VDFP	c×a×r	企业以生产者价格进行的国内采购
VDFB	c×a×r	企业以基本价格进行的国内采购

续表

名称	维度	释义
VDGP	c×r	政府按生产者价格进行的国内采购
VDGB	c×r	政府以基本价格进行的国内采购
VDPP	c×r	家庭按生产者价格进行的国内采购
VDPB	c×r	家庭按基本价格进行的国内采购
EVFB	e×a×r	企业按基本价格采购的初始要素
VMFP	c×a×r	企业以生产者价格进行的进口采购
VMFB	c×a×r	企业以基本价格进行的进口采购
VMGP	c×r	政府按生产者价格进行的进口采购
VMGB	c×r	政府以基本价格采购的进口商品
VMSB	c×r×r	以基本价格进口
VMPP	c×r	家庭按生产者价格计算的进口采购
VMPB	c×r	家庭按基本价格采购的进口商品
VCIF	c×r×r	按 CIF 计算的进口
VKB	r	资本存量
VRRV	c×r×r	相当于自愿出口限制的出口补贴
VST	c×r	物流出口
VST	2×c×r×r	按已付关税类型划分的进口关税收入
VMRT	t×c×r×r	按所缴关税种类划分的进口关税收入
VTWR	m×c×r×r	物流产品
VXSB	c×r×r	基本价格的非物流出口
VFOB	c×r×r	按 FOB 价格计算的非物流出口
XTRV	c×r×r	一般出口税
VDIB	c×r	投资以基本价格进行的国内采购
VDIP	c×r	投资以生产者价格进行的国内采购
VMIB	c×r	投资按基本价格进行的进口采购
VMIP	c×r	投资以生产者价格计算的进口采购
MAKS	c×a×r	按供应价格的多元生产（“MAKE”）矩阵
MAKB	c×a×r	基本价格的多元生产（“MAKE”）矩阵

注：r 为区域数量；c 为产品数量；a 为行为活动数量；e 为跨部门完全流动的初级要素数量。

主要数据文件还包括汇总保护措施所产生的收入价值和与支持措施有关的补贴支出的数组。这些数值在 GTAP 第 11 版数据库中均以当前的百万美元（2004

年、2007 年、2011 年、2014 年和 2017 年）表示。

GTAP 数据文件中包含的隐含和显式保护数据均可供使用。隐含保护指不同保护工具的保护程度，其计算由两个矩阵进行，这两个矩阵分别表示同一价值流的两种不同估值。表 5-6 展示了可以从数据库以及与这些措施相关的阵列中计算出的保护程度。数据库中计算的进出口关税是一种综合措施，在文件中有详细说明。

表 5-6　GTAP 数据文件的隐式保护数据

保护措施	公式 *	释义
进口税	VMSB/VCIF	进口税力度（综合）
出口税	VFOB/VXSB	出口税力度（综合）
产出补贴	MAKEB/MAKES	产出补贴力度
国内投入补贴	VDFP/VDFB	国内中间投入税收力度
进口投入补贴	VMFP/VMFB	进口中间投入税收力度
基于要素的支付	EVFB/EVOS	基于要素的补贴力度

注：两种价值流之间的差额表示收入或补贴支出的价值。

GTAP 数据文件中明确声明的保护数据是与保护措施相关的收入值或支出值。在单独的数组中给出了不同类型的进出口工具的收入/支出。表 5-5 中的 ADRV、FBEP、ISEP、MFRV、OSEP、PURV、TFRV、VRRV 和 XTRV 是一些显式数组。

5.11.2.3　GTAP 能源当量与二氧化碳排放数据文件

表 5-7 和表 5-8 分别呈现了 GTAP 能源当量数据文件和二氧化碳排放数据文件。在表 5-7 中，能源当量数据文件包含三个数组，分别表示企业和家庭的能源购买量以及能源产品的双边贸易量（单位：百万吨油当量）。在 GTAP 第 8 版数据库中，此文件的标题已经过更改。与此不同，GTAP 二氧化碳排放数据文件在 GTAP 第 8 版数据库之前的版本中是附属数据集的一部分。由于需要适应表 5-8 中描述的二氧化碳排放数据集的新结构，GTAP 第 8 版数据库之后对能源当量数据文件进行了结构性的修改。

表 5-7　能源当量数据文件数组

名称	维度	释义
EC	n	能源产品
EDF	n×p×r	企业国内采购的能源当量（Mtoe）
EDP	n×r	家庭国内采购的能源当量（Mtoe）
EDG	n×r	政府国内采购的能源当量（Mtoe）
EDI	n×r	投资国内采购的能源当量（Mtoe）
EMF	n×p×r	企业进口采购的能源当量（Mtoe）
EMP	n×r	家庭进口采购的能源当量（Mtoe）
EMG	n×r	政府进口采购的能源当量（Mtoe）
EMI	n×r	投资进口采购的能源当量（Mtoe）
EXI	n×r×r	双边贸易能源当量（Mtoe）

注：n 为能源产品数量（部门）；r 为区域数量；p 为部门数量。

表 5-8　二氧化碳排放数据文件数组

名称	维度	释义
FC	n	燃料产品
MDF	n×p×r	企业国内采购的 CO_2 排放（Mt CO_2）
MDP	n×r	家庭国内采购的 CO_2 排放（Mt CO_2）
MDG	n×r	政府国内采购的 CO_2 排放（Mt CO_2）
MDI	n×r	投资国内采购的 CO_2 排放（Mt CO_2）
MMF	n×p×r	企业进口采购的 CO_2 排放（Mt CO_2）
MMP	n×r	家庭进口采购的 CO_2 排放（Mt CO_2）
MMG	n×r	政府进口采购的 CO_2 排放（Mt CO_2）
MMI	n×r	投资进口采购的 CO_2 排放（Mt CO_2）

注：n 为能源产品数量（部门）；r 为区域数量；p 为部门数量。

5.11.3　第 11 版数据包

GTAP 第 11 版数据库有命令行版本 FlexAgg 和图形用户界面（GUI）GTAPAgg 两个数据分配包。在命令行版本中，用户可以通过 FlexAgg 访问完整的 65 部门×160 区域的 GTAP 数据库。FlexAgg 是一个命令行聚合程序，用于从完全分解的GTAP数据库创建聚合数据库。FlexAgg2.0是命令行数据加总程序FlexAgg的修订版，从GTAP第8版数据库开始，此新版本包含在GTAP数据包中。FlexAgg2.0在以下方面有改进：

1）FlexAgg2.0利用GEMPACK文本数据文件，并且完全用GEMPACK编写（它不使用Awk来构建聚合映射）。

2）如果已将FlexAgg2.0添加到Windows路径，则可以从文件系统中的任何位置调用它。

3）允许数据库名称与GTAP数据包中预定义的名称不同。

4）易于操纵的产品、地区和要素集使FlexAgg2.0成为容纳和合并卫星数据集的灵活工具。

5）生成GTAP数据库的社会核算矩阵（SAM）视图。

6）为了便于参考，在集文件中包括了具有分解（原始）集描述的映射集。

7）索引了聚合过程中的错误消息，以方便大型工作流向的调试。

GTAPAgg2是图形用户界面（GUI），是Mark Horridge在政策研究中心开发的GTAPAgg软件包的更新版本。该软件旨在从完全分类的GTAP数据库中创建聚合数据库。几乎所有GTAP模型的应用程序都使用聚合数据库。GTAPAgg2的设计目标是协助用户准备聚合方案，然后利用这个方案为GTAP模型生成一个聚合的数据库，并提供聚合时间序列和GTAPView数据。经过重新设计的GTAPAgg2程序具备处理多个GTAP数据库的能力。

这些数据包的目的是协助实现对数据库的一致整合，以便与模型（如GTAP模型）一同使用。用户可以使用RunGTAP软件建立GTAP模型，这是由澳大利亚维多利亚大学政策研究中心的Mark Horridge开发的图形用户环境。RunGTAP使用户能够在Windows环境中与GTAP一般平衡进行交互，并进行模拟运行。

第 6 章　GTAP 模型拓展

在标准 GTAP 模型的基础上，对环境领域进行探索，将能源作为一种要素投入并纳入生产结构可将 GTAP 模型拓展为 GTAP-E 模型；在 GTAP-E 模型的基础上，将电力部门进一步拆分可拓展为 GTAP-E-Power 模型；进一步地，在标准 GTAP 模型的框架下，加入跨地区资本流动、资本累计、投资的适用性预期并区分资本所有权可将模型拓展为 GDYN 模型。以全球经济为背景，综合 GDYN 模型和 GTAP-E 模型的优点，进而可将模型拓展为 GDYNE 模型。而 GTAP 模型中的行业拆分和区域拆分可用行业拆分（SplitCom）软件和区域拆分（SplitReg）软件操作。

6.1　GTAP-E 模型

GTAP-E 模型是 GTAP 标准模型在环境领域的重要扩展，增加了能源要素在生产结构中的投入（Burniaux & Truong，2002）。此模型引入了碳税变量和碳排放权交易机制，并对生产、消费、碳税以及福利分解等模块进行了相应的修改（McDougall & Golub，2007）。不同于传统的 GTAP 模型，GTAP-E 区分了能源投入与非能源中间投入，并考虑了二者的替代性。基于此，GTAP-E 模型可以更准确地追溯生产过程中的能源消耗，并分析政策变化对“经济—能源—碳排放”的影响。GTAP-E 模型对于模拟能源政策、气候政策至关重要。

6.1.1　模型结构

不同于 GTAP 标准模型的处理方式，GTAP-E 模型将能源产品作为一种单独的生产要素纳入。在此模型中，能源产品被从中间商品投入品中剥离，并与土地、资本、劳动力（熟练劳动力和非熟练劳动力）、自然资源等生产要素结合，形成综合的增加值—能源束。此外，该模型在政府、私人家庭、投资的消费构成中明确划分了能源产品和非能源产品。GTAP-E模型进一步扩展，引入了关于碳交易、碳税、碳排放的新模块。

6.1.1.1 生产模块

GTAP-E模型在其生产模块中嵌入了多层次的常替代弹性生产函数，资本与能源产品之间能够相互替代，如图6-1所示。生产结构的最上层嵌套与GTAP模型相同，采用Leontief生产函数描述企业如何优化利用基本生产要素与中间投入。

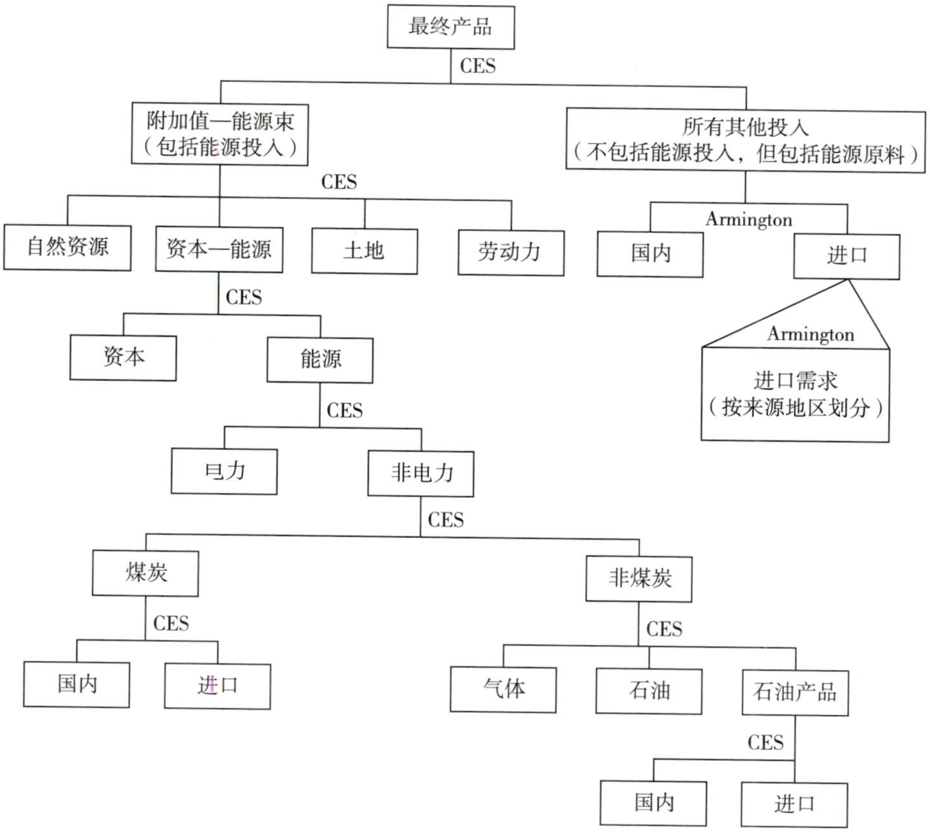

图6-1 GTAP-E模型的生产结构

GTAP-E模型中的基本生产要素除了包含土地、劳动力、自然资源外，还包含了资本—能源复合。这里的资本与能源之间可以相互替代，并通过 CES 生产函数来刻画，相对于资本价格来说，如果能源价格上升，企业倾向于使用更多的能源产品替代资本投入品。模型进一步将能源产品划分为电力和非电力复合要素，非电力复合要素又进一步分解为煤炭、原油、天然气和石油产品，每级复合结构都采用 CES 生产函数。在消费模块中，采用 CDE 函数对消费者行为进行模拟，表明能源产品与其他消费品之间存在替代性，同组能源产品之间也可以相互替代。值得注意的是，GTAP-E 模型假定同类能源的二氧化碳排放系数在各个区域是一致的，这意味着不同区域同种能源产品的二氧化碳排放系数是恒定的。然而，由于各个地区不同产业能源的使用量存在差异，这使来自不同能源产品的二氧化碳排放量存在区域差异。

6.1.1.2　需求模块

GTAP-E 模型区分了消费主体（私人部门、政府）对能源产品与非能源产品的消费，这一差异通过嵌套函数进行区分，并使用 CES 函数或 CDE 函数刻画能源产品间与非能源的替代关系，如图 6-2 和图 6-3 所示。

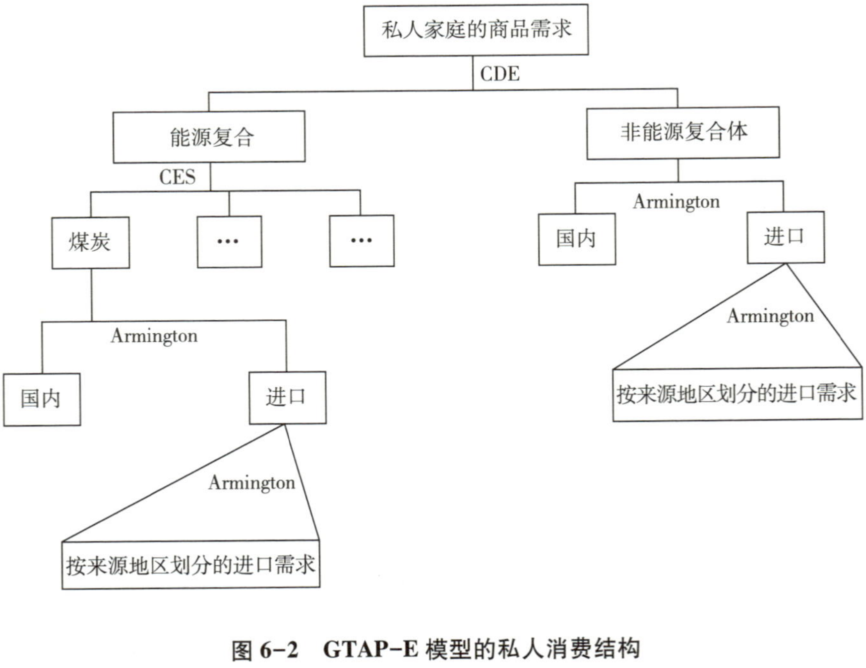

图 6-2　GTAP-E 模型的私人消费结构

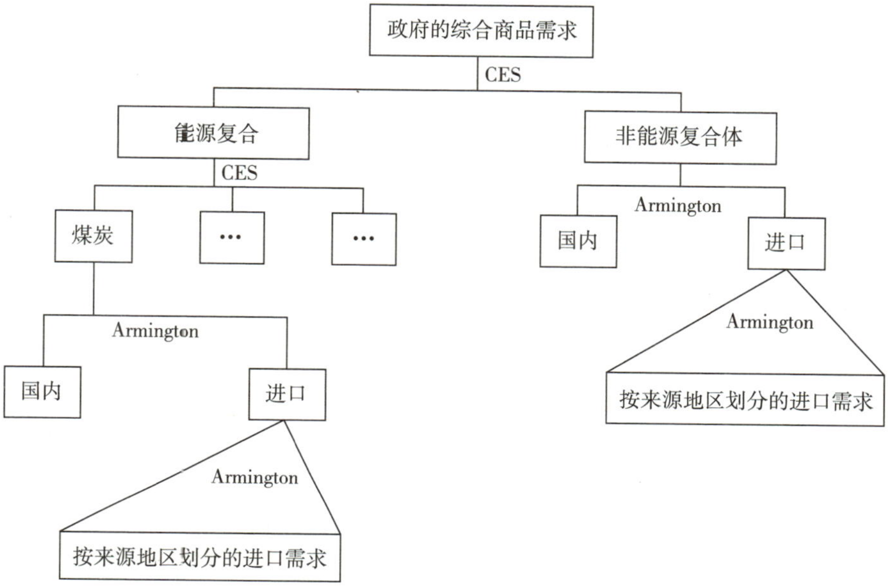

图 6-3　GTAP 模型的政府消费结构

具体来看，在 GTAP-E 模型中，政府、私人部门和投资对产品的消费选择被重新构建为能源产品与非能源产品的聚合函数。其中，私人家庭消费由各自的固定差异弹性函数（CDE）决定能源产品和非能源产品的消费结构；政府消费和投资消费都根据常替代弹性函数（CES）决定能源产品和非能源产品的消费。而能源产品组内和非能源产品组根据 Armington 假设决定国内和国外产品的消费选择。

6.1.1.3　碳排放模块

GTAP-E 模型的数据库在 GTAP 数据库的基础上增加了各国家或地区的二氧化碳排放数据。该模型假定二氧化碳的排放量与排放源的使用量成正比。具体到 r 地区消费 i 产品所产生的二氧化碳排放总量为 r 地区企业、私人部门、政府消费 i 产品时产生的二氧化碳总和。具体计算公式如下：

$$CO_{2r,\ i} = CO_2DG_{r,\ i} + CO_2DP_{r,\ i} + CO_2IG_{r,\ i} + CO_2IP_{r,\ i} + \sum_i CO_2IF_{i,\ j,\ r} + \sum_i CO_2DF_{i,\ j,\ r} \tag{6-1}$$

式中，i 代表市场上供应的某种产品；j 代表不同的市场活动；r 代表地区。

6.1.1.4　碳交易模块

GTAP-E 模型为了体现国家间的碳排放权交易，将世界上的所有国家分成两个区域（Blocks）。其中一个区域允许各国之间开展碳排放许可证交易；另一个区域代表不存在碳交易。模型假定，在碳交易机制存在的情况下，各国的碳排放配额与实际的碳排放量可以不同，但是区域/国家组的碳配额和碳排放总量必须是相同的。由于碳交易量使国家组实施的碳税税率相同，所以碳税 NCTAXB 是一个区域级的变量。此外，GTAP-E 模型为了保证政策模拟时可以调整或者放松碳排放限制，引入了一个碳配额购买变量（$pempb_b$），具体公式如下：

$$pempb_b = gco_2tb_b - gco_2qb_b \tag{6-2}$$

在一般情形下，将 $pempb_b$ 设置为内生变量，NCTAXB 为外生变量；当在模拟碳交易情景下，$pempb_b$ 为外生变量，NCTAXB 为内生变量。

在存在碳交易情况下，各地区的碳配额被设定为外生变量，这些地区的碳配额加总后即构成了国家组的碳配额总量。反之，在不存在碳交易的情况下，这些配额变量则失去了其意义。为了使模型求解，模型引入了如下公式：

$$pemp_r = gco_2t_r - gco_2q_r \tag{6-3}$$

通过区域购配额变量，可以将各国/地区的碳配额与各国/地区的实际排放联系起来。一般情形下，将 gco_2q 设置为内生变量，pemp 设置为外生变量；当模拟碳交易情景时，gco_2q 设置为外生变量，pemp 设置为内生变量。

6.1.1.5　碳税设置

模型将 NCTAXB 视为一个名义税率。当 NCTAXB 为外生变量时，会使初始碳税税率不为 0，这将导致模型价格呈现差异。因此，为了提供一个价格同质的无约束碳排放闭合条件，GTAP-E 模型进一步引入了区域层面的实际利率 RCTAX，具体计算公式如下：

$$RCTAX_r = \left[\frac{1.0}{PIND_r}\right] \times [NCTAXB(REGTOBLOG_r) - 0.01 \times NCTAXLEV_r \times p_r] \tag{6-4}$$

6.1.1.6　税收收入变化

模型引入了碳税后，市场主体面临两种从价税率，即旧的从价税率和新的碳税率。为此，GTAP-E 模型重新定义了相关变量来区分这两种税率。其中 VDFANC 表示企业对国内产品的消费，VDPANC 表示私人部门对国内产品的消费，VDGANC 表示政府对国内产品的消费，VDINC 表示投资对国内产品的消费。各主体的消费价格相应进行了修订，以企业对国内产品的消费价格为例，具体公式如下：

$$pfd_{i,j,r}=SHVDFANC_{i,j,r}\times(pm_{c,r}+tfd_{i,j,r})+100.0\times CO_2DFVCFA_{i,j,r}\times NCTAXB(REGTOBLOC_r) \quad (6-5)$$

式中，SHVDFANC 表示免碳税增加值在碳税增加值中所占份额（等于 VDFANC/VDFP）；CO_2DFVCFA 表示碳强度（等于碳排放量/增加值）。需要注意的是，该等式替代了之前在标准模型中的公式（5-42）。

$$pdf_{i,j,r}=pds_{i,r}+tfd_{i,j,r} \quad (6-6)$$

当碳税初始值为 0 时，SHVDFANC = 1，NCTAXB 在碳税中为 0。

相应地，在总收入公式也添加了碳税收入，具体公式如下：

$$INCOME_r\times y_r = FY_r\times fincome_r + 100.0\times INCOME_r\times del\_indtaxr_r + INDTAX_r\times y_r + 100.0\times DVCO_2TRA_r + 100.0\times\sum_i CTAX\_COMM_{r,i}\ c\_TAX_{r,i} + INCOME_r\times incomeslack_r \quad (6-7)$$

其中，碳交易净收入变化由 $DVCO_2TRA$ 表示，具体计算公式如下：

$$DVCO_2TRA_r=CO_2Q_r\times NCTAXLEV\times 0.01\times gco_2q_r-CO_2T_r\times NCTAXLEV\times 0.01\times gco_2t_r+(CO_2Q_r-CO_{2T})\times NCTAXB(REGTOBLOC_r) \quad (6-8)$$

DTBLACTRA 代表贸易均衡，其中包含了净排放收入：

$$DTBALCTRA_r=DTBAL_r+DVCO_2TRA_r \quad (6-9)$$

6.1.2 模型数据库

6.1.2.1 参数

GTAP-E 模型中新增了多项替代弹性参数，包括资本与能源投入的替代弹性、电力与非电力能源投入的替代弹性、煤炭与非电力能源的替代弹性、其他非电力与非煤炭能源投入的替代弹性、资本—能源投入与劳动及土地间的替代弹性等。

6.1.2.2 碳排放数据

企业、家庭、政府能源消费导致的碳排放数据，单位为百万吨二氧化碳（Mt CO_2）。其中能源消费包含煤炭、原油、天然气与成品油，数据库包含不同行为主体使用不同能源产生的碳排放数据。

6.1.2.3 碳税/碳配额数据

数据来源主要为 GTAP 数据库。最新的 GTAP 第 11 版数据库包含 141 个国家和地区、19 个加总区域以及 65 个产业部门。GTAP-E 模型包含煤炭、原油、天然气、石油制品和电力 5 个能源产品。

6.2 GTAP-E-Power 模型

GTAP-E-Power 对 GTAP-E 模型进行了扩展，纳入了输配电及核、煤、天然气基础负荷、天然气峰值负荷、石油基础负荷、石油峰值负荷、水力基础负荷、水力峰值负荷、风能之间的替代、太阳能和其他形式的电力之间的替代。电力替代用嵌套的附加常数替代弹性表示，与传统的常数替代弹性不同，它确保每种技术的发电需求总和等于发电总需求。

6.2.1 模型结构

可计算一般均衡（CGE）建模被广泛应用于全球经济分析，特别是在评估能源和气候政策的影响方面。然而，与电力部门相关的信息不足限制了许多模型解决如技术相关政策和生产力变革等新兴问题的能力。未来在 CGE 框架中分析特定的发电技术变化或政策影响需要两个关键要素：首先，在详细的电力数据库中准确识别这些技术；其次，能够模拟这些发电技术在最终的电力生产中的相互替代关系。

GTAP-E 模型包括资本—能源和燃料间的替代，是在 CGE 模型中引入电力替代以促进详细分析电力需求的理想模型。如图 6-4 所示，GTAP-E-Power 是对 GTAP 数据库的进一步分解，它将电力（“ely”）分为传输和分配（“TnD”）以及 11 种发电技术，包括核能、煤炭、天然气基础负荷、天然气峰值负荷、石油基础负荷、石油峰值负荷、水力基本负荷、水力峰值负荷、风能、太阳能和其他发电技术。通过最小化每项技术的均化成本所隐含的总值与生产数据之间的偏差来构建数据库，使总值在一般均衡一致性下等于原始 GTAP 数值。

在此过程中，由多种商品组成的虚拟电力商品取代了 GTAP-E 模型的电力部门。这一虚拟商品涵盖了虚拟发电设备、基本负载设备和峰值设备，它们模拟 GTAP-Power 中列举的发电技术之间的替代关系。这些虚拟商品只是数据库中实际生产商品（如核能、煤炭）的集合。

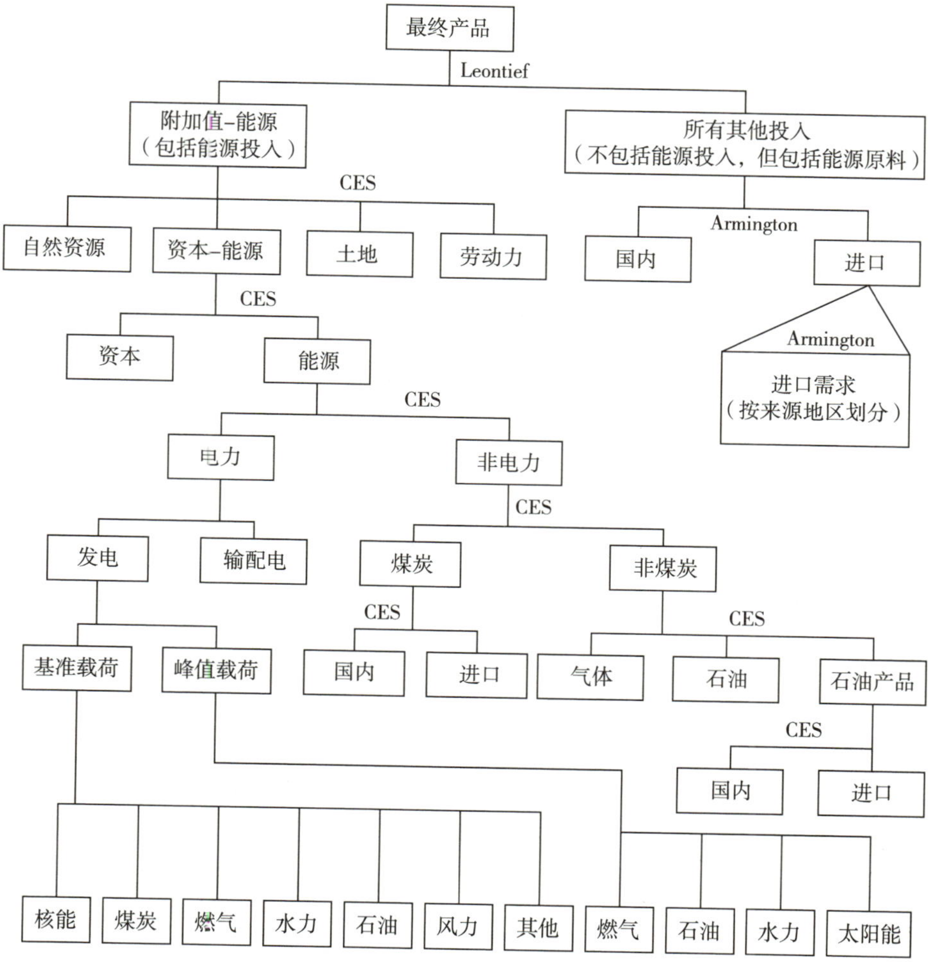

图 6–4　GTAP–E–Power 模型的生产结构

6.2.1.1　发电、输电及配电

如图 6–5 所示，电力部门由发电（即生产）、输配电两部分组成。在这里，输电和配电功能相似，因此被合并视为一个统一的服务部门即传输和分配（T&D），其需求与虚拟发电产品呈固定比例关系（Leontief）。这意味着，如果电力需求增加 5%，发电量必须增加 5%，输配电服务亦必须增加 5%。

6.2.1.2　基础和高峰负荷

电力部门的一个独特特征是供应必须实时满足需求，需求在日、周及季节变化中存在显著波动。由于发电技术的技术限制，无法立即调整利用率以应对这些

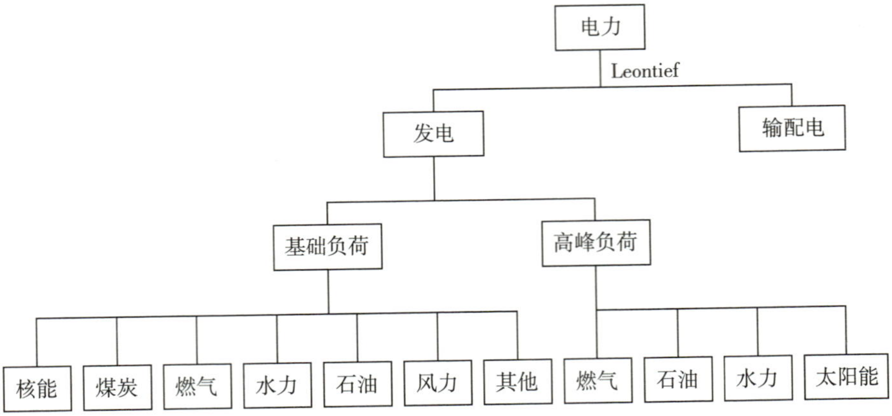

图 6-5 GTAP-E-Power 模型嵌套电力替代弹性

波动。例如，燃煤电厂无法根据日常需求调整利用率，通常将其归类为“基本”负荷，这意味着它可以提供白天的基本发电量，但在满足需求增长或“高峰”需求时不具备竞争力。

相反，油气动力能够快速调整运行，在满足高峰需求方面具有竞争力。根据现行燃料价格，这些燃料在基本负荷技术方面同样具备竞争力。这一发电特性导致其技术分为虚拟基本负荷（BL）和峰值（P）嵌套。如图 6-6 所示，在基本负载嵌套内替代核能 BL、煤炭 BL、燃气 BL、水力 BL、石油 BL、风力 BL 和其他 BL，而在峰值负载嵌套内替代燃气 P、石油 P、水力 P 和太阳能 P。

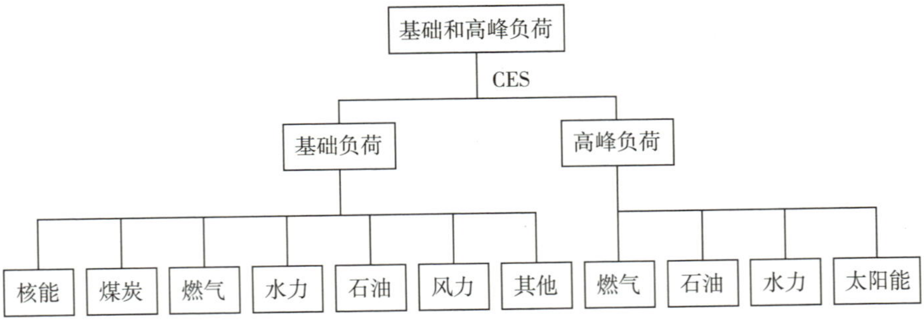

图 6-6 GTAP-E-Power 模型基础和高峰负荷

虚拟商品的基础和峰值电力需求存在固定比例（Leontief）关系。这意味着，电力需求的负荷曲线与基峰和峰谷之间的相对价格是独立的。

6.2.1.3　发电技术

GTAP-E-Power 模型采用 ACES 公式来代表各项技术的电力需求。与 CES 中的成本最小化相反，ACES 关注的是最小化成本的（无）效用。在电力行业，成本的无效性可以解释为满足复杂需求的平均成本和各种可靠性成本的组合（Peters & Hertel，2017）。在电力背景下，无效用反映了这样一个事实，即是电力系统运营商面临的平均发电成本并不完全代表其全部支出。除发电成本外，运营商还承担着平衡运行容量储备、无功服务、同步冷凝和黑启动服务的成本，这些成本侧重供应的可靠性，是用于发电技术的函数系统。基本负载功率的系统问题公式如下：

$$\min_{q_t^g} U^B = \left[\sum_{\forall t \in B} (p_t^g \times q_t^g)^{\rho} \right]^{\frac{1}{\rho}} \tag{6-10}$$

约束公式如下：

$$Q^B = \sum_{\forall t \in B} q_t^g \tag{6-11}$$

式中，基础负荷技术的集合为 B，q_t^g 表示技术的发电量，p_t^g 表示技术的发电价格，Q^B 表示基础负荷电力的总发电量，U^B 表示基础负荷的供给和效用，ρ 是一个参数。同样的公式也可用于峰值负载技术。

式（6-11）的约束确保 ACES 公式保留电力替代弹性的可加性。在美国的部分均衡分析中使用相同的电力替代表示、2002~2012 年的价格和发电数据估计替代参数，以及 1.386 和 0.472 的 ACES 替代参数分别用于基本和峰值负荷嵌套；这些值是 GTAP-E-Power 中所有区域的默认参数。

6.2.2　模型特点

6.2.2.1　各发电技术生产

GTAP-E 模型的关键特点之一是，它允许行业在生产过程中替代资本和能源以及不同类型的燃料。例如，能源密集型工业可以进行资本改进以提高能源效率。它们还可以根据市场价格变动改变燃料使用情况（即煤炭、石油、天然气或电力）。GTAP-E 模型适用于 GTAP-E-Power 中的所有生产部门，但在发电技术背景下有重要的解读。

发电变化受电力利用、扩张及其相互依存关系影响（Peters & Hertel，2017）。电力利用由两种机制驱动，即可调度性和电力替代。电力替代是一个跨部门的参数，而可调度性特定于技术，与技术根据现有容量调整利用率的能力有关。

可调度的技术可以替代额外的运营和燃料成本，而不可调度的技术无法调整利用率，只能通过扩容来扩大发电量，但技术的限制性阻止了在固定容量情况下几种技术对发电量的调整。

这为每种发电技术选择的禀赋—能源和资本—能源参数值提供了参考。在类似上述静态模型中，可调度技术（CoalBL、GasBL、OilBL、GasP、OilP、OtherBL）在禀赋能源和资本能源嵌套中具有非零的 CES 参数值。禀赋能量嵌套代表劳动力替代资本的能力，而可调度的技术可以通过增加劳动力来提高产量。因此，可调度技术的默认禀赋能源 CES 参数可与能源密集型行业的参数保持一致。

同样，技术可调度性越高，资本—能源的替代性越大。GTAP-E-Power 默认燃气和燃油电力的资本能源 CES 参数为 1.0、CoalBL 的参数设置为 0.5、其他 BL 设置为 0.1。不可调度技术（NuclearBL、HydroBL、WindBL、HydroP、SolarP）在禀赋能源巢中的价值为零，并且没有显著的能源需求，这意味着在资本生产力没有变化的情况下，资本需求与需求成固定比例。换句话说，不可调度技术发电变化必须由产能退出或扩张来驱动。

6.2.2.2　企业需求

GTAP-Power 数据库的一大特性是企业需要单独的技术，而不是综合的国家电力产品。其目的在于允许某些企业（如制造业）需要更多的基本负载类型技术，并允许其他企业（如服务业）采用更多的峰值负载类型技术。现行版本的 GTAP-Power 数据库假设企业需要相同的技术份额，该方法更灵活通用。GTAP-E-Power 的优势是能够利用 GTAP-Power 数据库，但在计算复杂性和时间方面略有不足。

6.2.2.3　家庭和政府需求

与企业类似，家庭和政府可能需要特定的技术。同样，类似于稳定需求，家庭和政府对电力的需求与生产的份额相同，需求的嵌套结构亦遵循生产模式。但是 GTAP-E-Power 提供了一个方法改变这一假设。

综上所述，GTAP-E-Power 模型的特点如下：首先，要求输电和分配与总发电量成固定比例。然而，技术受地理位置的限制，影响输电和发电之间的成本分配。其次，为使用基于 GTAP 的模型进行电力相关政策研究提供了平台，但规范、参数化和校准受具体研究问题驱动。最后，单一替代机制即发电方面的嵌套替代可能无法完全反映电力部门的实际情况。与此类似，GTAP-E-Power作为一个静态模型，不能直接描述变化轨迹。为模型引入能够跟踪电力资本动态积累的过程，有助于区分不稳定的长期容量和短期容量利用率变化。然而在实践中，资本并没有精确映射到电力动态CGE模型中的容量，并且这些模型是以发电量变化而非上述容量的利用和扩展机制进行校准的。同时，结合双重替代机制或动态都需要额外的数据和限制性假设。尽管存在上述限制，GTAP-E-Power通过结合基础负荷和高峰负荷发电技术之间的替代以及输配电的特性，增加了CGE建模者探索电力在全球经济中作用的兴趣。基峰分离和ACES规范的实施克服了其他详细静态CGE模型的关键限制，并使资本密集型发电技术对政策和技术冲击的反应更加清晰。此外，GTAP-E-Power模型便利了对特定技术政策和不均衡生产力提升的研究，是详尽电力CGE建模分析的通用工具，可以为全球政策分析增加必要的解决方案。电力替代的描述可以使用现有的全球发电数据进行校准，无需更复杂的模型或动态CGE模型所需的强假设。未来的研究方向是在GTAP框架中捕捉发电变化（即容量和利用）的双重机制，然而这仍需探索一些未知的数据。

6.3 GDYN模型

6.3.1 模型框架

动态全球贸易分析模型（Dynamic Version of the Global Trade Project，GDYN）是由美国普渡大学开发的，以全球经济为背景的多区域、多部门的递归动态CGE模型。GDYN模型是标准GTAP模型的一个拓展，它保留了标准GTAP模型的主要特征：生产技术规模报酬不变、完全竞争市场假设和产品来源的差异化，同时加入了跨地区资本流动、资本累积以及投资的适用性预期等机制，可以模拟外生政策冲击后各地区经济变化情况（Costantini & Sforn，2020），因此被广泛应用于国际贸易、环境保护和财税政策评估中（Lakatos & Walmsley，2012）。

如图6-7所示，GDYN模型为各国分配一个总收入账户，该账户汇总了所有收入来源，包括资本所得、工资收入和进口关税等。区域总收入被分配到储蓄、居民消费和政府消费之间，遵循柯布—道格拉斯（Cobb-Douglas）效用函数形式（Cui et al.，2019）。对于居民消费，由于居民消费边际替代率不仅依赖于不同商品的相对比例，还与商品消费数量有关。因此，GDYN 模型采用了非齐次（Non-Homothetic）固定差异替代弹性（CDE）效用函数的设定形式，该设置有助于使用自价格弹性、交叉价格弹性及收入弹性等数据校准居民消费行为（Markandya et al.，2015）。

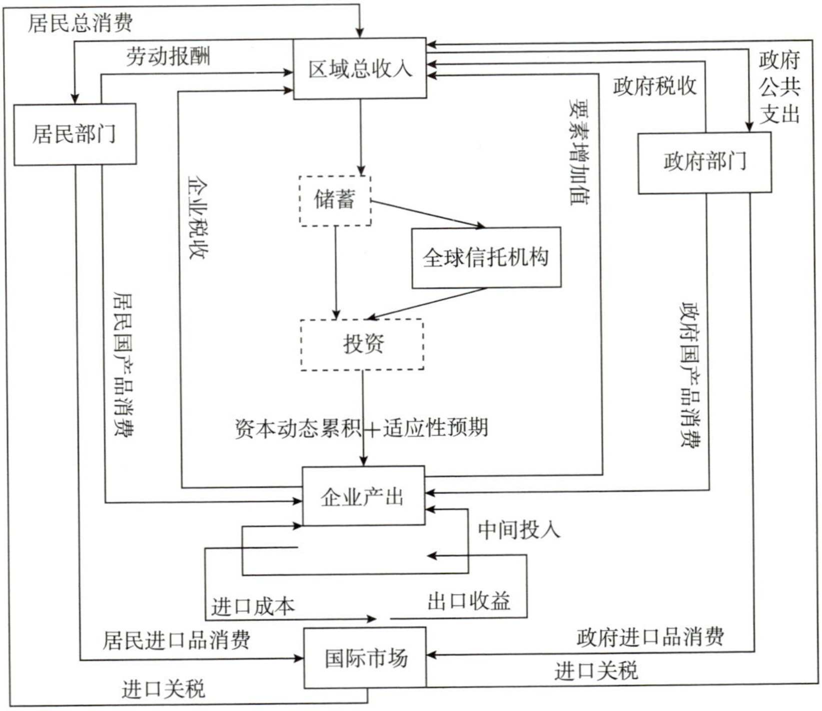

图 6-7 GDYN 模型的主要架构

6.3.2 模型理论

6.3.2.1 资本积累

在资本积累方面，GDYN 模型主要考察资本存量、预期资本回报率和新增投资三者之间的作用关系。下面介绍资本积累的过程，式（6-12）~式（6-14）展示了资本积累的过程。

$$QKE_{j,r} = QKB_{j,r} + \int_{TIME\_0}^{TIME} NETQINV dt \tag{6-12}$$

$$QKB_{j,r} \times \frac{kb_{j,r}}{100} = NETQINV_{j,r} \times time \tag{6-13}$$

$$NETQINV_{j,r} = QINV_{j,r} - DEPR_{j,r} \times QKB_{j,r} \tag{6-14}$$

式（6-12）是资本存量的积分方程，其中，j 部门在 r 地区的期末资本存量用 $QKE_{j,r}$ 表示，期初资本存量用 $QKB_{j,r}$ 表示，净投资用 $NETQINV_{j,r}$ 表示。公式（6-13）是公式（6-12）的微分形式，其中，期初资本存量的百分比变化用 $kb_{j,r}$ 表示，时间的百分比变化用 time 表示。式（6-14）为净投资方程，其中，$QINV_{j,r}$ 代表当期投资，$DEPR_{j,r}$ 代表资本折旧率。

将 time 设置为 1 年，并定义一个逐年连接动态关系的外生变量 del_ Unity，则根据式（6-13）和式（6-14）可以得到：

$$QKB_{j,r} \times kb_{j,r} = 100 \times (QINV_{j,r} - DEPR_{j,r}) \times del\_Unity \tag{6-15}$$

6.3.2.2 投资理论

在静态 GTAP 模型中，投资主要由两种方式决定：第一种假设投资与资本存量的比例固定；第二种假设投资受资本回报率驱动。而在 GDYN 模型中，模拟需要逐年进行，一般假定投资由资本回报率决定。下面将探讨资本供应函数以及资本的实际与预期回报率。

（1）资本供应函数

逐年动态模拟主要做出两个假定：首先，各部门在不同地区资本存量的增长率受到资本供给方程的影响；其次，投资者更倾向于将投资增加到预期资本回报率更高的部门。需要指出的是，在现实中，投资者往往是风险厌恶者，预期的资本回报率越高，其投资可能性越低。

动态投资理论可以将生产部门的预期均衡收益率与其当前资本增长率联系起来，因此，模型中资本供应函数具有 Logistic 反函数形式的关系，具体如下：

$$\begin{aligned} EEQROR_{j,r} = {} & (RORN_{j,r} + F\_EEQROR\_J_r + F\_EEQROR_{j,r}) + \left(\frac{1}{C_{j,r}}\right) \times \\ & [\ln(K\_GR_{j,r} - K\_GR\_MIN_{j,r}) - \ln(K\_GR\_MAX_{j,r} - K\_GR_{j,r}) - \\ & \ln(TREND\_K_{j,r} - K\_GR\_MIN_{j,r}) + \ln(K\_GR\_MAX_{j,r} - TREND\_K_{j,r})] \end{aligned} \tag{6-16}$$

其中，资本均衡预期回报率用 $EEQROR_{j,r}$ 表示；部门正常的资本回报率用

$RORN_{j,r}$ 表示，通常利用历史时期平均资本回报率进行估算；允许资本供给曲线的垂直变化量用 F_EEQROR 表示；$C_{j,r}$ 是一个大于 0 的参数；资本增长率用 $K\_GR_{j,r}$ 表示，最低可能的资本增长率用 $K\_GR\_MIN_{j,r}$ 表示，通常用折旧率的负值表示；而 $K\_GR\_MAX_{j,r}$ 是资本增长率可能的最大值，一般通过加总正常的资本增长率和 DIFF 得到，通常 DIFF 被设定为 10%；部门正常的资本增长率是 $TREND\_K_{j,r}$，主要是利用历史时期观察得到的资本增长率。

$F\_EEQROR\_J_r$ 和 $F\_EEQROR_{j,r}$ 可以使资本供给曲线（见图 6-8）（这里假定 $F\_EEQROR\_J_r$ 和 $F\_EEQROR_{j,r}$ 都为 0）垂直移动，$C_{j,r}$ 是一个大于 0 的系数，在 K_GR = TREND_K 时它和资本供给曲线斜率的倒数相关。

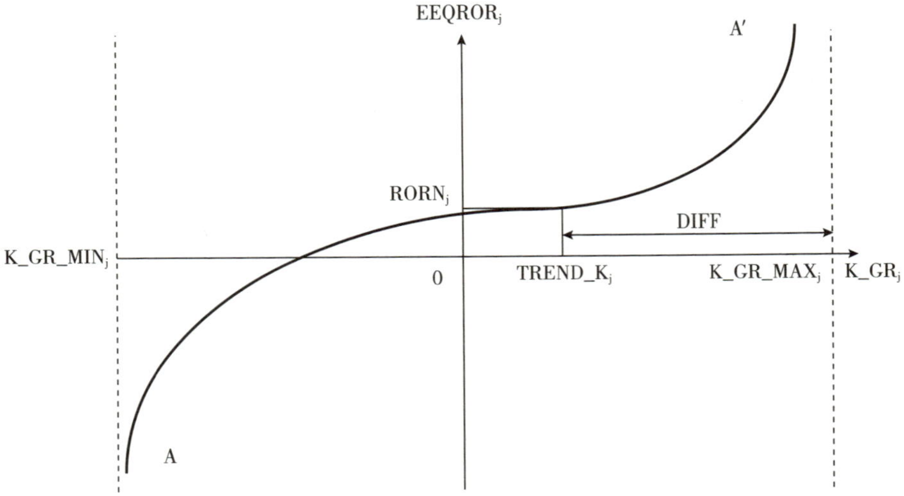

图 6-8　地区部门资本供应曲线

首先，假设 $F\_EEQROR\_J_r$ 和 $F\_EEQROR_{j,r}$ 都为 0。由式（6-16）可知，就地区 r 而言，为使 j 部门在 t 年能够吸引到足够的投资以实现资本增长率达到 $TREND\_K_{j,r}$，就必须要求其预期资本回报率达到 $RORN_j$ 水平。若 j 部门的资本增长率高于 $TREND\_K_j$，则该部门的资本回报率必定高于其历史水平 $RORN_j$；相反，若该部门预期资本回报率低于历史时期的观测值，假设不存在非均衡情况，投资者将缩减对该部门的资本供给，确保资本供给不超过维持 $TREND\_K_j$ 所需的水平。

其次，考虑 $F\_EEQROR\_J_r$ 和 $F\_EEQROR_{j,r}$ 不为 0 的情形。若 $F\_EEQROR\_J_r$ 不为 0，则在地区 r 内的所有部门的资本供给曲线都将沿着 $EEQROR_j$ 垂直移动相同的距离，从图 6-8 中的 AA′线可见。若 $F\_EEQROR_{j,r}$ 不为 0，则可以使在地区 r 内各个部门资本供给曲线的位置发生不同的变动，在此不做详细的说明。

最后，关于参数 $C_{j,r}$ 的计算做进一步的讨论说明。在地区 r，j 部门的资本增长对其均衡预期资本回报率的弹性由参数 $C_{j,r}$ 决定，确定 $C_{j,r}$ 的方程如下：

$$C_{j,r}=\left[\frac{\partial EEQROR_{j,r}}{\partial K_{GR_{j,r}}}\bigg|_{K_{GR_{j,r}}=TREND_{K_{j,r}}}\right]^{-1}\times \left[\frac{K\_GR\_MAX_{j,r}-K\_GR\_MIN_{j,r}}{(K\_GR\_MAX_{j,r}-TREND\_K_{j,r})(TREND\_K_{j,r}-K\_GR\_MIN_{j,r})}\right] \quad (6-17)$$

如果将图 6-8 中资本供给曲线斜率的倒数给定一个数值，则 $C_{j,r}$ 的值就可以通过 $K\_GR_{j,r}=TREND\_K_{j,r}$ 来求解得到，但这个条件并不容易达到，所以可以得到一个估计值 SMURF（即所有部门的资本增长对其均衡预期资本回报率的弹性平均值）[见式（6-18）]，并利用这个估计值来计算得到 $C_{j,r}$ 的值。

$$\left[\frac{\partial EEQROR_{j,r}}{\partial K\_GR_{j,r}}\bigg|_{K\_GR_{j,r}=TREND\_K_{j,r}}\right]^{-1}=SMURF_{j,r} \quad (6-18)$$

（2）资本的实际和预期回报率

在 GDYN 模型中，计算部门 j 在 t 年购买一单位的实物资本（Physical Capital）现值（Present Value）的方法如下：

$$PV_{j,t}=-\Pi_{j,t}+\frac{Q_{j,t+1}\times(1-T_{t+1})+\Pi_{j,t+1}\times(1-D_j)}{1+WACC_t} \quad (6-19)$$

式中，部门 j 在 t 年购买或建造一单位资本所花费的成本用 $\Pi_{j,t}$ 表示；部门 j 在 t+1 年的资本租金（一单位资本的使用成本）用 $Q_{j,t+1}$ 表示；第 t+1 年对所有部门的资本收入征收的税率用 T_{t+1} 表示；资本折旧率用 D_j 表示；$WACC_t$（Weighted Average Cost of Capital）代表 t 年的税后名义融资成本，通常作为折现率使用，一般用企业直接和间接融资成本的加权平均来计算。由于 GTAP 模型中对金融产品没有进一步的细分，通常假定企业是以直接融资取得资本。因此，使用 $WACC_t$ 表示第 t 年总的融资成本。

从式（6-19）可以看出，在计算实物资本现值时，假设部门 j 在 t 年购买一单位的实物资本产生了一笔当期支出，但需要注意的是，在此后一年中将产生两项收益，但该收益需要使用 $1+WACC_t$ 折算成现值。其中第一项收益 $Q_{j,t+1}\times(1-T_{t+1})$ 是在 t+1 年一单位新增资本带来的税后租金，第二项收益 $\Pi_{j,t+1}\times(1-D_j)$ 则是在 t+1 年出售一单位经过折旧的资本额。

为了计算资本的回报率，将式（6-19）两边同时除以 $\Pi_{j,t}$，1 美元投资额的现值 $ROR\_ACT_{j,t}$ 代表第 t 年部门 j 实物资本的实际回报率，于是得到如下公式：

$$ROR_{ACT\,j,t}=-1+\frac{Q_{j,t+1}/\Pi_{j,t}\times(1-T_{t+1})+\Pi_{j,t+1}/\Pi_{j,t}\times(1-D_j)+PALPH\times T_{t+1}\times D_j\times\Pi_{j,t+1}/\Pi_{j,t}}{1+WACC_t\times(1-T_{t+1})} \tag{6-20}$$

由于模型中资本增长和投资依赖于预期的资本回报率，接下来将介绍预期资本回报率的计算。GDYN 模型提供静态预期和前瞻性预期两种确定预期资本回报率的方式，本书主要介绍静态预期。静态预期假设投资者预期税率不变，即在 t+1 年和 t 年对所有部门的资本收入征收的税率维持不变，而租金 Q_j 和资产价格 Π_j 则预期其以每期通货膨胀率 INF 的速度增长。在这些假定下，投资者对于 $ROR\_ACT_{j,t}$ 的预期 $ROR\_SE_{j,t}$ 表示如下：

$$ROR\_SE_{j,t}=-1+Q_{j,t}/\Pi_{j,t}\times(1-T_t)+\frac{(1-D_j)_j}{1+R\_WACC\_SE_t} \tag{6-21}$$

式中，实际税后利息的静态预期由 $R\_WACC\_SE_t$ 来表示，主要由下式决定：

$$1+R\_WACC\_SE_t=\frac{1+WACC_t}{1+INF_t} \tag{6-22}$$

此外，全球 GTAP 模型包含一个金融资本市场，而全球资本市场的出清决定了全球融资成本，因此，根据利率平价理论（Interest Rate Parity Condition），假设各地区的真实融资成本与全球资本融资成本连动，实际税后利息的静态预期也可以表示如下：

$$R_{WACC_{SE_{t_r}}}=RORE_r=RORG \tag{6-23}$$

6.3.2.3　金融资产及相关收入

之所以区分资产所在地和所有权，是为了更准确地模拟国际资本的流动性，因此，我们在 GDYN 模型中引入了金融资产的概念。在此模型中，企业直接拥有自己的物质资本，而家庭通过拥有金融资产的方式间接拥有物质资本。下面将讨论如何在 GDYN 模型中确定各个经济主体的金融资产和负债，以及相关的收入和支出问题。为此，本小节的主要内容为：①讨论金融资产的一般特征；②解释模型中变量的命名规则；③阐述资产积累过程；④分析企业和家庭的资产与负债；⑤讨论全球信托的资产和负债；⑥金融资产所产生的收入。

（1）一般特征

GDYN 模型在不造成外国账户泄露的前提下，引入金融资产的目的是更准确地模拟国际资本的流动。在设置金融资产时，GDYN 模型对于金融资产的处理是简约并且高度程式化的，其处理方式主要包括以下两点：首先，由于在模型中短期并不要求回报率达到平衡，因此需要确定总的所有权价值，这意味着必须清楚总的国外资产和负债情况。其次，研究更倾向于处理数据要求简单的国外资产，这是因为一方面为了减少扩展模型数据结构带来的负担，另一方面避免国外资产和负债的数据有限性和不一致性导致的偏误差。因此，在进行区域划分时，希望各国能专业地持有本地资产而非均衡持有全球资产组合。

鉴于此，可确定金融资产模块的基本特征：

1）在选择金融资产的方法上，模型采纳了临时或启发式的方法，而没有采用金融理论方法。虽然金融理论方法能帮助投资者将消费、储蓄以及风险和回报的权衡联系起来，从而实现理性和严谨的福利分析，但这种方法会显著增加模型的复杂度和使用难度。此外，金融行为时常与理论预测不一致，理论往往无法解释现实中国家间实际回报率的显著差异等现象。

2）为实现国际资本流动，在资产组合中除了考虑物质资本，还需要包含劳动力以外的其他初级生产要素，如农业用地和其他自然资源（这是标准 GTAP 模型第四版中的设定）。在 GDYN 模型中，为了简化物质资本被设定为支撑金融资产的主要资产，公司不仅拥有这些物质资本，还可以租用土地和自然资源，而区域家庭则通过拥有他们租给公司的土地和自然资源从而间接实现金融资产对物质资产的所有权。

3）真实世界中的金融资产主要分为货币、债务和股票三类。为了促进国际资本流动，GDYN 模型在对金融资产选择时只包括股权这一类金融资产，即公司仅拥有物质资产，不持有负债。根据资产负债恒等式（资产=负债+所有者权益），公司的股本价值等同于其持有的物质资本。

4）关于持有公司股权的问题，若假设各个区域家庭都能持有所有区域的公司股权，则需要详尽的资产和负债双边数据。然而，由于受现有数据的不足和内部不一致性的限制，这一假设难以实现。为了尽可能减少对数据的需求，GDYN 模型中创设了“全球信托”（Global Trust）这一虚拟组织，充当所有外国投资的金融中介机构。在该模型中，区域家庭仅在当地公司和全球信托中持有股权，而全球信托则持有所有地区的公司股权。全球信托机构不承担负债，也不持有除各区域公司股权以外的其他资产，因此，根据资产负债恒等式，信托机构持有的总资产就是信托机构的总股本价值。如图 6-9 所示，在每个区域的公司都有一个股本价值 WQ_FIRM_r，这部分股本价值分为区域家庭拥有（$WQHFIRM_r$）以及全球信托机构拥有（$WQHTRUST_r$）。同时，区域家庭总的金融财富由本地公司的股权 $WQHFIRM_r$ 和全球信托机构的股权 $WQHTRUST_r$ 构成。对于这些变量的关系，后续的内容将进一步探讨。

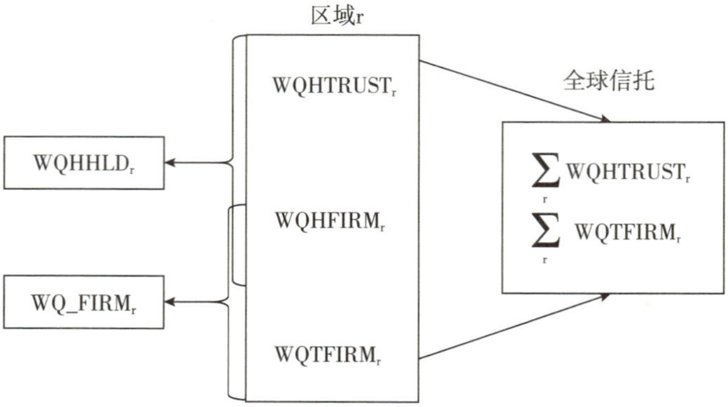

图 6-9　金融资产的框架

5）关于收入以及物质和金融资产的投资，在 GDYN 模型中，投资收益被视为收入的组成部分，而在计算物质资产投资时需要扣除该资产的物理折旧，公司股权和全球信托股权的价值计算则排除了资本收益的影响。这样处理确保了收入和金融资产投资之间的一致性，需要依据金融资产投资总额所得的储蓄与收入相符，并简化所有权变动分解的过程。GDYN 模型中设定了一个不持负债只持有资产的实体，用 W_{Ai} 代表资产 i 的价值，总资产价值用 $W=\sum_i W_{Ai}$ 表示，资产价格和资产数量的百分比变化为 p_{Ai} 和 q_{Ai}，则总资产价值的百分比变化可表示为 $W_w=\sum_i W_{Ai}(p_{Ai}+q_{Ai})$，因此，总资产价值的变化可以分解为实体资产数量变动带来的货币价值变化（$1/100\sum_i W_{Ai}\times q_{Ai}$）及实体资产价格变动带来的货币价值变化（$1/100\sum_i W_{Ai}\times p_{Ai}$）。具体来看，公司总的所有权等于总资产价值，$w=p_Q+q_Q$，$p_Q$ 和 q_Q 分别表示公司股票价格和数量的百分比变化，因此，其可以分解为投资部分（$1/100Wq_Q$）和资本增益部分（$1/100Wp_Q$）。根据传统的投资定义，$Wq_Q=\sum_i W_{Ai}\times q_{Ai}$，$Wp_Q=\sum_i W_{Ai}\times p_{Ai}$，即公司的股票价格和公司的资产价格指数成正比。换个角度来看，模型假设企业和全球信托机构将净收益以股息形式分发给股东，并通过发行新股票来筹集资金购买净资产，这使股息价值的界定对应了模型中对收入以及金融投资的定义。

（2）变量命名规则

GDYN 模型采用了一套系统的符号命名规则，具体如下：百分比变化量用小写字母表示；数据系数、参数、绝对值变化量或普通变量一般用大写字母表示；变量或系数的第一个字符代表其类型，如 W 表示资产价值，Y 表示收入；第二个字符代表其资产类型，如 Q 表示股权；第三个字符指明拥有这项资产或拥有其收入的部门；第四个字符则表示赊欠资产或支付相关收入的部门，如 F 表示在区域公司的投资，T 表示在全球信托的投资，H 表示区域家庭所进行的投资。此外，为了表示名字中未能明确的特性，还引入了下划线，如果下划线位于名字末尾，则没有具体意义。

（3）资本积累

GDYN 模型中的金融资产模块主要集中在两个核心变量，即公司所有权价值和家庭所持有的股本数量。在这个模型设定中，企业有能力购买中间投入品、雇佣劳动力和租赁土地，并且持有固定资本，同时不承担债务，因此，区域 r 中企业的所有权价值 WQ_FIRM_r 等同于固定资本价值，可以通过相应价格和数量的乘积来表示，如下：

$$WQ\_FIRM_r=VK_r=PCGDS_r\times QK_r \tag{6-24}$$

式中，区域 r 的资本产品的价格用 $PCGDS_r$ 来表示，对式（6-24）进行全微分，得到其百分比变化形式，如下：

$$wq\_f_r=pcgds_r+qk_r \tag{6-25}$$

式中，wq_f_r 和 $pcgds_r$ 分别表示 WQ_FIRM_r 和 $PCGDS_r$ 的百分比变化。

由于企业的股权价格 PQ_FIRM_r 与资本品的价格成正比，这两个变量的百分比变化量也应该相等：

$$pq\_f_r=pcgds_r \tag{6-26}$$

式中，pq_f_r 为 PQ_FIRM_r 的百分比变化。与处理资本存量和投资一样，通过使用时间变量，能够捕捉到区域财富和储蓄的内在动态变化。由此，可以推导出区域家庭对国内资产所有权积累的方程，如下：

$$WQHFIRM_r = PQ\_FIRM_r \times \int_{TIME\_0}^{TIME} QQHFIRM_r dt \quad (6\text{-}27)$$

式中，区域 r 本地企业的股票价格由 PQ_FIRM_r 表示，区域家庭购买的本地股票的数量由 $QQHFIRM_r$ 表示。同样，对于区域家庭在全球信托机构的股票也有类似的如下关系：

$$WQHTRUST_r = PQTRUST \times \int_{TIME\_0}^{TIME} QQHTRUST_r dt \quad (6\text{-}28)$$

式中，PQTRUST 表示全球信托的股票价格，QQHTRUST 表示区域家庭购买的全球信托股票的数量，因此，区域家庭的总财富为两者之和。

$$WQHHLD_r = WQHFIRM_r + WQHTRUST_r \quad (6\text{-}29)$$

对式（6-29）展开全微分，得到区域家庭总财富的百分比变化形式如下：

$$WQHHLD_r \times wqh_r = WQHFIRM_r \times pcgds_r + WQHTRUST_r \times pqtrust + 100 \times (VQHFIRM_r + VQHTRUST_r) \times time \quad (6\text{-}30)$$

式中，pqtrust 代表 PQTRUST 的百分比变化。区域家庭在企业新投资的价值由 $VQHFIRM_r$ 表示，也可以表示为 $VQHFIRM_r = PCGDS_r \times QQHFIRM_r$，区域家庭在全球信托机构信投资的价值由 $VQHTRUST_r$ 表示，也可以表示为 $VQHTRUST_r = PQTRUST_r \times QQHTRUST_r$，因此，两者之和就代表了区域家庭的总储蓄，即 $SAVE_r = VQHFIRM_r + VQHTRUST_r$，因此，式（6-30）可以简写为：

$$WQHHLD_r \times wqh_r = WQHFIRM_r \times pcgds_r + WQHTRUST_r \times pqtrust + 100 \times SAVE_r \times time \quad (6\text{-}31)$$

（4）企业和家庭的资产与负债

从金融资产的结构框架（见图 6-9）可以看出，区域企业的股权主要包括区域家庭的股权 $WQHFIRM_r$ 和全球信托的股权 $WQTFIRM_r$。

$$WQ\_FIRM_r = WQHFIRM_r + WQTFIRM_r \quad (6\text{-}32)$$

对式（6-32）进行全微分，得到其百分比变化形式如下：

$$WQ_{FIRM_r} \times wq_{f_r} = WQHFIRM_r \times wqhf_r + WQTFIRM_r \times wqtf_r \quad (6\text{-}33)$$

式中，$wqhf_r$ 和 $wqtf_r$ 分别表示区域家庭股权和全球信托股权的百分比变化。

区域家庭股权包括两个部分（公司股权和全球信托股权），其百分比变化如下：

$$WQHHLD_r \times wqh_r = WQHFIRM_r \times wqhf_r + WQHTRUST_r \times wqht_r \quad (6\text{-}34)$$

式中，$wqhf_r$ 和 $wqht_r$ 分别表示区域企业股权和全球信托股权的百分比变化。

在 GDYN 模型中，投资组合分配理论并未被采用，在长期视角下各地区资本回报率是相等的，而资产组合的分配则无固定模式。短期来看，对于区域间的资本回报率，模型允许其存在差异，这就要求投资者持有多项资产以保证外国所有权净值非零。由于缺乏相应的理论来解释为什么投资者会涉足非最高收益的其他资产，因此，将通过一些非理论原则来决定短期或长期的投资组合的配置。

在做决策时，主要遵循以下三大原则。第一，必须满足 $WQHFIRM_r$、$WQHTRUST_r$ 和 $WQTFIRM_r$ 三个变量的两个恒等式（区域企业股权由区域家庭股权和全球信托股权构成、区域家庭股权由在国内区域公司股权和全球信托股权构成）。第二，这三个变量的取值始终为正。第三，在每个地区的财富分配中，国内和国外资产的初始值尽可能接近，这有助于模型遵循现实经验规律。

为了防止外国资产总额和对外负债总额出现负值（若假设每个区域以固定比例在国内和国外资产之间进行财富分配，就很容易使对外负债成为负数，若假设固定每个地区资金来源的构成，那么当地资本存量的增长就有可能导致外国资产所有权成为负数），熵理论中存在一种方法，这种方法能够在多项限制条件下，将严格为正的总量划分成严格为正的分量，同时尽可能地保持初始份额。

此处，考虑到国内财富在国内和国外股权中的分配份额以及国内和国外资金在当地资本所有权中的份额这两个部分，区域 r 国内财富的份额的交叉熵如下：

$$CEHHLD_r = WQHFIRMSH_r \times \log \frac{WQHFIRMSH_r}{WQHFIRMSH_{0_r}} + WQHTRUSTSH_r \times \log \frac{WQHTRUSTSH_r}{WQHTRUSTSH\_0_r} \quad (6-35)$$

区域 r 家庭股权组合中在本地企业和全球信托中的当前份额分别表示为 $WQHFIRMSH_r$ 和 $WQHTRUSTSH_r$，$WQHFIRMSH\_0_r$ 和 $WQHTRUSTSH\_0_r$ 分别表示他们的初始份额，根据定义，$WQHFIRMSH_r = \frac{WQHFIRM_r}{WQHHLD_r}$、$WQHFIRMSH\_0_r = \frac{WQHFIRM\_0_r}{WQHHLD\_0_r}$、$WQHTRUSTSH_r = \frac{WQHTRUSTSH_r}{WQHHLD_r}$、$WQHTRUSTSH\_0_r = \frac{WQHTRUSTSH\_0_r}{WQHHLD\_0_r}$，式（6-35）又可以写为：

$$WQHHLD_r \times CEHHLD_r = WQHFIRM_r \times \log \frac{WQHFIRM_r}{WQHFIRM_{0_r}} + WQHTRUST_r \times \log \frac{WQHTRUST_r}{WQHTRUST_{0_r}} - WQHHLD_r \times \log \frac{WQHHLD_r}{WQHHLD\_0_r} \quad (6-36)$$

由给定 $WQHHLD_r$ 和 $WQHHLD\_0_r$，则 $CEHHLD_r$ 的最大化就等价于式（6-37）的最大化。

$$FHHLD_r = CEHHLD_r + WQHHLD_r \times \log \frac{WQHHLD_r}{WQHHLD\_0_r} \tag{6-37}$$

同样，$FFIRM_r$ 的最大化等价于本地资本所有权份额相关的交叉熵的最大化：

$$WQ_{FIRM_r} \times FFIRM_r = WQHFIRM_r \times \log \frac{WQHFIRM_r}{WQHFIRM_{0_r}} + WQTFIRM_r \times \log \frac{WQTFIRM_r}{WQTFIRM\_0_r} \tag{6-38}$$

最小化两个交叉熵加权之后的和：

$$WSCE_r = RIGWQH_r \times WQHHLD_r \times CEHHLD_r + RIGWQ\_F_r \times WQ\_FIRM_r \times CEFIRM_r \tag{6-39}$$

这两个交叉熵的权重由对应的总价值 $WQHHLD_r$ 和 WQ_FIRM_r 以及参数 $RIGWQH_r$ 和 $RIGWQ\_F_r$ 确定。如果 $RIGWQH_r$ 数值较大，代表家庭财富的分配几乎被固定，如果 $RIGW\_F_r$ 数值较小，则 $RIGWQH_r$ 数值也较小，表示股权的份额倾向于保持其初始值不变。

最小化两个交叉熵加权之和相当于最小化以下方程：

$$\begin{aligned} F &= RIGWQH_r \times WQHHLD_r \times FHHLD_r + RIGWQ\_F_r \times WQ\_FIRM_r \times FFIRM_r \\ &= RIGWQH_r\left(WQHFIRM_r \times \log \frac{WQHFIRM_r}{WQHFIRM_{0_r}} + WQHTRUST_r \times \log \frac{WQHTRUST_r}{WQHTRUST_{0_r}}\right) + \\ &\quad RIGWQ\_F_r \times \left(WQHFIRM_r \times \log \frac{WQHFIRM_r}{WQHFIRM_{0_r}} + WQTFIRM_r \times \log \frac{WQTFIRM_r}{WQHFIRM\_0_r}\right) \end{aligned} \tag{6-40}$$

为了确定三个财富变量，对受两个恒等式限制的目标函数进行最小化。因此，拉格朗日乘数应该包含受公司价值约束和受家庭财富约束的两个约束公式，其一阶条件包括两个约束和三个与净财富变量相关的方程。

首先，将拉格朗日函数对 $WQTFIRM_r$ 求导，得到：

$$XWQ_{FIRM_r} = RIGWQ\_F_r\left(\log \frac{WQTFIRM_r}{WQTFIRM\_0_r}\right) \tag{6-41}$$

微分后，得到：

$$xwq\_f_r = RIGWQ\_F_r \times wqtf_r \tag{6-42}$$

其中，拉格朗日乘数的百分比变化用 xwq_f_r 代表。

此外，对于国内财富对国外资产和国内资本的所有权，其一阶条件如式（6-43）和式（6-44）所示，式（6-45）和式（6-46）分别为其一阶条件的百分比形式。

$$WQHHLD_r = RIGWQH_r \left(log \frac{WQHTRUST_r}{WQHTRUST\_0_r} + 1 \right) \tag{6-43}$$

$$WQHHLD_r + XWQ_{FIRM_r} = (RIGWQH_r + RIGWQ\_F_r) \times \left(\log \frac{WQHFIRM_r}{WQHFIRM\_0_r} + 1 \right) \tag{6-44}$$

$$xwqh_r = RIGWQH_r \times wqht_r \tag{6-45}$$

$$xwqh_r + xwq\_f_r = (RIGWQH_r + RIGWQ\_F_r) \times xwqhf_r \tag{6-46}$$

其中，$xwqh_r$ 表示 $XWQHHLD_r$ 的百分比变化，$xwqhf_r$ 表示区域特定的漂移变量。

（5）全球信托的资产和负债

GDYN 模型中与全球信托相关的恒等式有三个。首先，全球信托拥有的资产价值等于外国对各区域企业所有权的加总；其次，信托价值等于各区域对外国资产所有权的加总；最后，信托总价值与其资产总价值相等。具体公式如式（6-47）~式（6-49）所示，式（6-50）~式（6-52）分别对应三个恒等式的百分比变化：

$$WQTRUST = \sum_r WQTFIRM_r \tag{6-47}$$

$$WQ\_TRUST = \sum_r WQHTRUST_r \tag{6-48}$$

$$WQ\_TRUST = WQTRUST \tag{6-49}$$

$$WQTRUST \times wqt = \sum_r WQTFIRM_r \times wqtf_r \tag{6-50}$$

$$WQ\_TRUST \times wq\_t = \sum_r WQHTRUST_r \times wqht_r \tag{6-51}$$

$$wqt = wq\_t + wtrustslack \tag{6-52}$$

其中，wqt、wq_t 和 wtrustslack 分别表示 WQTRUST、WQ_TRUST 以及内生自由变量 WTRUSTSLACK 的百分比变化。一般来说，如果模型数据库满足资产核算恒等式，变量 wtrustslack 就内生为 0。

此外，因为资产和所有权的增长可以归于投资和资本增值两个部分，对于第一个恒等式，其资产价值可以利用如下价格方程来计算：

$$pqtrust = \sum_r \frac{WQTFIRM_r}{WQTRUST} pcgds_r = \sum_r WQ\_TFIRMSHR_r \times pcgds_r \qquad (6-53)$$

其中，区域 r 在全球信托总资产中的股权份额用 $WQ\_TFIRMSHR_r$ 来表示。

（6）金融资产收入

如图 6-10 所示，对于金融资产收入可以分成三个阶段进行分析。第一阶段，企业可以购买中间投入、雇佣劳动力和租用土地，拥有固定资本来确定从企业到家庭和全球信托的支付。在纯利润为零的情况下，忽略其他生产要素使用及所得税时，企业的利润即为资本使用成本扣除折旧，利润归股东所有，企业向股东发放的股权收益（YQ_FIRM_r）分成区域家庭（$YQHFIRM_r$）和全球信托（$YQTFIRM_r$）两部分［见式（6-54）~式（6-59）］。

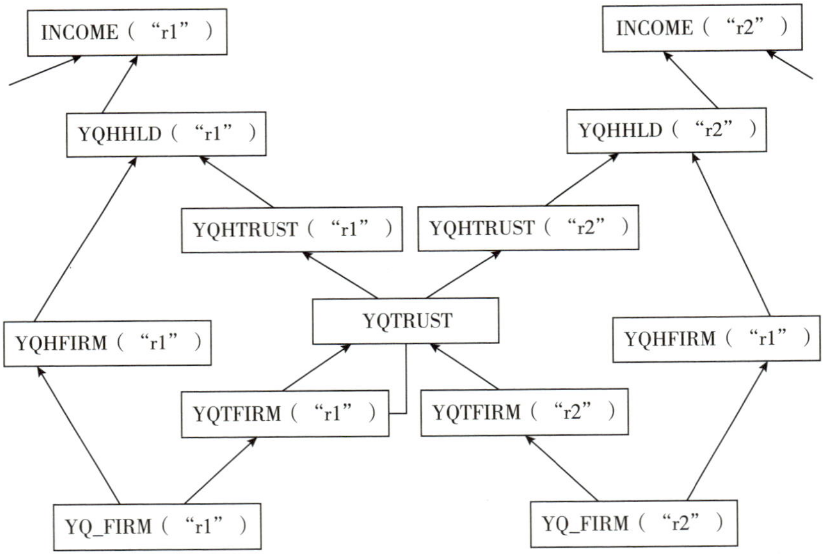

图 6-10　股权收益流动

$$YQ\_FIRM_r = VOA_{capital,r} - VDEP_r \qquad (6-54)$$

$$YQ_{FIRM_r} \times yq_{f_r} = VOA_{capital,r}(rental_r + qk_r) - VDEP_r(pcgds_r + qk_r) \qquad (6-55)$$

$$YQHFIRM_r = \frac{WQHFIRM_r}{WQ\_FIRM_r} \times WQ\_FIRM_r \qquad (6-56)$$

$$yqhf_r = yq\_f_r + wqhf_r - wq\_f_r \qquad (6-57)$$

$$YQTFIRM_r = \frac{WQTFIRM_r}{WQ\_FIRM_r} \times YQ\_FIRM_r \tag{6-58}$$

$$yqtf_r = yq\_f_r + wqtf_r - wq\_f_r \tag{6-59}$$

其中，资本收益价值用 $VOA_{capital,r}$ 表示，资本折旧价值用 $VDEP_r$ 表示，yq_f_r、$rental_r$、$yqhf_r$ 和 $yqtf_r$ 分别表示企业支付收入、资本价格、区域家庭收益和全球信托收益的百分比变化。

第二阶段，计算全球信托总收入，并确定全球信托对区域家庭的支付：全球信托的总收入（YQTRUST）为各地区企业股本收益（$YQTFIRM_r$）的加总，信托在区域家庭中进行分配，金额为 $YQHTRUST_r$［见式（6-60）~式（6-63）］。

$$YQTRUST = \sum_r YQTFIRM_r \tag{6-60}$$

$$yqt = \sum_r \frac{YQTFIRM_r}{YQTRUST} \times yqtf_r \tag{6-61}$$

$$YQHTRUST_r = \frac{WQHTRUST_r}{WQ\_TRUST} \times YQTRUST \tag{6-62}$$

$$yqht_r = yqt + wqht_r - wq\_t \tag{6-63}$$

其中，yqt 和 $yqht_r$ 分别表示 YQTRUST 和 $YQHTRUST_r$ 的百分比变化。

第三阶段，计算区域家庭的金融资产收入（$YQHHLD_r$），其为来自国内企业（$YQHFIRM_r$）的股权收入和来自全球信托（$YQHTRUST_r$）的股权收入［见式（6-64）~式（6-65）］。

$$YQHHLD_r = YQHFIRM_r + YQHTRUST_r \tag{6-64}$$

$$yqh_r = \frac{YQHFIRM_r}{YQHHLD_r} \times yqhf_r + \frac{YQHTRUST_r}{YQHHLD_r} \times yqht_r \tag{6-65}$$

其中，$YQHHLD_r$ 的百分比变化表示为 yqh_r。

6.4 GDYNE 模型

6.4.1 模型框架

动态版能源类全球贸易分析模型（Dynamic and Energy Version of the Global

Trade Project，GDYNE）是由美国普渡大学开发的多区域多部门递归动态 CGE 模型，其以全球经济为背景，因此它综合了 GDYN 模型和 GTAP-E 模型的优点，并在动态机制和生产要素替代假定方面具有优势（Lakatos & Walmsley，2012）。相较于 GDYN 模型，GDYNE 模型允许能源与劳动资本等生产要素之间的替代，从而能更好地模拟劳动力供给短缺时能源市场和资本市场的替代效应。此外，该模型还可以使用历史能源消费数据对关键参数进行校准（Markandya et al.，2015）。与标准 GTAP-E 模型相比，GDYNE 模型引入了跨地区资本流动、资本累积和投资的适用性预期等机制，可以模拟受到外生政策冲击后各地区的经济变动情况（Costantini & Sforna，2020）。

6.4.2 模型设置

6.4.2.1 生产模块

生产模块描述了生产过程中要素投入与产出之间的关系。企业在遵循规模报酬不变、成本最小化或利润最大化的约束下，对要素投入和中间投入进行最优化决策。GDYNE 模型的生产模块与 GTAP-E 模型相似，均采用多层次常替代弹性生产函数，具体生产结构如图 6-11 所示。由图可知，土地、自然资源、劳动力和资本—能源束都是 GDYNE 模型的基本生产要素。其中，资本与能源产品可以相互替代，用 CES 生产函数来描述；能源分为非电力和电力要素，非电力复合要素又可以进一步分解为煤炭和其他化石能源，而其他化石能源可再进一步分解为原油、天然气和成品油，每一级的复合均采用 CES 生产函数进行建模。

6.4.2.2 收入支出模块

与 GDYN 模型一样，GDYNE 模型的收入支出模块包括居民、企业和政府的收支情况。居民的收入主要来自劳动要素报酬和转移支付，而支出主要包括购买商品、缴纳税费和储蓄；生产要素和商品销售是企业收入的主要来源，而其支出主要包括支付劳动者报酬、缴纳税费、企业储蓄和其他的转移支付；政府的收入主要来自各种直接税和间接税等税收。

6.4.2.3 贸易模块

在贸易模块中，GDYNE 模型与 GDYN 模型保持一致，主要包括三类商品：用于出口的国内商品、用于国内消费的国内商品以及进口的国外商品。一般而言，国内商品和进出口商品之间并非完全替代，既满足 Armington 假设，出口商品与国内销售产品之间也存在着不完全替代关系，使用常转换弹性函数进行刻画。

6.4.2.4　均衡模块

GDYNE 模型的均衡模块与 GDYN 模型一致，主要包括以下六个方面，即商品市场出清、劳动力市场出清、资本市场出清、政府预算均衡、国际收支均衡以及储蓄投资的均衡。

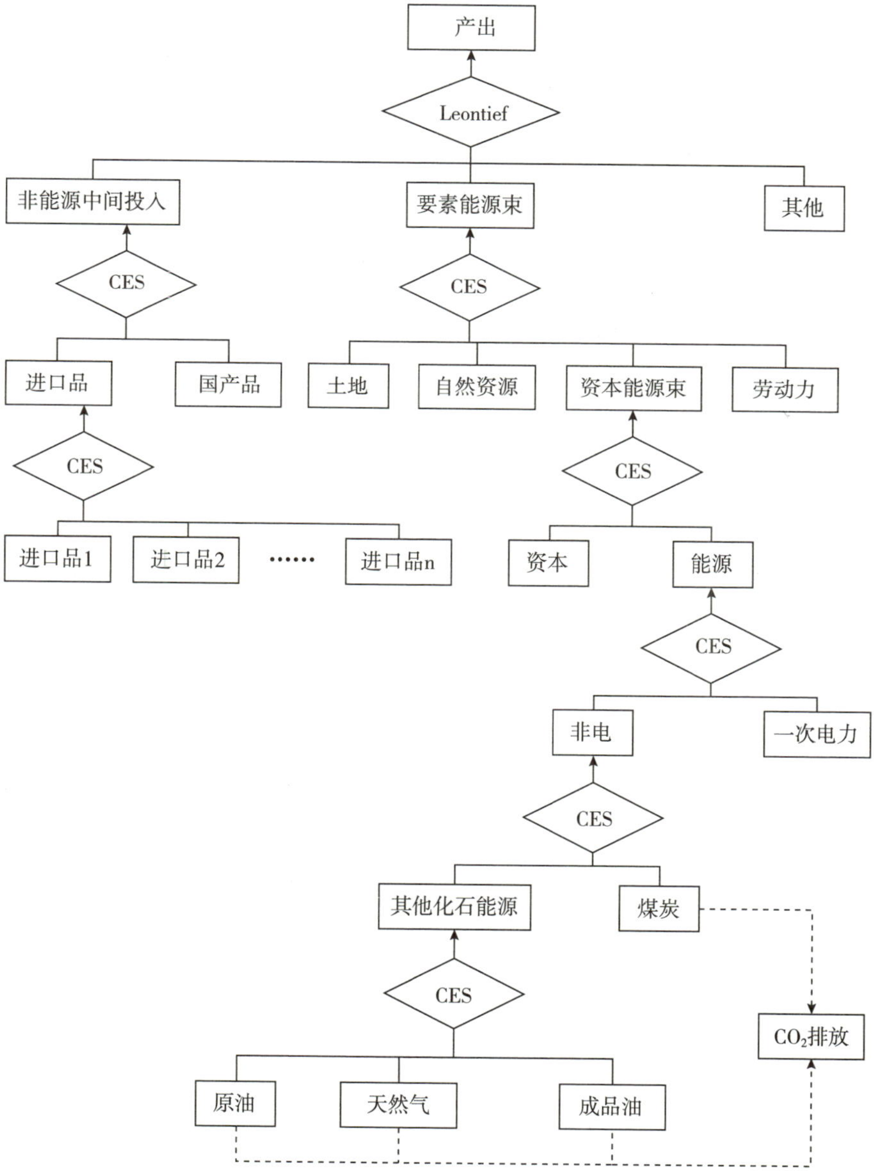

图 6-11　GDYNE 模型的生产结构

6.4.2.5 宏观闭合模块

闭合规则指将某些特定的变量设定为外生变量，其余变量设定为内生变量，从而确保模型中变量的数量与方程的数量相同，以确保解的存在性和唯一性。为了简化求解的复杂性，所有方程都进行线性化处理。与 GDYN 模型相同，GDYNE 模型的封闭法则也采用新古典学派的闭合规则，即假设储蓄等于投资。在模型中假设一个全球性的银行（Global Bank），该银行收集各地区的储蓄，并采用一定的投资机制为每个国家或地区提供必要的投资资金，当模型达到均衡状态时，全球总储蓄将等于全球总投资。与单一国家的 CGE 模型不同，GDYNE 模型采用全球封闭法则，允许区域内储蓄和投资不平衡，因此能够模拟贸易政策对一国经常账户的影响，使模型的设定更具合理性。

6.4.2.6 动态模块

GDYNE 模型的动态机制与 GDYN 模型相同，主要包括资本所有权的设定和资本积累。在 GDYNE 模型中，资本逐年累积的方式被用来实现整个模型的动态化，即使用一系列相互关联的静态均衡来反映动态变化。由于在上一节已经详细论述了 GDYN 模型的动态机制，所以在这里不再赘述。

6.5 行业拆分（SplitCom）软件

6.5.1 软件功能

SplitCom 是一款 Windows 程序，用于将 GTAP 数据库中的单个行业拆分成两个或多个新行业。除指定的国际贸易差额商品外，任何行业都可以细分。由此生成的新数据库具备以下特性：一是 GTAP 会计核算平衡；二是如果用 GTAPAgg 将新数据库汇总到原始行业，结果与原始数据相同。

SplitCom 旨在处理有关 GTAP 分流的全面数据。在缺乏数据的地方，SplitCom 将使用合理、中立的假设来弥补。例如，除非有特别说明，否则 SplitCom 将对每个新部门应用相同的生产税率。又如，并非所有的投入分割数据都是一致的，例如，如果输入贸易份额和生产份额，意味着供需之间存在差异，在这种情况下，SplitCom 尽可能少地调整拆分数据（使用类似于最小熵或 RAS 的方法），以确保会计平衡。

SplitCom 的可视化部分是一系列用 TABLO 语言编写的 GEMPACK 程序，这些程序可以绕过用户界面通过命令行运行，用户可以仔细研究这些程序以理解其功能，或调整它们以实现不同的操作。

使用者需熟悉 GTAP 模型及其数据结构，并具备使用 ViewHAR 检查数据的能力。还需具备 GEMPACK 软件系统的基础知识，若需修改程序，则需具有中级 GEMPACK 技能、GEMPACK 许可证以及了解 BAT 脚本文件操作。SplitCom 已在 Windows2000 及 XP 操作系统上测试，不支持更早版本的 Windows。SplitCom 包括一整套的 EXE 文件，即使没有 GEMPACK 许可证也可以运行。但若需修改程序，则需要 GEMPACK 版本 9 或更高的版本。

6.5.2 软件安装

SplitCom 软件包以 ZIP 压缩包的形式提供，将其解压到一个空的新文件夹中，如命名为 C:\SplitCom，用鼠标右键点击桌面创建主程序 SplitCom. exe 的快捷方式。将 SplitCom 放在单独文件夹中，而不是与其他程序混合。要卸载 SplitCom，只需删除 SplitCom 文件夹即可。

首次启动新安装的 SplitCom 程序时，会展示演示过程。

运行 Splitcom. exe 会出现一个窗口，SplitCom 显示的下半部分是“日志窗口”，可以看到：

1）输入文件夹包含由 sets. har、basedata. har 和 default. prm 文件组成的 GTAP 数据库，共有 26 个部门和 14 个区域。SplitCom 要求输入文件必须使用这些名称，并且位于该文件夹中。

2）另一个输入文件 secsplit. har 已被读取，它指定将旧的谷物行业分为水稻、小麦和其他谷物三部分。

3）存在一个预设的用户权重文件 UserWgt. har，其中包含拆分比例。不要点击第一个“设置新拆分”，而应点击第二个“创建新数据库”。日志窗口会显示一系列程序已成功运行的信息。最后弹出一个对话框，告知新的扩展文件已位于输出文件夹中。点击第三个“查看文件”，选择输出 basedata. har，可以在 ViewHAR 中检查 basedata. har，并确认现有 28 个行业，比以前多了 2 个。如果点击“查看文件”，可以从多个文件中选择“工作文件”。例如：

1）ReAgg. har 是通过将新流量数据汇总回原始维度而生成的。

2）Diffs. har 是从原始流量数据中减去 ReAgg. har 得到的，它应该只包含零或微小的数字。

3）NormChek2. har 包含显示分解数据是否平衡的诊断信息（即是否满足会计恒等式）。标题 CK1A、CK2A、CK3A 和 CK4A 应包含零或微小数字。若要在不使用用户界面的情况下进行拆分，在 SplitCom 文件夹中打开 DOS 窗口，输入：

splitbat. bat

显示输出文件列表（扩展数据）。

6.5.3　主要步骤

6.5.3.1　流程

图 6-12 概括介绍了 SplitCom 流程，该程序与 SplitCom 文件夹的 Input、Work 和 Output 3 个子文件夹一起工作：

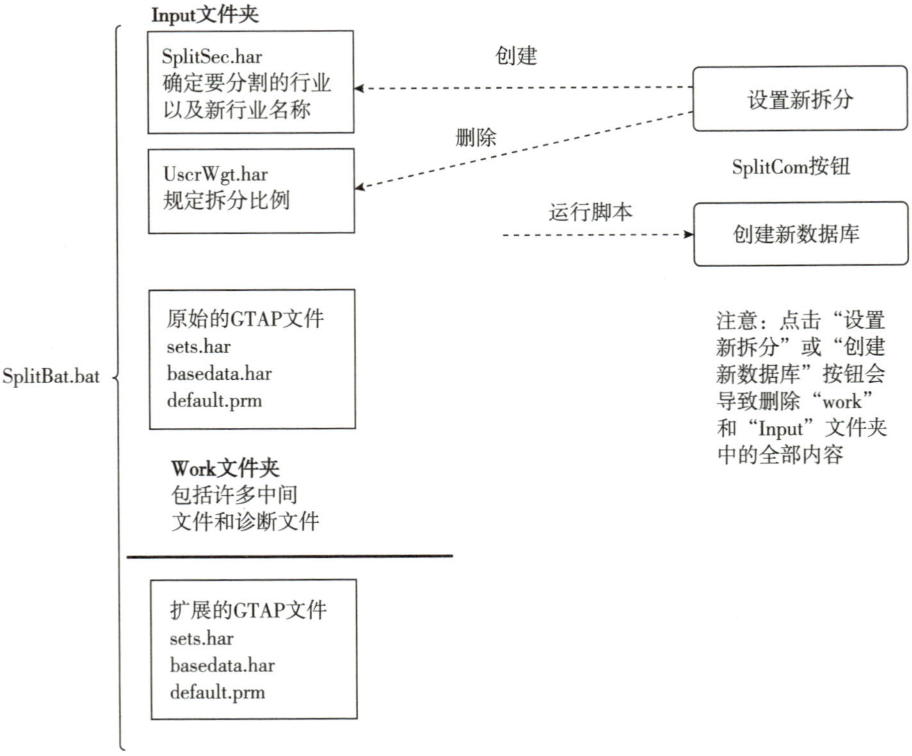

图 6-12　SplitCom 概述

1）Input 文件夹必须包含原始 GTAP 数据库。文件 SplitSec. har 和 UserWgt. har 可能已经存在，否则 SplitCom 需要创建它们。

2）Work 文件夹存储各种临时和诊断文件。

3）Output 文件夹将包含新扩展的 GTAP 数据库。

“设置新拆分”（Set up New Split）的功能：

1）创建一个新文件 SplitSec. har。

2）丢弃任何预先存在的文件 UserWgt. har。

“创建新数据库”（Create New database）的功能：

1）如果不存在文件 UserWgt. har，则使用简化权重创建一个文件。

2）运行 SplitBat. bat 脚本，创建一个扩展数据库和一个用于更复杂拆分权重的模板文件（nuwgt. har）。

6.5.3.2　拆分步骤

1）将 GTAP 数据库放入指定的输入文件夹中，主要包括三类数据（sets. har、basedata. har 和 default. prm）。

2）确定需要拆分的行业。

3）确定新拆分行业的名称。

4）启动 SplitCom 输入步骤 2 和步骤 3 中确定的信息，点击“设置新拆分”。

5）点击“创建新数据库”，使用默认比例快速创建一个扩展数据库。

6）在文件 UserWgt. har 完善或增加分割权重。

7）再次点击“创建新数据库”，使用文件 UserWgt. har 中的比例生成一个扩展数据库。

8）输出结果——若不满意，返回步骤 6 重复操作。

在这一过程中，大部分时间用于重复步骤 6 至步骤 8。若需要拆分新的数据库，则需重新完善文件 UserWgt. har 的过程。

6.5.4　数据格式

在早期阶段，SplitBat. bat 脚本将 GTAP 流量数据重新格式化为简化的规范化格式。规范化格式的主要特点是：

1）单个文件取代了 GTAP 流量文件（basedata. har）和数据集文件（sets. har）。

2）税收被明确表示，而非含糊地体现为其他流量的差值。

3）所有带有两个区域下标的原始矩阵都合并在一个大型 TRADE 数组中。

4）其他带有行业下标的原始矩阵合并在一个大型的 NATIONAL 数组中。

最后，SplitCom 将新增行业的标准化数据转换回标准的 GTAP 格式。规范化格式有助于简化制定和处理用于分割 GTAP 数据所需权重的程序，也便于检查和确保数据平衡。TABLO 程序中的 GTP2NORM 和 NORM2GTP 负责在标准化格式和标准 GTAP 格式之间进行数据转换。

6.5.4.1　标准化数据文件的内容

表6-1 列出了标准化 GTAP 数据文件的名称。首先是各种数据集，COM 和 IND 数据集分别与 GTAP 的 TRAD_COMM 数据集相同。投资被视为一种最终需求，本例中只有一种边际产品（Transport）；在其他数据中，可能有更多的边际产品。

表 6-1　规范化数据文件

表头	类型	维度	系数	命名
Sets				
REG	1C	14 length 12		Set REG Regions
COM	1C	26 length 12		Set COM Commodities
IND	1C	26 length 12		Set IND Industries
MAR	1C	1 length 12		Set MAR International trade margin commodities
FAC	1C	5 length 12		Set FAC Primary factors
INV	1C	1 length 12		Set CGDS_COMM Investment good
TRD	1C	4 length 12		Set TRADES Basic，exptax，imptax，margins
COST	1C	32 length 12		Set COST All industry costs
USER	1C	29 length 12		Set USER All local users
Core				
TRAD	RE	TRADES * COM * REG * REG	TRADE	GTAP trade data
NATL	RE	COST * SRC * USER * REG * TYP	NATIONAL	GTAP national data
Other				
EVOA	RE	ENDW_COMM * REG	EVOA	Endowments-Output at Agents' Prices
SAVE	RE	REG	SAVE	Savings - Net Expenditure at Agents' Prices
VKB	RE	REG	VKB	Capital Stock-Value at Beginning-of-Period
VDEP	RE	REG	VDEP	Capital Stock-Value of Depreciation

续表

表头	类型	维度	系数	命名
DPSM	RE	REG	DPARSUM	Sum of Distribution Parameters in Household Demand System
VST	RE	MARG_ COMM * REG	VST	Trade-Exports for International Transportation, Market Prices

接下来是两个大数组，TRADE 和 NATIONAL，它们几乎包含 GTAP 模型使用的所有流量数据。TRADE 数组显示每个 COM 的所有双边交易（第一个 REG 索引是来源；第二个是目的地）。集合 TRADES（见表 6-2）对应于该数组的不同层，即 BASIC、EXPTAX、IMPTAX，后面是 MAR 集合的成员（在本例中为 Transport）。为了以离岸价格（FOB）对贸易进行估价，把 BASIC 和 EXPTAX 层加在一起。进一步增加保证金层能够按到岸价（CIF）进行贸易，增加最后一个 IMPTAX 层就可以得到进口完税价格。NATIONAL 数组显示了每个 REG 的非出口需求方的所有支出。USER 集合由行业（=COM=IND）组成，其是最终需求方，即家庭（HOU）、投资（INV）和政府（GOV）；COSTS 集合由商品（=COM=IND）、主要因素和 PTAX 销项税组成；SRC 指数显示商品是在当地生产还是在其他地方生产；指数 TYP 将成本划分为基本部分或税收部分；SplitCom 不会更改其他数组（EVOA、SAVE、VKB 等）。

表 6-2　特殊集合的成员

USER	COSTS	TRADES	TYP	SRC
Cereals	Cereals	BASIC	BAS	dom
OtherAgric	OtherAgric	EXPTAX	TAX	imp
…other	sectors…	IMPTAX		
ros	ros	Transport		
osg	osg			
HOU	Land			
INV	UnSkLab			
GOV	SkLab			
	Capital			
	NatRes			
	PTAX			

6.5.4.2 与拆分部门有关的子集

这一部分将介绍各种 TAB 文件中使用的一些集合符号，这些符号是描述用于分割 GTAP 数据的权重数组维数所必须的。

假设希望将有色金属行业“nfm”拆分为新的行业：“黄金”、“铜”和“其他有色金属”。就是说有 3 个新的行业（扩展后的数据将比原来多 2 个行业），这 3 个新行业取代了原来的“nfm”行业。一个包含一个元素的集合称为 SPLITCOM，用于指定要拆分的商品（如“nfm”）。在某些行业情况下，这一集合被称为 SPLITIND。一个包含多个元素的集合称为 NEWCOM，用于指定新的（替换）商品（如“黄金”、“铜”和“其他有色金属”）。在行业背景下，同一集合被称为 NEWIND。几个 TABLO 程序必须同时处理原始维度和扩展维度的数据。在这种情况下，原始商品集被称为 COM0，扩展后的商品集被称为 COM1。类似地，COST0、IND0、USER0 表示原始维度；COST1、IND1、USER1 表示扩展维度。ORGCOM 是未拆分的原始商品集合（即除“nfm”外的所有商品）。因此：

COM0＝ORGCOM+SPLITCOM

COM1＝ORGCOM+NEWCOM

类似地，ORGUSER 和 ORGCOST 是未拆分的 USER 和 COST 集合中未被拆分的元素。

6.5.4.3 权重数组的维度

（1）贸易（TRADE）数组

扩充后的新数据库中的大部分数字将与原始数据中的数字相同，这些数字不需要拆分。通过上面描述的集合，用户可以指定扩展后的数据库中哪些部分是新的。考虑扩展前后 TRADE 数组的维度：

original TRADE array	维度	TRADES * COM0 * REG * REG
expanded TRADE array	维度	TRADES * COM1 * REG * REG
new part of TRADE array	维度	TRADES * NEWCOM * REG * REG
original cells which are split	维度	TRADES * 1 * REG * REG

被拆分的原始单元格（Original Cells）由原始贸易数组（Original Trade Array）的“nfm”片段组成。片段中的每个单元格都将拆分为 3 部分，分别对应于 NEWCOM 集合（“金”、“铜”、“其他有色金属”）。这种分割可以用一个权重数组来精确描述：

TRADEWGT	维度	TRADES * NEWCOM * REG * REG

SplitCom 允许自己提供完整的拆分数组 TRADEWGT，因此可以完全灵活地拆分 TRADE 数组。为了方便起见，也可以提供一个较小维度的数组：

TRADEFOB　　维度　　NEWCOM * REG * REG

在这种情况下，基本部分、税金部分和保证金部分（集合 TRADES 的元素）将使用相同的分割比例。此外，所提供的权重总和不必等于 1，SplitCom 会在内部重新调整权重，因此，可以使用流量估计值作为拆分比例数组。

（2）国家（NATIONAL）数组

图 6-13 表示了新旧国家数组（忽略了 SRC、REG 和 TYP 维度）。

	OrgUser（part 1）	newind	OrgUser（part 2）
1 st part of OrgCom		ColWgt	
newcom	RowWgt	Cross Wgt	RowWgt
2nd part of OrgCom		ColWgt	
factors and production tax			

图 6-13　划分 NATIONAL 矩阵

国家数组的拆分权重要复杂。考虑一下国家数组在扩展前后的尺寸：

original NATIONAL array　　维度　　COST0 * SRC * USER0 * REG * TYP

expanded NATIONAL array　　维度　　COST1 * SRC * USER1 * REG * TYP

矩阵的新单元（图中阴影部分）被划分为三个部分：

RowWgt　　维度　　NewCom * OrgUser　　[* SRC * REG * TYP]

ColWgt　　维度　　OrgCost * NewInd

CrossWgt　　维度　　NewCom * NewInd

同样，上述数值可视作扩展数据中的新流量，或作为分配旧流量到新单元格的划分比例（权重）。RowWgt 显示了每个未拆分行业对原始被拆分商品的使用是如何在新商品中分配的。ColWgt 显示了输入到原始行业的未拆分投入如何在新行业间分配的。最终，CrossWgt 记录了每个新行业对每种新商品的使用情况。

6.5.5 程序和文件

为了保持程序的简单，SplitBat. bat 被分成了许多独立的操作或程序。表 6-3 列出了这些程序。这些程序可分为三个阶段：

表 6-3 SplitBat. bat 的程序和文件

程序	任务	输入	输出
STAGE 1			
SPLIT1	reads old GTAP sets file	input\sets. har	
	reads SplitCom and NewCom from file	input\secsplit. har	
	constructs file of new sets and mappings used generally		work\worksets. har
	prepares initial user file of (simplified?) splitting weights		work\splitwgt. har
	reads old parameters file	input\default. prm	
	writes new parameters file (for split sectors, values are merely duplicated)		output\default. prm
	prepares input deck for AggHAR		work\AggSupp. har
script	if not exist input\UserWgt. har copy work\splitwgt. har input\UserWgt. har	work\splitwgt. har	input\UserWgt. har
GTP2NORM	converts original flows from standard to normalized format	input\basedata. har input\sets. har	work\orig. har
NORMCHEK (normchk0. cmf)	checks balance of original normalized flows	work\orig. har	work\normchk0. har
STAGE 2			
EXPWGT	expand user weights to full size, using default rules	input\UserWgt. har work\worksets. har	work\fullwgt. har
SPLITFLO	uses full splitter weights to expand flows	work\orig. har work\fullwgt. har work\worksets. har	work\expand1. har
NORMCHEK (normchk1. cmf)	checks balance of expanded unscaled flows	work\expand1. har	work\normchk1. har
BALFLO	complex scaling of new flows to satisfy constraints and add to old flows	work\expand1. har work\worksets. har	work\balout. har work\balflo. har

续表

程序	任务	输入	输出
POSTBAL	inserts scaled values for new cells into the right positions in the Trade and National arrays	work \ balout. har work \ expand1. har work \ worksets. har	work \ expand2. har
NORMCHEK (normchk2. cmf)	checks balance of expanded scaled flows	work \ expand2. har	work \ normchk2. har
DIFFHAR (1)	computes all % differences in flows due to BalFlo	work \ expand1. har work \ expand 2. har	work \ balpcent. har
NUWEIGHT	computes and stores post-hoc splitter weights (as flow values)	work \ expand2. har work \ worksets. har	work \ nuwgt. har
STAGE 3			
NORM2GTP	converts normalized flows to standard format flows and sets files	work \ expand2. har	output \ basedata. har output \ sets. har
GTPVEW	makes summary of expanded data	output \ sets. har output \ basedata. har	output \ GTAPView. har output \ TaxRates. har
AGGHAR	aggregates final to original size	output \ basedata. har	work \ reagg. har
DIFFHAR (2)	compares original with aggregated final	input \ basedata. har work \ reagg. har	work \ flowdifs. har

第一阶段是建立阶段，在知道拆分比例之前，它可以做一些准备工作。

1）Split1 会创建一个包含有用集合的文件（worksets. har）和一个默认拆分权重文件（splitwgt. har）。

2）如果用户没有提供权重文件（UserWgt. har），将 splitwgt. har 复制到输入文件夹中，命名为 UserWgt. har。

3）GTP2NORM 将原始数据转换为标准化格式（orig. har）。

4）使用 NORMCHEK 程序检查标准化的原始数据是否平衡。

第二阶段是操作阶段，包括最重要的操作。

1）EXPWGT 将用户提供的 UserWgt. har 拆分比例扩展到全维度。

2）SPLITFLO 使用全维度权重拆分数据库，生成文件 expand1. har，其加总应与原始数据相等，但新行业可能无法满足平衡特性。

3）再次使用 NORMCHEK，这次是为了测量 expand1. har 中的不平衡情况。

4）BALFLO 使用类似 RAS 的程序来调整包含拆分单元格的表头，以满足平衡特性。只有拆分过的单元格才会被调整，未拆分的单元格不会被改动，输出结果（应包含新单元格的缩放值）存储为 balout. har。

5）POSTBAL 读取 balout. har 和 expand1. har，并将新单元格的缩放值插入 expand1. har 的 Trade 和 National 数组的正确位置，输出结果（应包含一个平衡数据库）存储为 expand2. har。

6）再次使用 NORMCHEK，这次是为了测量 expand2. har 中的不平衡，不平衡的数值应该很小。

7）DiffHAR 计算 expand1. har 和 expand2. har 中所有流量的百分比差异（显示 BalFlo 所做的更改）。

8）NUWEIGHT 根据调平后的 expand2. har 重新计算拆分权重。

第三阶段是总结阶段。

1）NORM2GTP 将（标准化、扩展、平衡的）流量数据文件（expand2. har）转换为标准 GTAP 格式（output/basedata. har）。

2）标准 GTPVEW（又称 GTAPVIEW）程序可生成新的 GTAP 数据总结。使用通用程序 AggHAR 和 DiffHAR 来检查扩展后的数据 output\basedata. har 是否可以汇总，以得到与原始数据 input\basedata. har 相同的数字。

6.5.6 结果存储

对 SplitCom 的输出结果满意时，需要：

1）制作并保存输入文件夹的压缩包，以便以后重复整个过程。

2）如果需要，编辑 output\default. prm 文件。SplitCom 为新行业设置的参数等于原始（分割）行业的相应参数，如果有不同的想法，可以对其进行编辑。

3）制作输出文件夹压缩包：通过新版本向导将压缩包加载到 RunGTAP 中。

6.6 区域拆分（SplitReg）软件

6.6.1 软件功能

虽然 GTAP 数据库区分了几乎所有主要经济体，但有些国家只是作为综合区域的一部分。SplitReg 是一款可帮助将其中一个或多个国家分割成单独的 GTAP

区域的工具。例如：①将 GTAP 地区 XOC（大洋洲其他区域）分为 NewCaledonia 和 RestofXOC；②将 GTAP 地区 XWF（西非其他区域）划分为 Benin、Ghana 和 RestofXWF；③或同时执行上述两项操作。

所需的数据非常简单：一个按地区和 GTAP 部门（根据所选择的汇总）划分的增值表。例如，在上述第一个例子中，需要一个两栏表格，列出 XOC 的行业增加值在 NewCaledonia 和 RestofXOC 之间的分配情况。

主程序 SplitReg. TAB 利用这些增值比例将 GTAP 原始数据中的产业和最终需求列拆分成若干子区域。但是需要一些简单的假设，如新地区拥有共同技术和预算份额。在某些情况下，SplitReg 可能会生成一个不平衡的数据库，此时需要使用第二个程序 GTAPAdjust 来消除这些不平衡，GTAPAdjust 还能根据各种目标对 GTAP 数据进行调整。因此，在这一阶段可以施加特定地区的贸易、税收或技术模式。

SplitReg 和 GTAPAdjust 都是在 GTAP 数据的简化、重新格式化的形式（即规范化格式）上运行的。随附的程序 GTP2Norm 会将 GTAP 数据转换为规范化格式。在 SplitReg 和 GTAPAdjust 完成工作后，程序 Norm2GTP 会将数据从规范化格式转换为标准 GTAP 格式。

可以使用随附的 SplitReg 版本，根据需要进行调整或扩展。

6.6.2 软件安装

SplitReg 软件包是以 ZIP 压缩包的形式提供的——将其解压到一个空的新文件夹中，可命名为 C：\SplitReg。然后在该文件夹中打开命令提示符（DOS 框）并键入：

SplitReg. bat

运行所提供的 example. job。将看到一系列信息，如：

running split1 with split1. cmf

running gtp2norm with gtp2norm. cmf

running normchek with normchk0. cmf

doing diffhar

running SplitReg with SplitReg. cmf

running normchek with normchk1. cmf

running gtapadjust with gtapadjust. cmf

running normchek with normchk2. cmf

running norm2gtp with norm2gtp. cmf

running gtpvew with gtpvew. cmf

doing agghar

doing diffhar

批处理任务成功——参见输出文件夹中的以下文件：

basedata. har

default. prm

gtapview. har

sets. har

taxrates. har

如果看到的是错误信息，这可能意味着系统没有正确安装 GEMPACK（它需要在系统路径上），或者 GEMPACK 版本太旧了（需要 10.002 版或更高版本）。如果数据集较大，可能需要源代码或无限制的 Exe-imageGEMPACK 许可证。如果数据集非常大，甚至可能需要 64 位版本的 GEMPACK。

检查输出文件夹中的 BaseData. har 和 GTAPView. har 文件，可以发现输出文件中多了一个区域：原始区域 XOC 被划分为新区域 NewCal 和 RestXOC。

文件 work\diffs2. har 显示了原始数据与汇总回原始区域的新数据之间的差异，但差异很小。

6.6.3 主要步骤

6.6.3.1 流程

图 6-14 概括介绍了 SplitReg 流程。该程序与在 SplitReg 文件夹的 3 个子文件夹一起运行：输入（Input）、处理（Work）和输出（Output）。

1）Input 文件夹必须包含原始的 GTAP 数据库，由以下文件：sets. har、basedata. har 以及 default. prm 组成。SplitReg 要求 Input 文件使用这些命名并位于该文件夹中。

2）Work 文件夹存储各种临时文件和诊断文件。例如，NormChek2. har 包含诊断信息，显示输出数据是否平衡。表头 CK1A、CK2A、CK3A 和 CK4A 应包含零或微小数字。

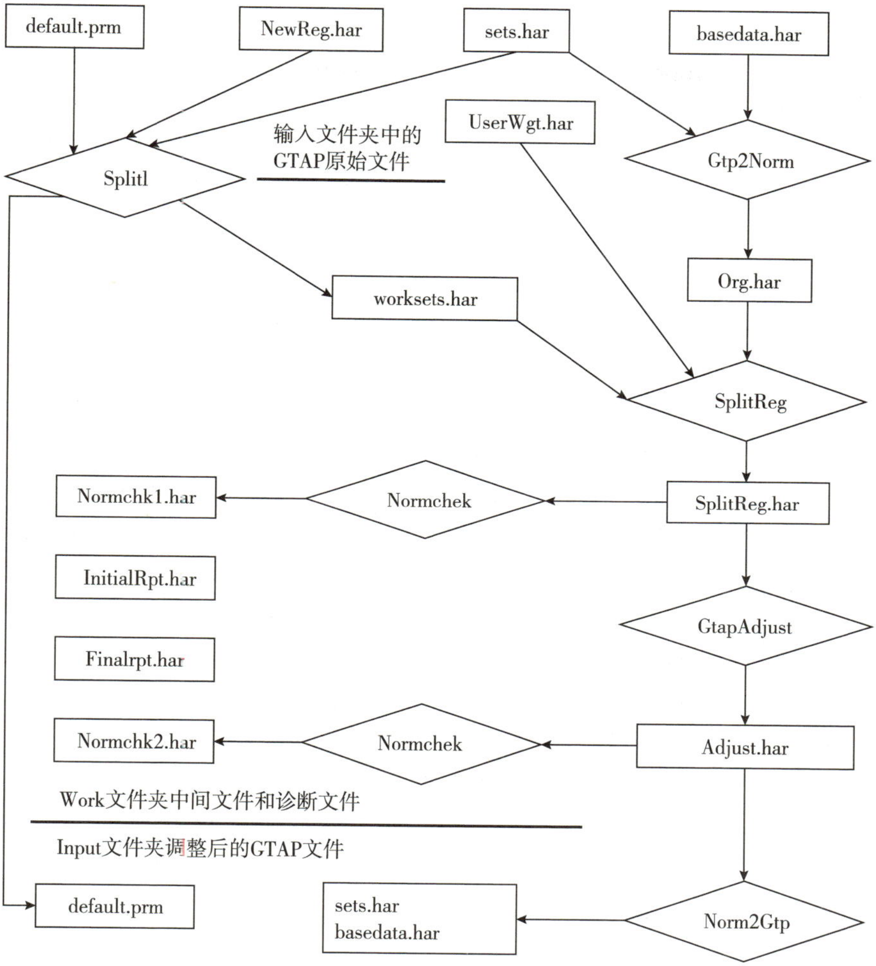

图 6-14　SplitReg 文件和程序概览

3）Output 文件夹将包含新扩展的 GTAP 数据库。

基础处理。

1）Gtp2Norm 程序可将原始数据转换为规范化格式 orig. har。

2）SplitReg 程序会生成一个新的数据库 SplitReg. har，其包含额外的区域。该数据库可能无法满足会计平衡条件，即可能是“不平衡的”。

3）GTAPAdjust 程序生成平衡数据 adjusted. har。

通过在 input\GTAPAdjust. cmf 中添加额外指令，可以选择使用 GTAPAdjust 为新区域设定更多目标值。

4）程序 Norm2Gtp 将把按比例调整后的数据转换为 GTAP 标准格式。

6.6.3.2 拆分步骤

1）如果 Input 文件夹中包含以后可能再次需要使用的材料，请制作并保存该文件夹的压缩包。

2）删除 Input 文件夹中除 GTAPAdjust. cmf 以外的所有文件。

3）找到作为起点的 GTAP 数据库。将这些数据（名为 sets. har、basedata. har 和 default. prm）放入 Input 文件夹。同时，还要在其中放置一个文件 NewReg. har（说明如下），列出新旧区域以及新旧区域的映射。

4）在命令提示符下输入 SPLITREG. BAT，以检查运行是否正常。该任务创建并使用一个包含随机拆分权重的 input\UserWgt. har 文件。

5）将 input\UserWgt. har 中的权重替换为自己的数据。在命令提示符下输入 SPLITREG. BAT，再次检查运行是否正常。这次使用自己的数据拆分地区，检查各种诊断的输出结果。

6）可选择编辑 GTAPAdjust. CMF，为新区域设定更多目标。

7）再次运行 SPLITREG. BAT。

8）检查输出结果。如果满意，工作完成。否则，返回步骤 6 或步骤 7。大部分时间将用于重复步骤 5 至步骤 8。

6.6.4 数据格式

在早期阶段，SplitReg. bat 将 GTAP 流量数据重新格式化为规范化格式。规范化格式的主要特点是：

1）参数文件（default. prm）与标准 GTAP 格式相同。

2）用一个文件取代 GTAP 流量文件（basedata. har）和数据集文件（sets. har）。

3）税收是明确表示的，而不是其他流量的差额。

4）所有原始矩阵都有两个地区下标，合并为一个大型的 TRADE 矩阵。

5）其他带有部门下标的原始矩阵合并为一个巨大的 NATIONAL 矩阵。

最后，SplitReg. bat 会将规范化数据转换为标准 GTAP 格式。规范化格式有助于简化调整数据的 SplitReg 和 GTAPAdjust 程序，以及检查和汇总数据的 NORMCHEK 程序。

TABLO 程序中的 GTP2NORM 和 NORM2GTP 可在规范化格式和标准 GTAP 格

式之间转换数据。

表 6-4 列出了规范化 GTAP 数据文件的表头。首先是各种集合，COM 和 IND 数据集分别与 GTAP 的 TRAD_COMM 数据集相同。投资被视为最终需求的一种，本例中只有一种边际商品（Svces）；在其他数据中，可能有更多的边际商品。接下来是两个大数组，即 TRADE 和 NATIONAL，这两个数组几乎包含了 GTAP 模型使用的所有流量数据。

表 6-4 标准化数据文件

表头	类型	维度	系数	命名
Sets				
REG	1C	14 length 12		Set REG Regions
COM	1C	26 length 12		Set COM Commodities
IND	1C	26 length 12		Set IND Industries
MAR	1C	1 length 12		Set MAR International trade margin commodities
FAC	1C	5 length 12		Set FAC Primary factors
INV	1C	1 length 12		Set CGDS_COMM Investment good
TRD	1C	4 length 12		Set TRADES Basic, exptax, imptax, margins
COST	1C	32 length 12		Set COST All industry costs
USER	1C	29 length 12		Set USER All local users
Core				
TRAD	RE	TRADES * COM * REG * REG	TRADE	GTAP trade data
NATL	RE	CCST * SRC * USER * REG * TYP	NATIONAL	GTAP national data
Other				
EVOA	RE	ENDW_COMM * REG	EVOA	Endowments-Output at Agents' Prices
SAVE	RE	REG	SAVE	Savings-Net Expenditure at Agents' Prices
VDEP	RE	REG	VDEP	Capital Stock-Value of Depreciation
VKB	RE	REG	VKB	Capital Stock-Value at Beginning-of-Period
DPSM	RE	REG	DPARSUM	Sum of Distribution Parameters in Household Demand System
VST	RE	MARG_COMM * REG	VST	Trade-Exports for International Transportation, Market Prices

TRADE 数组显示每个 COM 的所有双边贸易（第一个 REG 索引是来源地，第二个是目的地）。TRADES 集（见表 6-5）与该数组不同层相对应，即 BASIC、EXPTAX、IMPTAX，然后是 MAR 集元素（在本例中为 Transport）。若要按离岸价格（FOB）对贸易进行估价，需要将 BASIC 层和 EXPTAX 层相加；而加上保证金层，就可以得出到岸价格（CIF）；再加上最后的 IMPTAX 层，就是含税进口价格。

表 6-5 特殊集合的列表

USER	COSTS	TRADES	TYP	SRC
FoodFrsFsh	FoodFrsFsh	BASIC	BAS	dom
Coal_ Oil_ Gas	Coal_ Oil_ Gas	EXPTAX	TAX	imp
…other	sectors…	IMPTAX		
svces	svces	Transport		
cns	cns			
HOU	Land			
INV	UnSkLab			
GOV	SkLab			
	Capital			
	NatRes			
	PTAX			

NATIONAL 数组显示每个区域经济体内非出口需求者的所有支出。用户（USER）集合由各部门（=COM=IND）组成，然后是最终需求者家庭（HOU）、投资（INV）和政府（GOV）。成本（COSTS）集包括商品（=COM=IND），接着是基本要素和 PTAX 产出税。SRC 索引显示商品是本地生产的还是其他地方生产的，索引 TYP 将成本分为基本部分或税收部分。

6.6.5 程序和文件

SplitReg. bat 由多个独立的操作或程序组成，可分为三个阶段。

第一阶段主要是将原始 GTAP 数据转换为规范化格式。

1）Split1 会创建一个扩展参数文件，包含数据集和映射的工作集文件。

2）GTP2NORM 将原始数据转换为规范化格式（orig. har）。

3）NORMCHEK 程序用于检查和汇总 orig. har。

第二阶段包括实际数据调整。

1）SplitReg 利用新地区的部门增加值对新地区进行粗略划分。

2）GTAPADjust 程序对数据进行调整，以满足会计核算平衡，并有选择地达到指定的目标总数。调整后的输出结果存储为 adjusted. har。报告文件 Initial-Rpt. har 汇总输入的数据。报告文件 FinalRpt. har 汇总调整后的数据，并报告 GTAPAdjust 程序引起的各种总体百分比变化。

第三阶段是总结阶段。

1）NORMCHEK 程序用于检查和汇总 adjusted. har。

2）NORM2GTP 将 adjusted. har 转换为标准 GTAP 格式（output/basedata. har）。

3）标准 GTPVEW（又称 GTAPVIEW）程序可生成新的 GTAP 数据摘要。

4）可选择使用 GTAP. TAB 对新数据进行模拟测试。

6. 6. 5. 1　NewReg. har 文件

Split1 程序：

1）读取新旧区域的列表，以及从新区域到旧区域的映射。

2）创建一个新的参数文件。

3）如果输入文件夹中没有 UserWgt. har 文件，创建一个分割权重的虚拟文件 work\splitwgt. har，SplitReg 程序将会使用该文件。

区域信息来自 input\NewReg. har 文件，该文件必须包含表 6-6 中的 3 个标题。

表 6-6　特殊标题的列表

表头	维度	名称
NREG	15	Set REG1 Complete enlarged（post-split）region set
OREG	14	Set REG Original regions
MREG	15	Mapping MAPREG from REG1（15）to REG（14）

在示例中，集合 OREG 和 NREG 是相同的，只是 NREG 有两个元素，即 NewCal 和 RestXOC，取代了原始区域 XOC 的元素 a。

6.6.5.2 SplitReg. tab 和 UserWgt. har 文件

SplitReg 程序与以下区域集协同工作：

1）REG0：旧区域的完整列表（示例中为 14 个）。

2）REG1：新区域的完整列表（示例中为 15 个）。

3）SPLITREG：要分割的 REG0 原始区域（在示例中为 XOC）。

4）NEWREG：SPLITREG 的新部分（在示例中为 NewCal 和 RestXOC）。

用于划分新区域的数据是一个矩阵，位于 input\UserWgt. har 文件的 VALD 标题下，大小为 IND * NEWREG，按部门和新地区（14 个部门 * 2 个新地区）给出附加值，所有条目都应大于 0（假设每个子区域至少有一小部分的每个行业）。

SplitReg. tab 将该数组转换为份额矩阵（新地区在旧地区的份额）。用这些份额分割新地区之间的所有产业投入，包括初级要素支付。因此，可以推算出新地区按要素成本计算的国内生产总值。GDP 份额用于在新地区之间分配消费、投资和政府最终需求列。产业技术和最终需求预算份额以及所有进口/国内比率与原母区域相同。经过上述分配，可以推断出：①工业产值或国内商品供应量；②对国内产品的非出口总需求；③进口商品总需求。

出口可作为行业产出与国内需求之间的差额，以残差方式推导得出。因此，用户可以按商品和新地区推导出口和进口，并使用它们在新地区之间的比例来分割贸易矩阵中的行。例如，如果 NewCal 的矿产出口总额是 XOC 矿产出口总额的 50%，用户就可以假定 NewCal 对欧盟的矿产出口额是 XOC 对欧盟矿产出口额的 50%。

该程序会产生一个新的数据库，该数据库满足会计核算平衡，并可通过汇总恢复原始数据。不过，这也有缺陷：当地对国内产品的需求可能会超过生产，从而导致负出口。例如，采矿业往往需要使用大量建筑材料。如果用户假设 New-Cal 拥有 XOC 采矿业的大部分份额，但其拥有的 XOC 建筑业只占很小份额，那么用户很可能会发现 NewCal 的国内建筑业供不应求。

在 SplitReg 中，如果某个特定区域和商品出现了短缺，它会均匀地减少国内使用量并增加该商品的进口量（同时保持每个用户的国内+进口使用量不变）。在其他新区域会发生相反的变化，因为新数据的规模调整是为了使总和等于原始数据。这一系列的调整可能会重复 3~4 次。

虽然这种比例调整通常会消除供应短缺，但对于交易量极小的商品来说可能无法实现，这种不平衡将由下一个程序 GTAPAdjust 来消除。SplitReg 的输出数据被输入到 GTAPAdjust 程序，该程序将确保会计核算平衡。

需要强调的是，SplitReg 不会改变任何只与未分割的原始区域相关的值。SplitReg 生成的主要输出文件是 work\SplitReg. har，并在 work\DgSplitReg. har 中提供诊断信息，更多诊断输出在文件 work\NormChek1. har 中。

6.6.6 结果存储

当对 SplitReg 的输出感到满意时，需要注意：

1）制作并保存输入文件夹的压缩包，以便以后重复整个过程。

2）制作输出文件夹的压缩包，可以通过新版本向导将压缩包加载到 RunGTAP 中。

第 7 章　模型的安装与应用

本章介绍 GTAP 数据库合成软件 GTAPAgg 的安装和使用，以及 CGE 模型的操作平台——RunGTAP 软件、GEMPACK 软件、RunDynam 软件的下载、安装和使用。

7.1　GTAPAgg 软件

GTAPAgg 是由政策研究中心的 Mark Horridge 开发的软件包，用于从完全分解的 GTAP Data Base 创建聚合数据库。几乎所有 GTAP 模型的应用程序都使用数据库的聚合。该软件帮助用户准备聚合方案，然后使用用户的方案为 GTAP 模型准备聚合数据库，以及聚合时间序列和 GTAPView 数据。GTAPAgg 程序包包含一个最新版本的加密版 GTAP Data Base。需要注意的是 GTAPAgg 包中的主数据文件 Basedata. har 是加密的。它只能与 GTAPAgg 一起使用，因为解密与聚合是一起执行的。

GTAPAgg2 是 GTAPAgg 软件包的更新版本，被用来为不同版本的 GTAP 经济模型准备数据库。完整的 GTAP 数据库涵盖了 65 种 GTAP 商品、141 个国家和 19 个综合区域，几乎所有 GTAP 模型的应用都使用这个数据库的汇总。GTAPAgg2 程序经过重新设计，可以处理多个 GTAP 数据库。

7.1.1　GTAPAgg 安装

7.1.1.1　安装要求

硬盘至少有 256 MB 的存储空间，操作系统为 Windows98/2000/XP/Vista7/

Vista8 或以上。

7.1.1.2　安装步骤

1）解压 GTAPAgg_v11.zip 和 GTAPAgg_v11_license.zip 两个文件。

2）进入 GTAPAgg_v11 文件，双击运行 setup.exe，建议安装到默认路径 C：\GTPAg2。

3）将 GTAPAgg_v11_license 文件夹中的 gtapagg.lic 授权文件复制到 C：\GTPAg2。

4）安装完毕。

7.1.2　GTAPAgg 功能

GTAPAgg2 主窗口展示了一个包含 8 个选项的列（见图 7-1），分别是 Instructions and Help、Choose source data、Read aggregation scheme from file、View/change regional aggregation、View/change sectoral aggregation、View/change factor aggregation、Save aggregation scheme to file、Create aggregated database，通常情况下，先使用顶部的按钮，然后往下操作（见图 7-2）。

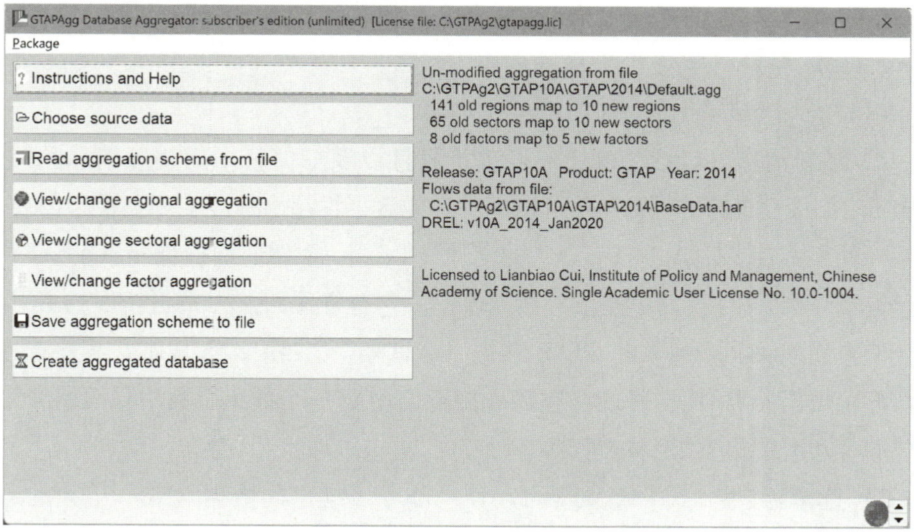

图 7-1　GTAPAgg 软件主界面

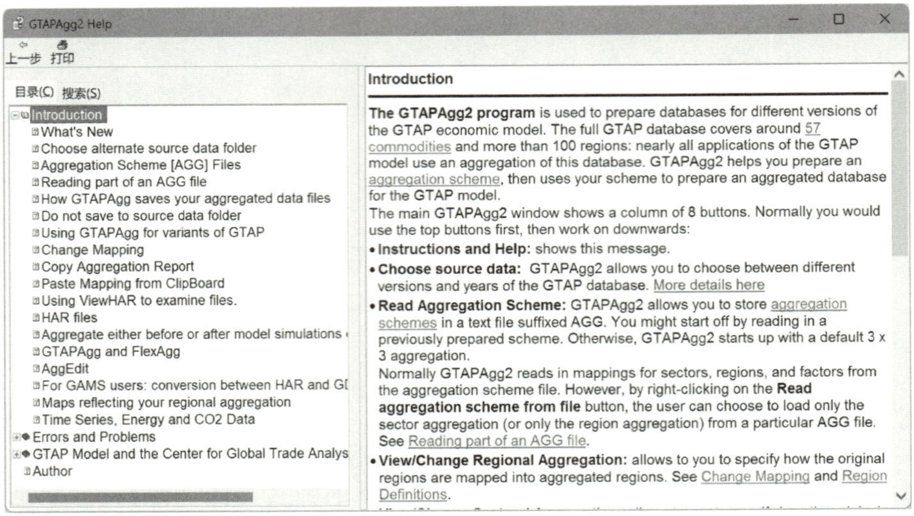

图 7-2　GTAPAgg 软件“帮助”界面

7.1.2.1　介绍与帮助（Instructions and Help）

该部分为指令与帮助，总体包括介绍（Introduction）、错误和问题（Errors and Problems）、GTAP 模型和全球贸易分析中心（GTAP Model and the Center for Global Trade Analysis）三个方面的内容。

（1）介绍 Introduction 中 18 个相关内容

1）最新消息。包括了各个年份关于软件以及如何使用的相关消息。例如，2010 年 10 月发布的“AggHAR 可以汇总其他数据，超出标准 GTAP 模型的要求。参见《使用 GTAPAgg2 进行 GTAP 的变种》”，“一个新的配套程序 AggEdit 可以独立编辑 AGG 文件，而不是汇总数据库——它有特殊的能力来更新旧的 AGG 文件，使它们能够与新版本的 GTAP 数据一起使用”，“由 GTAPVIEW 程序产生的总结汇总数据的 HAR 文件现在包括（接近结尾）一个数组，其中包含每个汇总区域的生产者价格 IO 汇总表”等。

2）选择源数据。GTAPAgg2 自动使用随程序提供的数据（或从单独的 PKG 文件中安装），数据位于 GTAPAgg2 文件夹下。数据文件夹的结构遵循以下模式：

①版本，如 GTAP11，名称必须以“GTAP”开头。

②产品，如 GTAP 或 GTAP-E，名称不能以“X”开头。

③年份，如 2014 年或 2017 年，名称必须以数字开头。

每个 Release 文件夹将包含一个或多个 Product 文件夹，而每个 Product 文件夹将包含一个或多个 Year 文件夹。每个 Year 文件夹必须包含以下文件：

①sets. har 原始数据库集。

②basedata. har 主要流动数据库。

③metadata. har 关于数据的信息。

④default. prm 参数（弹性）。

⑤default. agg 默认的 GTAPAgg 格式的汇总方案。

此外，Year 文件夹还可能包含其他数据文件。每个 Product 文件夹必须包含以下文件：

①runagg. bat 控制汇总的 BAT 脚本。

②txt2har. exe 有用程序。

③agghar. exe 聚合程序。

④cleanup. bat 移除聚合过程中产生的工作文件。

⑤default. txt 默认的 FlexAgg2 格式的聚合方案。

⑥display. txt 向用户显示的信息。

3）AGG 文件。聚合方案是原始 GTAP 数据库中的许多部门和地区创建的聚合数据库中较小数量的部门和地区之间的映射系统。GTAPAgg2 将这些聚合方案存储在小型文本文件中，通常以 AGG 为扩展名或后缀。

可以右键点击“Read aggregation scheme from file”选项，从某个 AGG 文件中只加载行业集合（或只加载区域集合）。因此，可以从一个 AGG 文件中读入行业集合，从另一个 AGG 文件中读入区域集合（参见读取 AGG 文件的一部分）。

如果需要加载一个最初为 GTAP 数据库前一版本准备的聚合方案（AGG）文件，AGG 文件中的部门和地区可能与新数据库中的部门和地区不完全一致。对此，GTAPAgg2 就会发出警告，并且尽量尝试解释 AGG 文件的内容（参见 AGG 文件与源数据库）。

GTAPAgg2 希望不要将 AGG 文件存放在 GTAPAgg2 文件夹中。可以使用制作的 AGG 文件来创建反映区域聚合的地图。GTAPAgg2 使用的 AGG 文件与 FlexAgg 使用非常相似。

4）读取 AGG 文件的一部分。通常情况下，GTAPAgg2 从 AGG 文件中读取部门、区域和因子的映射关系。然而，通过右键点击“从文件中读取集合方案”选项，用户可以选择只从某个 AGG 文件中加载行业集合（或只加载区域集合）。

因此，可以从一个 AGG 文件中读入行业集合，从另一个 AGG 文件中读入区域集合。这增加了重新使用之前准备的聚合的范围。

5）GTAPAgg2 如何保存汇总数据文件。当 GTAPAgg2 生成新的聚合数据库时，会生成至少三个文件。第一个文件是流动数据文件，以 baseata. har 命名，采用 HAR 格式储存。第二个文件是参数文件，以 default. prm 命名，同样采用 HAR 格式储存。第三个文件是套装文件，以 set. har 命名，也采用 HAR 格式储存。除这三个文件外，还可能会有其他的 HAR 文件产生。这些文件作为一个整体一起使用至关重要。因此，GTAPAgg2 将所有上述文件捆绑在一起，形成一个 ZIP 档案。这种做法是为了防止来自不同聚合数据库的文件被混在一起。聚合方案文件也可以包含在 ZIP 档案中。

使用 Unzip（或 WinZip 或 PKUnzip）等程序，将文件解压到需要它们的子目录中。另外，如果运行 GTAP 模型的 RunGTAP 程序，可以使用它的新版本向导命令来直接加载 ZIP 档案。GTAPAgg2 希望不要把 ZIP 文件存放在 GTAPAgg2 文件夹中，以及不要保存到源数据文件夹中。

6）不要保存到源数据文件夹。在汇总过程中，GTAPAgg2 会读取 Sets. har、Default. prm 和 BaseData. har 三个文件，并生成新的较小文件，同样命名为 Sets. har、Default. prm 和 BaseData. har。切记，这些文件不能混在一起，否则，GTAPAgg2 试图阻止将这些文件保存到源数据文件夹中。

7）将 GTAPAgg2 用于 GTAP 的新变体。尽管 GTAPAgg2 是为标准 GTAP 模型的数据库和所提供的变体而设计的，但要使它与用户自己的相关模型（如 GTAPQ）一起工作是不容易的。要尝试这一点，可以按照以下步骤进行：

①创建一个新的文件夹，c：\gtapagg2\GTAP11\GTAPQ，其内容（包括子文件夹）与 c：\gtapagg2\GTAP11\GTAP 完全相同。

②可以发现，新的产品文件夹 GTAPQ 可以在 GTAPAgg2 中使用（此时，产品 GTAPQ 与 GTAP 相同）。

③测试运行 RunAgg. Bat：RunAgg 2017 default. txt。

④添加/修改数据和程序，编辑 RunAgg. Bat 以符合新 GTAPQ 产品。

⑤测试运行 RunAgg. Bat：RunAgg 2017 default. txt。

⑥如果 RunAgg. Bat 可以在命令行中运行，则尝试从 GTAPAgg2 中运行它。如果出现警告信息，请编辑数据和程序文件以消除它们。

注意以下内容不能操作：假设 GTAP 版本引入了全新的集合 CLIMATE、

SOILTYPE 和 RELIGION，它们与 GTAP 的现有集合没有任何联系。显然，不能使用可视化界面来定义这些集合的汇总版本。

8）变化图谱。用于查看和编辑区域和部门（可交易商品）的总量。对于地区，可以使用以下方式：

①使用底部面板来改变新的、聚合的、区域的数量、它们的名称和描述（尝试右键点击）。

②使用右上角的面板来控制每个原始区域被映射到哪些新区域。

每个新区域必须有一个独特的代码（最多 12 个字母）。但较长的“新地区描述”是可选的，只需要找到原始区域包含哪些国家。如果在右上角的面板上右键击，所点击的旧区域将被“解聚”，即创建一个同名的新区域，旧区域将被映射到该区域。

可以左键点击“一对一”选项，使新区域与旧区域相同。也可以右键点击“一对一”选项来指定任意数量的新区域。

如果试图创建一个与旧区域同名的聚合区域，则会被警告，除非聚合区域的唯一成员是同名的旧区域。但是这样的选择可能会导致混乱！

使用同样的技术来编辑部门（可交易商品）的聚合。为新的地区、部门和因素所选择的名称会有一些限制。

使用“复制-”功能键，准备一份汇总表报告。

对于因素（捐赠商品），必须另外指定 SLUG/ETRAE 设置。

③每个因素都是“迟缓”或“流动”的。

④每个迟缓因素的 ETRAE 数字都小于或等于零。

通过在底层面板的最后一列输入 ETRAE 负数（意味着迟缓）或“移动”来传达意图。GTAP 坚持认为，至少有一个汇总的因素被称为“资本”。

9）复制汇总报告。GTAPAgg2 提供了一个节省时间的方法来制作记录汇总的表格。如果正在编辑区域或部门汇总，可以使用“复制”功能键将汇总的报告发送到剪贴板上。然后打开电子表格程序，将报告粘贴到一个空白工作表中。删除不需要的列或行，然后将表格粘贴到文字处理程序中进行最终格式化。或者，将报告直接从 GTAPAgg2 粘贴到 MS Word。它将以标签分隔的文本形式出现在 Word 中。选择文本并选择菜单命令 Table... Convert Text to Table（tab separators）。

10）从剪贴板粘贴贴图。可以从剪贴板上粘贴区域或行业图，而不是用鼠标建立区域或行业图。说明假定粘贴的是行业映射，但对区域来说，程序是一样的。如果有 65 个旧行业，剪贴板应该包含一列 65 个对应的新行业的短名称。通常情况下，在 Excel 中构建这一列，然后从那里复制它。也可以从一个文本编辑器中复制 65 行。然后在 GTAPAgg2 中点击“粘贴”功能键。

新行业的顺序将与它们在地图中出现的顺序相同。例如，第一个新部门将对应于第一个旧部门。如果用户愿意，GTAPAgg2 可以让用户在之后手动改变顺序，新部门将没有描述。同样，如果愿意，GTAPAgg2 可以后添加这些说明。

11）使用 ViewHAR 来检查文件。GTAPAgg2 产生的大部分文件都是 HAR 格式的文件。需要一个实用程序 ViewHAR 来查看它们或将数据导出到 Excel。如果 GTAPAgg2 能够在硬盘上找到 ViewHAR 程序，就会得到一个选项，可以在输出文件创建后立即查看它们。

12）HAR 文件。GTAP 数据存储在一种特殊类型的文件中，称为头阵列或 HAR 文件。为了查看或提取这些文件中的数据，可以使用一个叫作 ViewHAR 的实用程序。

13）在模型模拟或数据修改之前或之后进行汇总。正常的操作顺序是先用 GTAPAgg2 制作一个数据库，然后由 GTAP 模型使用。每个模型模拟都会产生一个相同 BASEDATA 格式的“更新”文件，显示模拟后的流量值。事实上，GTAP 模型和 GTAPAgg2 的输入和输出文件都采用相同的格式，这使 GTAPAgg2 和 GTAP 模型能够以各种方式结合起来。

14）GTAPAgg2 和 FlexAgg2。FlexAgg2 是一个命令行程序，也对 GTAP 数据库进行汇总。聚合方案被存储在用户用文本编辑器创建的文件中。这些文件与 GTAPAgg2 使用的 AGG 文件不完全相同。产品（工作）文件夹应包含一个 default. txt 文件，适合与 FlexAgg2 或 RunAgg. BAT 程序一起使用。

每次用 GTAPAgg2 创建一个聚合，在产品（工作）文件夹中都会创建一个名为 Flexagg2. txt 的文件，与 GTAPAgg2 使用的 AGG 文件相对应，适合与 FlexAgg2 或 RunAgg. BAT 程序一起使用。

15）AggEdit。GTAPAgg2 可以结合源 GTAP 数据库编辑一个聚合 AGG 文件，因此 GTAPAgg2 坚持认为 AGG 文件中的“旧”（分解）区域数量与源 GTAP 数据库中的区域数量一致。

随着 GTAP 覆盖范围的扩大，独立地区的数量不断增加，从 2.0 版的 24 个地区，到 5.0 版的 66 个地区，再到 11.0 版的 160 个地区。这是一个进步，但也有一个副作用，那就是准备的有用的 AGG 文件与以前版本（区域较少）不能直接与较新的数据库配合使用。

AggEdit 程序就是为了解决这个问题而设计的。它可以加载、编辑和保存一个 AGG 文件，而不需要参考任何特定的 GTAP 数据库。而且，它可以将 AGG 文件中的“旧”（分类）地区的数量从一个 GTAP 版本转换到另一个版本。当用户将一个 AGG 文件加载到 AggEdit 中时，该程序会告诉用户 AGG 文件中的“旧”（分类）地区是否与任何已知的 GTAP 版本相匹配。该程序的界面与 GTAPAgg2 非常相似，只是多了一个名为“改变原始区域”的选项，如它可以将原本设计用于 5.0 版 GTAP 数据库的 AGG 文件改为与 11.0 版数据库相匹配的 AGG 文件。这种转换通常是成功的，但事后需要仔细检查区域映射。

16）对于 GAMS 用户。使用 ViewHAR 命令，File... Save As 功能可以用来将 GEMPACK Header Array（. HAR）文件转换成 GAMS Data Exchange（. GDX）格式。另外，可以下载免费的命令行工具 Har2Gdx 和 Gdx2Har，以快速将 GEMPACK 头阵（. HAR）文件转换为 GAMS 数据交换（. GDX）格式。版本包含在最近的 GAMS 发行版中。或者从网站 http：//copsmodels. com/ftp/gpextra/gdxhar. zip 下载。

17）反映区域汇总的地图。ShadeMap 是一个免费的工具，用于制作简单的地图，根据每个区域的“得分”对区域进行着色。可从网站 http：//www. copsmodels. com/shademap. htm 获取。

下载时，会包括与（未汇总的）GTAP 区域相对应的地图边界文件。这些文件描述了不同区域的边界和地理特征，以便在地图上显示和着色。此外，ShadeMap 带有一个命令行程序 AggMap，它使 GTAP 模型的用户能够将所提供的地图根据自己的区域聚合方案进行汇总。这样，用户可以使用 GTAPAgg2 创建相同的 AGG 文件来指定聚合过程中所使用的地区划分。然后，根据 GTAP 模拟结果的矢量来给地图着色。

18）时间序列、能源和二氧化碳数据。有时商品贸易时间序列、二氧化碳和能源数据库可能与 GTAPAgg2 数据库捆绑在一起。如果是这样，RunAgg. BAT 也可以汇总这些数据。时间序列、能源和二氧化碳数据将使用与主要汇总相同的商品和区域映射。

汇总的时间序列数据将显示，对于每个汇总的商品和若干年区域间贸易量的矩阵大小为 REG * REG。

RunGTAP 用户：RunGTAP 不需要时间序列和能源/二氧化碳数据，但它作为背景信息很有用。

（2）错误和问题（Errors and Problems）

本部分介绍了使用软件可能遇到的错误和问题。如果在使用 GTAPAgg2 时遇到问题，可以从 GTAP 网页或非官方网页上下载一个较新的版本（http：//copsmo dels. com/aggpatch. htm）。而如果遇到失败的情况，请通过电子邮件将所有细节发送给作者。完整的细节应该包括对问题的简短描述、GTAPAgg2 在工作失败时生成的 error. log 文件以及诊断文件。可以先通过左键点击“地球仪”图标，然后选择“诊断”命令，最后保存。

（3）GTAP 模型和全球贸易分析中心（GTAP Model and the Center for Global Trade Analysis）

全球贸易分析中心通过国际可计算一般均衡（CGE）建模，并为其他 CGE 建模者提供服务。该中心的主要活动是促进和协调全球贸易分析项目，此外，它还维护著名的 GTAP 模型。全球贸易分析中心是美国普渡大学农业经济学系的一部分（https：//www. gtap. agecon. purdue. edu/）。

关于中心、网络或项目的一般咨询、活动问题以及产品订购、定价或许可问题请发送电子邮件至 contactgtap@ purdue. edu；对于任何 GTAP 产品的技术支持问题，请发送电子邮件至 gtapsupport@ purdue. edu。

7. 1. 2. 2　选择原始数据（Choose source data）

如图 7-3 所示，可以从这部分选择想要的 GTAP 数据库版本、产业类型以及年份进行汇总。

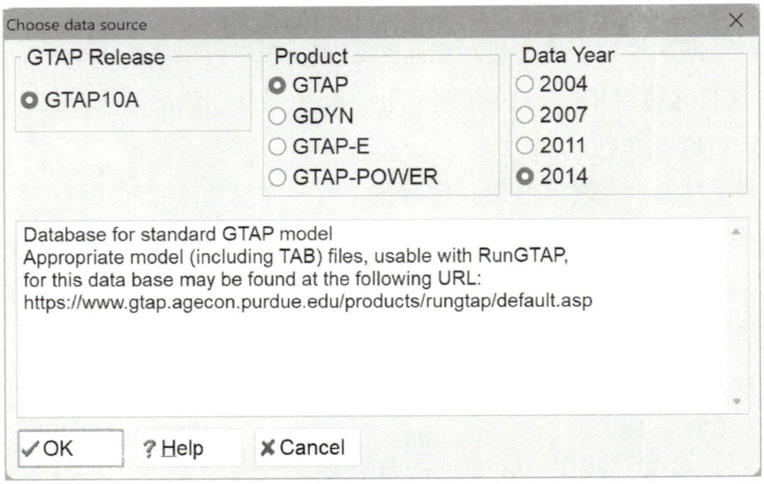

图 7-3　选择数据

7.1.2.3 从文件中读出汇总方案 (Read aggregation scheme from file)

如果之前保存了一个包含汇总区域和部门的 AGG 文件，可以使用该选项来重新加载它。如果右键点击该选项，仅仅可以选择查看已有的 AGG 文件中的区域或部门一种，如图 7-4 所示。

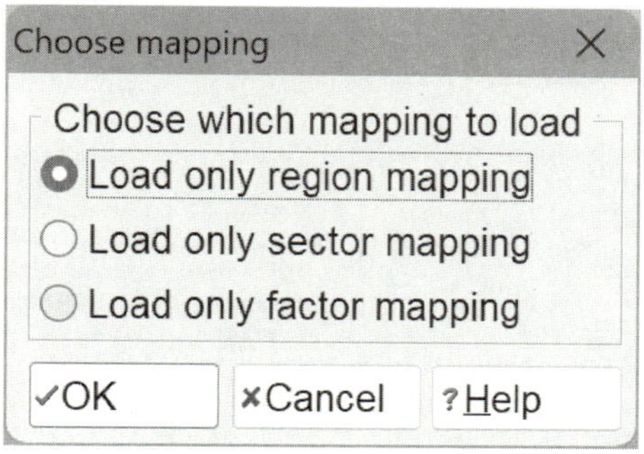

图 7-4 选择已有的 AGG 文件

7.1.2.4 查看/改变区域汇总 (View/change regional aggregation)

本部分可对区域进行设定，点击白色单元格来改变汇总情况。编辑右侧的表格可改变从“旧区域”到“新区域”的映射。点击右侧的表格可以将一个“旧区域”设定为一个独特的“新区域”。“新区域”的信息显示在下半部分。如图 7-5 所示，对于 GTAP 第 11 版数据库中 141 个地区重新合并为 10 个新的区域，其所涉及的地区没有减少。

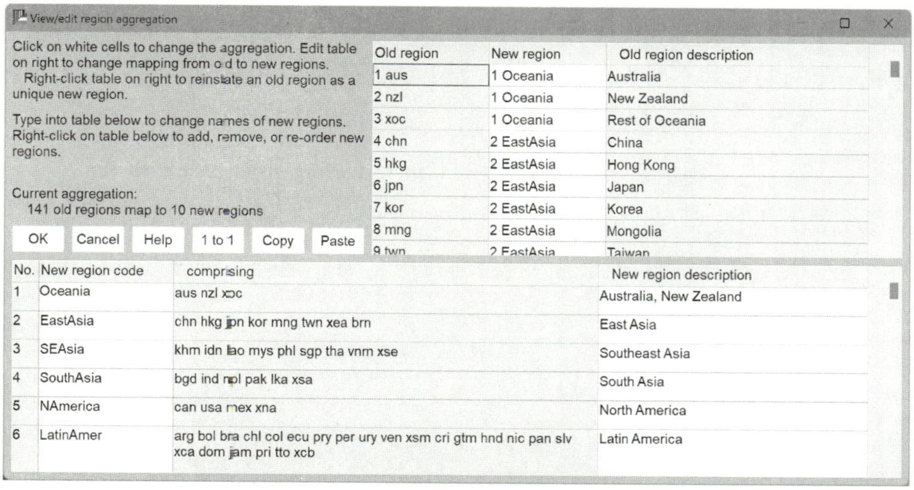

图 7-5 区域设定界面

7.1.2.5　查看/改变部门汇总（View/change ssaectoral aggregation）

本部分可以对区域进行设定，操作方法与对地区进行重新设定的操作一致。图 7-6 是对 GTAP 第 11 版数据库 65 个行业部门的重新划分。

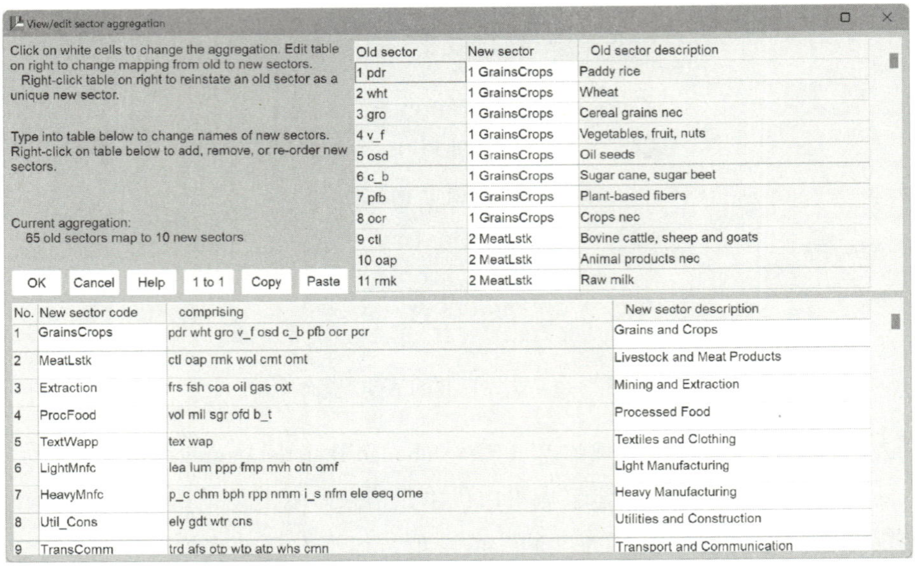

图 7-6　行业设定界面

7.1.2.6　查看/改变要素汇总（View/change factor aggregation）

本部分对要素进行设定，一般来说仅需要按照默认设定即可，因为在 GTAP 模型中一国的要素是不会发生变化的，如土地、劳动力（熟练的劳动力和非熟练劳动力）、资本、自然资源，但国家是相对固定的。如图 7-7 所示。

7.1.2.7　将汇总方案保存到文件中（Save aggregation scheme to file）

完成对于区域、产业部门以及要素的重新设定后，则可以对新汇总数据进行保存，若在设定过程中存在错误，将会有提示，然后选择文件保存的位置即可。

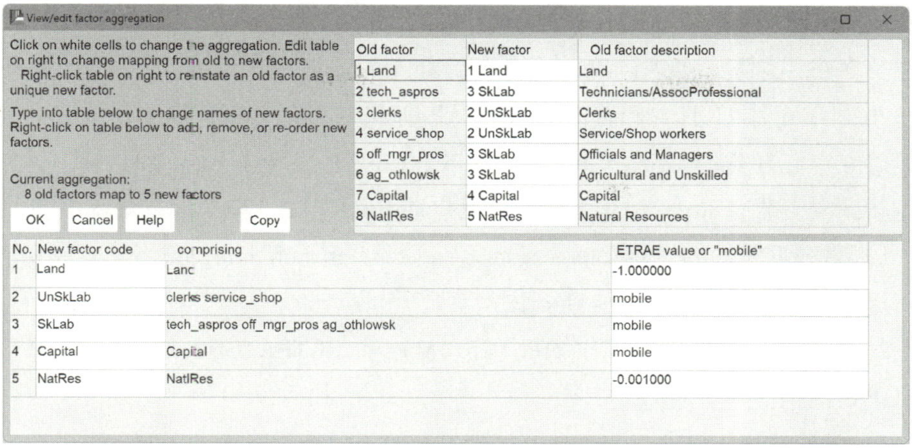

图 7-7　要素设定界面

7.2　RunGTAP 软件

GTAP 是使用 GEMPACK（一种用于求解 AGE 模型的灵活系统）的公式化和求解。RunGTAP 是专门用于静态 GTAP 模型分析的工具，基于 GEMPACK 软件开发，是各种 GEMPACK 程序的可视化界面。RunGTAP 允许用户使用 GTAP 一般均衡模型在 Windows 环境中交互运行模拟。使用该程序没有对 GEMPACK 语言或编程技能的要求。Windows 环境中还提供了用于分析的结果和补充信息，并且可以交互方式进行访问。RunGTAP 将使用任何不太大的 GTAP 数据库运行标准 GTAP 模型。要使用更大的数据库，或修改 GTAP 模型的方程式，或修改 GTAP 模型的标准缩略，还需要 GEMPACK 许可证（有几种类型）。

7.2.1　RunGTAP 安装

7.2.1.1　下载

下载网址：https：//www. gtap. agecon. purdue. edu/products/rungtap/default. asp。

登录 GTAP 中心网站，进入 Model/Utilities→RunGTAP，下载文件安装包。

7.2.1.2　安装

解压 rungtap_v370. zip 文件（59. 9M），进入 rungtap_v370 文件夹，双击 setup. exe，建议安装到默认路径 C：\runGTAP370，若修改路径，RunGTAP 需要安装在英文路径之下。如遇到确认或者接受窗口，请点击是或者接受，安装完毕。

2020 年 6 月 11 日，和普渡大学 GTAP 研究中心有密切合作关系的澳大利亚政策研究中心（The Centre of Policy Studies，CoPS）发布了 RunGTAP 补丁，如遇到更新，在安装完 RunGTAP 之后，不要启动 RunGTAP，按照如下步骤更新：

1）进入网页 https：//www. copsmodels. com/rgtpatch. htm，或者从 GTAP 下载页面提供的 RunGTAP Patches 跳到该网页。

2）依次下载 RGTPATCH. ZIP （25. 4M） 和 RGTPATCH2. ZIP （28. 5M） 到 RunGTAP 所在路径。

3）备份或压缩整个 RunGTAP 文件夹（但不包括它下面的子目录）。

4）将 RGTPATCH. ZIP 和 RGTPATCH2. ZIP 解压缩到 RunGTAP 文件夹，自动覆盖一些现有文件。

5）启动 RunGTAP。在第一次加载每个“版本”时，可能会收到“过时或丢失 SLI 文件”的警告。可以使用 Tools. Run Test Simulation，运行测试模拟命令以避免警告。

7. 2. 2 RunGTAP 功能

RunGTAP 允许使用 GTAP 模型进行各种模型模拟，可以选择 GTAP 的几个不同版本，大多数版本允许用户从多个“闭合”（Closures）进行选择。可以交互地设置外生变量的值，或者从准备好的文件中读取它们，也可以选择牛顿—拉夫森方法、修正的牛顿方法、广义最小残差方法来求解模型。可以在屏幕上查看模拟结果，并打印，或导出到其他程序。完成后，可以查看、复制或打印初始或模拟后的模型数据库。此外，还提供了几种工具来帮助解释或分析结果。如果需要 RunGTAP 的详细指南，请查看教程文件 Ho2K. doc。

进入 RunGTAP 软件后，有 7 个界面：Title 为软件的欢迎界面；RunGTAP 为软件的简介；Version 为版本介绍界面；Closure 为模型闭合；Shocks 为进行冲击的设定；Slove 为模拟求解；Results 为结果分析。如图 7-8 所示。

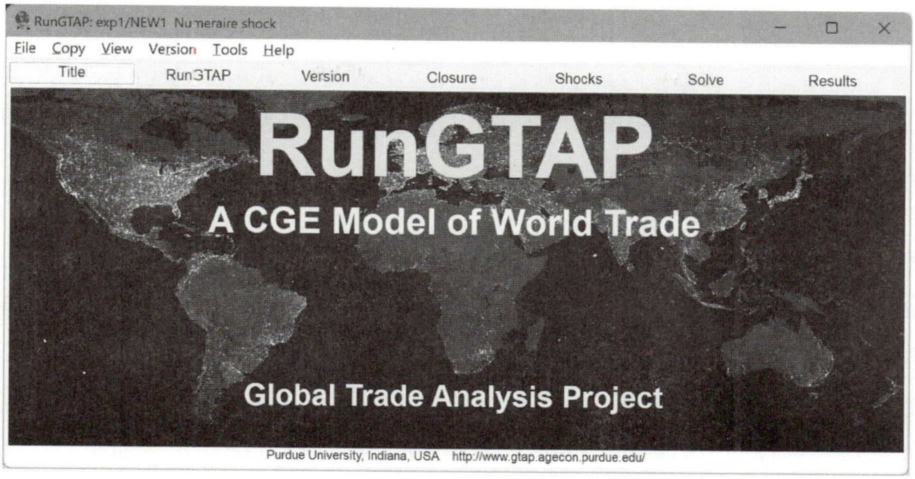

图 7-8 RunGTAP 软件界面

7.2.2.1 闭合（Closure）

模型闭合页面显示了当前的闭合（外生变量的列表）。闭合被存储成实验文件的一部分，当加载一个 EXP 文件时，它会自动加载。如果熟悉 GEMPACK 的语法，可以直接编辑封闭，还可以使用菜单命令 Tools... Load Closure File 和 Tools... Save Closure File 来保存当前的闭合，或者用已经存储在磁盘上的其他闭合来替换它。

参见内生变量和外生变量以及加载和保存文件对话框。如果选择直接编辑闭合，请牢记以下几点：

指定闭合的最简单方法是列出外生变量。一个外生变量的列表是由一个或多个形式为 exogenous<list>的语句建立起来的，如外生变量 p_a0。

在模型中使用外生变量语句时，最好将每个外生变量语句放在新的一行中。首先放置一个外生变量语句，然后是其他内生变量语句，以明确其他变量是内生的。注意：组件编号和作为参数的组件在外源性<列表>中是允许的；语句应遵循 GEMPACK 命令文件的语法规则。

RunGTAP 数据压缩包被指定为只使用外生和其余内生的关键字。然而，闭合可以通过各种方式在 GEMPACK 命令文件中设置，如通过使用内生和交换关键字，或通过修改存储在环境文件中的闭合。详情请见 GEMPACK 文档。可以在 RunGTAP 中以 GEMPACK 允许的任何方式指定闭合。

指定闭合的方式会影响到“冲击”页面上要冲击变量的下拉列表的形成。如果闭合只是一个外生变量的列表，那么只有这些变量会出现在下拉列表中。否则，模型的所有变量（即使是内生变量）都会出现在该列表中，不能冲击内生变量。

7.2.2.2 冲击（Shocks）

进入 RunGTAP 软件点击 Shocks 建立一个冲击列表。

首先，使用页面左上角的组合框来选择要冲击的变量。如果选取一个矩阵或向量变量，则会出现第二个组合框，让用户选择是只冲击一个子集，还是冲击所有的元素。

其次，选择冲击的数值。对于大多数变量来说，-50 的冲击值总是意味着该变量的数值减少 50%。在这种情况下，页面右侧的冲击类型组合框只显示一个选项：变量变化率。对于一些税收变量，可能会出现“%变化率”或“%变化功率”或“%目标率”的选项——这些在税率冲击中会有解释。

对于某些变量，可能会出现预先计算好的冲击（它们将被存储在一个以 pre 为后缀的文件中）。如果它是可用的，冲击类型组合框将显示这个文件选项。如果选择使用预先计算的冲击，冲击值编辑框将消失（它是不相关的）。

当选择变量、元素和冲击值时，一个冲击规范行就会建立起来（在 4 个选项的上方）。这一行的语法是 GEMPACK 使用的语法。

当构建了想要的冲击后，点击“添加到冲击列表”选项。然后继续构建下一个冲击。如果要删除已经添加到列表中的部分或全部冲击，请选择并删除它们。

冲击页仅允许冲击在当前封闭中具有外生元素的变量。不过，它也允许指定对只有部分外生变量的内生元素的冲击。值得注意的是，选定一个新的模型闭合并不会自动从“冲击”页面移除已列出的冲击，这可能导致在尝试对某个在之前的闭合中被标记为外生，但在当前闭合中转为内生的变量进行冲击时发生错误。因此，在求解模型时，如果试图冲击那些现在已经是内生状态的变量，可能会遇到错误信息。

如果知道 GEMPACK 的语法，也可以直接编辑冲击的列表。例如，可以添加以下形式的语句：

subtotal varname = 1;

假设 varname 是一个冲击变量，请看 subtotals。

菜单命令 Tools... Load Shocks 允许读入预先存在的文件（后缀为 SHF），其中包含一行或多行的冲击语句，参见加载冲击文件。保存冲击文件（Tools... Save Shocks File）命令允许自己创建这样的文件。

注意：在使用 Shocks 页面创建新的冲击时，不要忘记删除已经在列表中的任何不需要的现有冲击。点击清除所有冲击（Clear All Shocks）选项，或者直接编辑冲击列表来删除单行。

（1）对税率的冲击

对某些税收变量的冲击，默认是以一种特殊的方式来解释的：-50 的数值意味着税收的从价税率减少 50%。在这种情况下，冲击类型组合框将显示选项%变化率，冲击声明将包含关键字 rate%，以解释从价税率。

如果冲击是一个税种的从价税率的减少百分比，冲击说明行将会引用一个文件。该文件显示了将从价税率移至零所需的权力变化的百分比。这些变量实际上是税收权力（如果税率是 20%，权力就是 1.2）。RunGTAP 软件能够计算出按指定比例降低从价税率所需权力变化的百分比。例如，要消除 20%的从价税率（rate%=-100），税收权力必须从 1.2 变为 1.0，这代表了减少 16.67%。要将同样的税率减半（税率%=-50），税收权力必须从 1.2 变为 1.1，即下降 8.33%。

如果冲击个人税率，RunGTAP 会算出这些计算结果。可以选择权力变化%的选项。在这种情况下，-50 的数值意味着税率的减半，将把 1.2 的税率变成 0.6，把 20%的税变成 40%的补贴。

最后，可以选择目标税率%这一选项。在这种情况下，数值为 10 意味着改变税率，使其等于 10%。RunGTAP 会计算出相应的权力冲击。目标税率%这一选项对于改变数据库的税率特别有用。

（2）加载冲击命令的 SHF 文件

菜单命令 Tools... Load Shocks File 允许读入预先存在的文件（后缀为 SHF），其中包含一行或多行冲击语句，这对复制更复杂的实验很有用。从 SHF 文件中加载的冲击会取代所有现有的冲击；但是可以先用复制命令将旧的冲击保存在剪贴板中，再加载新的冲击，然后将光标放在冲击列表的底部，用 Shift-Ins 键将旧的冲击粘贴回去。

SHF 文件的语法与用户以交互方式建立的冲击语句相同。它们也可以包括注释。

（3）从 SHK 或 HAR 文件中读取大量的冲击命令

冲击页旨在简化应用单个冲击的过程，但并不建议使用过长的冲击语句列表。为了减轻这种负担，下面给出两个技巧：

技巧 1：使用 CMFSTART 文件定义用户自己的子集。例如，用户的冲击备忘录可能包含：

Shock tms（FOOD_COMM，SSA_REG，NSSA_REG）= select from file TMS. SHK；或 Shock tms（FOOD_COMM，SSA_REG，NSSA_REG）= target% 5 from file TMS. SHK。

以上，FOOD_COMM 是 REG 的一个子集，SSA_REG 和 NSSA_REG 也是 REG 的子集。上面的冲击语句同时应用整个冲击块。TMS. SHK 文件包含消除关税所需的对关税权力的冲击。因此，第一条冲击语句废除了从 SSA 到其他 NSSA 地区的食品关税。第二条冲击语句声明了将同样的关税设定为 5%。

技巧 2：创建用户自己的冲击文件。为了加强冲击值的特殊结构，可创建用户自己的冲击文件（版本文件夹中的后缀 SHK）。例如，冲击备忘录可能包含：

Shock tms（FOOD_COMM，SSA_REG，NSSA_REG）= select from file MyOwnT-MS. SHK。

原始文件 TMS. SHK 是由 SHOCKS. TAB 程序创建的。如果有 GEMPACK，可以改编为创建并运行（在 RunGTAP 之外）用户自己的版本 MySHOCKS. TAB，这将创建文件 MyOwnTMS. SHK。

在使用冲击文件时有两个独立的选择，使用 HAR 或 SHK（GEMPACK 文本）文件来存储冲击值。

SHK（GEMPACK 文本）文件可以用 Excel、文本编辑器或 TABLO 程序创建。缺点是每个 SHK 文件只能容纳一个数字阵列。可以从 ViewHAR 打开 SHK 文件（作为 GEMPACK 文本）。冲击语句将类似于：

Shock tms（Food，REG，REG）= select from file TMS. SHK。

要创建 HAR 文件，请使用 TABLO 程序或 ViewHAR。优点是一个 HAR 文件可以在不同的标题上容纳几个数字或数组，而且查看起来更加方便。冲击语句将类似于：

Shock tms（Food，REG，REG）= select from file MyShock. Har header H031。

想让 GEMPACK 只选择文件中的一些数字吗？

假设用户想冲击某个变量的每个元素，可以使用 shock 语句，例如，

Shock tms=file TMS. SHK。

Shock tms=file MyShock. Har header H031。

假设有3个地区和3个货物，这样tms就有27个元素，GEMPACK会期望在文件上找到27个数字。

然而，一种常见的情况是，文件中保存了冲击变量的所有元素的冲击值，但用户只想使用其中的一部分。假设有3个地区和3种货物，用户可能会使用这样的冲击语句：

Shock tms（Food，REG，REG）= select from file MyShock. Har header H031。

同样，GEMPACK会期望在文件上找到27个数字，但只有那些与食品元素相匹配的9个数字会被使用。

如果输入：Shock tms（Food，REG，REG）= file MyShock. Har header H031。

GEMPACK将期望在文件中找到9个数字（与食物元素相匹配的冲击），但这种语句并不经常使用。

请注意，Shock tms（TRAD_ COMM，REG，REG）= select from file TMS. SHK；和Shock tms=file TMS. SHK。这两个语句有同样的效果，因为tms的维度是TRAD_ COMM * REG * REG。无论在哪种情况下，所有27个元素都会被冲击。

建议，通常情况下，将冲击存储在HAR文件上，并使用从语法中选择的方法。

（4）保存冲击的SHF文件

菜单命令保存冲击文件（Tools... Save Shocks File）允许将当前的冲击语句被存储上，选择一个没有被使用过的8个字母的名字。

（5）Subtotals（小计）

假设进行了一次模拟，日本取消了5种商品的进口关税，使美国获得了100万美元的福利收益。那么这个收益中有多少是由于商品1的关税降低导致的，有多少是由于商品2至商品5的关税降低导致的。

可以尝试进行一系列的实验，都是从原始数据开始的。在这些实验中，每次都取消一个关税，那么会发现，由于每个关税冲击而导致的美国福利的变化并没有完全加到100万美元。这种差异是由GTAP模型的非线性引起的。

GEMPACK为这个问题提供了一种更复杂的方法，它有两个优点：一是归因于每个冲击的变化完全加到了整个包的效果上；二是它相当快速和容易做到。

在GEMPACK的行话中，小计是指一个冲击或一组冲击对所有冲击造成的总变化的贡献。假设完整冲击包被指定为：

Shock tms（TRAD_COMM，REG，JPN）= select from file tms. shk。

然后，如果在冲击页的备忘录中加入以下几行：

Subtotals tms（EXTRACT，REG，JPN）= Extract Effect。

Subtotals tms（FOOD，REG，JPN）= Food Effect。

Subtotals tms（AGRIC，REG，JPN）= Agric Effect。

Subtotals tms（LITMNFC，REG，JPN）= Litmnfc Effect。

Subtotals tms（HVYMNFC，REG，JPN）= Hvymnfc Effect。

RunGTAP 将计算这些单个关税削减对总模拟结果的贡献。冲击页上的定义小计选项可以帮助编写这些语句。当指定冲击后，可以通过点击定义小计选项要求计算各种小计。通过小计表格指定与每个小计相关的冲击。

小计的结果在结果页的不同栏目中显示。小计结果排在模拟结果和任何等级结果之后。注意，小计结果只能由 GEMPACK 7.0 版（或更高版本）的程序计算出。

（6）关于小计理论的更多信息

假设写了一个模型：

1）Z=F(X，Y)。这里 Z 是一个内生变量，有两个外生变量 X 和 Y。在一个真实的模型中，Z 将是一个向量，还会有许多外生变量（这个简单的模型足以证明小计的原理）。对于围绕初始解的微小变化，可以写出线性化的形式。

2）delZ=[Fx]delX+[Fy]delY。其中 Fx 和 Fy 是 F 相对于 X 和 Y 的导数。似乎可以说［Fx］delX 是 delZ 中由于 X 的变化而产生的部分，同样地，由于 Y 而产生的 Z 的变化是［Fy］delY。

GEMPACK 通过重复求解（b）这样的系统来解决非线性方程组。每一步计算出的变化（delZ）被累积起来，得到一个精确的变化解。同样地，可以把［Fx］delX 等项累积起来，得到每个外生变量的贡献 Cx 和 Cy。这些贡献加起来就是 Z 的总变化。

在计算过程中，对 delX 的一系列微小冲击将导致 X 从其初始值 X_0 移动到其最终值 X_1。同样，Y 也会从 Y_0 移动到 Y_1。可以把这两个外生变量的运动看作是在一个平面上的路径，从［X_0，Y_0］到［X_1，Y_1］。

显然，从［X_0，Y_0］到［X_1，Y_1］有许多条可能的路径。但是，无论采取哪种路径，只要个别步骤 delX 和 delY 足够小，就会得出正确的 Z 的总变化。

事实证明，对于非线性模型，单个累计贡献值Cx和Cy确实取决于（通常是相当弱的）X和Y遵循的路径。

GEMPACK为外生变量选择的路径是外生变量的初始值和最终值之间的一条直线，理由是，这条路径给出的Cx和Cy的估计偏差最小。

显然，将总的变化分解为可归因于个别外生变量变化的部分，必须取决于用户认为哪些变量是外生的。例如，考虑用GTAP进行模拟，对布匹和小麦这两种商品的关税进行冲击，引起两种相应进口量的内生变化。可以将对国家福利的总影响分解为两个关税冲击。

现在设想一个配套的模拟，这次两个关税是内生的，而相应的进口量（配额）是外生的，并受到冲击，因此它们的变化量与前一个模拟中的相同。在两次模拟中，所有变量的变化量都是一样的。即关税和进口配额的变化是相等的。

然而，如果在第二次模拟中把对国民福利的总影响在两个进口量冲击之间进行分解，通常会得到对国民福利的相同变化的不同划分。模拟1中由于布匹关税变化而导致的福利变化部分，将与模拟2中由于布匹配额变化而导致的福利变化部分不同。差异的原因只是因为两个模拟中的外生变量不同——它不需要模型中的任何非线性，也不需要两个模拟中的变量所遵循的路径不同。

7.2.2.3 求解（Solves）

本页用于加载和保存实验以及运行模拟。

要运行模拟，一是必要时选择不同的求解方法；二是输入实验描述；三是点击“求解”选项，开始求解过程。

当模型被解决时，会出现一个带有旋转地球的小窗口。根据用户的机器速度和所选择的求解方法，模型的求解时间可能为10秒到3小时。

在模型求解过程中，最好不要将机器用于其他用途。也可以隐藏求解过程，这就能够运行其他程序。RunGTAP将被最小化到任务栏中，但在模拟完成后又会自动弹出。

用户也可以完全停止求解过程（但可以看到旧作业仍在运行）。

求解成功，可以用File...Save菜单命令永久保存结果。

（1）解决方法

RunGTAP提供各种不同的求解方法。

1）单步解法。或称约翰森法。单步解法是将模型视为一个线性系统，围绕初始解进行线性化，这种方法是最简单和最快速的计算方法。但由于GTAP实际上是一个非线性系统，除非是小冲击，Johansen 的结果并不准确。误差与冲击的大小成正比：冲击的大小增加 1 倍，误差的大小就会增加 1 倍以上。

2）多步求解法。多步求解程序是用来减少默认的一步或约翰森求解方法所产生的线性化误差。简而言之，欧拉多步骤程序会自动将外生冲击划分为（用户指定的）数量相等的组成部分。例如，劳动力供应增加10%可能被计算为两个连续的 4.88%的增长（1.0488×1.0488=1.1）。第一个 4.88%的分期付款的结果被计算出来，数据库相应地被更新。使用新的数据库，计算第二批 4.88%的结果。由于误差与冲击的大小成正比，将冲击减半导致每一步的误差都小于单一的、全幅度的误差的一半。因此，两步的结果可以结合起来，产生一个比单步更准确的解决方案。步骤越多，精度越高。

格拉格法和中点法是欧拉法的变种，在给定的步骤数下，它们有时可以产生更准确的结果。

3）外推求解法。早期用欧拉法求解模型的实验印证了如下结果：8 步和 16 步解之间的差异通常是 4 步和 8 步解之间的一半；16 步和 32 步解决方案之间的差异约是 8 步和 16 步解决方案的一半，以此类推。这个规则能够预测一个无限步数的解决方案会产生什么样的结果，也就是精确的解决方案。

例如，可以选择运行 3 个分别为 4 步、8 步和 12 步的欧拉解。GEMPACK 会自动使用这些结果来推断出一个比 3 个单独解中的任何一个更精确的解。对于格拉格法和中点法，一连串解的步骤数必须是奇数或偶数。

（2）外推精度（XAC）文件

可以使用 XAC 文件来估计单个结果的准确性。该报告有一个复杂的格式，GEMPACK 文档对此进行了解释。

除非有以下一行（见图 7-9），否则不会产生一个 XAC 文件出现在 CMF-START 文件中。

外推精度文件=YES，意味着模拟在运行时考虑外推精度的评估成果。

然而，在某些情况下，即使外推精度文件中显示某些变量的精度较低，也不一定意味着模拟结果就不可靠。假设有三个变量，它们的关系在理论上是相同的，但在实际数据中外推精度却有所不同。在这种情况下，低精度可能并不总是令人担忧的，原因如下：

1）相对重要性：如果这三个变量在模型中的重要性不同，那么精度较低的那个变量可能对整体模拟结果的影响较小。

2）误差相互抵消：有时不同变量之间的误差可能会相互抵消，从而在总体上产生更准确的结果。

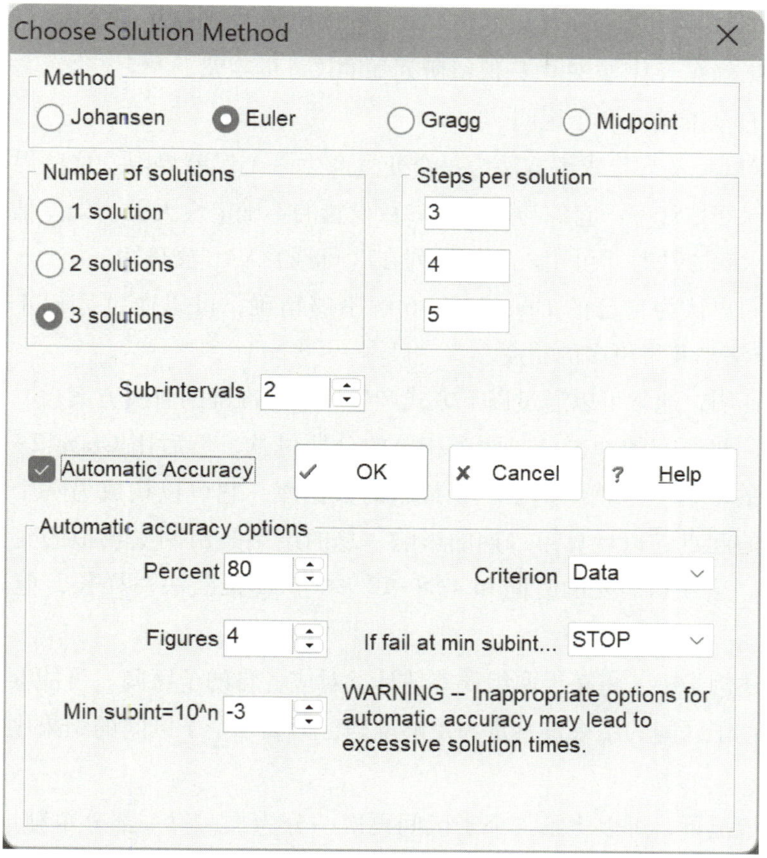

图 7-9　选择分析法

3）敏感性分析：通过进行敏感性分析，可以评估低精度变量对模拟结果的具体影响。如果影响很小，那么可能不需要过于担心这个变量的精度。

4）模型目的：最重要的是要考虑模型的目的。如果低精度变量对于回答研究问题或政策分析不是关键性的，那么它们的精度可能就不是主要关注点。

若 XAC 文件太大，在大型模型中，XAC 文件可能相当大。可以替换这一行：

外推精度文件 = YES；

在当前版本目录下的 CMFSTART 文件中，可用以下一行取代。

外推精度文件=NO；

这样就没有 XAC 文件了。

或者，在 CMFSTART 中增加一行，例如，

XAC-retained %macro（REG）（TRAD_COMM）（TRAD_COMM，REG）。

这意味着在 XAC 文件中只保留所列举的尺寸的变量。

（3）自动准确度和子区间

GEMPACK 的外推求解方法为每个变量产生一个误差界限。这些界限是对计算误差的保守估计——它们与冲击或参数设置的不确定性无关。误差估计只有在选择 3 种求解方法时才可用。它们被列在（可选）XAC 文件中。

如果用户认为自己的 Gragg2-4-6 解不够精确，可以通过运行 4-8-12 步 Gragg 外推法来获得更多的精度。

事实证明，通常可以通过以下方式产生一个更准确的解决方案。

首先，将所有的冲击分成两个相等的分期付款，然后用 Gragg 2-4-6 来计算第一期的影响。这就产生了一个最新的数据库，它可以构成另一个 Gragg 2-4-6 模拟的起点，以计算第二期的影响。总的结果是由两次模拟的变化结果复合而成的。这一切需要的时间和 4-8-12 步 Gragg 推断法一样长，但通常会更准确。

在上述例子中，将获得两组误差估计，对应各自的子区间。可能会有这样的情况：首个子区间的结果被判定为足够准确，而第二个子区间的结果则被认为准确性不足。

在该情况下，可以将第二个子区间再次一分为二，每一部分单独应用 Gragg 2-4-6 计算方法。这会将整体计算过程划分为三个子区间，其中第一个是后两个的两倍。这个分割过程可以持续，直至达到所需的精度水平（或直到达到操作的极限）。

在“选择求解方法”对话框中启用“自动精度”控制后，将出现额外选项（见图 7-9），这些选项用于设定所需的计算精度。可以要求 80%的更新数据精确到 4 位数。

在评估准确性时，看更新的数据还是看结果是有区别的。默认情况下，GEMPACK 使用数据标准，因为百分比变化可能指的是一个无限小的基数，所以是不相关的。

通常情况下，GEMPACK 会以两个子区间作为起点，并随后逐渐增加子区间

的数量，以满足精度要求。若有经验预示需要6个子区间，将起始点设定为6个子区间有助于缩短求解所需时间。

一些错误指定的模型永远不会收敛，这可能会导致GEMPACK的收敛，进一步导致GEMPACK不断地将子间隔分割成更小的部分，而无法得到精确的结果。最小子间隔选项可以防止这种情况发生。默认情况下，它被设置为-6，意味着不会尝试小于百万分之一（=10E-6）的子间隔。

如果在结果足够准确之前达到最小子间隔的话。可以使用“If fail at min int”选项控制计算是停止还是继续进行。

（4）准确度总结

选择带外推法的求解方法时，RunGTAP会展示一个准确度概览，该概览将展示变量准确度达到1~6位数字的分布情况。修改过的Chernoff统计量将呈现整体精度情况，同时，更新后数据的精度亦会以相似方式得到概括。

GEMPACK会计算一个相对保守的精度底线，而在大多数情况下，实际结果的精度会远超概括中所提示。

无论是针对变量还是文件中数据的准确性，都会给出一个总结。采用自动精度控制将模拟划分为若干子区间的情况下，每个子区间均配备了它自己的精度概览。可通过下拉列表选择查看感兴趣的内容，该列表也会指出精度最低的子区间是哪一个。在GEMPACK版本8及以上，提供了仅限变量（非数据）的总体摘要，允许将所有子区间的误差进行积累汇总。

精度评分采用0~10的序数等级，每个等级对应一个特定的表情图标。通过点击并下拉窗口滚动条，可以查看表情图标的全范围。

“查看菜单项”功能允许用户在之后重新查看精度概览，前提是概览还没有因版本更迭或加载另一实验而被清除。

（5）运行一个测试模拟

使用菜单命令运行测试仿真（Tools...Run Test Simulation），用当前版本运行一个简单的仿真。这样可以检查RunGTAP是否正常工作，或者强迫RunGTAP重新生成丢失的文件。

（6）SAVESIMS文件夹

每成功运行一个实验，RunGTAP都会将该实验的一些结果存储在当前版本文件夹下的一个子目录中，称为SAVESIMS。这些文件的名称与实验相同，它们是：

1）用于运行主模拟的 CMF 文件。

2）主模拟中的 UPD（更新）文件。

3）来自主模拟的 LOG 文件。

4）SL4 和 SLC 文件。

5）EXP 文件，在求解时从闭合、冲击和求解页面的内容中生成。

这些文件可用于调试或同时检查多个解决方案，可通过 ViewSOL 工具进行辅助。若需要优化磁盘空间，可选择清空 SAVESIMS 文件夹内的内容。

7.2.2.4 结果（Results）

本页功能是查看最后一次成功求解过程中计算出的变量值。最初，将展示一个内容窗口，其中列出了模型变量。检查特定项目能够通过两种方式来实现：

1）双击所选项目。

2）使用鼠标点击或按“箭头”键选中项目，然后按“空格”键。

随后，原内容窗口会更新为数字窗口，显示相应数值。其中，外生变量将以红色显示。变量名称，作为行或列标签展示，点击后可在屏幕底部的状态栏看到更完整的描述。

要从数字窗口返回到内容窗口，在任何数字结果上点击两次。

使用“复制”菜单命令，可以将“内容”窗口或“数字”窗口复制到剪贴板上。每个窗口也可以打印（使用文件—打印），还可以调整用于显示结果的字体大小。

高级显示。通常 RunGTAP 被设置为在结果页上只显示 GTAP. MAP 文件中列出的变量，可以通过使用 ViewSOL 或关闭“工具—选项”对话框中的“使用地图文件”选项来查看所有变量。

7.2.3 软件操作步骤

7.2.3.1 读入汇总数据

点击窗口左上角“Version | New”，点击“Next”按钮后选择 New aggregation，同时还可在右侧 New version name 中命名。然后点击“Next”按钮（见图 7-10）。

点击“Locate ZIP achieve”选择使用 GtapAgg 汇总后的 ZIP 文档，接着点击“Next”、“Finish”、“OK”。计算机将自动加载运行。相关界面如图 7-11 所示。

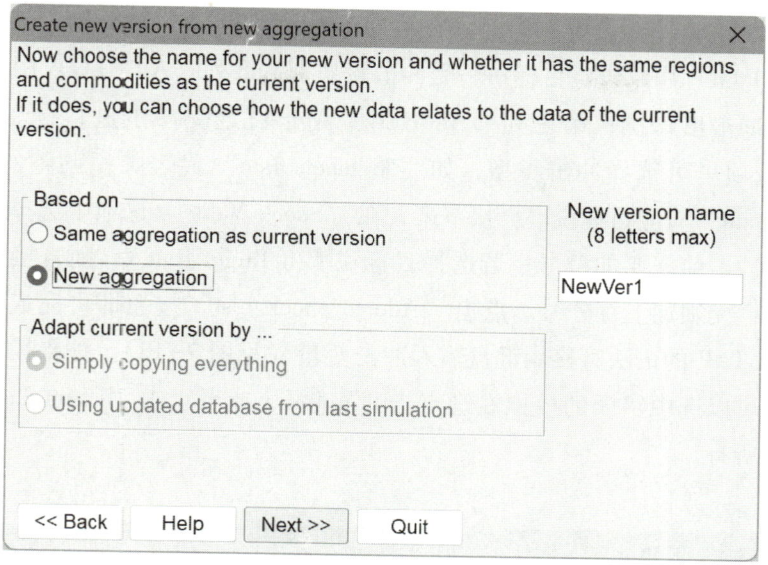

图 7-10　读入汇总数据

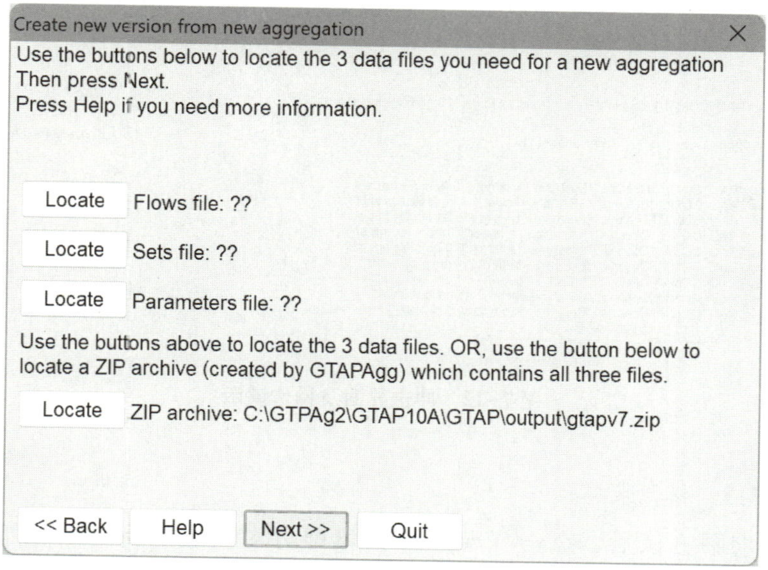

图 7-11　选择汇总数据包

7.2.3.2　设置模拟方案

如图 7-12 所示，点击“Shocks”按钮，选定需要冲击的变量（Variable to

Shock）。以“tms”（关税）为例。在“Elements to Shock”区域内，首列（All-TRAD_COMM）用以设定目标——受冲击商品别；次列（All REG）用于确定目标——受冲击出口国；第三列（All REG）用于设定受冲击进口国。“Type of Shock”选项里可选择冲击类型，如“%change rate”代表关税调整的百分比，“%target rate”对应目标税率。接下来，在“Shock Value”选项中选择冲击的幅度，负面冲击前需要加负号；若选择目标税率（Target Rate），则直接输入税率数值，该栏无须加上百分号。点击“Add to Shock List”按钮即可完成，也可以依照 RunGTAP 的语法直接用键盘输入冲击变量（见图 7-12）。如果模拟方案设置错误，可以选中错误的模拟右键点击“删除”，或者点击“Clear Shocks List”按钮清空所有。

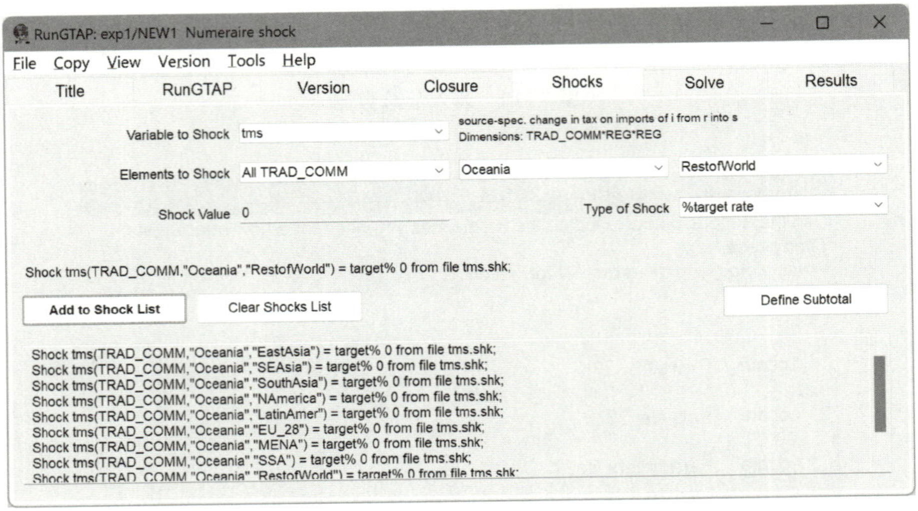

图 7-12　冲击界面及操作演示

7.2.3.3　模拟求解

选择求解方法后，点击“Solve”按钮即可对数据进行分析，如图 7-13 所示。

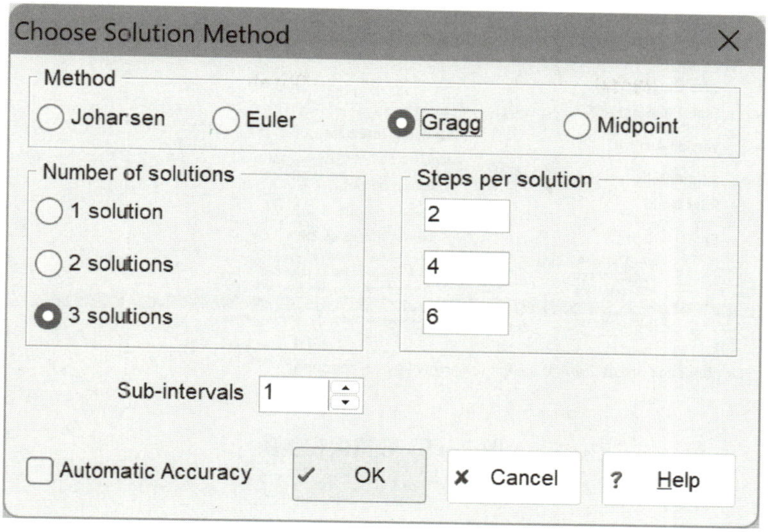

图 7-13　模拟求解选择方法

7.2.3.4　结果分析

Results 界面展现了各项分析结果，若要对数据进行保存，选择 file | Save Outputs | Save all Output as ZIP 选项即可，相关分析结果和保存界面如图 7-14、图 7-15 所示。

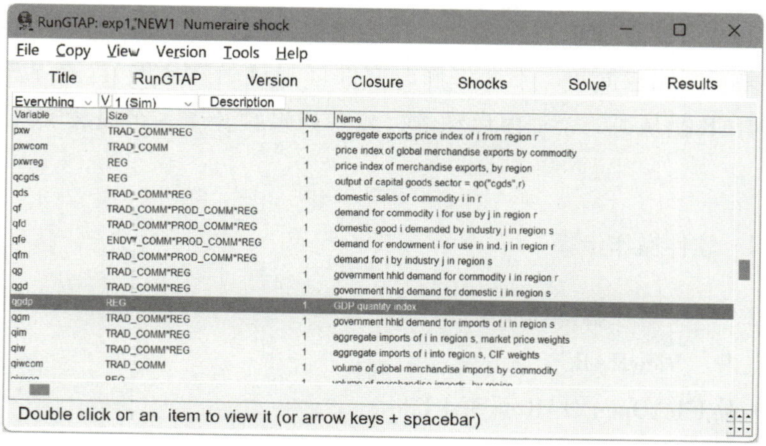

图 7-14　分析结果展示

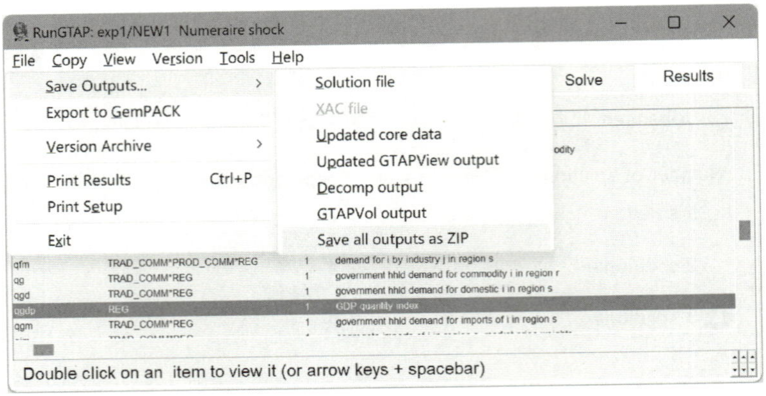

图 7-15 数据保存步骤

7.3 ViewHar 软件

7.3.1 软件主要功能

ViewHAR 是一个用于浏览、提取和修改 GEMPACK 头阵列文件内容的程序。ViewHAR 可以在只读或编辑模式下运行，编辑模式提供全套的菜单选项，而只读模式的菜单则比较简单，不允许修改文件（只读是默认的）。在某些情况下，如果 ViewHAR 是从另一个程序启动的，或者如果打开了一个只读文件，编辑模式不可用。

7.3.2 软件操作步骤

7.3.2.1 使用数据库的步骤

1）点击“ViewHAR”。

2）选取 File\Open HAR or SL4 File。

3）选取数据夹，以 basedata. har 为例，可出现如图 7-16 的数据界面。

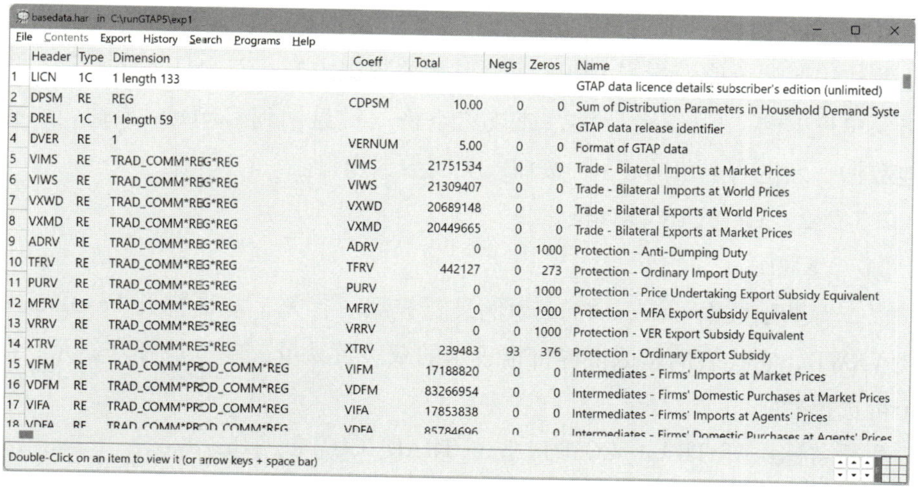

图 7-16　ViewHAR 界面展示

第一行是菜单栏，包含 File | Contents | Edit | Sets | Export | Import 等最为常用的菜单。第二行中，Header 表示表头，一个表头包含一个多维数据；Type 中 RE 表示实数数据（包含小数位），而 1C 则表示字符型数据，2I 表示整型数据；Dimension 表示数据的维度；Coeff 表示表头所代表的系数名称；其后的 Total | Negs | Zeros | Name 分别表示总值、负数个数、零值个数和数据解释。如果有些类型没有出现，请点击 File | Option，在 For real matrices、Contents shows 框架中自行选择需要显示的数据属性即可，具体操作如图 7-17 所示。

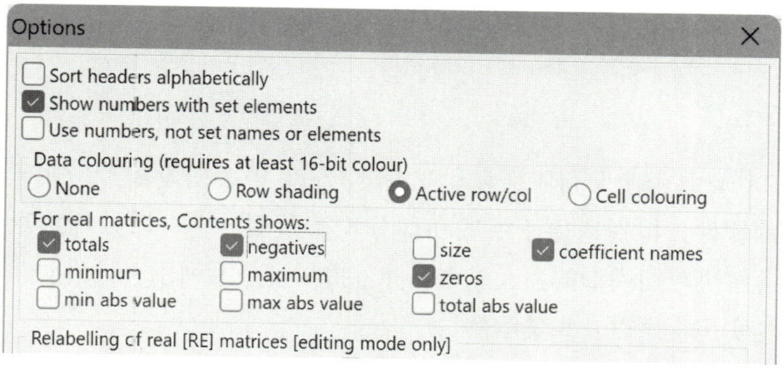

图 7-17　添加界面数据属性

在 Header 窗口中可定位所需数据，如 EVFA 数据，它表示以购买价值度量的企业使用要素价值。点击 EVFA 可浏览相关数据内容。双击任何单元格，通过点击菜单栏上的“Contents”键，或按“空格”键返回到 Contents 界面，以查看其他数据。点击右上角的“×”按钮，关闭数据窗口。

7.3.2.2 ViewHAR 接口操作

例：VXWD。

以查看基础数据 basedata. har 为例进行介绍。首先，双击打开 basedata. har，查找 VXWD，它代表的是以世界价格表示的双边贸易量，单位是百万美元。存在三个可选择栏：

商品名称：All TRAD_COMM，Sum TRAD_COMM，pdr~dwe。

出口国：All REG，Sum REG，aus~xtw。

进口国：All REG，Sum REG，aus~xtw。

如要查看中国出口到美国的水稻量，可进行以下操作：

点击“ALL TRAD_COMM”选择“pdr”，第一个 REG 选择“CHN”，第二个 REG 选择“USA”，即可得到结果。

7.3.2.3 如何由 ViewHar 下载数据

复制至 Excel 编辑：使用 Export\Copy Screen to Clipboard 功能（或使用快捷键 Ctrl+C）将数据复制。然后到 Excel 中进行计算、制作表格、翻译代码为中文以及创建图表等操作。

7.4 GEMPACK 软件

GEMPACK 是由澳大利亚维多利亚大学 COPS 中心研发的专门用于一般均衡模型分析的软件，特别适用于一般和部分均衡模型。它可以处理广泛的经济行为，还包含解决跨期模型的强大能力，并且提供了一系列用于处理经济数据库和模拟结果的实用程序以及大量示例。

7.4.1 硬件要求

1）系统要求：Win7/Win8/Win10。

2）硬盘至少有 2GB 的可用空间，4GB 的内存（RAM）。

3）支持使用 DOS 命令，[Start... Run..." cmd"] 和 Microsoft office。

4）需要管理员权限访问电脑。

7.4.2 软件下载

GEMAPCK 有 Executable-Image 和 Source code 两种版本。

7.4.2.1 Executable-Image

这个版本没有编译功能，不能用 GFortran 编译生成 exe 文件，安装包文件名为 gpei-12.1.004-install.zip。安装了此版本，在 Tab 文件里不能选择以 FORTRAN 形式运行程序，只能选择以 GEMSIM 形式运行程序。因为安装包文件名与 Source code 版本相似，购买了 Source code 版本初学者一般区分不清两种版本，从而导致安装错误。只使用 Executable-Image 版本的初学者，不需要另外安装 GFortran 编译器。

下载网址：https://www.copsmodels.com/gpeidl.htm。

7.4.2.2 Source code

这个版本有较多人使用，它带有编译功能，安装包文件名为 gpsc-12.1.004-install.zip。下载安装包 Zip 文件时需要一个密码，可发邮件给 sales@gempack.com 获取密码，以便顺利下载。

下载网址：https://www.copsmodels.com/gpscdl.htm。

安装此版本前需要先安装 GFortran 编译器。用这个软件来编译模型代码，如果有对模型代码进行过修改，需要重新编译成 exe 格式的可执行文件。注意：不同版本的 GEMAPCK 要下载对应版本的 GFortran，要仔细对应好自己下载的版本。

下载网址：https://www.copsmodels.com/gpgfort.htm。

7.4.3 软件安装

7.4.3.1 安装 GFortran

如果是新的 GEMPACK 软件 12.0-12.1 版本，则需要下载 mingw-w64-gcc-6.4.0-setup.exe。下载并打开执行文件，建议安装到默认路径；如遇到确认或者接受窗口，请点击“是”或者“接受”按钮；安装完毕。GFortran 版本选择如图 7-18 所示。

Installing the GEMPACK compatible GFortran compiler

The install packages available below provide a GFortran which makes both 32-bit and 64-bit programs. During the installation of Source-code GEMPACK you choose which one to use. Most Windows PCs are now 64-bit so it is likely that during the installation of GEMPACK you will be able to select 64-bit GFortran, which we recommend. More details on 32-bit and 64-bit installations and why you might choose a 32-bit installation are available here.

Download the GEMPACK compatible GFortran install package suitable for your GEMPACK release:

GFortran package	Compatible GEMPACK releases
mingw-w64-gcc-6.4.0-setup.exe (93 MB). If downloading EXE files is a problem, try this zip version.	12.0 to 12.1
mingw-builds-gcc-4.8.1-setup.exe (90 MB). If downloading EXE files is a problem, try this zip version.	11.2 to 11.4
mingw-w64-1.0-gcc4.5.4pre-win32win64-toolchains.exe (104 MB)	11.0 to 11.3

图 7-18　GFortran 版本下载

7.4.3.2　安装 GEMPACK Source Code 版本

1）打开 gpsc-12.1.004-install.exe 执行文件，或者将压缩包的文件解压后打开，建议安装到默认路径 C：\GP 下。

2）如遇到确认或者接受窗口，请点击“是”或者“接受”按钮。

3）安装完毕后，将 licen.gem 授权复制到 C：\GP 下即可。

4）GEMPACK 12 以上版本相比之前的版本运行速度快，但仍然需要激活。激活方式分为在线激活和离线激活两种方式。

①在线激活。默认安装完成后首次运行，将自动弹出激活界面。亦可手动打开文件安装路径，运行 gpactivate.exe 文件。激活流程如下：首先，在界面左侧选择 GEMAPCK 选项。其次，填写图中的三项内容。再次，点击“request activation code”，会有激活码发送至邮箱。最后，将收到的激活码粘贴到 enter activation code 区域。点击“activate”完成激活过程。具体操作界面如图 7-19 所示。

②离线激活。正常情况下支持离线激活。如果在线激活失败，会显示如图 7-20 所示的界面。

根据图 7-20 中左下角方框部分的提示路径，找到文件“lar-GFM-1594-DESKTOP-6794OBD.licq”并发送到指定的邮箱“sales@gempack.com”（不推荐使用 QQ 邮箱）。拟发送的 .licp 文件为名称各组成部分，GFM 表示激活的软件为 GEMPACK，1594 为编号，DESKTOP-6794OBD 为计算机名称。随后会在邮箱接收到邮件和附件 lar-GFM-1594-DESKTOP-6794OBD.lica：

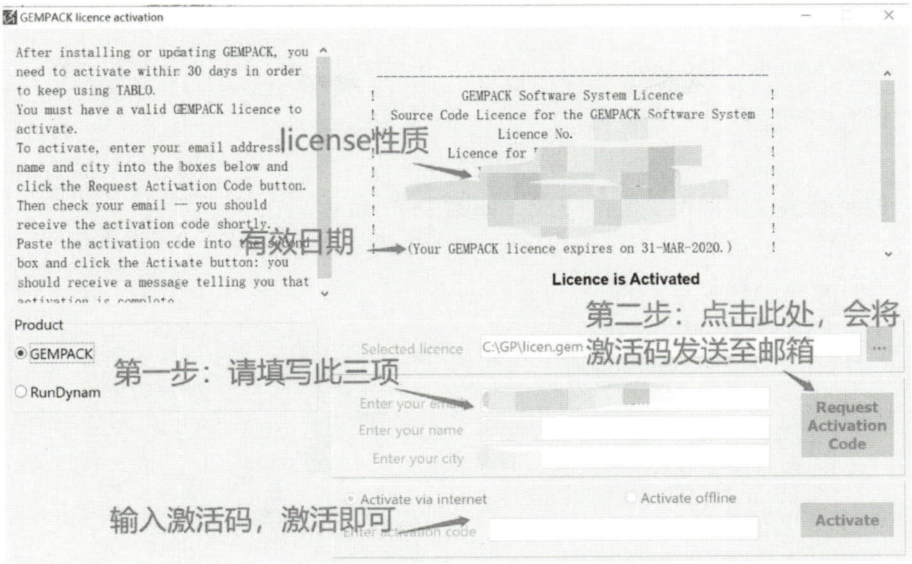

图 7-19　GEMPACK 在线激活页面

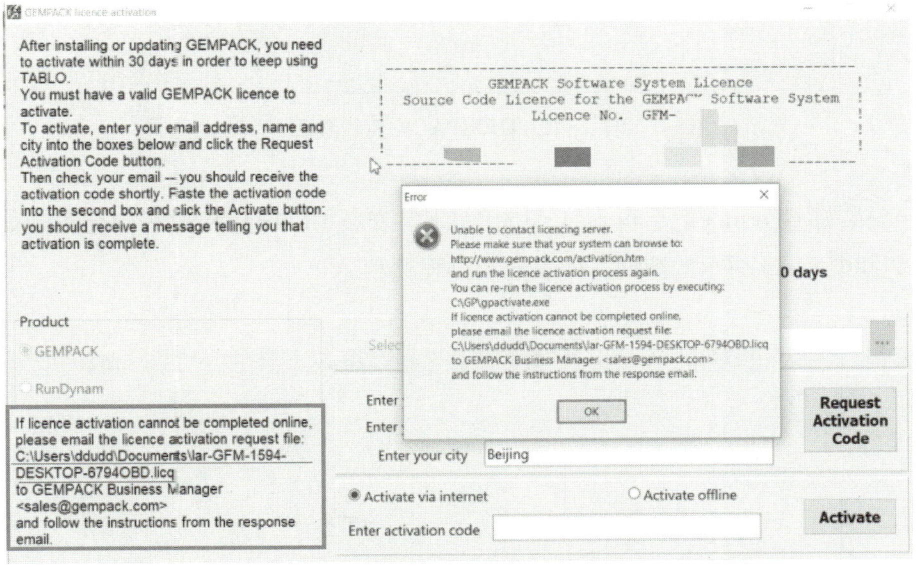

图 7-20　GEMPACK 在线激活失败页面

Dear * * * ,

I have attached your licence activation response files.

To complete the activation run C：\GP\gpactivate. exe, select "offline activation", then click on "..." and browse for one of the attached *.lica files and click activate to complete the process.

Best regards,

***

按照提示操作即可，激活完成，如图 7-21 所示。

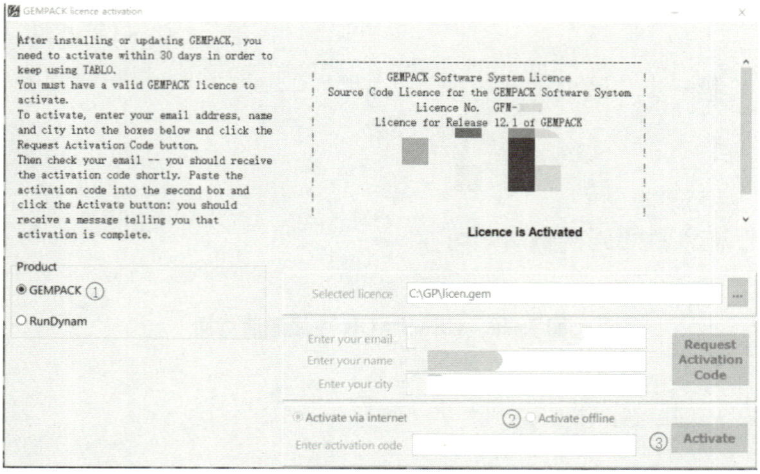

图 7-21 GEMPACK 离线激活

安装好 GFortran 之后再安装 GEMPACK，安装 GEMPACK 过程中会出现如图 7-22 和图 7-23 所示的图面，代表安装过程顺利。

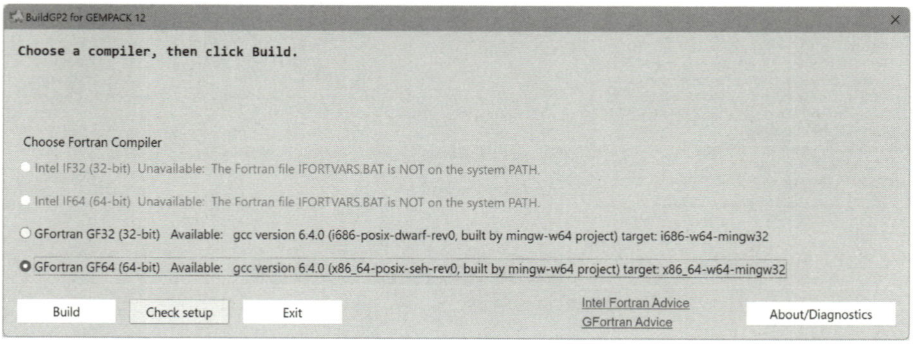

图 7-22 选择对应的 GFortran 软件

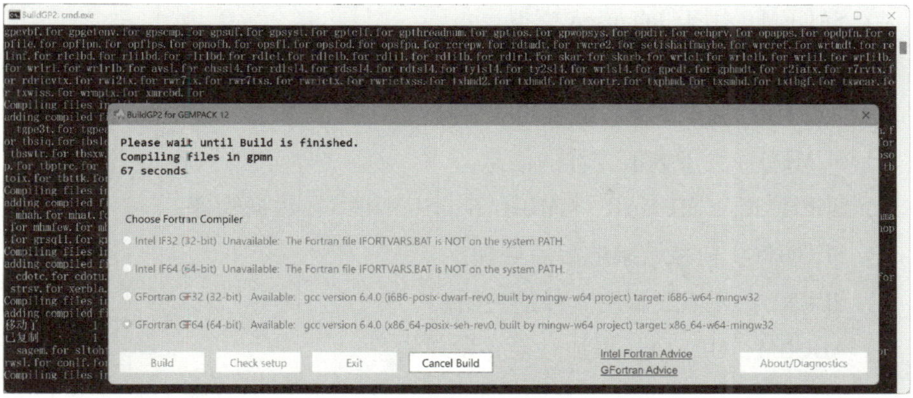

图 7-23　GEMPACK 安装进行过程

在过程中选择对应的 GFortran 软件，就可以顺利安装了。待全部安装完成，就能生成 exe 文件，从而避免之后的一些编译麻烦，如图 7-24 所示。

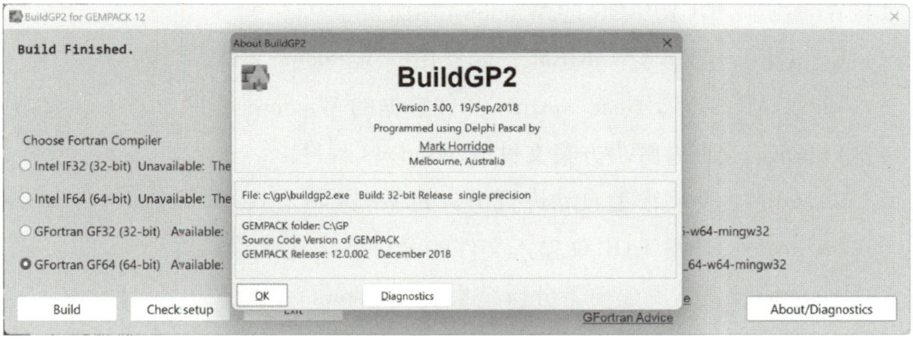

图 7-24　GEMPACK 安装完成

7.4.4　软件功能

7.4.4.1　GEMPACK 程序

（1）实现模型和进行模拟的程序

1）TABLO：处理模型的描述。

2）GEMSIM：对模型进行模拟。

3）GEMPIE：打印模拟结果。

4）SAGEM：用于 Johansen 模拟。

5）MODHAR：构建或修改数据文件。

（2）实用程序

1）SUMEQ：关于数值方程的信息。

2）SEEHAR，CMPHAR，CMBHAR，SUMHAR：数据管理。

3）SLTOHT：模拟结果的解后处理。

4）SEENV：环境或解决文件的关闭。

5）ACCUM，DEVIA：累加结果并发现偏差。

6）TEXTBI：从二进制文件中提取文本文件（如 TABLO 输入或命令文件）。

7）CONLF：将 Header Array 文件转换为不同格式。

（3）MKHAR，RWHAR，MKEQ，RWEQ，RWSOL，MKSOL，CMPSOL，COMPEQ：在不同操作系统之间传输模型

（4）Windows 程序（仅适用于 Windows95、Windows98，ME，NT，2000 或 XP）

1）WinGEM：GEMPACK 的 Windows 界面。

2）GemEdit：有时与 WinGEM 一起使用的 Windows 文本编辑器。

3）ViewHAR：查看 Header Array 文件数据的 Windows 程序。

4）ViewSOL：查看解决方案文件的 Windows 程序。

5）RunGEM：使用模型自动进行仿真的 Windows 程序。

6）TABmate：开发 TABLO 输入文件的 Windows 文本编辑器。

7）AnalyseGE：帮助建模者分析结果的 Windows 程序。

8）RunDynam：递归动态模型的 Windows 界面。

9）Charter：Windows 绘图程序。

10）AggHAR：用于聚合数据文件的 Windows 程序。

11）ConvHAR：用于将 Header Array 文件转换为不同格式 Windows 程序。

7.4.4.2 GEMPACK 使用方法

GEMPACK 有 Unix/Command Prompt 和 WinGEM/RunGEM 两种使用方法。

（1）Unix/Command Prompt

Unix/Command Prompt 是 GEMPACK 在 Unix/Linux/MacOS 等平台上的命令行界面。使用 Unix/Command Prompt，用户可以通过命令行来运行模型、编辑数据和程序、设置选项等。

（2）WinGEM/RunGEM

WinGEM是GEMPACK在Windows平台上的图形用户界面。在Windows环境下通过WinGEM界面使用GEMPACK，用户可以通过菜单和对话框来运行模型、编辑数据和程序、设置选项等。RunGEM是使用模型自动进行仿真的Windows程序。在GEMPACK环境中，用户通过编写特定的模型文件和数据文件来定义CGE模型的结构、参数和初始条件。RunGEM则是这些设置完成后，用户启动模型求解过程的命令或操作。

对于这两种方法，建议创建独立的工作目录，以便将所有的模型文件集中存储，同时需保持这些文件与GEMPACK主目录中的GEMPACK程序分离。

7.4.5 软件运行

7.4.5.1 设置工作目录

本书以WinGEM界面来使用GEMPACK。在进行模拟之前，需要建立一个文件夹，将所有GTAP文件都放入该目录下。将模拟放在“D：\book\test”目录下。

7.4.5.2 在TAB文件中进行计算

写一个TABLO的输入文件GDYN_V36.TAB，需要包含以下内容：

1）能读出GTAP数据库中选定部分的READ声明。

2）用于计算的FORMULAs。

①每个地区的每种贸易商品以市场价格表示的国内销售总额。

②每个地区供私人使用的每种商品的国内生产份额。

③每个地区以市场价格表示的全部贸易商品的销售总额。

3）用WRITEs把这些值写入一个用GDYN_V36.TAB命名的新文件。

将TAB文件转换为可显示数字的数据文件需要以下两个步骤：

1）运行GEMPACK程序TABLO，把TABLO的输入文件GDYN_V36.TAB中的公式转换为计算机版本。

2）运行GEMPACK程序GEMSIM，来执行位于GDYN_V36.TAB文件中定义的各种数学公式和计算过程。这个过程包含了模型的运算，其结果最终会被编排并输出到一个名为GTAPView的文件中。

7.4.5.3 运行TABLO来处理TAB文件

首先打开WinGEM，在屏幕上方会出现如图7-25所示的界面。

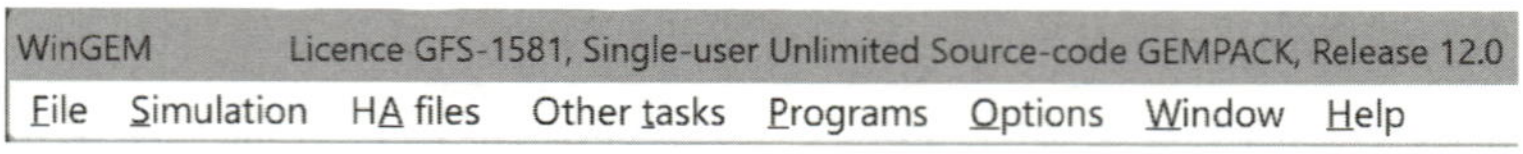

图 7-25　WinGEM 初始页面

接着点击“Simulation-TABLO Implement...”，将会出现如图 7-26 所示的界面。

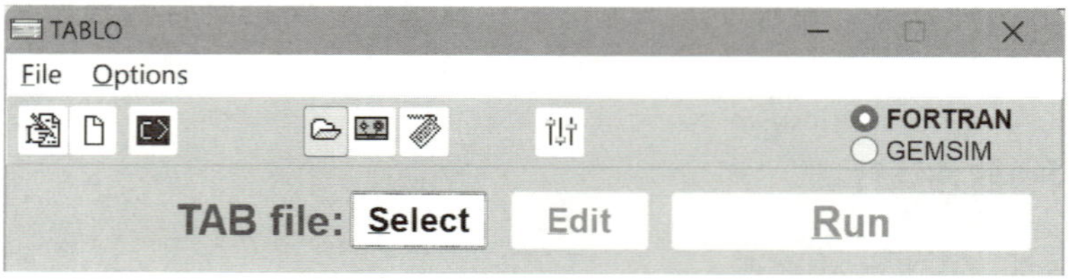

图 7-26　选择 TAB 文件

点击“Select”。在所建路径下选择模拟，点击“打开”（见图 7-27）。

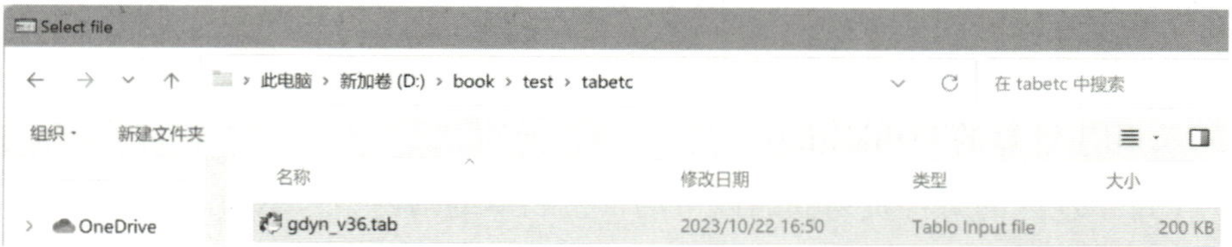

图 7-27　在路径下选择 TAB 文件

接着会出现如图 7-28 所示的界面。

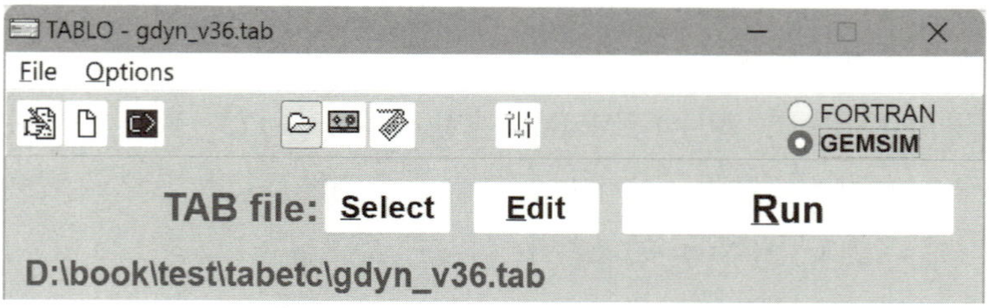

图 7-28　TABLO 运行

选中界面右上方的 GEMSIM 选项，并点击“Run”按钮来启动 TABLO 程序。在 TABLO 执行过程中，会对文件中的说明进行一致性检查。若检测到不一致的地方，TABLO 将在运行结束后报告错误信息。此时，需进入 TABmate 程序，清除所有标记为红色的错误。错误清除完毕后，点击屏幕上部中间的“Check”，让 TABLO 重新核查 TAB 文件。该操作需反复进行，直至所有错误都被解决，最终退出 TABmate。

回到 WinGEM 中，重新运行 TABLO，会出现如图 7-29 所示的界面。

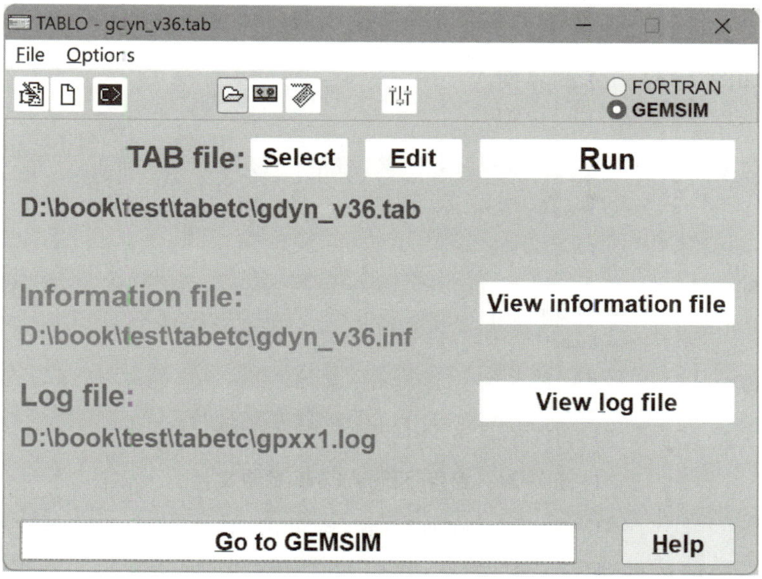

图 7-29 TABLO 运行完成

运行成功后，在页面底端将会出现“Go to GEMSIM”选项。

7.4.5.4 在 TAB 文件运行 GEMSIM 来计算公式

当 TABLO 的输入文件是正确的，并且在目录下已经准备好了 GEMSIM 辅助文件。点击“GO to GEMSIM”，将会出现如图 7-30 所示的界面。

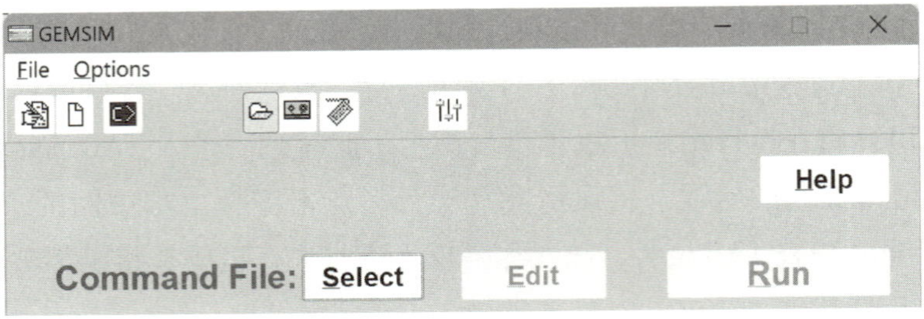

图 7-30 选择命令文件

点击“Select”，在弹出的页面选择 CMF 文件，点击“打开”（见图 7-31），将会出现如图 7-32 所示的界面。

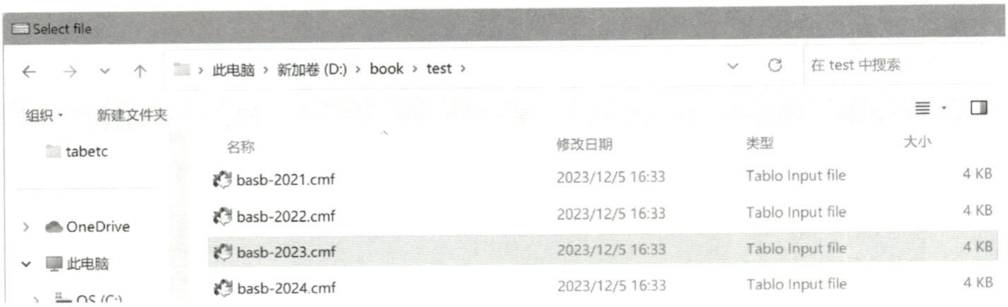

图 7-31 路径下选择 CMF 命令文件

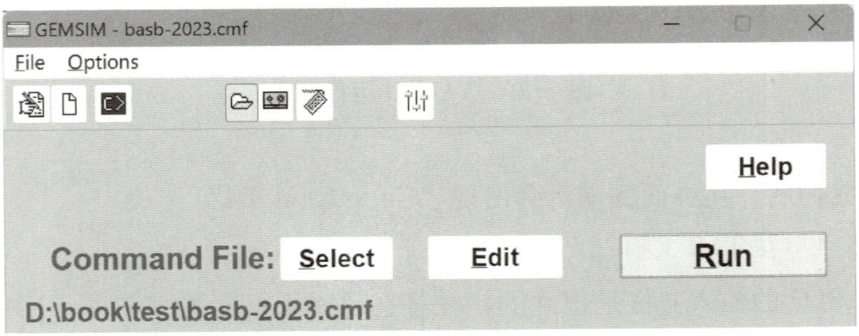

图 7-32 运行 GEMSIM

点击“Run”，GEMSIM 将在这个 DOS 框中运行。

7.4.5.5　查看结果

当 GEMSIM 运行结束后，点击“View Input/Output Files”来查看 TAB 文件中的结果。返回到 GEMSIM 窗口，点击“View Log file”详细查看它执行的计算。这个 LOG 文件的顶部是 GEMSIM 已读取的 CMF 命令文件的说明，在文件里还有已读取各种集的要素的名称、已读取数据的各个部分、与逻辑名称相关的实际文件等。退出 LOG 文件，返回到 GEMSIM 程序窗口（见图 7-33）。

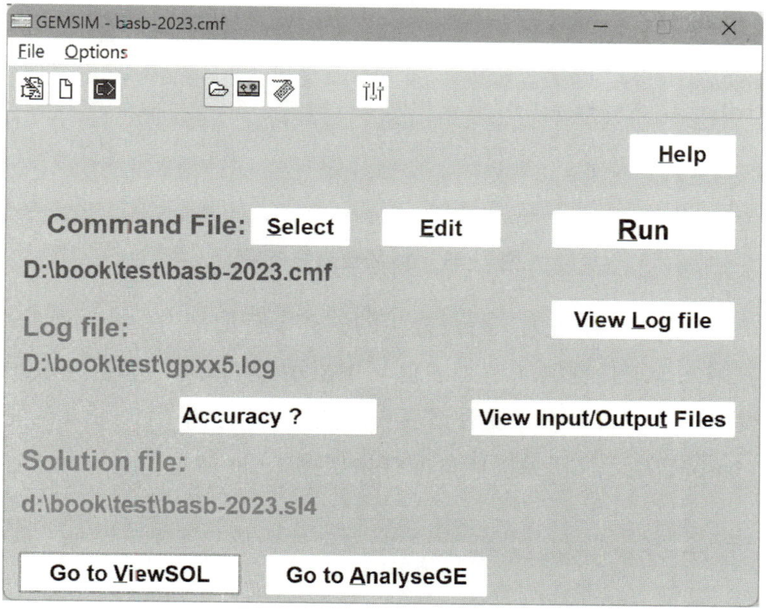

图 7-33　GEMSIM 运行完成

点击“Go to ViewSOL”，在 Contents 页面列出了许多模型变量（见图 7-34）。

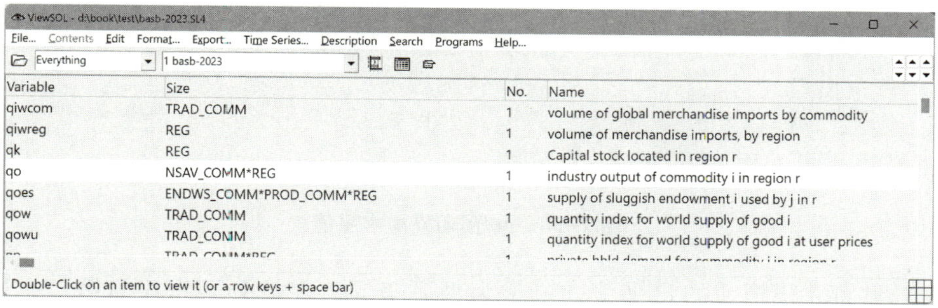

图 7-34　Contents 页面模型变量

要查看变量的结果，请双击相应行。首先双击“qo”查看该变量的结果，注意，这里设置结果保留到小数点后 6 位（见图 7-35）。

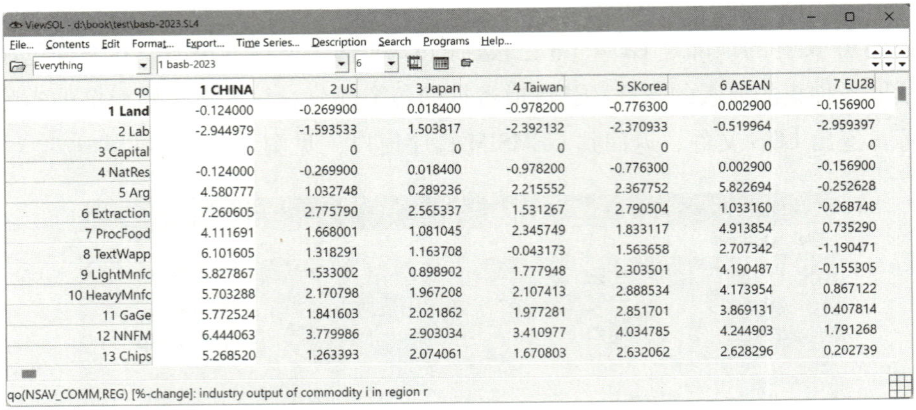

qo	1 CHINA	2 US	3 Japan	4 Taiwan	5 SKorea	6 ASEAN	7 EU28
1 Land	-0.124000	-0.269900	0.018400	-0.978200	-0.776300	0.002900	-0.156900
2 Lab	-2.944979	-1.593533	1.503817	-2.392132	-2.370933	-0.519964	-2.959397
3 Capital	0	0	0	0	0	0	0
4 NatRes	-0.124000	-0.269900	0.018400	-0.978200	-0.776300	0.002900	-0.156900
5 Arg	4.580777	1.032748	0.289236	2.215552	2.367752	5.822694	-0.252628
6 Extraction	7.260605	2.775790	2.565337	1.531267	2.790504	1.033160	-0.268748
7 ProcFood	4.111691	1.668001	1.081045	2.345749	1.833117	4.913854	0.735290
8 TextWapp	6.101605	1.318291	1.163708	-0.043173	1.563658	2.707342	-1.190471
9 LightMnfc	5.827867	1.533002	0.898902	1.777948	2.303501	4.190487	-0.155305
10 HeavyMnfc	5.703288	2.170798	1.967208	2.107413	2.888534	4.173954	0.867122
11 GaGe	5.772524	1.841603	2.021862	1.977281	2.851701	3.869131	0.407814
12 NNFM	6.444063	3.779986	2.903034	3.410977	4.034785	4.244903	1.791268
13 Chips	5.268520	1.263393	2.074061	1.670803	2.632062	2.628296	0.202739

qo(NSAV_COMM,REG) [%-change]: industry output of commodity i in region r

图 7-35　qo 线性模拟结果

如图 7-35 所示，除去第三行是外生的，其余行均是内生变动百分率。

在上方第二个下拉框（求解列表框）中显示“1 basb-2023”，表示线性模拟结果，即变量的变动百分率。要看该变量的预期模拟水平值，可以在列表框中选择“2 Pre basb-2023”，相关操作页面结果如图 7-36 所示。

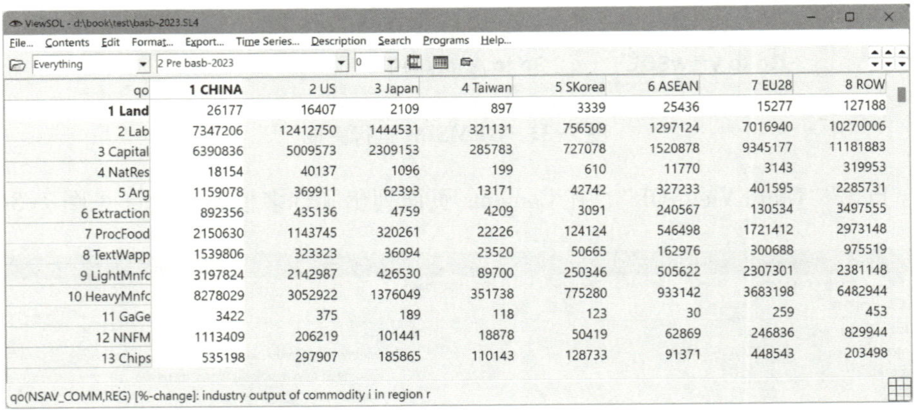

qo	1 CHINA	2 US	3 Japan	4 Taiwan	5 SKorea	6 ASEAN	7 EU28	8 ROW
1 Land	26177	16407	2109	897	3339	25436	15277	127188
2 Lab	7347206	12412750	1444531	321131	756509	1297124	7016940	10270006
3 Capital	6390836	5009573	2309153	285783	727078	1520878	9345177	11181883
4 NatRes	18154	40137	1096	199	610	11770	3143	319953
5 Arg	1159078	369911	62393	13171	42742	327233	401595	2285731
6 Extraction	892356	435136	4759	4209	3091	240567	130534	3497555
7 ProcFood	2150630	1143745	320261	22226	124124	546498	1721412	2973148
8 TextWapp	1539806	323323	36094	23520	50665	162976	300688	975519
9 LightMnfc	3197824	2142987	426530	89700	250346	505622	2307301	2381148
10 HeavyMnfc	8278029	3052922	1376049	351738	775280	933142	3683198	6482944
11 GaGe	3422	375	189	118	123	30	259	453
12 NNFM	1113409	206219	101441	18878	50419	62869	246836	829944
13 Chips	535198	297907	185865	110143	128733	91371	448543	203498

qo(NSAV_COMM,REG) [%-change]: industry output of commodity i in region r

图 7-36　qo 预期模拟水平值

这些都是模拟前的水平值，单位为百万美元。在该列表框中选择“3 Post basb-2023”，可查看模拟后的水平值。如果选择“4 Ch/%Ch basb-2023”，则可查看从模拟前到模拟后的水平变化（非百分比变化）。

点击“Contents”返回到 Contents 列表。对于只有一个参数的变量，可以同时查看所有四项的结果。例如，双击 pgdp 行，会看到这个变量的所有四项结果，注意，这里设置结果保留到小数点后 4 位（见图 7-37）。

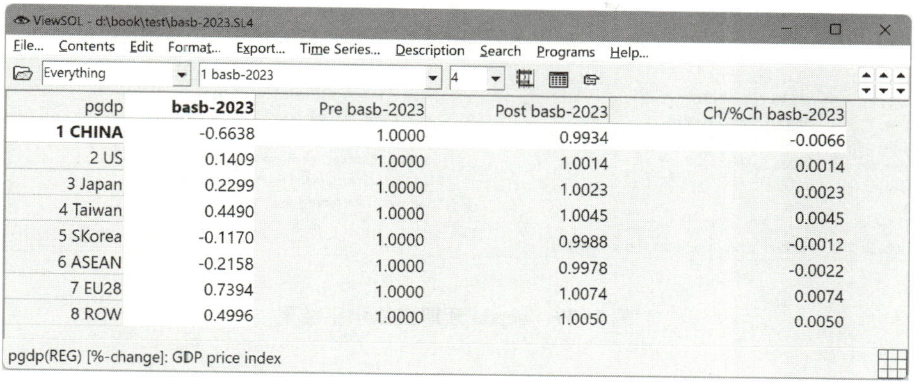

pgdp	basb-2023	Pre basb-2023	Post basb-2023	Ch/%Ch basb-2023
1 CHINA	-0.6638	1.0000	0.9934	-0.0066
2 US	0.1409	1.0000	1.0014	0.0014
3 Japan	0.2299	1.0000	1.0023	0.0023
4 Taiwan	0.4490	1.0000	1.0045	0.0045
5 SKorea	-0.1170	1.0000	0.9988	-0.0012
6 ASEAN	-0.2158	1.0000	0.9978	-0.0022
7 EU28	0.7394	1.0000	1.0074	0.0074
8 ROW	0.4996	1.0000	1.0050	0.0050

pgdp(REG) [%-change]: GDP price index

图 7-37 pgdp 变量所有水平结果

再次返回到 Contents 页面。不是所有的变量都能有水平结果，例如，双击 qcgds 行，可以看到（设置结果保留到小数点后 4 位）如图 7-38 所示的变量结果。然而当把求解列表框变为“2 Pre basb-2023”时，页面会返回到 Contents 列表，说明此变量没有预期模拟水平结果，具体操作结果如图 7-39 所示。

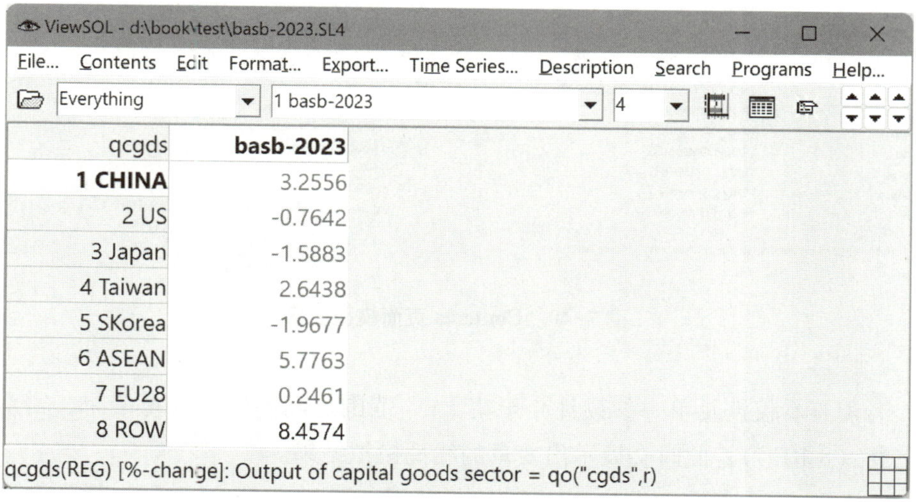

qcgds	basb-2023
1 CHINA	3.2556
2 US	-0.7642
3 Japan	-1.5883
4 Taiwan	2.6438
5 SKorea	-1.9677
6 ASEAN	5.7763
7 EU28	0.2461
8 ROW	8.4574

qcgds(REG) [%-change]: Output of capital goods sector = qo("cgds",r)

图 7-38 qcgds 线性模拟结果

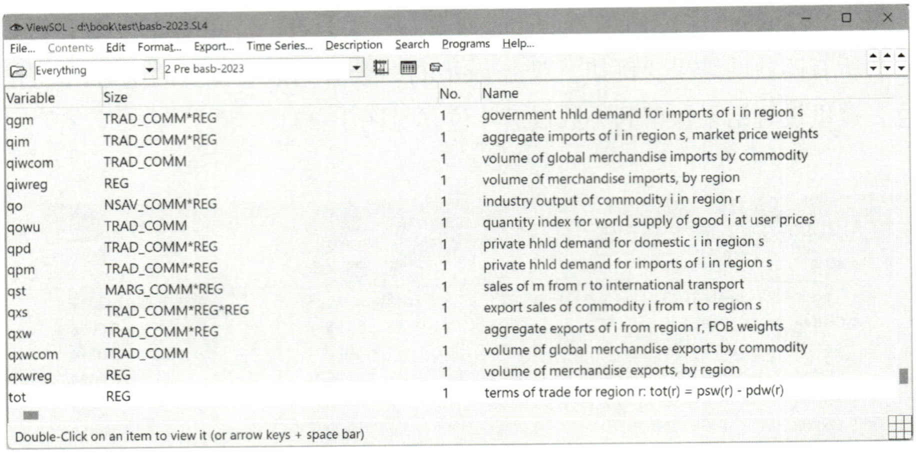

图 7-39　qcgds 预期模拟水平结果

返回到 Contents 页面。要观察将变量按大小排列并设置为另一种有效方式在“Contents”页上的影响，可以从 ViewSOL 的主菜单中点击“Format”……选择 Arrange vectors by size AND set，点击“OK”即可返回 Contents 列表（见图 7-40）。

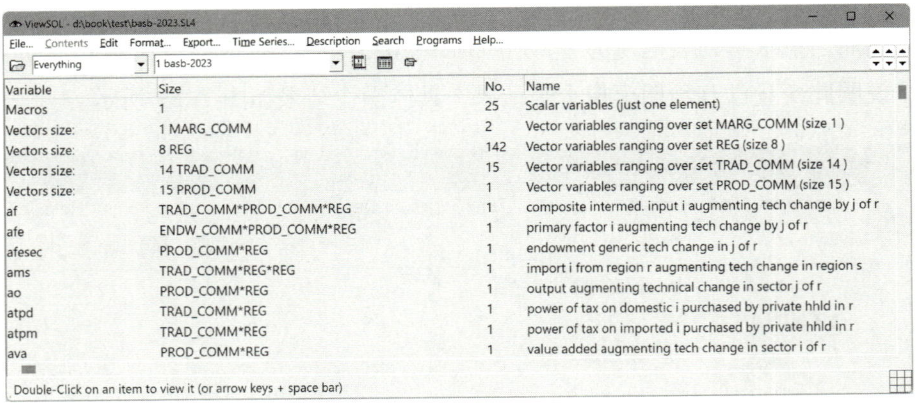

图 7-40　Contents 页面模型变量

若需查看仅涉及单一参数且介于集 REG 范围之间的所有变量结果，需双击第三行（8 REG），此时会展示出变量的线性模拟结果。

查看结果结束后，退出 ViewSOL 并关闭。通过在 WinGEM 主菜单中选择“File-Exit”选项来完成退出操作。

7.5 RunDynam 软件

RunDynam 软件是一款基于 GEMPACK 语言的程序（Harrison & Pearson，1998），是特别为 GTAP-Dyn 模型和其他动态模型而编制的程序，该软件在构建模型的过程中为用户提供了非常高的灵活性。用户可以使用 RunDynam 软件来检验数据、构建模拟、运行模拟和检验模拟结果，但想要对模型的内在理论进行修改，还需要从澳大利亚莫纳什（Monash）大学那里获得更多的软件才能实现。另外，希望自己对区域和部门进行加总的用户还需购买美国普渡大学的 GTAP 数据库。

7.5.1 软件下载

RunDynam 软件要求至少有 1GB 的可用硬盘空间和 512MB 的内存，操作系统为 Windows XP 或以上。RunDynam 软件下载页面如图 7-41 所示，下载网址为 https：//www. copsmodels. com/gprddl. htm。

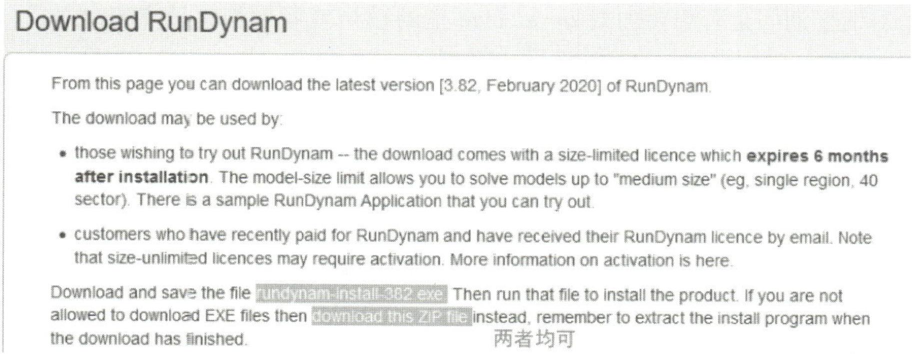
Download RunDynam

From this page you can download the latest version [3.82, February 2020] of RunDynam.

The download may be used by:

- those wishing to try out RunDynam -- the download comes with a size-limited licence which **expires 6 months after installation**. The model-size limit allows you to solve models up to "medium size" (eg, single region, 40 sector). There is a sample RunDynam Application that you can try out.
- customers who have recently paid for RunDynam and have received their RunDynam licence by email. Note that size-unlimited licences may require activation. More information on activation is here.

Download and save the file rundynam-install-382.exe Then run that file to install the product. If you are not allowed to download EXE files then download this ZIP file instead, remember to extract the install program when the download has finished.

两者均可

图 7-41　RunDynam 下载

最新的版本为 2020 年 2 月的 3. 82 版本：

https：//www. copsmodels. com/ftp/rundynamupdate/rundynam-install-382. exe。

https：//www. copsmodels. com/ftp/rundynamupdate/rundynam-install-382. zip。

7.5.2 软件安装

7.5.2.1 安装步骤

1）打开 rundynam - install - 382. exe 执行文件，建议安装到默认路径 C：\RunDynam。

2）如遇到“确认”或者“接受”窗口，请点击“是”或者“接受”。

3）安装完毕后，将 licen. rdn 授权复制到 C：\RunDynam 下即可。

4）若需要激活，其步骤参考 GEMPACK 激活程序。

5）安装完毕。

7.5.2.2 下载 RunDynam 应用程序

安装完成 RunDynam 软件后，用户可以在 GTAP 网站上获取本节和其他章节所需的应用程序。具体下载网址为 http：//www. gtap. agecon. puredue. edu/models/Dynamic/applications. asp。其中，每个应用程序都是一个 RunDynam 的压缩包，用户可以下载这些压缩包，并且把它们放在 RunDynam 的子目录下：C：\RunDynam\archive。

7.5.2.3 启动 RunDynam

双击桌面上的 RunDynam 图标，即可启动 RunDynam 软件。此时，如果弹出一个对话框询问是否想要加载 zip archive 里的模型或者模拟，请点击“No”。接下来，屏幕上方将会显示如图 7-42 的内容。

图 7-42 RunDynam 初始页面

在运行 RunDynam 程序后，用户会在网页上方发现两行工具栏。第一行工具条是主选择，与以前看过的其他窗口工具条相似，都是为了辅助用户实现某些基本功能而设计。第二行工具条就像是一个记事本或标签，每个选项卡里都有一个新的页面，其中包括了在设计模拟时必须要做的一些事情。

7.5.2.4　页面介绍

1）Introduction 页面：将看到与程序的名称、版权和 RunDynam 许可证有关的详细信息。

2）Model/Data 页面：可以选择动态模型和关于模型的任何输入数据文件，这些是基准情景的基础。

3）Sim Overview 页面：可以在政策模拟中设置模拟的年份，在基准情景和政策运行中选择输出文档的名称，还可以选择模拟方法。

4）Closure/Shock 页面：给出了各个时期的冲击和闭合文件。

5）Result 页面：给出在模拟之中被更新的数据结果。

7.5.3　软件运行

7.5.3.1　读取模拟

为模拟新建一个文件夹，将所有文件放在该目录下。本书将所读取的模拟“gdyn_v36-BASB-BRRR-POLP.zip”放在“D:\book”路径下（见图 7-43）。

图 7-43　路径下选择模拟的 ZIP 文件

点击“RunDynam”，再点击“Zip”，选择“Restore Ingredients from ZIP archive”选项，出现一个下拉菜单，选择“gdyn_v36-BASB-BRRR-POLP.zip”选项，点击“打开”。

屏幕上会出现与该 ZIP 资料相关的历史信息，点击“OK”。随后，屏幕上会再次弹出一个对话框，询问是否确定读取指定的 ZIP Archive，点击“OK”。选择路径为 D:\book\gydn-BASB-BRRR-POLP，点击“OK”，如果选择的路径不存在，程序会自动建立该路径，点击“Yes”。弹出一个对话框，点击“OK”。相关操作流程如图 7-44 所示。

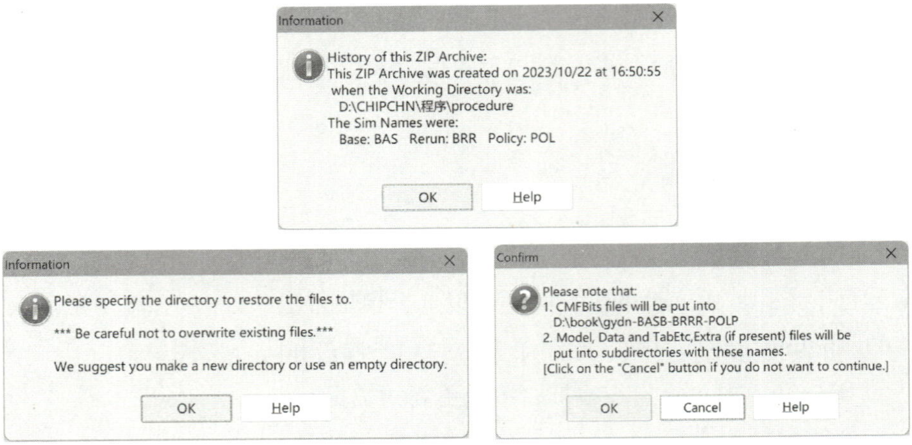

图 7-44　读取 ZIP 资料

文件解压后，将会弹出一个提示框，询问是否立即将模拟的详细信息加载到程序中，点击“Yes”。之后，软件会再弹出一个提示框，提醒已经成功加载了应用，点击“OK”。具体页面如图 7-45 所示。

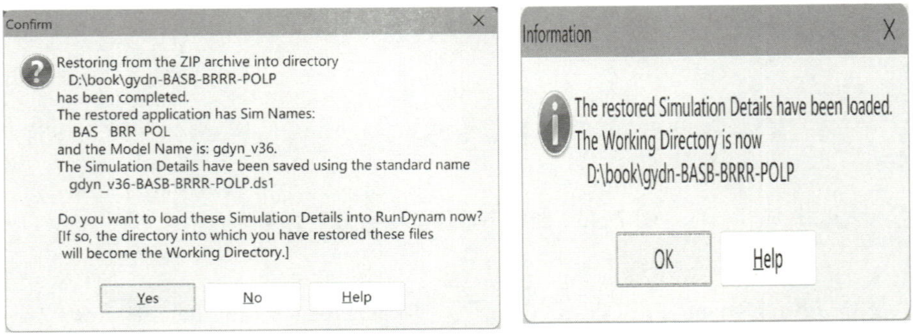

图 7-45　加载模拟

注意，加载完成后在之前选择的路径下，已经成功创建了三个新的文件夹，分别是 D:\book\gydn-BASB-BRRR-POLP\data、D:\book\gydn-BASB-BRRR-

PO-LP\model 和 D:\book\gydn-BASB-BRRR-POLP\tabetc（见图 7-46）。

图 7-46　选择路径下新建的文件夹

点击“Mode/Data”，以转入相关界面。在屏幕上方可以看到当前使用的模型名称，确认所运行的是 gdyn_v36. gss（见图 7-47）。

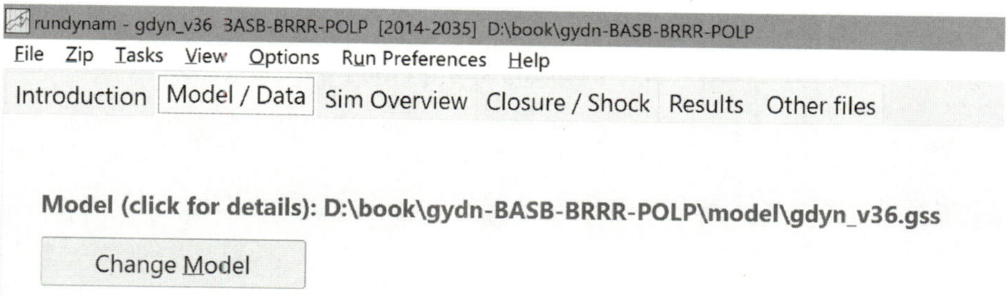

图 7-47　Mode/Data 页面

同时需要确认一下，在屏幕中间的框体中列出了所有需要的数据资料，如图 7-48 所示。

图 7-48　所有数据资料

7.5.3.2　查看数据

（1）查看数据集

可以通过在主菜单里选择 View/Main TABLO file 来查看 TABLO 指令。用 TABmate 打开 TABLO 文件的一个副本，副本标签为 gydn_v36. tab（见图 7-49）。

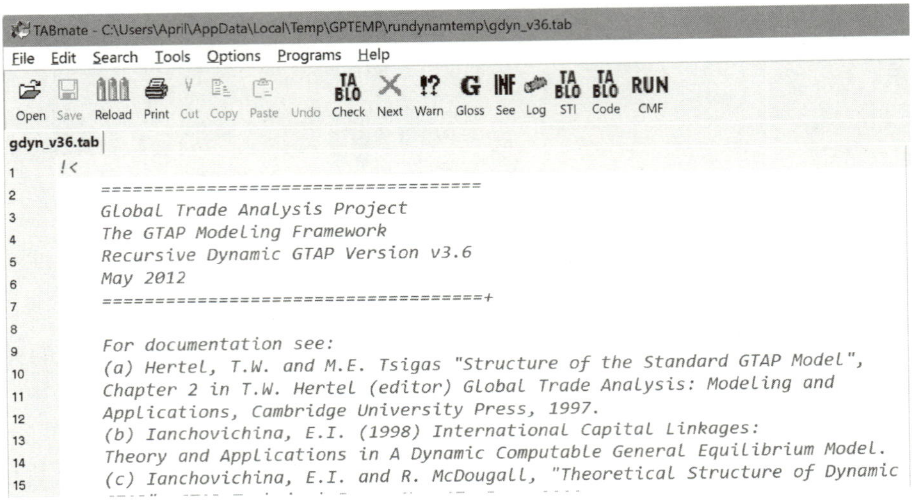

图 7-49　TABmate 打开 TABLO 文件

TABLO 文件包含了模型最主要的要素，即为变量、系数和公式。为了使软件可以执行在 TAB 文件里设定的公式，需要事先设定如下规则：

1）TABLO 必须先定义在文件中提到的所有变量、系数、数据集、参数和文件。

2）所有的系数要么是从文件中读取的，要么通过其他的系数计算得出，并且这里的其他系数必须先进行定义。

在 TABLO 文件中，对于两个感叹号之间的段落，给出了很多提示和建议，以便于使用者对模型的了解。不管遇到了什么问题，都可以在 TABLO 文件中找到有关的说明。

在或其他版本（TABmate）中，选择 Search 命令，然后在主程序里点击“Find”查找需要查看的部分。会看到如图 7-50 所示的内容。

```
File
    GTAPSETS # file with set specification #;
```

图 7-50　Find 查找内容

这段命令用于定义一个名为 GTAPSETS 的文件，文件标签位于“#”号之间。如果使用 Search/Find 来查找 Set。会看到如图 7-51 所示的内容。

```
Set
    REG # regions in the model #
    maximum size 10 read elements from file GTAPSETS header "H1";
```

图 7-51　查找 Set

在内容的第二行中定义了集合的详细信息，并为其分配了一个名称和标签。第三行申明该集合包含的元素不会超过 10 个，并且这些元素源自“GTAPSETS”列下标题为 H1 的文件。

利用 Search/Find 命令功能进行查找 REG 时，会发现集合 REG 内含多个变量、系数以及公式（见图 7-52）。

```
Variable (all,r,REG)
    psave(r) # price of savings in region r #;
Variable (all,r,REG)
    qsave(r) # regional demand for NET savings #;
Coefficient (all,r,REG)
    SAVE(r) # expenditure on NET savings in region r valued at agent's prices #;
Update (all,r,REG)
    SAVE(r) = psave(r) * qsave(r);
Read
    SAVE from file GTAPDATA header "SAVE";
```

图 7-52　查找 REG

可以查看在其他集合中定义的变量，如集合 TRAD_ COMM；现在可以通过选择 File/Exit 命令退出 TABmate。

返回至 RunDynam，通常还会在名为 Model/Data 的页面中。查看含有数据文件的框体，可以观察到这些文件的名称与 GTAPSETS 中的名称一致（见图 7-53）。

Input files for First Period of Base Case:

Right click on any line below to select or change actual file

File GTAPSETS = D:\book\gydn-BASB-BRRR-POLP\data\SETS.har ; ! file with set specification
File GTAPDATA = D:\book\gydn-BASB-BRRR-POLP\data\basedata.har ; ! file containing all base data
File GTAPPARM = D:\book\gydn-BASB-BRRR-POLP\data\default.har ; ! file containing behavioral parameters
File GTAPPARMK = D:\book\gydn-BASB-BRRR-POLP\data\gdpextra.har ; ! special parameters for dynamics

图 7-53　Model/Data 页面的数据文件

这表明 SETS. har 就是含有这个集合信息的文件，其逻辑名称叫作 GTAP-SETS。为了打开这个文件，按鼠标左键选中该行，右键点击弹出选项，选择“View this File”选项。一旦进入 ViewHAR，将会看到一个菜单条和一个包含集合的表格，这里的每一行都代表一个集合（见图 7-54）。

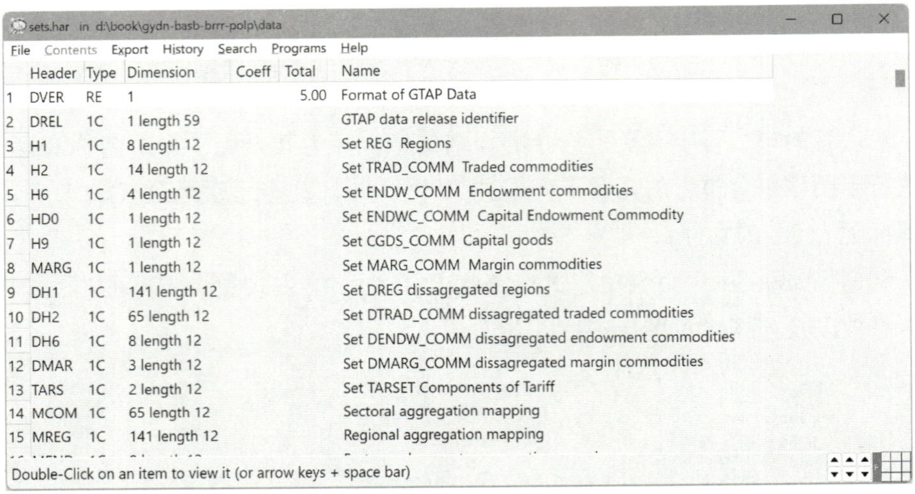

sets.har in d:\book\gydn-basb-brrr-polp\data

File Contents Export History Search Programs Help

	Header	Type	Dimension	Coeff	Total	Name
1	DVER	RE	1		5.00	Format of GTAP Data
2	DREL	1C	1 length 59			GTAP data release identifier
3	H1	1C	8 length 12			Set REG Regions
4	H2	1C	14 length 12			Set TRAD_COMM Traded commodities
5	H6	1C	4 length 12			Set ENDW_COMM Endowment commodities
6	HD0	1C	1 length 12			Set ENDWC_COMM Capital Endowment Commodity
7	H9	1C	1 length 12			Set CGDS_COMM Capital goods
8	MARG	1C	1 length 12			Set MARG_COMM Margin commodities
9	DH1	1C	141 length 12			Set DREG dissagregated regions
10	DH2	1C	65 length 12			Set DTRAD_COMM dissagregated traded commodities
11	DH6	1C	8 length 12			Set DENDW_COMM dissagregated endowment commodities
12	DMAR	1C	3 length 12			Set DMARG_COMM dissagregated margin commodities
13	TARS	1C	2 length 12			Set TARSET Components of Tariff
14	MCOM	1C	65 length 12			Sectoral aggregation mapping
15	MREG	1C	141 length 12			Regional aggregation mapping

Double-Click on an item to view it (or arrow keys + space bar)

图 7-54 查看集合信息文件

目录中的第一栏是集合的标题；第二栏是数据的类别；第三栏是数据的大小；第四栏是对于集合中包含信息的特征描述。如果还想要显示其他类型，可点击 File | Option，在 For real matrices、Contents shows 框架中自行选择需要显示的数据属性即可。第三行的第三栏中 8 length 12 意味着集合总共有 8 个要素，每一个要素最多可能包含 12 个特征值。在 TABLO 文件中看到区域的集合 REG 是在 H1 中的，H1 的最后一栏的描述和上文看到的“#”号之间的描述是一样的。

可以双击此行的任意位置来查看其包含的数据，点击窗口上方的“Contents”可返回目录。

（2）查看核心数据

现在来查看贸易商品（TRAD_COMM）。在查看数据之前，再看一次 TABLO 文件 gydn_v36. tab。在主菜单中选择 View-Main TABLO file，可以在逻辑名称为 GTAPDATA 的文件中找到核心数据。在 TABmate 中选择 Search/Find 命令，查找 GTAPDATA，可以看到如图 7-55 的说明。

```
File
    GTAPDATA # file containing all base data #;
```

图 7-55　查找 GTAPDATA

这一项说明定义了一个逻辑名称为 GTAPDATA 的文件，现在来查看一个包含数据的公式。

在 TABmate 中选择 Search/Find 命令查找 TOTINCEQY，会找到一个标签为 TOTINCEQY 的公式（见图 7-56）。

在图 7-57 中，第一行展示了公式的名称。第二行提供了描述，阐释了该公式的定义及其功能。第三行明确这个公式适用于集合 REG 内的每个区域 r。

```
Equation TOTINCEQY
# This equation determines the change in total income from equity #
(all,r,REG)
    yqh(r)
        = [YQHFIRM(r) / YQHHLD(r)] * yqhf(r)
        + [YQHTRUST(r) / YQHHLD(r)]  * yqht(r);
!<
    (NEQ 12)
>!
```

图 7-56　查找 TOTINCEQY

在标准 GTAP 模式中，对于绝对值的变动采用了大写字母，而对于变动的百分比则采用了小写字母。可以通过在 TABLO 文件中寻找这些文件，了解他们所表示的意思和如何计算他们。由于所有的变量和参数都已经被以前用过了，因此通常会向前查找函数。

在 TABmate 的主程序中应选择 Search/Find 命令，并查找 YQHHLD，记得将查找选项设置为“向前查找”（见图 7-57）。

```
Coefficient (all, r, REG)
    YQHHLD(r) # regional household equity income #;
Formula (all, r, REG)
    YQHHLD(r) = YQHFIRM(r) + YQHTRUST(r);
```

图 7-57　查找 YQHHLD

这说明 YQHHLD（r）被定义为一个系数，而且表示区域家庭均衡情况下的收入。它等于另外两个系数的和，分别是 YQHFIRM（r）和 YQHTRUST（r）。这个系数被视为一个衍生变量，因为它并不是从数据库直接读取的。

如果使用 Search-Find 来查找 YQHFIRM（r）和 YQHTRUST（r），将会在 TABLO 文件中看到如图 7-58 的内容。

```
Variable (all,r,REG)
    yqhf(r) # regional household income from equity in domestic firms #;
Coefficient (ge 0)(all,r,REG)
    YQHFIRM(r) # income of region r from local firms #;
Update (all,r,REG)
    YQHFIRM(r) = yqhf(r);
Read
    YQHFIRM from file GTAPDATA header "YQHF";

Variable (all,r,REG)
    yqht(r) # regional household income from equity in the global trust #;
Coefficient (ge 0)(all,r,REG)
    YQHTRUST(r) # regional income from global trust #;
Update (all,r,REG)
    YQHTRUST(r) = yqht(r);
Read
    YQHTRUST from file GTAPDATA header "YQHT";
```

图 7-58　查找 YQHFIRM（r）和 YQHTRUST（r）

以上信息说明 YQHFIRM（r）和 YQHTRUST（r）是两个系数，分别定义为区域 r 从当地企业获取的收入和从 global trust 获取的收入。与 YQHHLD（r）不同，这些系数是直接从逻辑名称为 GTAPDATA 的数据中标题为 YQHF 和 YQHT 的数据集中读取出来的。

如果在这里上下拉动滚动条，就会发现很多其他的系数也是从 GTAPDATA 里读取的。

返回至 RunDynam 软件中，通常还会处于标签为 Model/Data 的页面中。在包含数据文件的白色框体中可以看见与 GTAPDATA 相同的文件。

7.5.3.3　运行模拟

打开 Sim Overview 页面将会看到模拟的关键部分，包括起始年份、模拟时间段长度和模拟方式等，如图 7-59 所示。

这个页面上，从上至下依次是：

1）Start form data for year 用来选择模拟的起始年份。这里选择从 2014 年开始。

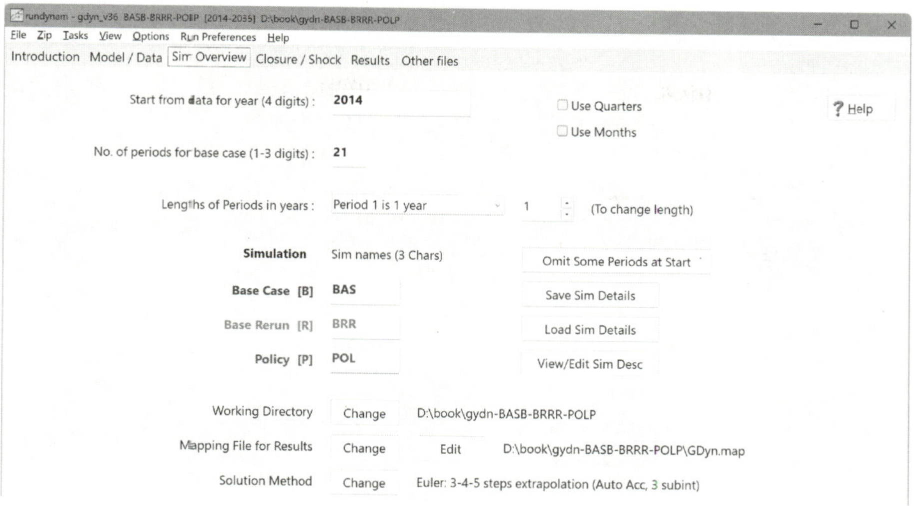

图 7-59 Sim Overview 页面的模拟详细信息

2）No. of periods for base case 用来确定用户需要检验的时间段。在这个例子中需要关注 21 个时间段，即模拟的结束年份是 2035 年。接下来的下拉菜单规定每个时间段的长度。

3）Simulation 和 Sim names，在 Gdyn 模型中将会进行三种模拟，基准情景、基准情景的再运行和政策情景。

4）选择当前的工作路径为 D：\book\gydn-BASB-BRRR-POLP。一定要确保这是当前的工作路径，如果不是，则需要点击“修改”，修改成为上面的路径。

5）为了进一步分析，需要将路径准确指定到映射文件 GDyn. map 中。映射文件中包含了要分析的变量列表。可以点击底部的“Edit”按钮来查看这个映射文件。

6）需要选择一种模拟方法。本书使用 Euler：3-4-5 steps extrapolation，选择完成之后还需要进行确认，选择的模拟方法将会出现在文本框中。如果确认，点击“OK”。

点击“Closure/Shock”移动到下一个页面，如图 7-60 所示。

这个表格列出了每个时间段的冲击和闭合文件。表格第一栏的标签会显示用户在 Sim Overview 中给出的信息，如 2015 年、2016 年、……、2035 年。

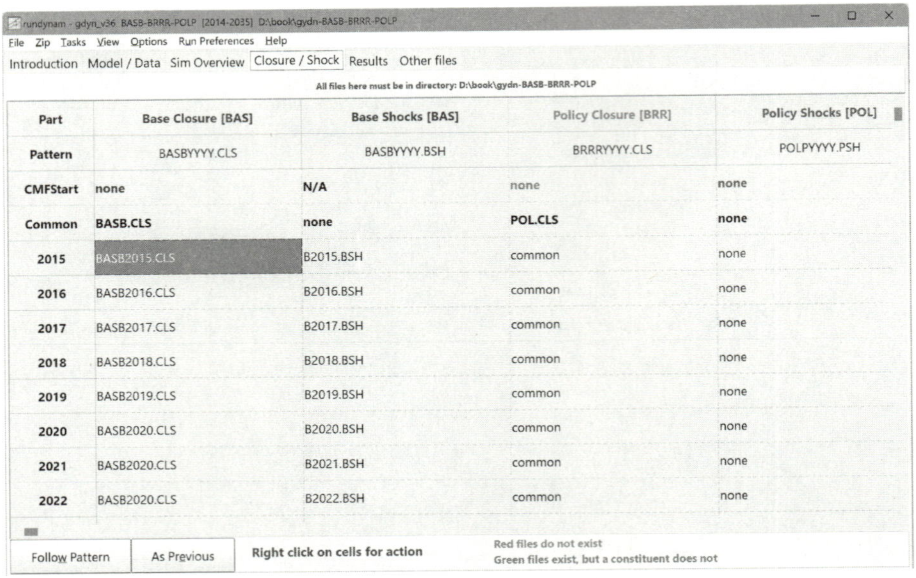

图 7-60　Closure/Shock 页面的冲击和闭合文件

针对每个时间段，需要详细制定基准情景、政策冲击和闭合情况。这些闭合和冲击情况都包含在文件中（闭合文件以 . CLS 为扩展名、基准冲击文件以 . BSH 为扩展名、政策冲击文件以 . PSH 为扩展名）。如果设置正确，这些文件名称将以粗体显示，以帮助用户进行验证。查看基准冲击文件的方法是将鼠标移动到要打开的文件上，并右键点击，选择“Edit”选项。冲击文件包含一系列的变量以及与变量相关联的冲击情况。

点击屏幕下方的“Run All”，开始运行模拟（见图 7-61）。

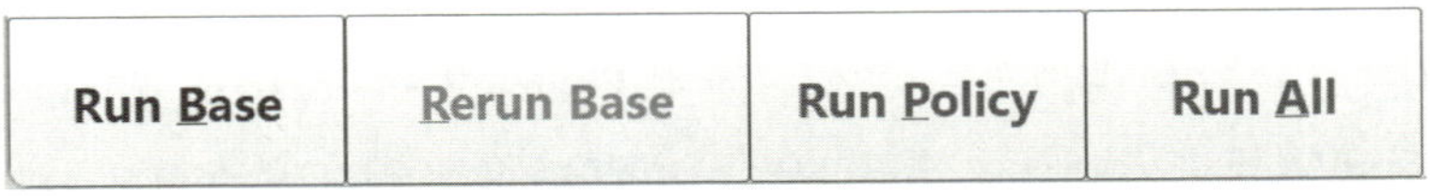

图 7-61　点击“Run All”运行模拟

出现提示，点击“OK”（见图 7-62）。

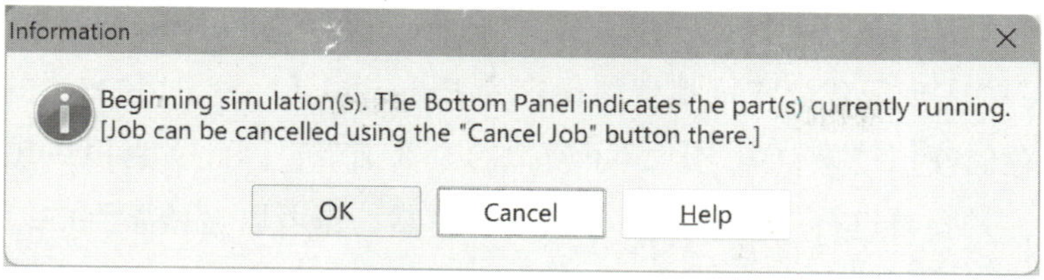

图 7-62　开始运行模拟

正在进行模拟运行，在页面下方可以看到运行年份（见图 7-63）。

模拟运行成功后，点击“OK”。

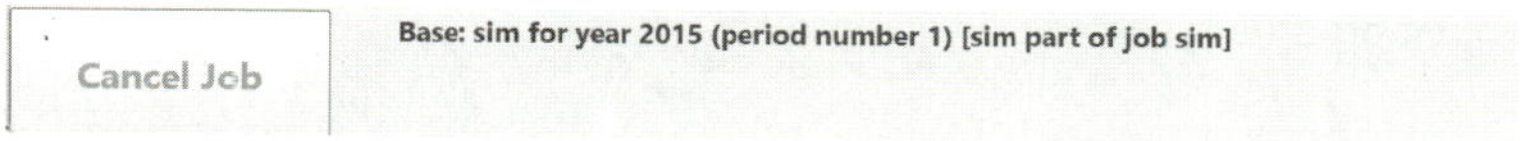

图 7-63　查看当前运行时间段

7.5.3.4　修改模拟

在设置模拟环境时，建议先从对现有应用程序进行微调开始，如改变闭合、修改冲击或者时间段。随后可以修改区域和部门加总。想要构造自己的闭合或者冲击，只需要简单地修改检查过的文件。想要修改模拟的时间段，只需要在 Sim Overview 页面中进行修改。任何对时间的修改都将自动调整到 Closure/Shock 中，然后就可以修改自己的闭合和冲击。值得注意的是，如果修改了时间段的长度，就需要在冲击文件中相应地修改时间冲击，因为程序无法自动进行调整。这是一个经常被人们忽视的步骤。在构建独立的模拟过程中，请严格遵循以下步骤：

首先，在 Sim Overview 页面中对于基准情景、基准情景的再运行和政策情景进行重命名。从而避免新模拟结果覆盖之前的模拟结果。

其次，要记得修改模拟的描述，在 Sim Overview 页面中点击“Edit sim description”，这有助于记住每个模拟的特征。

最后，保存模拟的资料。一种方法是通过选择 File-Save simulation details as 来保存模拟的详细信息，并为模拟命名一个新的名称。在任何以后需要使用这些模拟信息时，只需要点击“File/Load simulation details”并且选择相应的文件即可。这种方法的缺点是只保存了模拟的详细信息，而没有保存模拟的数据。这意味着如果更改了某项数据，模拟本身也会被修改。

另一种可选的方法是压缩模拟的资料。可以通过选择 File-Save ingredient as Zip archive 来实现。建议将模拟资料保存为 Example1 f. zip。这种方法的不足之处在于不能存储模拟结果，但它保留了模拟的全部细节，因此，当以后想要得到模拟结果时，只要再进行一次模拟就可以了。当然，也可以将搜索到的结果文件进行压缩，然后分别保存。

7.5.3.5　查看结果

这些结果是为了获取模拟的基本情况、基本重现和策略的每个阶段，可以通过多种方式进行浏览。Results 这一变量被分成两个部分，第一部分提供即时查看所有阶段结果的功能，而第二部分则是按阶段顺序展示结果。

（1）查看所有阶段的结果

第一部分如图 7-64 所示。

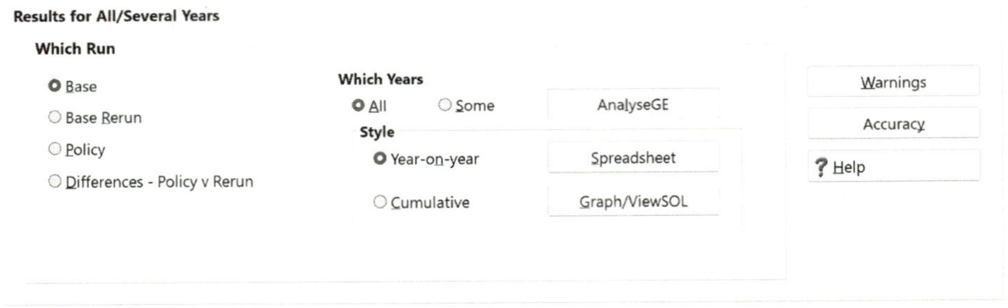

图 7-64　查看所有阶段的结果

这一部分由三个方面组成：

第一，点击第一栏的一个选项，可以看到模拟的基本情况、基本重现和策略结果，以及基本重现和策略之间的差异。这两者之间的差异显示了政策冲击的影响，相当于一个比较动态模型的输出。

第二，无论是某个时期的结果还是所有时期的结果都可以显示在“AnalyseGE”程序、电子表格或者是在“ViewSOL”程序中。点击“AnalyseGE”就可启动“AnalyseGE”程序，同样地，点击“Spreadsheet”或者“Graph/ViewSOL”都可以看到模拟内容。

第三，其方式可分为两种：一是年度同比结果，二是累计结果。年度同比结果显示了在某个特定时期变量发生的百分比变化，而累计结果则显示了初始期和特定期之间变量发生的总体百分比变化。

（2）使用 ViewSOL 查看结果

使用 ViewSOL 程序检查数据的方法类似于之前用过的 ViewHAR 程序，比起 Spreadsheet，ViewSOL 观察结果更加方便。要使用 ViewSOL 查看结果，首先要确定查看的模拟对象。

点击“Differences-Policy v Rerun”，会在选定对象附近的白色区域出现一个小黑点。

接下来确定方式是选择年度同比结果还是累计结果，通过点击“Style”中的“Year-on-year”来选择年度同比结果。在这一阶段选择哪种方式并不重要，因为这两种方式通过 ViewSOL 都是可行的。

但对于模拟对象的选择却非常重要。如果选择了 Base Case，只能查看到 Base Case 的结果。但是，如果选择了 Policy 或 Difference，就可以在 ViewSOL 中即时查看所有模拟结果。

现在点击“Graph/ViewSOL”。ViewSOL 程序的屏幕将会如图 7-65 所示。

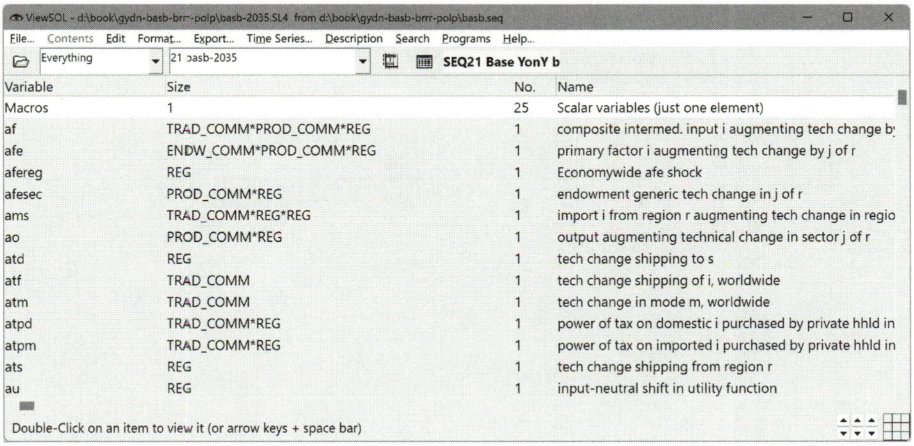

图 7-65 ViewSOL 查看模拟结果

在“ViewSOL”中将会看到一个菜单栏和一个结果表格，表格分成四个纵列，第一列显示了不同的名称，第二列显示了变量的维度，第三列显示了列表中变量的编号，第四列则是变量的简单介绍。值得注意的是，无论在 RunDynam 中选择哪一项，累计差分结果都会显示，这需要在 ViewSOL 中再做一次选择。要查看模拟政策则需要选择“Timeseries... -Show... Pert-Perturbed Solution”。要查看模拟策略的年度同比结果，则需要选择“Timeseries... -Show... YonY-Year-on-year”。

现在可以双击变量名称以查看其中一个变量。向下滚动并找到 qgdp，它表示实际 GDP 的百分比变化。接着可以点击主菜单中的“Contents”，返回到变量表格。查看完后就可以从 ViewSOL 中退出了。

（3）查看某些时期的结果

在 RunDynam 结果界面中，如果选择 some 选项，并点击“AnalyseGE”，RunDynam 将会要求提供一个 RSL 文件，为了获取 RSL 文件，需要取消并返回 RunDynam 界面，选择“Tasks-Run SS Jobs for Selected Years”。

接下来，RunDynam 将会要求用户选择起始年份、结束年份和模拟对象。选择 2015 年作为起始年份，2035 年作为结束年份，并点击“OK”。检查先决条件，并点击“OK”（见图 7-66）。

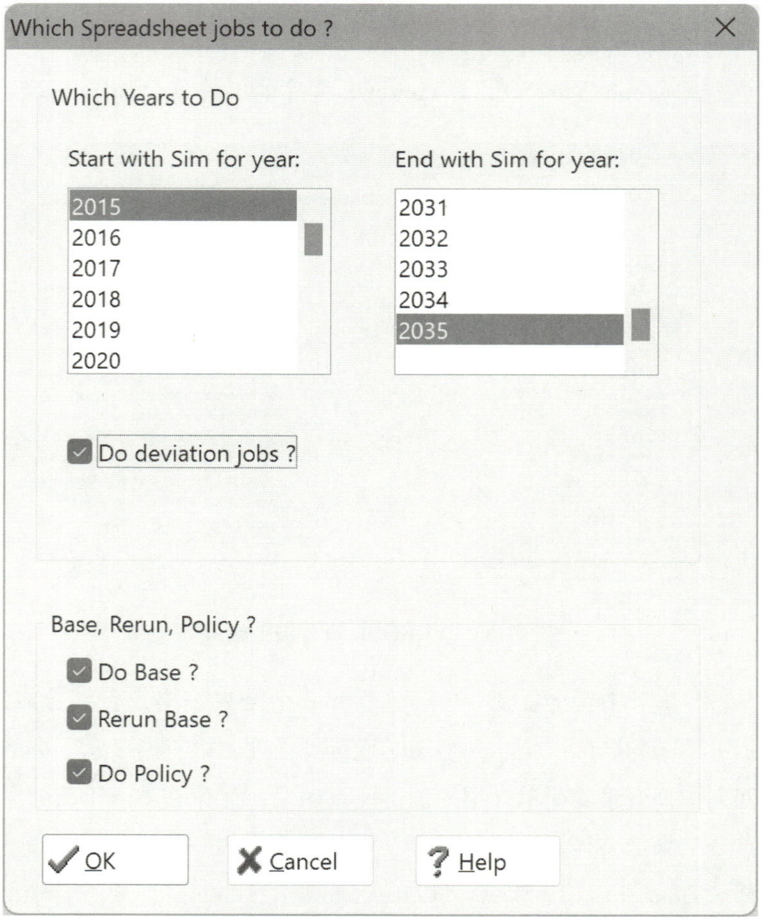

图 7-66　查看指定时期结果

接着 RunDynam 将会运行 SS job。

（4）查看个别时期的结果

这个部分可以查看每一个时期的基本情况和政策的模拟结果，以及每个时期结束后的更新数据和日志文件。Results 页面的第二部分如图 7-67 所示。

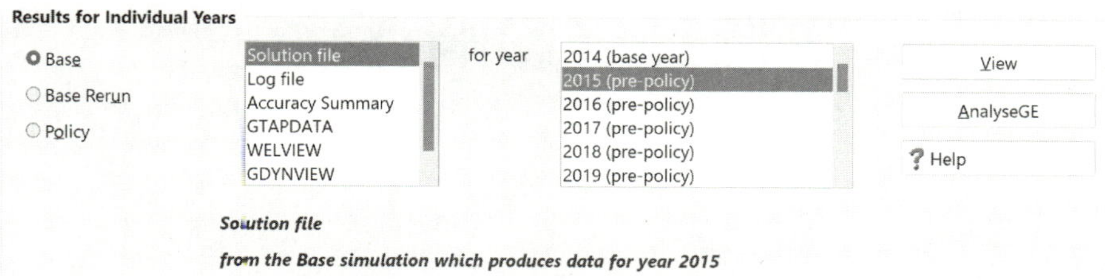

图 7-67　查看个别时期结果

要查看 2035 年基本情况模拟的更新数据库，必须执行以下操作。

首先，如果要查看的模拟对象、基本情况或政策方面，就选择 Base。其次，要查看输出类型，可以从包含结果为变量的 Soultion file 中选择；也可以选择包含模拟日志文件的 Log file，其中包括可能发生的任何错误、模拟的 Accuracy Summary 或者选择包含更新数据库的 GTAPDATA。在这种情况下，通过点击“GTAPDATA”来选择更新数据库。再次，选择感兴趣的相应时间标签。最后，点击“Viewa”来查看这些结果。

选择 File/Exit 命令从 ViewHAR 中退出。

第8章　应用举例一：欧盟碳关税的国际经济影响评估

欧盟碳关税作为一种绿色贸易壁垒，旨在保护欧盟自身国际竞争力而削弱其他国家和地区在国际贸易中的作用。本章运用 GDYNE 模型，深入探究了欧盟碳关税对世界经济造成的影响，重点探讨对中国宏观经济、行业产出、碳排放等方面的冲击，以期为决策者提供参考并给出应对措施。

8.1　引言及文献综述

利用碳定价机制撬动市场内生动力是全球各经济体发展低碳经济的主要政策工具，世界银行发布的《2023 年碳定价现况与趋势报告》显示，截至 2023 年 4 月，全球运行碳税或碳排放交易系统共有 73 个，涵盖的全球碳排放量约为 23%。在全球碳定价机制中，欧盟碳定价处于较高水平。为应对气候变化和避免本国因碳定价带来的成本上升而丧失产品国际竞争力，保护自身产业竞争力，欧盟于 2021 年 7 月正式推出了碳关税法案，即碳边境调节机制（Carbon Border Regulation Mechanism，CBAM）。该法案于 2022 年 6 月获欧洲议会表决通过，并于 2023 年 10 月开始试运行，设有 2 年的过渡期，2026 年将正式实施。欧盟碳关税第一阶段征收范围包括水泥、钢铁、铝、化肥、电力及有机化学品、塑料、氢和氨，计划在 2025 年前扩大至覆盖下游产品，并在 2030 年前涵盖欧盟碳市场所有行业。对进口产品，欧盟将征收其全部的“隐含碳排放”边境碳税，即产品生产制造过程中的直接和间接的碳排放总和。同时，欧盟要求进口产品的单位碳排放成本必须与本国产品成本持平，对低碳成本国家的生产者征收较高的碳关税，以消除进口产品的价格优势。

中国作为欧盟第二大贸易伙伴，欧盟碳关税的实施无疑会给中国的经济及环境带来冲击，而由于欧盟碳关税在试运行中，其中很多相关细节尚未完善，所以对于欧盟征收碳关税到底将会对中国产生何种影响已然成为我国高度关注的话题。“双碳”背景下欧盟碳关税对世界尤其是中国影响如何？哪些国家或地区受影响最为严重？中国需要付出怎样的经济成本？关于这些问题的分析和讨论，不仅有助于科学认识欧盟碳关税的潜在影响，对中国制定和完善新型贸易壁垒反制举措也极具重要的现实意义和决策价值。

就欧盟碳关税的评价与认识，有学者认为欧盟碳关税（CBAM）旨在防止碳泄漏，恢复高排放行业的公平竞争环境（Bellora et al.，2023），但也有学者认为其目的在于刺激各国将碳定价提高至与欧盟相近的水平，以巩固并提升欧盟在全球范围内对碳定价的绝对话语权，并在全球气候规则制定中占据优势地位（李岚春和陈伟，2023），是以防止全球变暖的新贸易壁垒（Lim et al.，2021）。即使没有碳泄漏风险，欧盟也会征收进口税，这反过来可能会增加温室气体排放（Sato，2022）。这与欧盟对碳关税法案的解释有明显差异，但是也提供了新的认识视角。

欧盟碳关税将对中国和世界经济产生重要影响，Gu 等（2023）认为欧盟碳关税将对中国、印度、巴西和南非等被征收国的经济发展、居民福利、贸易水平和能源密集型行业的产出均有负面影响，主动减排比被动征收碳关税更有利于刺激国内产业的绿色转型，当中国采取主动减排措施和实施碳关税时社会福利损失较小，GDP 也会有所增加。Zhong 和 Pei（2022）认为，欧盟碳关税将会导致竞争力在国家和地区之间的再分配，当税率设定为 100 美元/tc 时，欧盟的产出将在短期内增长 0.38%，而世界其他地区的产出将下降 0.1%，各地区的负担分布不均，中国、俄罗斯和印度负担最大，中国内陆省份收入损失超过出口损失。Chen（2023）认为在欧盟内部竞争条件下，欧盟碳关税将降低中国出口的价格，并略微降低中国实际 GDP 以及 18 个部门和化石能源的碳排放强度，对整体碳排放的影响很小。许明（2022）认为在中国实现“碳达峰”过程中，美国和欧盟率先征收碳关税对 RCEP 成员国尤其是中国会产生较大的不利影响，但当 RCEP 成员国也同时征收碳关税时，则 RCEP 成员国的经济和社会福利明显改善。

就欧盟碳关税对中国经济的影响，Andy（2023）认为随着更多行业被碳边境调节机制覆盖，将对欧盟最大贸易伙伴中国的社会福利和出口产生负面影响，尽管现有机制对中国能源行业的经济影响有限。何伟刚等（2023）认为欧盟实施碳关税政策将会对中国对外贸易产生负面影响，通过调整出口市场结构可以抵消部分影响，也使影响总体可控；碳关税政策的实施在不同阶段、不同行业对中国对外贸易的影响具有异质性，以及对推动中国及其他新兴市场和发展中国家减排的实际作用有限，但会导致欧盟及其他部分发达经济体碳排放量增加。从产品征收范围看，欧盟碳关税对中国出口贸易的短期影响有限，但中长期影响不断扩大；从贸易伙伴关系看，欧盟碳关税对中国出口贸易的冲击不容忽视，中国亟须丰富多元贸易格局；从开放型经济的产品流动特征看，国际贸易市场的变化会影响中国国内市场的产品供求关系；从碳定价机制的国际协调看，欧盟碳关税提高了中国税收流失风险，会影响我国碳定价机制的改革内容与节奏（邓嵩松等，2023）。欧盟碳关税对全球减排的作用较小，导致中国碳密集产业将遭遇欧盟等国际市场竞争挤压（董战峰等，2022），在一定程度上会削弱中国钢铁和铝行业企业的竞争力（汪惠青和王有鑫，2022），增加中国制造业出口企业的出口成本，其中对化工等七大行业影响比较大（刘斌和赵飞，2021）。

为应对欧盟碳关税对中国的不利影响，中国要积极开展碳关税谈判，对外积极开展与欧盟的双边磋商，加强同其他发展中国家的沟通协调，深化国际低碳发展合作（屠新泉，2023）。同时，应努力推行全国碳市场发展，将欧盟碳关税覆盖行业尽早纳入碳市场（林伯强和赵恒松，2023），尽快建立与完善碳排放权交易市场，完善全国碳定价机制（任亚楠等，2023），大幅加大国内碳市场资源配置力度，构建碳税与碳排放交易相结合的碳定价体系（俞晓凡，2023），加强国内碳税立法和发展绿色金融（姜婷婷和徐海燕，2022）。要利用财政政策、货币政策等政策组合方式激励并引导资金重点支持低碳产业的发展，推广低碳技术的应用，主动降低中国出口产品的碳含量（门柯平等，2023），充分发挥企业数字化转型优势，促进中国制造业出口企业碳效率提升（钟晓君和吴建新，2023）。

以上研究为本书开展欧盟碳关税政策对国际经济影响的研究提供重要的参考和借鉴，但是存在一些不足：从研究尺度来看，多侧重于欧盟碳关税中国经济的影响和考察短期的影响，缺乏对世界经济尤其是不同国家和地区经济影响的研究，以及对长期影响的研究；从研究视角来看，现有少数对行业影响的研究多集中于钢铁、化工等碳密集行业，缺乏欧盟碳关税对中国不同行业进出口贸易影响的研究；从研究方法来看，较多采用定性分析、描述性统计分析、最优化控制理论或者投入产出模型等方法，采用动态 CGE 模型的研究相对较少；从研究因素来看，往往未考虑到可能对碳关税产生重大影响的全球性事件，如新冠疫情等，缺乏对外部冲击的预见性。

为弥补以上研究不足，本文采用动态和能源类全球贸易分析模型（GDYNE），根据欧盟碳关税相关法案设定碳关税不同征收方式、征税税率、征收行业等情景，考虑到新冠疫情和俄乌冲突等重大突发事件所带来的外生冲击，分析不同情景下欧盟实施碳关税政策将对世界不同国家和地区的实际 GDP、居民福利、进口贸易、出口贸易和碳排放量，以及中国不同行业、出口贸易和进口贸易的影响，并将研究周期延伸至 2035 年，从而更全面地考察欧盟碳关税对不同地区的经济影响和捕捉欧盟碳关税政策的长期影响。本书主要的边际贡献在于：一是研究欧盟碳关税的国际经济影响，与单国评估相比，能够考察国际竞争优势改变带来的反馈效应；二是从动态视角对碳关税的经济影响展开评估，有助于揭示此类事件的长期影响，对决策指定更具参考价值。

8.2 模型数据与情景设置

8.2.1 实证模型

GDYNE 模型是一个多地区多部门递归动态 CGE 模型，集合了 GTAP-Dyn 和 GTAP-E 模型的优点（Guo et al.，2021）。与 GTAP-Dyn 模型不同，GDYNE 模型遵循 GTAP-E 模型的生产结构，将能源作为中间投入，通过引入嵌套的生产结构描述资本、能源和劳动力之间的替代关系。此外，GDYNE 模型引入了对经济系统中消费各类化石燃料的经济实体（政府、居民和企业）征收碳税。这一设定有助于模拟政策冲击对能源结构变化的影响。此外，该模型还可以使用历史能源消费数据对关键参数进行校准（Markandya et al.，2015）。与标准 GTAP-E 模型相比，GDYNE 模型引入了跨地区资本流动、资本累积和投资的适用性预期等机制，可以模拟受到外生政策冲击后各地区的经济变动情况（Costantini & Sforn，2020）。

GDYNE 模型假设每个国家都有一个区域家庭账户，账户的总收入包括劳动力和资本要素报酬以及关税收入，总支出包括政府消费、私人消费和储蓄，满足柯布—道格拉斯函数形式（Cui et al.，2023）。为了利用价格弹性来校准模型，我们假设私人消费具有非齐次固定差异替代弹性，而政府消费则假设遵循柯布—道格拉斯函数（Cui et al.，2019a，2019b）。GDYNE 模型是国际贸易分析的有力工具，具有维度庞大的投入产出表、详细的贸易和投资数据库，在区域分解方面灵活性较强，使其能够关注任何区域环境或行业水平（Guo et al.，2021）。

此外，GDYNE 模型假定进口产品与国内生产产品是非同质的，两者之间不能完全替代，且不同进口来源国的产品也不能完全替代，它们均满足 Armington 假设。该模型包括两类关税变量：对所有贸易伙伴国的进口关税记为 tm，以及对某一特定国的进口关税记为 tms。由于欧盟碳关税主要涉及成员之间的关税调整，因此基于变量 tms 进行模拟。

8.2.2 数据处理与模型校准

8.2.2.1 从量税率与从价税率的转化

（1）行业碳排放强度

定义某行业 i 的碳排放强度 x_i 为该行业碳排放量与该行业产值的比值，相关数据来源于 GDYNE 模型基础数据库。

（2）单位出口产值隐含碳排放量

隐含碳是产品和服务在全生命周期中的直接和间接碳排放之和，研究隐含碳在产业系统中的流动特征及不同产业部门在碳排放关系网络中的地位与作用，对于碳减排责任分解、碳排放核算标准制定、碳溯源机制建立以及碳减排方案制定等具有重要意义（钟诗雨等，2023）。多区域投入产出模型和产品生命周期法等可用于测算贸易隐含碳排放规模及碳足迹，结构分解法和指数分解法等可用于锚定贸易隐含碳排放的影响因素（邢源源等，2023）。

出口隐含碳排放量即出口品在生产过程中产生的碳排放，根据投入产出原理，某行业最终需求拉动本行业的产值应该由完全需求系数矩阵确定，即：

$$D=(I-F)^{-1} \tag{8-1}$$

其中，D 为完全需求系数矩阵，F 为某国产品中间投入矩阵。D 中的元素 d_{ij} 为生产 1 单位产品 j 的最终需求需要 d_{ij} 单位行业 i 产品的投入，此即 1 单位最终需求产品 j 所拉动的行业 i 的产值。则单位出口产值隐含碳排放量为 c_j。

$$c_j = \sum_{i=1}^{n} x_i d_{ij} \tag{8-2}$$

（3）碳关税税率

现有的 GDYNE 模型中并不存在碳关税变量，可以将碳关税看作进口关税的一种，通过改变进口关税的设定从而将碳关税加入模型中。本书将从量征收的碳关税税率转换成从价税税率，碳关税税率具体计算流程见图 8-1。

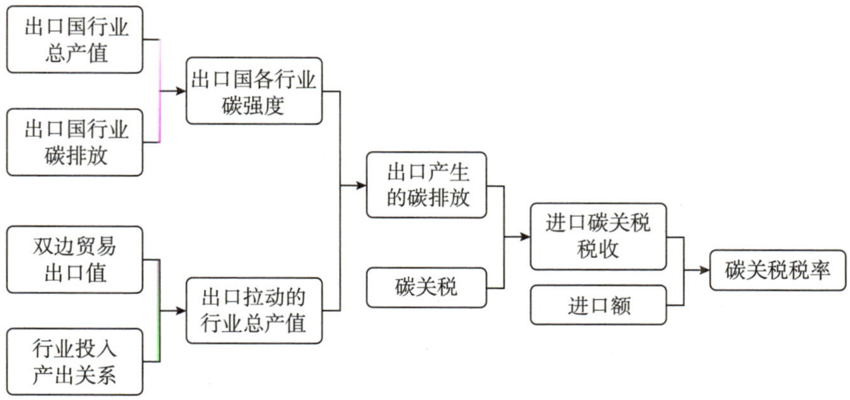

图 8-1　碳关税税率计算流程

设碳关税征收标准为每吨碳 t 美元，中国出口至欧盟产品 j 的到岸价为 $viws_j$，欧盟对产品 j 征收碳关税所得收入为 $t \times viws_j \times c_j$（包含了国际运输所排放的碳）。在 GDYNE 模型中为处理方便，定义关税强度等于欧盟进口品市场价值与到岸价的比值，即 $tms_j = \frac{vims_j}{viws_j}$，$tms_j$ 为进口品 j 的关税强度，$vims_j$ 为进口品 j 的市场价值（包含进口关税）。改变关税强度可以使多征收的那部分关税正好等于碳关税税收收入，即

$$viws_j \times tms_j \times \widehat{tms_j} = t \times viws_j \times c_j \tag{8-3}$$

其中，$\widehat{tms_j}$ 为关税强度变化百分比。等式左边为增加的关税收入，右边为征收的碳关税收入。式（8-3）暗含的意思是征收碳关税后，增加关税收入正好等于碳关税收入。简化式（8-3）可得关税强度变化百分比满足：

$$\widehat{tms_j} = \frac{t \times viws_j \times c_j}{vims_j} \tag{8-4}$$

GDYNE 基础数据库中提供了关于 $viws_j$ 和 $vims_j$ 的相关信息，所以碳关税政策带来的冲击可通过变动关税强度来间接实现。

8.2.2.2 行业及区域划分

本书在 GTAP10.0 版数据库基础上进行比较动态分析，该数据库基期为 2014 年。首先对 GTAP10.0 数据库进行区域和行业合并，借鉴崔连标等（2023）的设置，将原有的 141 个地区 65 个部门合并为 11 区域 17 部门。其中，11 个区域分别是中国、印度、日本、俄罗斯、美国、欧盟、东盟、中南美洲、中东地区、非洲和世界其他地区（ROW），17 个部门或行业分别是农业、煤炭、原油、天然气、成品油、电力、采掘业、食品制造、纺织服装、其他制造业、化工橡胶、其他矿产品、钢铁行业、铝及其制品、电子机械设备、运输设备、服务业。

8.2.3 模型校准

为准确测度欧盟碳关税对中国宏观经济的影响，需要借助 GDYNE 模型构建科学合理的基准情景（Business as Usual，BAU）。这不仅需要利用大量历史数据对模型关键参数进行校准，还要考虑重大突发事件所带来的外生冲击，努力提升模型对实际经济运行规律的捕捉能力。本书借鉴 Cui 等（2023）的方法，使用 2014~2019 年各地区实际 GDP、投资、消费、进出口、人口和就业等数据，对模型的关键参数进行校准，资料来源于世界银行官网。同时，为避免不确定性因素对研究结果产生干扰，借鉴崔连标等（2023）的方法，使用国际货币基金组织发布的全球经济展望有关数据对相关变量的未来走势进行设定。具体而言，使用国际货币基金组织 2023 年 4 月发布的预测报告 *World Economic Outlook：A Rocky Recovery* 对各地区未来经济走势进行合理预期，重点校准了 2020~2028 年各地区 GDP、投资、进口和出口等指标，且 2029~2035 年相关指标的变化通过 GDYNE 模型趋势外推而得出。

8.2.4 情景设计

结合欧盟碳关税的区域和行业覆盖范围，以及未来潜在的演变方向，本书考虑如下情景。第一，征收行业，根据欧盟碳关税相关法案规定，分为两个阶段来讨论，第一阶段只对重点行业征收，其中包括化工橡胶、其他矿产品、钢铁行业和铝及其制品，第二阶段覆盖到欧盟所有行业。第二，征收方式，假设分别按直接碳排放和隐含碳排放两种方式征收，本书假定的直接碳排放即行业生产活动中直接排放到大气中的碳排放量，而隐含碳排放则包括直接碳排放和生产过程中所有间接排放，如提供产品生产过程中所消耗电力而产生的碳排放。第三，征税税率，对相关文献总结后发现，大多数学者将欧盟征收碳关税的从量税率假设为10~100 美元/tc（温丹辉，2013；张友国等，2015；徐斌等，2015；何伟刚等，2023），本章假定按 50 美元/tc 和 100 美元/tc 两档征收碳关税。第四，征收区域，由于现阶段欧盟碳关税法案规定只对已加入欧盟碳排放权交易体系（EU ETS）和碳价格系统完全与欧盟接轨的国家豁免碳关税，具体为欧盟 27 个成员国以及冰岛、列支敦士登、挪威和瑞士，所以假定欧盟对除上述 31 个国家外其他国家均征收碳关税。本章的量化分析将基于上述假定，将不同情景之间的分析结果进行比较，从而发现征收方式、征收行业和征收税率不同所导致的经济影响的差异，具体情景设计和分类如表 8-1 所示。

表 8-1　欧盟征收碳关税的情景设计

情景类型	征收方式	征收行业	征税税率
S1	直接碳排放	对重点行业征收	50 美元/tc
S2			100 美元/tc
S3		对所有行业征收	50 美元/tc
S4			100 美元/tc
S5	隐含碳排放	对重点行业征收	50 美元/tc
S6			100 美元/tc
S7		对所有行业征收	50 美元/tc
S8			100 美元/tc

8.3　实证分析

8.3.1　欧盟碳关税对宏观经济的影响

8.3.1.1　对实际 GDP 的影响

表 8-2 列举了欧盟征收碳关税对各个国家和地区实际 GDP 的影响。从整体

上看，与基准情景（BAU）相比，欧盟实施碳关税政策，将对全球经济造成负面冲击，随着时间的推移和征收力度的加大，全球宏观经济损失也会加大。在 2024 年和 2035 年，世界 GDP 相对 BAU 的降幅分别由情景 S1 下的 0.0023%和 0.0020%扩大至情景 S8 下的 0.1292%和 0.1230%。分区域来看，日本、美国、俄罗斯、中南美洲 GDP 有所增长，中国和东盟 GDP 在部分情景下有所增长，其余国家和地区 GDP 则均出现不同程度的减少。其中，俄罗斯 GDP 增幅是四个国家和地区中最高的，欧盟则是不同国家和地区中 GDP 下降幅度最高的，其次是印度，中国、非洲和中东地区则略低于世界经济平均降幅。在欧盟对所有行业征收碳关税时，短期内对自身 GDP 的影响小于长期的影响，在其他情景下则短期内受到的影响大于长期。在情景 S8 下，无论是在 2024 年还是在 2035 年，欧盟 GDP 降幅为 0.56%左右，居全球不同国家和地区之首。该现象产生的原因可能是，碳关税政策的实施造成了不同国家和地区对欧盟出口减少、欧盟进口产品价格上涨，从而导致欧盟生产生活成本增加，而欧盟自身由于区域市场空间相对狭小和产品生产供给能力不充分，长期来看最终使欧盟区 GDP 下降。

表 8-2　各地区 GDP 变化（相对 BAU）　　单位：%

地区	S1		S2		S3		S4	
	2024 年	2035 年	2024 年	2035 年	2024 年	2035 年	2024 年	2035 年
中国	0.0008	0.0002	0.0015	0.0002	0.0021	0.0023	0.0031	0.0035
印度	-0.0069	-0.0074	-0.0109	-0.0119	-0.0104	-0.0079	-0.0183	-0.0134
日本	0.0044	0.0045	0.0080	0.0082	0.0110	0.0101	0.0180	0.0183
俄罗斯	0.0010	-0.0104	0.0020	-0.0197	0.2165	0.1450	0.3689	0.2521
美国	0.0022	0.0024	0.0039	0.0041	0.0095	0.0116	0.0159	0.0196
欧盟	-0.0101	-0.0080	-0.0211	-0.0171	-0.0991	-0.1071	-0.1914	-0.2047
东盟	0.0014	0.0021	0.0024	0.0037	-0.0070	0.0006	-0.0147	-0.0004
中南美洲	-0.0007	-0.0002	-0.0015	-0.0007	0.0008	0.0033	0.0004	0.0049
中东地区	-0.0086	-0.0065	-0.0158	-0.0118	-0.0305	-0.0353	-0.0594	-0.0684
非洲	-0.0062	-0.0056	-0.0121	-0.0111	-0.0197	-0.0206	-0.0397	-0.0399
ROW	-0.0032	-0.0028	-0.0066	-0.0059	-0.0176	-0.0115	-0.0321	-0.0217
世界	-0.0023	-0.0020	-0.0048	-0.0044	-0.0156	-0.0163	-0.0318	-0.0324

续表

地区	S5		S6		S7		S8	
	2024 年	2035 年	2024 年	2035 年	2024 年	2035 年	2024 年	2035 年
中国	0.0009	−0.0025	0.0018	−0.0044	−0.0632	−0.0493	−0.1206	−0.0941
印度	−0.0155	−0.0175	−0.0237	−0.0272	−0.0913	−0.0821	−0.1628	−0.1450
日本	0.0129	0.0133	0.0213	0.0220	0.0302	0.0305	0.0533	0.0537
俄罗斯	0.0159	−0.0347	0.0241	−0.0592	0.2160	0.1008	0.3445	0.1618
美国	0.0051	0.0054	0.0069	0.0073	0.0175	0.0202	0.0276	0.0321
欧盟	−0.0381	−0.0284	−0.0794	−0.0638	−0.2812	−0.2864	−0.5569	−0.5681
东盟	0.0045	0.0058	0.0070	0.0091	−0.0099	0.0023	−0.0231	−0.0004
中南美洲	0.0011	0.0023	0.0005	0.0024	0.0062	0.0100	0.0092	0.0159
中东地区	−0.0129	−0.0049	−0.0231	−0.0094	−0.0509	−0.0552	−0.0979	−0.1070
非洲	−0.0213	−0.0197	−0.0400	−0.0379	−0.0507	−0.0515	−0.1006	−0.1014
ROW	−0.0102	−0.0091	−0.0222	−0.0202	−0.0303	−0.0222	−0.0589	−0.0449
世界	−0.0079	−0.0072	−0.0175	−0.0163	−0.0640	−0.0612	−0.1292	−0.1230

在欧盟对直接碳排放征收碳关税时，中国实际 GDP 有小幅增长，在仅对重点行业征收碳关税情景下短期增长态势好于长期，在对所有行业征收碳关税情景下长期增长态势则好于短期。在欧盟对隐含碳排放征收碳关税时，在仅对重点行业征收碳关税情景下中国实际 GDP 短期内有所增长，长期则受到负面冲击，短期受到的影响则小于长期；在对所有行业征收碳关税情景下，中国实际 GDP 无论是短期还是长期均受到负面冲击，并且短期内受到的影响大于长期。究其原因，可能与中欧互为最重要的贸易伙伴和中国产品的国际竞争力有关。中国制造国际竞争力优势明显，目前是世界上最大的计算机和电子产品、化工品、机器设备、机动车、基本金属、金属制品以及电气设备的生产国，近年来以电动载人汽车、锂离子蓄电池、太阳能电池、智能手机等产品出口快速增长。同时，中国中高技术产品在发展中国家市场上的优势和竞争力逐步显现，2023 年对共建“一带一路”国家和 RCEP 其他成员国的进出口均有较为明显的增长。所以，欧盟碳关税政策短期内对中国影响不大，随着中国外贸市场多元化成效初显和外贸新动能逐步形成，相比只针对中国，即当欧盟碳关税征收对象包含印度和东盟时，中

国国际竞争力损失会有所改善，故 GDP 可能出现略微增长。

8.3.1.2　对居民福利的影响

表 8-3 列举了欧盟征收碳关税对各国家和地区居民福利的影响。与基准情景相比，欧盟实施碳关税政策，将会导致世界整体福利水平下降，并且这种影响会随着征收力度的加大而不断增强。在 2024 年和 2035 年，全球福利损失分别由情景 S1 下的 10.34 亿美元和 28.43 亿美元扩大至情景 S8 下的 673.13 亿美元和 1299.29 亿美元。分区域来看，日本居民福利在不同情景下均有所增加，在对直接碳排放和重点行业征收碳关税时欧盟自身的居民福利有一定损失外，其他情景下则有所增加。在对所有行业征收碳关税时，俄罗斯居民福利也有所增加，其余情景下居民福利尽管出现损失但是总额不大。到 2035 年，在情景 S8 下，欧盟居民福利增加 159.61 亿美元，是同期日本和俄罗斯居民增加额之和的 2.66 倍。

表 8-3　居民福利变化（相对 BAU）　　单位：亿美元

国家/地区	S1		S2		S3		S4	
	2024 年	2035 年	2024 年	2035 年	2024 年	2035 年	2024 年	2035 年
中国	-3.19	-9.07	-6.22	-17.91	-5.86	-13.14	-12.54	-29.63
印度	-3.28	-18.19	-5.45	-30.73	-4.10	-28.11	-7.21	-51.88
日本	2.17	2.69	3.91	4.90	3.26	3.56	5.70	6.01
俄罗斯	-1.45	-2.50	-2.67	-4.66	52.50	49.04	90.44	87.30
美国	-0.30	1.44	-0.89	1.99	-8.99	-21.76	-17.36	-41.45
欧盟	13.17	28.79	21.47	50.91	-29.97	-12.02	-67.54	-32.72
东盟	-0.34	-0.63	-0.68	-1.31	-4.02	-11.61	-7.75	-23.21
中南美洲	-1.21	-2.12	-2.38	-4.24	-4.56	-13.11	-8.72	-24.95
中东地区	-6.40	-13.63	-11.94	-25.26	-14.71	-36.62	-28.62	-70.91
非洲	-2.56	-6.97	-4.90	-13.34	-5.29	-16.39	-11.13	-34.13
ROW	-6.94	-8.23	-13.87	-16.94	-57.67	-86.63	-102.36	-154.55
世界	-10.34	-28.43	-23.61	-56.60	-79.42	-186.81	-167.08	-370.12

国家/地区	S5		S6		S7		S8	
	2024 年	2035 年	2024 年	2035 年	2024 年	2035 年	2024 年	2035 年
中国	-17.45	-51.04	-30.32	-89.80	-132.61	-365.26	-250.58	-696.57
印度	-8.06	-44.97	-12.95	-73.49	-25.84	-183.42	-45.73	-330.23
日本	6.42	8.71	10.35	14.00	11.87	12.62	20.29	20.82

续表

国家/地区	S5		S6		S7		S8	
	2024 年	2035 年	2024 年	2035 年	2024 年	2035 年	2024 年	2035 年
俄罗斯	-0.18	-6.36	-1.03	-11.02	40.45	26.18	61.75	39.85
美国	-2.18	4.64	-5.94	2.26	-21.43	-22.84	-42.83	-50.11
欧盟	30.73	82.16	34.91	122.18	-30.91	119.55	-119.57	159.61
东盟	-0.72	-0.15	-1.61	-1.27	-7.43	-17.64	-14.9	-37.41
中南美洲	-2.32	-1.99	-4.62	-4.80	-7.47	-11.50	-14.46	-23.17
中东地区	-14.99	-28.15	-26.49	-49.26	-32.41	-66.35	-60.69	-124.45
非洲	-8.04	-21.89	-14.52	-39.76	-15.91	-41.59	-31.14	-82.53
ROW	-21.69	-21.20	-43.36	-47.69	-95.56	-94.73	-175.26	-175.10
世界	-38.48	-80.26	-95.58	-178.63	-317.25	-644.98	-673.13	-1299.29

但是，欧盟实施碳关税政策将导致中国的居民福利损失最大，其次为印度，并且随着碳关税征收力度的加大和征收时间的推移，中印两国居民福利损失不断扩大。在 2024 年情景 S8 下，中印两国居民福利损失就分别高达 250.58 亿美元和 45.73 亿美元，而到 2035 年这一损失分别扩大至 696.57 亿美元和 330.23 亿美元，分别占 2035 年全世界居民福利损失总额的 53.6% 和 25.4%。非洲地区和 ROW（世界其他地区）等其他发展中国家居民福利受损也比较严重，而美国、东盟、中南美洲的居民福利损失相对较小，即使到 2035 年，在情景 S8 下其居民福利损失之和也分别仅占同期中印两国的约 1/6 和 1/3。

8.3.1.3　对贸易出口的影响

表 8-4 列举了欧盟征收碳关税对不同国家和地区出口贸易的影响。与基准情景相比，除美国和东盟外，欧盟实施碳关税政策将导致其他国家地区出口贸易有不同程度的减少，其中欧盟自身出口贸易的降幅最高。在情景 S8 下，无论是在 2024 年还是在 2035 年，欧盟出口贸易降幅均超过 2%，是世界所有国家和地区中最高的。这说明，欧盟碳关税政策并不必然导致欧盟自身产业国际竞争力的提升，在对世界其他国家和地区出口贸易带来冲击的同时，最终会导致自身出口贸易出现明显萎缩。

表 8-4　各地区出口贸易变动（相对 BAU）　单位：%

国家/地区	S1		S2		S3		S4	
	2024 年	2035 年	2024 年	2035 年	2024 年	2035 年	2024 年	2035 年
中国	-0.006	-0.008	-0.011	-0.016	-0.029	-0.017	-0.055	-0.032
印度	-0.075	-0.066	-0.124	-0.111	-0.109	-0.073	-0.189	-0.124
日本	-0.014	-0.005	-0.026	-0.010	-0.057	-0.023	-0.100	-0.034
俄罗斯	-0.036	-0.105	-0.068	-0.200	0.325	0.165	0.543	0.277
美国	0.010	0.014	0.016	0.024	0.032	0.031	0.046	0.053
欧盟	-0.054	-0.046	-0.099	-0.082	-0.412	-0.400	-0.754	-0.736
东盟	0.007	0.005	0.013	0.009	-0.001	0.003	-0.004	0.003
中南美洲	-0.009	-0.004	-0.018	-0.008	-0.065	-0.048	-0.118	-0.087
中东地区	-0.033	-0.022	-0.060	-0.039	-0.112	-0.134	-0.216	-0.258
非洲	-0.033	-0.030	-0.065	-0.059	-0.141	-0.133	-0.268	-0.249
ROW	-0.030	-0.047	-0.061	-0.095	-0.209	-0.343	-0.350	-0.584
国家/地区	S5		S6		S7		S8	
	2024 年	2035 年	2024 年	2035 年	2024 年	2035 年	2024 年	2035 年
中国	-0.035	-0.051	-0.059	-0.088	-0.523	-0.379	-0.984	-0.715
印度	-0.181	-0.169	-0.290	-0.275	-0.654	-0.510	-1.149	-0.887
日本	-0.033	-0.002	-0.058	0.002	-0.101	0.070	-0.183	0.146
俄罗斯	-0.145	-0.387	-0.251	-0.653	0.067	-0.245	0.040	-0.452
美国	0.021	0.041	0.022	0.059	0.083	0.157	0.113	0.270
欧盟	-0.140	-0.114	-0.226	-0.170	-1.116	-1.136	-2.025	-2.060
东盟	0.021	0.014	0.033	0.020	0.015	0.036	0.012	0.055
中南美洲	-0.007	0.013	-0.019	0.018	-0.077	-0.001	-0.150	-0.005
中东地区	-0.043	-0.013	-0.076	-0.024	-0.195	-0.210	-0.374	-0.406
非洲	-0.120	-0.104	-0.226	-0.202	-0.344	-0.301	-0.663	-0.583
ROW	-0.096	-0.141	-0.198	-0.291	-0.364	-0.542	-0.660	-0.978

其次是世界其他地区（ROW）、印度和中国，到 2035 年，在情景 S8 下，出口贸易降幅分别为 0.978%、0.887%和 0.715%。但是，无论在何种情景下，中国和印度两国出口贸易在短期内受到的影响略大于长期受到的影响，这与非洲类似。这说明，欧盟碳关税的实施首先会扰乱现有的国际贸易格局，改变既有的国际分工体系。从近年情况来看，我国出口欧盟的优势商品主要集中在电机、机械

器具、车辆、家具灯具、有机化学品、玩具、服装、塑料、仪器设备等类，2022年中国对欧盟十大商品的出口额占出口总额的比重超过70%。在欧盟征收碳关税初期和仅对重点行业征收的情况下，有机化学品、钢铁制品、机械设备等工业品，家具灯具、玩具、服装等劳动密集型产品以及塑料制品的出口贸易会受到影响，仅有锂电池、光伏等新能源产品受欧盟碳关税影响不大，所以短期内中国出口贸易受影响较大。随着欧盟碳关税税率的提升和覆盖至所有行业，将导致中国出口至欧盟的产品成本上升、竞争优势下降，中国与欧盟之间的贸易将受到严重影响，中国出口贸易额预计明显减少。但是，在欧盟对所有行业和隐含碳排放征收碳关税的情景下，中国政府和企业将会更迫切和主动地寻找适应策略，包括推动绿色低碳技术创新、调整产业与产品出口结构、拓展产品出口市场等，长期来讲这种改变会使出口受到的影响有所减弱，降幅有所减小。

8.3.1.4　区域进口变化

表8-5列举了欧盟征收碳关税对不同国家和地区进口贸易的影响。整体上来看，与基准情景相比，欧盟实施碳关税政策将对世界多数国家和地区进口贸易的影响小于对出口贸易的影响，中国、印度、美国、欧盟、中南美洲、中东地区、非洲和世界其他地区（ROW）的进口贸易均受到负面冲击，进口贸易规模减小。其中欧盟受到的冲击最大，其次是中国和印度。具体而言，随着欧盟碳关税征收力度的加大，中国、欧盟的进口贸易在短期受到的影响小于长期受到的影响，在情景S8下，进口降幅分别由2024年的1.619%和1.784%，增大到2035年的1.649%和2.259%。欧盟碳关税政策一方面会提升欧盟进口商品的成本和价格，使产品碳排放标准更加严格，倒逼欧盟进口国的企业采用低碳技术，不少行业尤其是高碳排放行业将面临更大的挑战；另一方面由于增加企业的碳排放成本，造成不同行业和产品在不同国家和地区的转移，包括欧盟自身的产业影响现有的国际贸易格局，从而会间接导致不同国家和地区进口贸易出现变动。所以，欧盟进口贸易短期内受到的影响较为明显。中国进口商品以能源、矿产品和农产品为主，铁矿砂、煤炭、原油、天然气、大豆、成品油、未锻轧铜及铜材、机电产品和钢材居进口商品前列，进口贸易主要国家是美国、日本、韩国、澳大利亚、巴西、俄罗斯等。中国从欧盟主要进口机械、车辆、其他制成品和化学品，短期内欧盟碳关税对中国进口贸易影响有限。但是，随着欧盟碳关税征收范围和力度的加大，将很有可能提升中国进口来源国商品的价格，尤其是能源、机电产品和钢材的价格，从而改变现有中国进口商品的规模、结构和来源地，最终对中国进口贸易产生不利影响。

表 8-5 各地区进口贸易变动（相对 BAU） 单位:%

国家/地区	S1		S2		S3		S4	
	2024 年	2035 年	2024 年	2035 年	2024 年	2035 年	2024 年	2035 年
中国	-0.021	-0.033	-0.041	-0.065	-0.019	-0.049	-0.044	-0.097
印度	-0.106	-0.088	-0.178	-0.151	-0.116	-0.098	-0.201	-0.173
日本	0.015	0.014	0.026	0.025	0.050	0.042	0.089	0.073
俄罗斯	-0.127	-0.148	-0.241	-0.281	0.285	0.165	0.477	0.292
美国	-0.004	-0.003	-0.010	-0.008	-0.015	-0.057	-0.036	-0.105
欧盟	-0.020	-0.035	-0.032	-0.059	-0.333	-0.340	-0.613	-0.631
东盟	0.005	0.002	0.007	0.002	-0.003	-0.010	-0.007	-0.021
中南美洲	-0.025	-0.016	-0.05	-0.031	-0.108	-0.100	-0.201	-0.183
中东地区	-0.093	-0.063	-0.171	-0.116	-0.202	-0.195	-0.391	-0.374
非洲	-0.060	-0.052	-0.116	-0.101	-0.168	-0.165	-0.332	-0.319
ROW	-0.029	-0.015	-0.058	-0.031	-0.202	-0.132	-0.339	-0.226

国家/地区	S5		S6		S7		S8	
	2024 年	2035 年	2024 年	2035 年	2024 年	2035 年	2024 年	2035 年
中国	-0.125	-0.181	-0.216	-0.322	-0.862	-0.873	-1.619	-1.649
印度	-0.264	-0.241	-0.428	-0.403	-0.685	-0.634	-1.194	-1.118
日本	0.050	0.051	0.075	0.077	0.183	0.173	0.322	0.305
俄罗斯	-0.501	-0.529	-0.859	-0.902	-0.611	-0.639	-1.192	-1.182
美国	-0.021	-0.008	-0.055	-0.029	-0.012	-0.036	-0.044	-0.070
欧盟	-0.027	-0.079	-0.016	-0.094	-0.974	-1.236	-1.784	-2.259
东盟	0.013	0.003	0.017	-0.001	0.014	0.023	0.008	0.031
中南美洲	-0.045	-0.024	-0.091	-0.051	-0.145	-0.103	-0.276	-0.194
中东地区	-0.171	-0.118	-0.303	-0.210	-0.395	-0.347	-0.745	-0.654
非洲	-0.208	-0.173	-0.383	-0.324	-0.474	-0.406	-0.915	-0.785
ROW	-0.092	-0.048	-0.187	-0.098	-0.340	-0.203	-0.605	-0.364

8.3.2 欧盟碳关税对全球碳排放影响

表 8-6 列举了欧盟征收碳关税对全球不同国家和地区碳排放量的影响。与基准情景相比，从整体上看，欧盟实施碳关税政策对世界碳减排有一定的促进作用，短期减排效应小于长期。尽管随着碳关税征收力度的加大，碳减排效应有所

增强，但是整体减排作用仍然较弱。在 S8 情景下，世界碳减排效应最明显，2024 年和 2035 年的碳排放量降幅仅分别为 0.064% 和 0.089%，不足 0.1%。就不同国家和地区而言，欧盟碳关税政策的碳减排效应表现出明显的国别和地区差异，其中俄罗斯碳减排效果最明显，其次是非洲、欧盟和印度，再次是中国和中东地区。但是，欧盟实施碳关税政策会对日本、美国的碳排放有促进作用，随着碳关税征收力度的加大，日美两国碳排放量增长更明显。

表 8-6　各地区碳排放变化（相对 BAU）　　单位：%

国家/地区	S1		S2		S3		S4	
	2024 年	2035 年	2024 年	2035 年	2024 年	2035 年	2024 年	2035 年
中国	−0.017	−0.020	−0.032	−0.038	−0.017	−0.007	−0.033	−0.021
印度	−0.130	−0.112	−0.205	−0.178	−0.115	−0.101	−0.177	−0.157
日本	0.020	0.021	0.036	0.039	0.054	0.048	0.098	0.088
俄罗斯	−0.107	−0.146	−0.205	−0.280	−0.313	−0.370	−0.517	−0.618
美国	0.009	0.011	0.017	0.021	0.026	0.066	0.066	0.124
欧盟	0.094	0.095	0.177	0.177	−0.081	−0.080	−0.218	−0.222
东盟	−0.002	0.003	−0.004	0.006	−0.015	−0.016	−0.024	−0.025
中南美洲	0.000	0.005	0.000	0.008	−0.005	0.000	−0.006	0.002
中东地区	−0.050	−0.027	−0.089	−0.047	−0.081	−0.064	−0.121	−0.095
非洲	−0.027	−0.023	−0.052	−0.046	−0.196	−0.230	−0.271	−0.310
ROW	−0.011	0.004	−0.023	0.005	0.264	0.147	0.358	0.190
世界	−0.017	−0.019	−0.029	−0.032	−0.006	−0.020	−0.021	−0.040
国家/地区	S5		S6		S7		S8	
	2024 年	2035 年	2024 年	2035 年	2024 年	2035 年	2024 年	2035 年
中国	−0.060	−0.078	−0.103	−0.136	−0.049	−0.047	−0.084	−0.085
印度	−0.206	−0.185	−0.299	−0.275	−0.218	−0.211	−0.320	−0.324
日本	0.060	0.066	0.099	0.109	0.131	0.123	0.228	0.214
俄罗斯	−0.411	−0.528	−0.687	−0.891	−0.566	−0.694	−0.894	−1.113
美国	0.025	0.033	0.040	0.053	0.062	0.108	0.123	0.189
欧盟	0.261	0.271	0.465	0.479	−0.130	−0.136	−0.346	−0.369
东盟	0.008	0.020	0.011	0.031	−0.002	0.002	−0.004	0.000
中南美洲	0.015	0.024	0.020	0.038	0.017	0.024	0.030	0.041
中东地区	−0.031	0.005	−0.059	0.004	−0.066	−0.052	−0.094	−0.078

续表

国家/地区	S5		S6		S7		S8	
	2024 年	2035 年	2024 年	2035 年	2024 年	2035 年	2024 年	2035 年
非洲	-0.086	-0.071	-0.162	-0.139	-0.268	-0.302	-0.401	-0.445
ROW	-0.029	0.013	-0.064	0.014	0.280	0.184	0.351	0.237
世界	-0.036	-0.045	-0.059	-0.074	-0.030	-0.048	-0.064	-0.089

在对所有行业征收碳关税和税率为 50 美元/tc 时，中国碳排放量降幅有所减小，碳减排的短期效应大于长期，在情景 S8 下碳减排短期效应与长期效应基本相当，其余情景下中国碳减排的短期效应略小于长期效应。在情景 S7 下，欧盟碳关税政策对中国的碳减排效应最强，2024 年和 2035 年的碳排放量降幅分别为 0.103%和 0.136%。欧盟是中国第二大贸易伙伴，近年来中国对欧盟出口贸易额一直在 5000 亿美元以上。考虑到欧盟市场的规模巨大，对于中国的出口企业，尤其是以欧盟作为主要出口目的地的企业而言，须严格遵守欧盟提出的标准，采用低碳生产技术和降低碳排放成本，所以欧盟碳关税政策将倒逼中国相关企业加快低碳转型，从而降低中国碳排放量。但是，欧盟实施碳关税政策并不一定导致自身碳排放量的减少，必须满足比较严格的条件才行。在仅对重点行业征收碳关税的情况下，欧盟的碳排放量则有所增加，随着碳关税税率的提升，碳排放量增幅有所提高。在情景 S6 下，2024 年和 2035 年的欧盟碳排放量增幅分别为 0.465%和 0.479%，远高于日本和美国的增幅。在对所有行业征收碳关税情况下，欧盟的碳排放量才有所减少，随着碳关税税率的提升，碳排放量降幅有所提高，短期碳减排效应大小与长期接近。在情景 S8 下，2024 年和 2035 年的欧盟碳排放量降幅分别为 0.346%和 0.369%，不足同期俄罗斯碳排放降幅的 40%。

8.3.3 欧盟碳关税对中国不同行业的影响

8.3.3.1 对中国不同行业产出的影响

表 8-7 列举了欧盟征收碳关税对中国不同行业产出的影响。从整体上来看，与基准情景相比，欧盟实施碳关税政策，使运输设备行业的产出一直有所增加，农业、食品制造、其他制造业、电子机械设备和服务业的产出在多数情景下有所增长，纺织服装、铝及其制品的产出在不同情景下有增有减，能源、钢铁、化工橡胶等高碳行业与采掘业受冲击较大，但是不同行业短期和长期所受影响大小各

异。随着碳关税征收力度的加大，不同行业短期和长期受到的影响表现出的特征不尽相同。中国是能源进口和消费大国，欧盟碳关税政策将影响世界能源市场从而提高中国能源采购和使用的价格，加上中国实际 GDP 的下降，从而减少中国能源行业的产出，无论是短期影响还是长期影响都比较接近。中国钢铁、化工橡胶等高碳行业属于欧盟所列重点行业，短期内受欧盟碳关税政策的负面冲击大于长期，行业产出有所减少。中国采掘业生产总量占世界比重较高，产品主要出口美国、日本、韩国、欧盟，主要出口稀土、钨、锡等产品。欧盟碳关税政策会降低中国采掘业的国际竞争力，缩小采掘业的产出规模，但是由于出口产品的需求比较旺盛，所以短期内对中国采掘业产出的影响相对有限。如果欧盟对隐含碳排放征收碳关税，则中国钢铁、化工橡胶和采掘业产品对欧盟的出口就会受到更大冲击，其行业产出必然出现下降。

表 8-7　中国不同行业产出变化（相对 BAU）　　单位：%

行业	S1		S2		S3		S4	
	2024 年	2035 年	2024 年	2035 年	2024 年	2035 年	2024 年	2035 年
农业	0. 001	0. 002	0. 002	0. 003	−0. 008	−0. 006	−0. 016	−0. 012
煤炭	−0. 023	−0. 027	−0. 042	−0. 052	−0. 045	−0. 046	−0. 076	−0. 076
原油	−0. 031	−0. 030	−0. 058	−0. 055	−0. 040	−0. 038	−0. 074	−0. 070
天然气	−0. 016	−0. 010	−0. 031	−0. 018	−0. 312	−0. 170	−0. 441	−0. 232
成品油	−0. 003	−0. 009	−0. 007	−0. 018	−0. 026	−0. 037	−0. 050	−0. 072
电力	−0. 015	−0. 018	−0. 028	−0. 034	−0. 030	−0. 038	−0. 045	−0. 055
采掘业	−0. 035	−0. 048	−0. 066	−0. 091	−0. 032	−0. 041	−0. 060	−0. 078
食品制造	0. 001	0. 002	0. 002	0. 003	−0. 003	−0. 001	−0. 006	−0. 002
纺织服装	0. 025	0. 029	0. 049	0. 058	−0. 009	0. 007	−0. 016	0. 015
其他制造业	0. 034	0. 043	0. 064	0. 083	0. 003	0. 012	0. 002	0. 018
化工橡胶	−0. 076	−0. 130	−0. 151	−0. 257	−0. 047	−0. 082	−0. 097	−0. 169
其他矿产品	−0. 129	−0. 168	−0. 236	−0. 308	−0. 119	−0. 157	−0. 219	−0. 290
钢铁行业	−0. 027	−0. 039	−0. 054	−0. 078	−0. 015	−0. 028	−0. 033	−0. 058
铝及其制品	0. 019	0. 012	0. 035	0. 023	0. 031	0. 033	0. 059	0. 060
电子机械设备	0. 053	0. 052	0. 101	0. 100	0. 063	0. 057	0. 122	0. 109
运输设备	0. 031	0. 038	0. 060	0. 073	0. 061	0. 068	0. 116	0. 130
服务业	0. 002	0. 001	0. 003	0. 002	0. 004	0. 002	0. 007	0. 003

续表

行业	S5		S6		S7		S8	
	2024 年	2035 年	2024 年	2035 年	2024 年	2035 年	2024 年	2035 年
农业	0.002	0.001	0.002	0.001	0.032	0.047	0.058	0.091
煤炭	−0.072	−0.095	−0.125	−0.165	−0.011	−0.032	0.000	−0.032
原油	−0.070	−0.069	−0.123	−0.118	0.078	0.073	0.158	0.160
天然气	−0.047	−0.026	−0.082	−0.043	−0.255	−0.137	−0.308	−0.155
成品油	−0.043	−0.067	−0.076	−0.121	−0.128	−0.141	−0.233	−0.257
电力	−0.061	−0.082	−0.106	−0.142	−0.065	−0.081	−0.101	−0.123
采掘业	−0.113	−0.176	−0.191	−0.297	−0.010	−0.040	0.002	−0.042
食品制造	0.001	0.003	0.002	0.005	0.021	0.031	0.039	0.059
纺织服装	0.124	0.151	0.219	0.271	−0.285	−0.171	−0.580	−0.359
其他制造业	0.143	0.196	0.251	0.348	−0.240	−0.248	−0.431	−0.445
化工橡胶	−0.460	−0.790	−0.817	−1.420	−0.133	−0.355	−0.212	−0.611
其他矿产品	−0.244	−0.314	−0.399	−0.515	−0.187	−0.216	−0.301	−0.340
钢铁行业	−0.070	−0.103	−0.118	−0.171	−0.070	−0.072	−0.118	−0.115
铝及其制品	−0.081	−0.176	−0.133	−0.291	0.032	−0.035	0.075	−0.034
电子机械设备	0.219	0.234	0.380	0.412	−0.083	−0.093	−0.199	−0.226
运输设备	0.116	0.154	0.205	0.274	0.289	0.367	0.544	0.699
服务业	0.003	0.002	0.005	0.003	−0.034	−0.023	−0.066	−0.046

近年来，中国公路和铁路运输设备行业加大技术创新，汽车和火车的国际竞争优势明显，船舶制造业的国际竞争力不断提升，尤其是新能源汽车、内燃机车和高铁技术处于世界领先水平。农业碳汇功能强，中国粮食、蔬菜和水果产量居世界首位，占世界总量比例高，水果、蔬菜、茶叶、水产品等具有较强的国际竞争力，近年来农产品进出口总额增速较快。欧盟碳关税政策的实施将更加凸显中国公路与铁路运输设备以及农产品的优势，间接促进了中国运输设备行业与农业产出的增加。依赖于农产品资源禀赋和市场规模优势，中国食品制造业的国际影响力不断扩大，中国食品口味独特、品种丰富和品质卓越，日益受到世界市场的青睐。经过多年发展，中国在智能手机、液晶电视、智能家电等电子机械设备细分领域的全球竞争力明显提升，存储芯片技术逐步赶上世界先进水平，而欧盟不是中国电子机械设备的主要出口目的地。就服务业而言，近年来我国跨境电商快速发展并推动全球贸易物联网形成，疫情结束后旅行服务保持高速增长，知识密

集型服务贸易则迅速崛起，逐渐成为服务贸易发展的新趋势和新引擎，对欧盟服务贸易出口则以运输与旅游服务贸易为主。所以欧盟碳关税政策对中国食品制造业、电子机械设备和服务业的影响相对有限，行业产出在多数情景下将保持增长态势。

中国是全球最大的纺织品生产国和出口国，服装出口居全球首位，美国、欧盟、东盟、日本是中国服装出口的主要市场。纺织服装业碳排放仍需引起重视，国际能源署（IEA）发布的《全球能源回顾：2021 年二氧化碳排放》指出，服装行业碳排放量占全球总排放量的 10%。在欧盟仅对重点行业征收碳关税情况下，由于重点行业不包括纺织服装业，所以中国纺织服装产出将持续增加，但是当欧盟对所有行业征收碳关税情况下，中国纺织服装业的产出短期内受到影响较大，随着纺织服装业绿色发展和低碳转型的推进，中国纺织服装业产出受到的负面冲击将会弱化。中国是世界电解铝生产大国，电解铝产量占世界总量一半以上，近年来受能源危机影响，以欧洲为代表的地区电解铝产能大幅减产，短期内产能恢复具有较大困难，尽管铝及其制品在欧盟是征收碳关税的重点行业，但是由于世界市场需求稳定，在对直接碳排放征收碳关税情景下中国铝及其制品行业产出将仍有所增加。由于铝冶炼碳排放水平高，是有色金融行业碳排放的最主要来源，而电解铝则需要消耗大量的电力，在长期内欧盟电解铝产能有所恢复和对隐含碳排放征收碳关税情况下，中国铝及其制品行业的产出则必然有所减少，所以中国铝及其制品行业在长期受影响较大。

8.3.3.2　对中国不同行业出口贸易的影响

表 8-8 列举了欧盟征收碳关税对中国不同行业出口的影响。从整体上看，与基准情景相比，欧盟碳关税政策实施后，中国煤炭、原油、天然气、成品油等能源行业，化工橡胶、其他矿产品、钢铁、铝及其制品等高碳行业，以及其他矿产品行业，其产品出口成本和价格将会被抬高，出口贸易不可避免受到较大冲击和出现不同程度的下降，并且短期所受到的影响大于长期。而中国电力行业则短期内受到的影响小于长期，在欧盟仅对重点行业征收碳关税情况下出口贸易有所增长，在对所有行业征收碳关税情况下出口贸易有明显下降，并且是不同行业中受到影响最大的。究其原因，可能是由于中国电力主要出口东南亚和巴基斯坦、蒙古国等周边国家地区，在欧盟仅对所有行业征收碳关税情况下该几个国家的进出口贸易也将受到较大冲击，从而对中国电力的需求出现波动，最终导致中国出口贸易出现明显下降。而采掘业出口贸易在仅对直接碳排放征收碳关税情况下出现

下降，可能与中国采掘业目前碳排放强度与欧盟贸易强度较高有主要关系。而在欧盟对隐含碳排放征收碳关税情况下，采掘业由于短期内出口产品的稀缺性较强和长期随着无人化、智能化等新技术的应用，出口竞争力逐步提升，则出口贸易出现小幅增长，并且长期增幅更高。

表 8-8　中国不同行业出口贸易变化（相对 BAU）　　单位:%

行业	S1		S2		S3		S4	
	2024 年	2035 年	2024 年	2035 年	2024 年	2035 年	2024 年	2035 年
农业	0. 023	0. 043	0. 047	0. 084	−0. 205	−0. 168	−0. 404	−0. 329
煤炭	−0. 044	−0. 027	−0. 083	−0. 047	−0. 792	−0. 533	−1. 364	−0. 911
原油	−0. 076	−0. 053	−0. 140	−0. 095	−0. 878	−0. 811	−1. 636	−1. 500
天然气	−0. 262	−0. 133	−0. 493	−0. 250	−2. 534	−2. 161	−2. 424	−2. 582
成品油	−0. 021	−0. 008	−0. 039	−0. 014	−0. 293	−0. 235	−0. 561	−0. 448
电力	0. 031	0. 064	0. 060	0. 124	−5. 920	−4. 963	−6. 672	−5. 539
采掘业	−0. 008	0. 016	−0. 018	0. 029	−0. 015	−0. 014	−0. 036	−0. 028
食品制造	0. 048	0. 070	0. 093	0. 136	−0. 088	−0. 026	−0. 169	−0. 048
纺织服装	0. 048	0. 055	0. 095	0. 110	−0. 019	0. 012	−0. 035	0. 024
其他制造业	0. 102	0. 106	0. 196	0. 205	−0. 045	0. 005	−0. 100	−0. 001
化工橡胶	−0. 465	−0. 457	−0. 920	−0. 908	−0. 308	−0. 307	−0. 629	−0. 626
其他矿产品	−1. 822	−1. 470	−3. 322	−2. 694	−1. 742	−1. 403	−3. 192	−2. 583
钢铁行业	−0. 514	−0. 378	−1. 001	−0. 744	−0. 412	−0. 311	−0. 819	−0. 624
铝及其制品	−0. 180	−0. 132	−0. 355	−0. 260	−0. 070	−0. 028	−0. 151	−0. 066
电子机械设备	0. 090	0. 078	0. 172	0. 150	0. 104	0. 082	0. 199	0. 159
运输设备	0. 117	0. 134	0. 225	0. 259	0. 155	0. 197	0. 298	0. 380
服务业	0. 029	0. 041	0. 057	0. 082	−0. 220	−0. 138	−0. 416	−0. 264

行业	S5		S6		S7		S8	
	2024 年	2035 年	2024 年	2035 年	2024 年	2035 年	2024 年	2035 年
农业	0. 162	0. 245	0. 279	0. 434	0. 152	0. 298	0. 215	0. 531
煤炭	−0. 027	0. 068	−0. 086	0. 119	0. 004	0. 295	0. 186	0. 732
原油	−0. 085	0. 014	−0. 157	0. 036	−0. 699	−0. 623	−1. 236	−1. 057
天然气	−0. 756	−0. 313	−1. 277	−0. 508	−1. 756	−1. 811	−0. 915	−1. 796
成品油	−0. 022	0. 028	−0. 051	0. 045	−0. 487	−0. 354	−0. 882	−0. 624
电力	0. 208	0. 359	0. 355	0. 642	−4. 316	−3. 268	−3. 357	−2. 056

续表

行业	S5		S6		S7		S8	
	2024 年	2035 年	2024 年	2035 年	2024 年	2035 年	2024 年	2035 年
采掘业	0.044	0.125	0.053	0.207	0.096	0.141	0.138	0.242
食品制造	0.242	0.344	0.419	0.611	0.571	0.807	1.036	1.523
纺织服装	0.241	0.290	0.426	0.520	-0.607	-0.348	-1.230	-0.726
其他制造业	0.430	0.476	0.756	0.847	-1.079	-0.773	-1.926	-1.377
化工橡胶	-2.750	-2.760	-4.880	-4.958	-1.008	-1.262	-1.659	-2.174
其他矿产品	-3.510	-2.792	-5.757	-4.593	-2.268	-1.707	-3.532	-2.611
钢铁行业	-1.670	-1.235	-2.864	-2.119	-0.519	-0.332	-0.756	-0.447
铝及其制品	-2.565	-2.015	-4.380	-3.439	-0.670	-0.436	-0.897	-0.506
电子机械设备	0.369	0.350	0.644	0.616	-0.442	-0.305	-0.909	-0.658
运输设备	0.476	0.576	0.836	1.024	0.603	1.007	1.165	1.951
服务业	0.164	0.227	0.289	0.409	0.057	0.259	0.057	0.466

中国运输设备行业出口贸易有所增长，多数情景下中国农业、采掘业、食品制造、电子机械设备和服务业的出口贸易也有不同程度增长，一般短期内增长效应小于长期。中国运输设备出口产品主要是汽车、船舶和列车，近年来新能源汽车，散货船、油船、集装箱船和汽车运输船，新型混合动力列车、高铁、新能源轻轨列车等运输设备国际竞争优势突出、出口贸易增长较快，但是出口到欧盟国家和地区所占比重较低。中国出口的农产品主要是水产品、蔬菜和水果，出口以亚洲国家为主、欧美国家为辅。中国食品制造业主要出口加工食品、奶制品、调味料、海鲜、洋酒以及食用及工业油类，其中罐头和茶叶的出口表现尤为突出，出口产品具有较强的原产地特色和优势。所以欧盟碳关税政策对中国运输设备、农产品、食品出口影响有限，中国运输设备行业、农业、食品制造业出口贸易整体上仍然保持增长。但是，在欧盟对直接碳排放和所有行业同时征收碳关税情况下，中国农业、食品制造和服务业的出口贸易则出现不同程度的减少。在欧盟仅对重点行业征收碳关税情况下，中国纺织服装、其他制造业的出口产品竞争力仍然较强，出口贸易仍然维持一定的增长，长期增长态势更为明显；如果欧盟对所有行业征收碳关税情况下，中国纺织服装和其他制造业产品出口优势则受到较大程度的削弱，出口市场同时将受到印度和东南亚国家和地区同类产品的挤压，从而导致出口受挫和出口贸易规模缩小，并且短期受到的冲击大于长期。

8.3.3.3　对中国不同行业进口贸易的影响

表 8-9 列举了欧盟征收碳关税对中国不同行业进口的影响。从整体上看，与基准情景相比，欧盟实施碳关税政策，在对直接碳排放和所有行业征收碳关税情况下，中国农业、煤炭、天然气和成品油行业的进口贸易有小幅增长；在对直接碳排放和重点行业征收碳关税情况下中国原油行业进口贸易略有增长；同时这几个行业进口贸易短期增长态势好于长期。中国是农产品和能源消费大国，主要进口的农产品是水果、坚果、大豆、畜产品、谷物、水产品、蔬菜和奶蛋，近年来能源进口保持快速增长。在对直接碳排放征收碳关税情况下，中国实际 GDP 仍有小幅增长，将引致对农产品和能源的进口需求。由于中国是农产品和能源进口国，在对直接碳排放和所有行业征收碳关税情况下，中国最主要的农产品、煤炭、天然气和成品油进口来源国对欧盟出口受到冲击，将有更强动力扩大对中国的出口，从而促使中国这几个行业进口贸易的增长。

表 8-9　中国不同行业进口贸易变化（相对 BAU）　　单位:%

行业	S1		S2		S3		S4	
	2024 年	2035 年	2024 年	2035 年	2024 年	2035 年	2024 年	2035 年
农业	−0. 010	−0. 021	−0. 019	−0. 041	0. 023	0. 011	0. 038	0. 016
煤炭	−0. 006	−0. 012	−0. 012	−0. 027	0. 034	−0. 019	0. 051	−0. 045
原油	0. 010	0. 002	0. 017	0. 001	−0. 020	−0. 037	−0. 040	−0. 074
天然气	−0. 009	−0. 042	−0. 019	−0. 084	0. 752	−0. 192	1. 296	0. 152
成品油	0. 009	−0. 005	0. 014	−0. 012	0. 066	0. 033	0. 124	0. 059
电力	−0. 015	−0. 018	−0. 030	−0. 037	−0. 196	−0. 203	−0. 341	−0. 365
采掘业	−0. 022	−0. 038	−0. 044	−0. 074	0. 008	−0. 008	0. 010	−0. 023
食品制造	−0. 022	−0. 036	−0. 042	−0. 071	−0. 021	−0. 045	−0. 047	−0. 092
纺织服装	−0. 013	−0. 024	−0. 029	−0. 050	−0. 019	−0. 042	−0. 052	−0. 090
其他制造业	−0. 035	−0. 040	−0. 067	−0. 077	−0. 060	−0. 063	−0. 120	−0. 124
化工橡胶	−0. 062	−0. 101	−0. 124	−0. 201	−0. 048	−0. 107	−0. 104	−0. 216
其他矿产品	−0. 065	−0. 084	−0. 120	−0. 157	−0. 099	−0. 149	−0. 190	0. 282
钢铁行业	−0. 064	−0. 079	−0. 120	−0. 148	−0. 112	−0. 153	−0. 214	−0. 287
铝及其制品	0. 005	−0. 006	0. 007	−0. 018	0. 038	−0. 003	0. 059	−0. 016
电子机械设备	−0. 011	−0. 020	−0. 020	−0. 039	0. 014	−0. 009	0. 015	−0. 022
运输设备	−0. 080	−0. 100	−0. 151	−0. 191	−0. 151	−0. 200	−0. 294	−0. 386
服务业	−0. 026	−0. 039	−0. 050	−0. 076	−0. 044	−0. 069	−0. 092	−0. 136

续表

行业	S5		S6		S7		S8	
	2024 年	2035 年	2024 年	2035 年	2024 年	2035 年	2024 年	2035 年
农业	-0. 079	-0. 126	-0. 135	-0. 222	-0. 534	-0. 540	-0. 999	-1. 022
煤炭	-0. 079	-0. 133	-0. 127	-0. 240	-0. 570	-0. 608	-1. 062	-1. 150
原油	-0. 032	-0. 069	-0. 057	-0. 130	-0. 230	-0. 257	-0. 425	-0. 482
天然气	-0. 112	-0. 282	-0. 195	-0. 499	0. 517	-0. 532	0. 784	-0. 498
成品油	-0. 040	-0. 100	-0. 069	-0. 182	-0. 207	-0. 269	-0. 384	-0. 510
电力	-0. 105	-0. 152	-0. 185	-0. 281	-1. 172	-1. 170	-2. 161	-2. 189
采掘业	-0. 107	-0. 179	-0. 176	-0. 302	-0. 185	-0. 228	-0. 331	-0. 408
食品制造	-0. 126	-0. 191	-0. 217	-0. 339	-0. 806	-0. 845	-1. 514	-1. 600
纺织服装	-0. 104	-0. 159	-0. 180	-0. 285	-1. 330	-1. 208	-2. 517	-2. 300
其他制造业	-0. 163	-0. 200	-0. 283	-0. 354	-1. 271	-1. 220	-2. 368	-2. 291
化工橡胶	-0. 368	-0. 582	-0. 650	-1. 043	-1. 058	-1. 239	-1. 969	-2. 313
其他矿产品	-0. 200	-0. 276	-0. 338	-0. 479	-1. 162	-1. 259	-2. 167	-2. 364
钢铁行业	-0. 205	-0. 256	-0. 349	-0. 439	-1. 179	-1. 257	-2. 189	-2. 344
铝及其制品	-0. 142	-0. 226	-0. 241	-0. 397	-1. 132	-1. 187	-2. 116	-2. 243
电子机械设备	-0. 067	-0. 111	-0. 109	-0. 193	-1. 137	-1. 147	-2. 143	-2. 179
运输设备	-0. 295	-0. 387	-0. 520	-0. 688	-1. 572	-1. 737	-2. 948	-3. 270
服务业	-0. 128	-0. 189	-0. 224	-0. 337	-0. 877	-0. 904	-1. 657	-1. 718

其余情景下中国不同行业进口贸易均将受到负面冲击，随着碳关税征收力度的加大进口贸易的降幅也随之提高，短期内受到的影响小于长期。具体而言，原油、天然气、成品油、采掘业的进口贸易受到的冲击最小，其次是农业、煤炭、食品制造和服务业，其他行业受到的冲击较大，其中纺织服装、其他制造业和运输设备行业受到的冲击最大。究其原因，可能是由于欧盟实施碳关税政策，尤其是对所有行业征收碳关税情况下，将大幅提高行业碳排放成本和产品出口价格，从而抬高进口商品的价格，增加中国不同行业进口贸易的成本，造成进口贸易规模缩小。欧盟碳关税政策的长期实施，将导致不同国家和地区行业与产品的比较优势和国际竞争力的变迁，重塑全球产业链和改变现有世界贸易格局。为应对欧盟碳关税政策的不利影响，中国将会进一步提升农业、运输设备、纺织服装、其他制造业的竞争优势，同时会减少进口和扩大产品在国内市场的销售。

8.4 结论与政策建议

欧盟碳关税法案，即碳边境调节机制（Carbon Border Regulation Mechanism，CBAM）的实施将会给中国和世界经济带来重大影响，所以非常有必要对影响的具体内容和表现展开研究。当前有关欧盟碳关税法案影响的研究，缺乏对世界不同国家和地区经济影响尤其是长期影响研究，也缺乏对中国不同行业影响的研究，以及采用动态 CGE 模型的研究。本书根据欧盟碳关税法案的具体内容和要求，设定碳关税不同征收方式、征税税率、所涉及行业等 8 种不同情景，采用动态和能源类全球贸易分析模型（GDYNE），考虑到新冠肺炎疫情等重大突发事件所带来的外生冲击，分析不同情景下欧盟实施碳关税政策对世界不同国家和地区的实际 GDP、居民福利、进口贸易、出口贸易和碳排放量，以及中国不同行业产出、进口贸易和出口贸易的影响。

研究发现，与基准情景（BAU）相比，欧盟实施碳关税政策将对全球宏观经济、进出口贸易和居民福利造成负面冲击，随着时间的推移和征收力度的加大，这种影响也越大。中国实际 GDP 仅在欧盟对直接碳排放征税情况下有一定增长，在其他情景下则在减少，欧盟则是不同国家和地区中 GDP 下降幅度最高的。中国居民福利则在所有情景下均将受损，并且损失规模是全球最高的，印度和非洲等其他发展中国家居民福利受损也比较严重，欧盟的居民福利在不同情景下有增有减。此外，欧盟自身的出口贸易和进口贸易的降幅也是不同国家和地区中最高的，中国和印度则紧随其后。无论是实际 GDP，还是居民福利和出口贸易，中国短期内受到的冲击大于长期，而中国进口贸易则短期内受到的冲击则小于长期。与基准情景相比，欧盟实施碳关税政策对世界碳减排有一定的促进作用，短期减排效应小于长期，但是整体减排效果仍然较弱。这说明，欧盟碳关税法案是“损人不利己”的政策，将对其他国家贸易产生广泛和深远的影响，导致经济发展成果和国际贸易格局在不同国家和地区的再分配，给其他国家尤其是发展中国家造成巨大的福利损失，既不能有效促进全球碳减排，也不能真正实现以碳关税为手段提升其自身经济增长和全球产业竞争力的目的。

分行业来看，欧盟碳关税政策对中国不同行业影响则表现为异质性的特点。

与基准情景相比，欧盟实施碳关税政策，使运输设备行业的出口贸易和产出则一直有所增加，农业、食品制造、其他制造业、电子机械设备和服务业的出口贸易和产出在多数情景下有所增长，而中国能源行业和化工橡胶、其他矿产品、钢铁、铝及其制品等高碳行业，以及其他矿产品行业，其出口贸易和行业产出将出现不同程度的下降。在个别情景下，中国农业、煤炭、天然气、原油和成品油行业的进口贸易有小幅增长，其余情景下中国不同行业进口贸易均受到负面冲击。与中国整体出口贸易和进口贸易的变动特征类似，中国不同行业产出和出口贸易短期内受到的影响大于长期，而进口贸易则短期内受到的影响小于长期。

鉴于碳关税被认为是一种不合理的贸易壁垒，并对中国经济造成较大冲击，中国需要采取各种合法方式坚决反对欧盟征收碳关税，并积极采取措施以应对欧盟单方面征收的碳关税。首先，中国可以采取措施提高能源效率，减少碳排放，这包括投资于绿色技术和创新，推动能源结构转型，提高能源利用效率，降低碳排放水平，这将有助于中国企业应对碳关税所带来的竞争压力；其次，中国可以考虑适时出台碳税政策来促进低碳绿色发展，但碳税税率应设定在较低水平，以避免过于激进的低碳发展进程，引入碳税有助于中国实现节能减排，提高对碳关税的适应能力。与此同时，中国可以加快绿色发展和可再生能源的推广，通过增加对可再生能源的投资和支持，减少对高碳能源的依赖，提高低碳产品的生产能力，降低碳排放水平，从而提升中国企业在国际市场上的竞争力；此外，中国可以在国际舞台上积极推动多边机制的发展和运行，特别是加强与世界贸易组织（WTO）的合作，中国可以借助多边机制来保护本国企业的利益，维护公平竞争的原则，减小碳关税对中国经济的不利影响。总体而言，中国可以通过提高能源效率、推动绿色发展、深化国际合作和推动多边机制等措施来应对欧盟碳关税政策对中国经济可能带来的负面影响，进而提高中国企业的竞争力，减轻碳关税对中国经济的压力。

第 9 章　应用举例二：RCEP 框架下碳定价问题研究

区域全面经济伙伴关系协定（Regional Comprehensive Economic Partnership, RCEP）中的贸易自由化在促进区域经济增长的同时，也会导致能源消耗和碳排放的增加，加剧气候变化风险。本章以 RCEP 框架下碳定价协调为重点，引入了一种基于成本公平原则的差异化碳定价机制，并将统一碳定价的方案作为成本有效性的参照，利用全球多区域 CGE 模型来量化其对经济和环境影响，这对于 RCEP 更好地平衡经济增长和减缓气候变化具有重要的现实意义。

9.1　研究背景

区域全面经济伙伴关系协定（RCEP）于 2020 年 11 月签署，是一项促进中国、日本、韩国、澳大利亚、新西兰和东盟 10 国之间经济一体化的自由贸易协定（Tian et al.，2022）。它不仅要求消除 15 个国家之间的关税贸易壁垒，还要求消除如数量限制、进口许可程序管理，以及与进出口相关的费用和手续等非关税贸易壁垒（Balisterri & Tarr，2020）。通过减少和消除关税及非关税壁垒，RCEP 旨在建立一个现代、全面、高质量、互惠互利的经济伙伴关系框架，以促进区域贸易和投资的扩大，为全球经济增长做出贡献（Balisterri & Tarr，2020）。

气候变化是该区域各国面临的共同挑战，RCEP 的贸易自由化为碳定价的实施带来了机遇。从全球角度来看，许多国家出于经济考虑，不愿采取有效措施来减少碳排放（Cui & Song，2017）。更具体地说，采取有效减排措施的国家可能会比没有采取减排或类似措施的国际同行面临更高的成本，这可能会导致竞争劣势和经济损失（Dong et al.，2015；Fan et al.，2022）。然而，这种不利情况将在贸易自由化的背景下得到改变，贸易自由化将通过改善进出口来促进成员国经济。虽然实施碳定价政策会对经济产生负面影响，但 RCEP 内自由贸易所带来的好处可以抵消（或部分抵消）这一成本。贸易自由化将为 RCEP 更好地平衡经济增长和碳减排提供机遇。

RCEP 框架下的碳定价需要解决各国之间碳减排责任的分配问题，其中碳公平至关重要。然而，不同的人对碳公平有不同的理解，从而得出不同的方案来分配国家间的减排责任。迄今为止，学术界提出了碳公平的四个原则，即主权原则、平等原则、支付能力原则及污染者付费原则（Cui & Song，2017；Oberheitmann，2010），这些原则体现了不同的利益视角，因此具有不同的具体优势、劣势和可能的补救措施（Cui & Song，2017；Ringius et al.，2002）。

RCEP 成员包括发达国家和发展中国家，各国经济发展阶段和资源禀赋都存在差异。这意味着，在相同的碳价格约束下，它们以不同的能源消费和碳排放生产相同的产品，因此面临着不同的成本压力和经济损失。考虑到许多国家出于国际竞争劣势的担忧而不愿采取有效减排措施（Cui & Song，2017；Zhu et al.，2020），差异化碳定价需要考虑成本异质性，以提高政策的可接受性。但差异化碳定价的设计需要公平合理的标准，否则可能会导致国际竞争力的过度扭曲。例如，不合理的碳定价会导致碳减排政策实施前后国家间产品相对价格发生重大变化（Cui & Song，2017）。

为了抵消 RCEP 贸易自由化带来的碳排放增量，本章引入了基于成本公平原则（CPCF）的差异化碳定价机制，该机制得到了广泛讨论（Cui et al.，2013；Cui & Song，2017；Zhu et al.，2020）。CPCF 坚持共同但有区别的责任原则，允许不同国家采取不同的减排力度，将地区减排力度与其经济能力挂钩，体现了支付能力原则的理念。CPCF 的基本思想是保持 RCEP 成员在碳定价前后的相对竞争优势。虽然 CPCF 可能会导致一定程度的经济效率的损失，但它能够保持各国之间的相对竞争力，从而使各国的经济产出不会受到碳减排措施的太大影响。这对于不愿同意气候政策措施的新兴国家和发展中国家来说尤其重要，因为它们担心这些措施会阻碍本国的经济发展。问题是 CPCF 方案能否帮助 RCEP 以更低的成本实现碳补偿？

本章探讨了 RCEP 框架下碳定价的协调问题。具体来说，设定了三种政策情景，分别是 RCEP 贸易自由化、CPCF 方案以及 RCEP 内的统一碳定价。CPCF 方案与统一碳定价遵循相同的碳约束，目的是抵消 RCEP 贸易自由化带来的碳排放增量。为了揭示不同方案的经济和环境影响，采用全球多区域动态可计算一般均衡（CGE）模型进行实证分析。最后进行敏感性分析，以检验相关结论的稳健性。本章的内容是对相关文献的创新，这是首次尝试探索 RCEP 贸易自由化背景下的碳定价机制，对于 RCEP 更好地平衡经济增长和气候变化有重要的现实意义。

9.2 文献回顾

作为全球最大的自由贸易协定，RCEP 是区域贸易协定发展的一个标志性里程碑，近年来引起了人们的广泛关注。与 RCEP 相关的文献主要可以分为两类。第一类侧重对 RCEP 贸易自由化的经济影响，但在很大程度上忽视了环境问题。人们从福利、贸易和产业发展等多个角度探讨了 RCEP 实施的潜在经济影响。例如，Balistreri 和 Tarr（2020）估算了 RCEP 在不同市场结构下的福利效应，发现通过深度一体化可以实现区域福利的实质性增长。从长远来看，RCEP 带来的贸易利益有望加强参与国之间国际贸易的循环流动（Zhang et al.，2023）。在国家层面上，Goswami 等（2022）认为，加入 RCEP 将为孟加拉国等东南亚经济体创造更多的贸易机会。对于中国等较大经济体来说，它可能会促进对其他 RCEP 国家的对外直接投资，推动产业转型，并在 COVID-19 的影响下创造潜在就业机会（Deng et al.，2023；Liu et al.，2022；Wu et al.，2021）。对于特定行业的影响，已有研究认为 RCEP 的运行可能会加深中国与东盟国家之间的产业合作，如光伏产品（Guo & Mai，2022）和跨境电子商务（Cai et al.，2022）。

第二类涉及 RCEP 对环境的影响，包括参与国的能源效率和碳排放。RCEP 国家占世界经济总量和人口的近 30%，大多数国家在过去几十年里快速发展（Al-Qudah et al.，2022）。因此，RCEP 区域在全球能源消费和碳排放方面具有重大影响（Fan et al.，2022；Jia & Yang，2023）。现有研究大多使用事后方法考察 RCEP 国家的能源效率和碳排放变化趋势。Zhang 和 Chen（2022）利用三阶段 SBM-DEA 模型对 13 个 RCEP 国家的能源效率进行了分析，发现 RCEP 国家的能源效率平均水平仍然较低，产业结构亟待优化。Li 等（2022）通过夜间灯光数据跟踪了 2000~2018 年 RCEP 国家的经济发展和发电情况。他们的研究结果证实了 RCEP 地区经济的繁荣，但也预示着可能会加剧环境问题。Qian 等（2022）从全球价值链的角度研究了 RCEP 国家的碳排放情况，认为后向参与通过扩大贸易规模导致碳排放的增加。Latif 等（2023）利用 1990~2020 年的面板数据探讨了 RCEP 国家碳排放的影响因素，结果表明，碳排放与金融发展和经济增长成正相关，但可以通过提高能源效率和发展可再生能源来进行缓解。

尽管已有上述文献，但 2022 年 RCEP 的正式实施提出了另一个新问题：未来贸易自由化是否会进一步加剧地区碳排放和能源消耗？迄今为止，尚未对这一问题进行广泛探索。已有研究探讨了自由贸易协定对污染排放的影响。例如，Bajona 和 Kelly（2012）使用动态一般均衡模型进行了模拟，结果表明降低关税可以增加产出和污染。Tian 等（2022）估算了 RCEP 国家的碳排放负担，发现全面取消关税将导致全球燃料燃烧碳排放量增加 3.1%。然而，该研究虽然揭示了 RCEP 对全球碳减排的潜在负面影响，但却没有回答如何通过合理的政策来抵消这一排放增量的重要问题。很少有研究探讨 RCEP 国家经济效益与减排之间的平衡。因此，本章通过在 RCEP 框架下提出碳定价机制来填补这一空白，有助于 RCEP 国家在不牺牲经济收益的情况下抵消贸易自由化带来的增量排放。

9.3 方法、数据和政策情景

9.3.1 GDYNE 模型

为了探讨 RCEP 贸易自由化的环境和经济影响，本章采用动态版能源类全球贸易分析模型（GDYNE）进行实证分析。GDYNE 模型是一个多地区多部门递归动态 CGE 模型，集合了 GTAP-Dyn 和 GTAP-E 模型的优点（Guo et al.，2021）。与 GTAP-Dyn 模型不同，GDYNE 模型遵循 GTAP-E 模型的生产结构，将能源作为中间投入，通过引入嵌套的生产结构描述资本、能源和劳动力之间的替代关系。此外，GDYNE 模型引入了对经济系统中消费各类化石燃料的经济实体（政府、居民和企业）征收碳税。这一设定有助于模拟政策冲击对能源结构变化的影响。此外，与 GTAP-E 模型相比，GDYNE 模型采用了 GTAP-Dyn 模型的投资机制，区分了资本的所有权。GDYNE 模型通过虚拟全球信托管理各国的海外投资，投资收益返回母国（Hertel et al.，1997；Lakatos & Walmsley，2012）。在跨国投资规模不断扩大的情况下，忽视资本所有权的投资机制可能会导致政策评估出现较大偏差。由于生产结构和资本所有权的特殊处理，GDYNE 模型特别适用于探讨 RCEP 贸易自由化的环境与经济影响。

GDYNE 模型假设每个国家都有一个区域家庭账户，汇总该区域的所有收入来源，包括劳动力和资本要素报酬以及关税收入。总支出包括政府消费、私人消费和储蓄，满足柯布—道格拉斯函数形式（Cui et al.，2023）。为了利用价格弹性来校准模型，假设私人消费具有非齐次性固定差异替代弹性，而政府消费则假设遵循柯布—道格拉斯函数（Cui et al.，2019）。GDYNE 模型是国际贸易分析的有力工具，其维度庞大的投入产出表、详细的贸易和投资数据库以及在区域分解方面的灵活性，使其能够关注任何区域环境或行业水平（Guo et al.，2021）。

此外，GDYNE 模型假定进口产品与国内生产产品是非同质的，两者之间不能完全替代，且不同进口来源国的产品也不能完全替代，它们均满足 Armington 假设。该模型包括两类关税变量：对所有贸易伙伴国的进口关税，记为 tm；对某一特定国的进口关税，记为 tms。由于 RCEP 贸易自由化主要涉及成员之间的关税调整，因此基于变量 tms 进行模拟。对于非关税贸易壁垒，可以使用冲击变量 ams 来模拟政策影响。

9.3.2 数据处理

本章使用的 GDYNE 模拟的初始数据库是 GTAP 第 10 版数据库，该数据库包含了 2014 年作为参考年的 65 个部门和 141 个地区的投入产出表和双边贸易统计数据。为简化研究，参考 Guo 等（2021）使用相同的方法和数据库调查贸易冲突导致的全球航运碳排放变化的研究，将原始数据汇总为 10 个地区和 16 个部门。不过，该研究对地区进行了轻微调整，将澳大利亚和新西兰单独列出，因为这两个国家都是 RCEP 的重要成员。因此，新的区域包括中国、日本、韩国（SoKorea）、澳大利亚（AUS）、新西兰（NZL）、印度、东盟、美国（US）、欧盟（EU27）和世界其他地区（ROW）。将东盟成员国合并为一个区域，是因为该区域已经实现了贸易自由化，这也是大多数学者采用的一种划分方式（Ling & Lv，2022；Wen et al.，2022）。在新的行业分类中，包括农业（Agr）、煤炭、石油、天然气、石化及煤制品（Oil_pcts）、电力、食品加工业（ProcFood）、服装纺织业（TextWapp）、木制品（Lum）、纸制品（PPP）、化工业（CHM）、橡胶和塑料制品（RPP）、金属、机械、运输设备（Transporteqi）及服务业。

本章的主要贡献之一是构建了一个与GDYNE模型相匹配的全球能源经济动态数据库。模拟包括历史校准和政策仿真两部分。其中，历史校准时间为2014~2019年，校准模型使用了两大类数据：一是区域经济和就业数据（Ahmed et al.，2020），包括实际GDP、投资、消费、进出口贸易、人口、就业；二是区域能源环境数据（Al-Qudah et al.，2022），包括煤炭、石油、天然气和成品油的消费及碳排放的变化。各地区就业数据主要来源于世界银行和国际货币基金组织官网，分品种化石燃料的消费以及区域碳排放量来源于英国石油公司（BP，2022）。

模型校准主要是基于历史宏观经济数据对模型的主要变量进行校准，以获取相关技术进步参数和位移参数。相比之下，政策模拟则假设历史趋势的外推，辅以对未来宏观经济增长的合理预期，构建政策冲击的参考情景（Guo et al.，2021）。对于历史校准，外生变量pop用于确定区域人口，外生变量empl用于校准区域就业。模型中许多宏观经济指标是内生变量，因此被转换为外生变量。具体来说，实际GDP（qgdp）与全要素生产率（aoreg）转换、私人消费（yp）与私人消费的分配参数（dppriv）转换、政府消费（yp）与政府消费的分配参数（dpgov）转换、投资（qcgds）与其松弛变量（cgdslack）转换、出口（qxwreg）与其松弛变量（qxwslack）转换、进口（qiwreg）与其松弛变量（qimslack）转换。对于能源消费和碳排放，将地区各类化石燃料消费量（EgE）换为其松弛变量（SlackEgE）、将地区碳排放量（gco2t）换为其松弛变量（gco2slack）。松弛变量主要用于衡量模型模拟结果与实际值之间的偏差，是许多CGE模型中使用的校准方法（Cui et al.，2019；Song & Cui，2016）。

需要指出的是，由于近年不确定性事件增多，本章将基于2019年的数据进行比较静态分析，否则，模拟结果将突出显示多个事件的综合影响，而非RCEP贸易自由化的单一影响。利用Rundynam软件进行实证模拟，并采用Euler算法对模型进行求解，其中，价值变量根据2014年不变价格衡量。

9.3.3 CPCF原则

为抵消RCEP贸易自由化带来的碳排放增量，有必要在成员国之间探索公平合理的碳定价方案。在碳公平方面，虽然提出了主权原则、平等原则、支付能力原则和污染者付费原则来分配碳减排责任，但世界各国尚未就采用哪项原则达成共识。本书不讨论哪一原则更优，而是尝试引入 CPCF 机制，探讨其是否有助于 RCEP 实现减缓气候变化与经济增长的双赢。考虑到许多国家担心单边减排措施会导致竞争力丧失和经济衰退，CPCF 可以保护发展权益，因此可能具有更高的政策可接受性。

本节使用一个简单的模型来说明 CPCF 方案的概念。欲了解更多的详细信息，请参阅 Cui 和 Song（2017）及 Zhu 等（2020）学者的研究。假设 A 和假设 B 两个国家拥有不同的资源禀赋和经济发展水平，两国都只有一家企业。A 的销售价格是 P_A，单位产品碳排放量为 Q_A；B 的销售价格为 P_B，单位产品碳排放量为 Q_A。进一步地，假设两国谈判实施差异化的碳定价政策，A 和 B 的碳价分别为 T_A 和 T_B。碳定价政策出台后，销售价格 P_A^* 和 P_B^* 满足：

$$\begin{cases} P_A^* = P_A + T_A Q_A \\ P_B^* = P_B + T_B Q_B \end{cases} \tag{9-1}$$

为了保持碳定价前后 A、B 两国的相对竞争优势，需保持两国产品的相对价格不变，即 $P_A^*/P_B^* = P_A/P_B$。此时，A 和 B 的碳价满足：

$$\frac{P_A^*}{P_B^*} = \frac{P_A + T_A Q_A}{P_B + T_B Q_B} = \frac{P_A}{P_B}$$

$$\Rightarrow \frac{Q_A}{P_A} T_A = \frac{Q_B}{P_B} T_B$$

$$\Rightarrow E_A T_A = E_B T_B \tag{9-2}$$

其中，E_A 和 E_B 分别为 A 国和 B 国的企业碳强度。由于假设每个国家只有一家企业，因此它们也有一个碳强度 GDP。如式（9-2）所示，CPCF 意味着碳强度较低的发达国家需要实施较高的碳定价，而碳强度较高的发展中国家可以实施较低的碳定价。这一设定考虑了不同国家的经济承受能力，减少了因减排力度不同而造成的国际比较竞争优势扭曲，保护了不同国家的发展权益。

式（9-2）可以推广到其他国家。假设有 N 个国家，k 国的碳强度为 E_K。为了保持相对竞争优势，k 国的碳定价应满足：

$$E_1 T_1 = E_2 T_2 = \cdots = E_N T_N \tag{9-3}$$

9.3.4 政策情景

RCEP 指导原则呼吁成员国政府逐步消除所有货物贸易的关税和非关税壁

垒，实质性消除 RCEP 成员国之间服务贸易方面的限制或歧视性措施，促进在该区域内的投资（Balistreri & Tarr，2020）。因此，RCEP 成员国之间的贸易自由化应包括消除关税壁垒和减少非关税壁垒。虽然 CPCF 方案可以用来抵消贸易自由化带来的碳排放增加，但由于各国的碳价格普遍不同，它并不是最具成本效益的方法。因此，有必要引入统一的碳定价机制，研究 RCEP 在碳抵消中的最低经济成本。

在此背景下，本节引入了三种政策场景，如表 9-1 所示。情景 1（S1）假设签署 RCEP 后，成员国之间的关税将降至零，非关税贸易壁垒将减少 5%，这与以往的研究一致（Liu & Chen，2014；Xu & Jiang，2021）。随后的敏感性分析将更改该参数以进行稳健性检验。情景 2（S2）是在 S1 的基础上，RCEP 成员国采用差异化的碳定价机制，以抵消 RCEP 贸易自由化导致的碳排放增加。各成员国碳价满足 CPCF 原则，也就是说，碳价格与碳强度成反比。情景 3（S3）是在 S2 的基础上，假设碳排放权可以在 RCEP 成员国之间交易，主要用于挖掘不同国家的减排潜力，以最为成本有效的方式实现总减排目标。虽然 RCEP 在 S3 和 S2 中的碳排放总量相同，但区域碳价格可能有所不同。前者是在完全市场竞争下形成统一的碳价。需要注意的是，本章讨论的碳定价是相对于现有减排努力的额外减排水平，由于 RCEP 正式生效日期为 2022 年 1 月，因此贸易自由化导致的碳排放增加是相对于现有碳排放水平而言。因此，对于已经征收碳税的 RCEP 国家，碳价格应置于基准模拟之下。

表 9-1　政策情景

情景代码	情景设置
S1	所有 RCEP 成员国进口关税为零，非关税贸易壁垒降低 5%
S2	所有 RCEP 成员国进口关税为零，非关税贸易壁垒降低 5%+RCEP 基于成本公平性原则实施差异化碳定价，满足区域碳排放增量为零
S3	所有 RCEP 成员国进口关税为零，非关税贸易壁垒降低 5%+RCEP 实施统一碳定价，满足区域碳排放增量为零

图 9-1 为从 GDYNE 模拟中获得的 S2 和 S3 中的碳价格。在 S2 中，为了抵消 RCEP 贸易自由化带来的碳排放增加，新西兰、日本和澳大利亚等发达地区需要对其国内碳排放施加更高的价格约束，分别为 15.63 美元、10.81 美元和 10.07 美元。相比之下，中国和东盟地区由于经济发展粗放、产业结构不合理、工业化

进程不完善，碳强度相对较高。因此，这两个地区的碳价格相对较低，分别为 3.65 美元和 4.65 美元。如图 9-1 所示，为了抵消 S1 下 RCEP 的碳排放增量，S3 下的统一碳价为 5.83 美元。与 S2 相比，这意味着新西兰、日本、韩国和澳大利亚等发达地区将通过购买排放权以减轻减排负担，而中国和东盟等发展中国家将通过更大的减排获得经济回报。

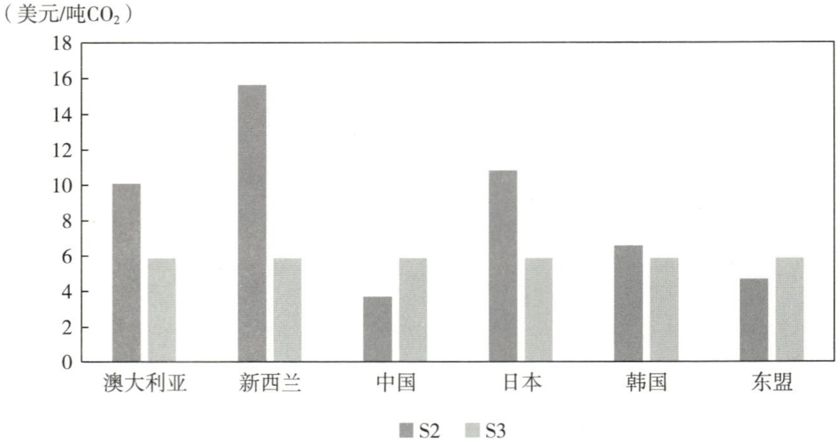

图 9-1　不同情景下的区域碳价格

资料来源：GDYNE 模型模拟。

9.4　实证分析

实证分析从宏观经济指标和能源碳排放两个角度进行研究。

9.4.1　经济指标的变化

9.4.1.1　地区实际 GDP 变化

表 9-2 列出了三种政策情景下的地区 GDP 变化情况。由表可知，在 S1 中，贸易自由化确实可以促进 RCEP 成员国的经济增长，其中韩国和东盟的 GDP 增长率最高，分别为 1.232%和 1.068%。但这种经济一体化不利于区域外国家的经

济增长，如印度和美国的 GDP 分别下降了 0.043%和 0.014%。总体来看，在 S1 下，RCEP 的 GDP 增长了 0.669%，RCEP 以外地区（ORCEP）的 GDP 下降了 0.033%，全球 GDP 增长了 0.163%。

表 9-2　地区实际 GDP 变化　　单位：%

国家/地区	S1	S2	S3
澳大利亚	0.669	0.645	0.652
新西兰	0.780	0.733	0.766
中国	0.469	0.471	0.471
日本	0.787	0.651	0.721
韩国	1.232	1.173	1.178
东盟	1.068	1.061	1.058
印度	-0.043	-0.035	-0.037
美国	-0.014	-0.013	-0.014
欧盟	-0.040	-0.032	-0.035
ROW	-0.041	-0.046	-0.046
RCEP	0.669	0.639	0.652
RCEP 以外地区	-0.033	-0.031	-0.033
全球	0.163	0.156	0.159

如果 RCEP 引入 CPCF 机制来抵消 S1 中的碳排放增量，所有成员国将保持其 GDP 增长，但由于碳减排的经济成本，增长率可能会较 S1 有所下降。由于中国碳价格相对于其他 RCEP 成员国较低（见图 9-1），中国 GDP 增长率从 S1 的 0.469%小幅上升至 S2 的 0.471%。对于 RCEP 以外地区而言，S2 下所有地区的 GDP 降幅均小于 S1 下的降幅，如印度和美国的 GDP 降幅分别为 0.035%和 0.013%。这意味着，CPCF 虽然有利于 RCEP 以外地区的经济，但并不能完全抵消 RCEP 贸易自由化带来的经济损失。在 CPCF 与贸易自由化叠加下，RCEP 的 GDP 增长了 0.639%，RCEP 以外地区的 GDP 下降了 0.031%，全球 GDP 增长了 0.156%。

在统一碳定价情景（S3）下，RCEP 重新分配减排负担，并产生了不同的经济效应。与 S2 相比，日本、韩国、澳大利亚和新西兰等发达地区的 GDP 增长率将会增加，因为它们采用了更低的碳价格。相反，中国和东盟需要增加其减排负担，其 GDP 增长率将会下降。如表 9-2 所示，RCEP、RCEP 以外地区和全球 GDP 分别增长 0.652%、-0.033%和 0.159%。与 S2 相比，可以推断 S3 下，在引入统一碳定价机制后，RCEP 的 GDP 增长了 0.013%，RCEP 以外地区的 GDP 下降了 0.002%，全球 GDP 增长了 0.003%。

综上所述，RCEP 贸易自由化有利于区域经济繁荣，而 CPCF 政策的引入则对经济造成一定的损害。但成员国 GDP 仍可保持增长，特别是引入统一碳定价后，RCEP 的减排成本将进一步下降。

9.4.1.2　地区进出口变化

表 9-3 为三种政策情景下的地区进出口变化情况。由表 9-3 可知，在 S1 中，取消关税和减少非关税贸易壁垒可以显著改善 RCEP 内的进出口贸易。所有成员国的出口都将有所增长，其中韩国的出口增长率最高，为 5.287%。根据 GTAP 第 10 版数据库，RCEP 成员国对韩国的食品加工和运输设备业设置了高额的贸易壁垒。因此，取消这些关税将导致韩国出口显著增加。在进口方面，日本和韩国的增幅较大，分别为 7.146%和 8.727%。受贸易创造和转移效应影响，RCEP 以外地区的进出口贸易将出现下降，其中印度出口降幅最小，为 0.469%，美国进口降幅最大，为 1.177%。

表 9-3　地区出口和进口变化　　单位:%

国家/地区	出口			进口		
	S1	S2	S3	S1	S2	S3
澳大利亚	2.797	2.279	2.503	5.650	5.138	5.267
新西兰	2.103	1.710	1.979	3.526	2.778	3.215
中国	2.519	2.070	1.835	3.921	3.942	3.927
日本	2.524	1.873	2.259	7.146	5.461	6.207
韩国	5.287	4.495	4.607	8.727	7.425	7.552
东盟	1.282	1.110	1.049	1.944	1.765	1.680
印度	-0.469	-0.465	-0.433	-0.869	-0.846	-0.869
美国	-0.138	-0.097	-0.027	-1.177	-1.179	-1.223
欧盟	-0.347	-0.299	-0.283	-0.607	-0.562	-0.588
ROW	-0.206	-0.255	-0.214	-0.654	-0.731	-0.747

碳定价的引入（S2）增加了 RCEP 的生产成本，削弱了其国际竞争优势，表

现为各地区进出口增速的收窄。相比之下，RCEP以外地区将受益于竞争优势的改善，地区进出口下降速度将会有所放缓。具体来看，与S1相比，日本和新西兰的出口增长率显著下降，分别为0.746%和0.437%。日本和韩国的进口增长率降幅最大，分别下降了1.685%和1.302%。而欧盟的进口率下降了0.045%，在所有地区中改善最为明显。

在统一碳定价政策（S3）的背景下，澳大利亚、新西兰和日本等发达国家由于较低的碳价格，出口将比S2有所增加。例如，澳大利亚出口增速从S2的2.279%上升至S3的2.503%。相比之下，由于采用较高的碳价格的中国和东盟可能会减少出口。中国出口增速从S2的2.070%下降至S3的1.835%。上述结果表明，RCEP的实施将显著促进亚洲地区的经贸合作，成员国进出口增量不会被差异化或统一的碳定价政策所抵消。

9.4.1.3　中国行业产出变化

表9-4列出了三种政策情景下中国不同行业产出变化情况。可以看出，RCEP贸易自由化对中国的不同行业产出产生了积极影响。随着出口需求的扩大和中间进口成本的降低，中国农业和服务业的产出分别增加了272.7亿美元（2.34%）和1855.0亿美元（1.43%）。在能源领域，受经济增长的带动影响，中国石化及煤制品、电力和煤炭的产量分别增长1.83%、1.43%和1.53%。这也意味着RCEP贸易自由化将导致中国碳排放量的增加。

表9-4　中国行业产出变化

行业	变化百分比（%）			绝对值变化（十亿美元）		
	S1	S2	S3	S1	S2	S3
农业	2.34	2.48	2.54	27.27	28.86	29.60
煤炭	1.53	1.00	0.64	4.53	2.94	1.90
石油	0.73	0.39	0.34	1.19	0.63	0.55
天然气	-0.31	-2.61	-3.66	-0.04	-0.32	-0.45
石化及煤制品	1.83	1.72	1.64	15.56	14.63	13.99
电力行业	1.43	1.56	1.58	9.76	10.63	10.78
食品加工业	1.40	1.57	1.65	24.22	27.19	28.52
服装纺织业	0.28	0.20	0.15	4.05	2.98	2.28
木制品	0.53	0.46	0.41	1.18	1.03	0.91

续表

行业	变化百分比（%）			绝对值变化（十亿美元）		
	S1	S2	S3	S1	S2	S3
纸制品	0.54	0.59	0.58	1.92	2.10	2.06
化工业	-0.13	-0.14	-0.19	-2.27	-2.43	-3.30
橡胶和塑料制品	-0.02	-0.11	-0.20	-0.10	-0.61	-1.09
金属制造业	0.45	0.46	0.41	18.58	19.05	17.05
机械行业	0.00	-0.17	-0.29	-0.03	-7.75	-13.12
运输设备行业	0.07	0.15	0.13	0.84	1.87	1.68
服务业	1.43	1.63	1.71	185.50	212.12	222.36

与 S1 相比，CPCF（S2）下中国各行业的产出变化具有差异化特征。例如，纸制品的产出增长率从 S1 的 0.54%上升至 S2 的 0.59%，而服装纺织业的产出增长率则从 S1 的 0.28%下降至 S2 的 0.20%。中国各行业的产出主要受以下四个因素驱动：一是 RCEP 贸易自由化带来的产出增长；二是碳定价政策导致的产出减少；三是其他 RCEP 成员采用的碳定价导致的竞争优势变化；四是行业间生产要素的流动，如劳动力和资本，倾向于向更具竞争优势的行业聚集。

如表 9-4 所示，中国的煤炭和石化及煤制品的产出增长率可能分别降至 1.00%和 1.72%，这表明碳定价的引入可能会抑制能源需求，导致中国碳排放的下降。在 S3 下，由于中国采取了相对较高的碳价格，部分能源密集型行业的产出增速将出现一定幅度的下降。例如，金属制造业产出增速从 S2 的 0.46%下降到 S3 的 0.41%，而化工业产出的降幅从 0.14%上升到 0.19%。总体而言，在这三种情景下，中国大多数行业的产出均有所增加。

9.4.2 能源和碳排放变化

9.4.2.1 地区能源消费和碳排放变化

表 9-5 列出了三种政策情景下的地区能源消费和碳排放变化情况。在 S1 中，贸易自由化导致 RCEP 能源消费增加 1.962%，碳排放增加 1.897%，而 RCEP 以外地区能源消费减少 0.463%，碳排放减少 0.429%。全球能源消费增加 0.466%，碳排放增加 0.516%。从地区角度来看，韩国和日本在 S1 下能源消费增幅较大，分别为 9.311%和 6.426%，两国碳排放增幅显著，分别为 9.664%和 7.105%。中国能源消费和碳排放分别增长 0.965%和 0.851%。与上述国家不同的是，RCEP

以外地区由于经济增长放缓，能源消费和碳排放会有所下降。

表 9-5　地区能源消费和碳排放变化　　单位：%

国家/地区	能源消费量			碳排放量		
	S1	S2	S3	S1	S2	S3
澳大利亚	2.427	-1.157	0.359	2.469	-2.257	-0.272
新西兰	2.936	-3.125	0.702	4.221	-4.167	1.063
中国	0.965	0.605	0.312	0.851	0.261	-0.153
日本	6.426	1.129	3.625	7.105	-0.579	2.977
韩国	9.311	5.092	5.532	9.664	1.928	2.699
东盟	0.992	-0.808	-1.385	1.468	-1.148	-1.921
印度	-0.629	-0.475	-0.496	-0.659	-0.491	-0.513
美国	-0.373	-0.239	-0.267	-0.387	-0.243	-0.275
欧盟	-0.430	-0.194	-0.236	-0.387	-0.149	-0.191
ROW	-0.495	-0.364	-0.393	-0.405	-0.271	-0.301
RCEP	1.962	0.672	0.683	1.897	0.000	0.000
RCEP 以外地区	-0.463	-0.309	-0.340	-0.429	-0.273	-0.305
全球	0.466	0.067	0.052	0.516	-0.162	-0.181

若引入 CPCF 方案来抵消由贸易自由化引起的碳排放增加，RCEP 地区的能源消费和碳排放将较 S1 情景有不同程度的下降。其中，新西兰由于实施高额碳价格，能源消费和碳排放下降幅度最大，分别为 3.125%和 4.167%。在 S2 下，中国能源消费和碳排放分别增加了 0.605%和 0.261%。因此，与 S1 相比，CPCF 方案使中国能源消费减少了 0.357%，碳排放减少了 0.585%。如表 9-5 所示，RCEP 以外地区的能源消费和碳排放均有不同程度的下降，但下降幅度均低于 S1 下的水平，说明 RCEP 实施的单边碳减排措施可能会导致碳泄漏。通过将 RCEP 以外地区碳排放的增加量除以 RCEP 地区碳排放减少量，估算出的碳泄漏率为 12%。

在统一碳定价情景（S3）下，由于采用了较高的碳价格，中国和东盟的能源消费较 S2 下均出现一定程度的下降。相反，日本、韩国和澳大利亚等发达国家由于碳价格下降，能源消费量将会增加。具体来说，中国在 S2 下碳排放增加了 0.261%，在 S3 下减少了 0.153%，而东盟的碳排放量下降幅度从 1.148%（S2）增加到 1.921%（S3）。如表 9-5 所示，与 S1 相比，S3 中 RCEP 以外地区碳排放量有所增加，表明发生了碳泄漏，根据 GDYNE 模型模拟，碳泄漏接近 9.55%。可见，与差异化碳定价相比，统一碳定价可以减少 RCEP 单边碳减排措施导致的碳泄漏。

9.4.2.2　减排成本和区域间资金转移

表 9-6 比较了 S2 和 S3 下的减排成本。如表 9-6 所示，为抵消 S1 中 RCEP 增加的碳排放量，S2 中引入差异化碳定价将导致总减排成本为 96605 万美元，而在 S3 下将减少至 73186 万美元，成本节省了 24.24%。在 S3 中，日本、韩国、澳大利亚和新西兰等发达国家是碳排放权的买家，而中国和东盟等发展中国家是碳排放权的卖家。更具体地说，新西兰可以通过支付 11.74 万美元的排放权来减少其减排成本的 40.63%，日本可以通过支付 23258 万美元的碳排放权来减少 25.01%的减排成本。相比之下，中国通过额外减少 4094 万吨二氧化碳排放可获得 23841 亿美元，节约了 57.39%的成本；东盟通过减少 1398 万吨二氧化碳排放可获得 8152 万美元，节约了 27.48%的成本。

表 9-6　S3 相对于 S2 的地区碳减排成本节约效应

国家/地区	S2	S3			(S3-S2)/S2
	总减排成本（百万美元）	减排成本（千美元）	排放权支付（百万美元）	总减排成本（百万美元）	节约成本（%）
澳大利亚	96.52	32.12	47.06	79.18	-17.96
新西兰	25.79	3.57	11.74	15.31	-40.63
中国	95.62	279.15	-238.41	40.74	-57.39
日本	498.77	141.44	232.58	374.01	-25.01
韩国	164.38	132.43	28.55	160.99	-2.07
东盟	84.97	143.14	-81.52	61.62	-27.48
总计	966.05	731.86	0.00	731.86	-24.24

9.5　敏感性分析

敏感性分析集中考察了三个变量：一是改变了 RCEP 非关税贸易壁垒的削减

比例；二是改变了生产函数中煤与非煤之间的替代弹性；三是改变了国内和进口产品的 Armington 弹性。所有模拟都是基于 S2 进行的，以检验研究结果的稳健性。

9.5.1 对非关税贸易壁垒的敏感性分析

上述分析假定 RCEP 非关税贸易壁垒将会降低 5%。本节将考察非关税贸易壁垒削减水平变化的影响，具体来说，在基准水平上分别增加和减少了 20%，以构建高减排和低减排情景。非关税贸易壁垒的大幅减少将带来更多的经济增长、能源消费和碳排放，因此，为了抵消碳排放的增加，RCEP 成员国需要采取更严格的碳减排措施，反之亦然。两种情景下的碳价格仅轻微波动，区域碳价格的排名没有变化，表明 CPCF 方案下的碳价格具有稳健性。表 9-7 说明改变非关税贸易壁垒并未影响研究结果。在 CPCF 方案下，RCEP 成员既能享受贸易自由化带来的经济增长，又能确保区域碳排放总量不变，实现经济增长和减缓气候变化的双赢。

表 9-7 RCEP 中非关税贸易壁垒减少的敏感性

国家/地区	大幅减少非关税贸易壁垒				小幅减少非关税贸易壁垒			
	GDP（%）	能源消费量（%）	碳排放量（%）	碳价格（美元/吨 CO_2）	GDP（%）	能源消费量（%）	碳排放量（%）	碳价格（美元/吨 CO_2）
澳大利亚	0.70	-2.36	-1.19	10.78	0.59	-2.15	-1.12	9.36
新西兰	0.81	-4.42	-3.31	16.73	0.66	-3.92	-2.94	14.53
中国	0.52	0.29	0.66	3.91	0.43	0.24	0.55	3.39
日本	0.71	-0.72	1.11	11.57	0.59	-0.44	1.14	10.05
韩国	1.29	1.96	5.35	6.99	1.06	1.89	4.83	6.07
东盟	1.17	-1.19	-0.85	4.98	0.95	-1.11	-0.77	4.33
印度	-0.04	-0.53	-0.51	0.00	-0.03	-0.45	-0.44	0.00
美国	-0.01	-0.25	-0.25	0.00	-0.01	-0.23	-0.23	0.00
欧盟	-0.03	-0.15	-0.20	0.00	-0.03	-0.14	-0.19	0.00
ROW	-0.05	-0.29	-0.39	0.00	-0.04	-0.26	-0.34	0.00

9.5.2 对煤与非煤替代弹性的敏感性分析

煤与非煤之间的替代弹性是 GDYNE 模型模拟的重要输入参数，它对碳定价政策有直接影响。在原始值的基础上，分别增加和降低 20%，构建了高弹性和低弹性情景。如表 9-8 所示，与低弹性情景相比，在高弹性情景下，大多数 RCEP 成员国的经济增长率下降，能源需求减少，碳价格降低。实际上，煤与非煤之间的替代弹性越低，迫使能源系统去煤化以实现碳减排目标所需的碳价格就越高，进而导致更高的经济损失和更大的能源需求下降。但无论是在高弹性还是在低弹性情景下，RCEP 成员国的碳价格波动很小，经济增长得以维持，相关指标的地区排名保持一致。这一发现表明，改变煤和非煤之间的替代弹性并没有影响本章研究结果。也就是说，RCEP 可以通过引入 CPCF 方案来抵消贸易自由化带来的碳排放增加，实现经济增长和减缓气候变化的双赢。

表 9-8　煤与非煤替代弹性的敏感性

国家/地区	煤与非煤高替代弹性				煤与非煤低替代弹性			
	GDP（%）	能源消费量（%）	碳排放量（%）	碳价格（美元/吨 CO_2）	GDP（%）	能源消费量（%）	碳排放量（%）	碳价格（美元/吨 CO_2）
澳大利亚	0.65	-2.23	-1.09	9.71	0.64	-2.29	-1.23	10.45
新西兰	0.74	-4.02	-2.95	15.07	0.73	-4.31	-3.31	16.21
中国	0.47	0.26	0.61	3.52	0.47	0.27	0.60	3.78
日本	0.66	-0.59	1.24	10.42	0.65	-0.55	1.02	11.21
韩国	1.17	2.00	5.20	6.29	1.17	1.86	4.98	6.77
东盟	1.06	-1.14	-0.77	4.49	1.06	-1.16	-0.84	4.82
印度	-0.04	-0.51	-0.49	0.00	-0.04	-0.47	-0.46	0.00
美国	-0.01	-0.25	-0.25	0.00	-0.01	-0.23	-0.23	0.00
欧盟	-0.03	-0.16	-0.21	0.00	-0.03	-0.13	-0.18	0.00
ROW	-0.05	-0.28	-0.37	0.00	-0.05	-0.26	-0.36	0.00

9.5.3　对国内和进口产品替代弹性的敏感性分析

国内和进口产品替代弹性的敏感性分析考虑了 Armington 替代弹性的变化。Armington 替代假设来自进口和国内产业的产品是异质的。Armington 弹性越高，意味着国内产品与进口产品之间越容易替代，反之亦然。Armington 弹性值与 RCEP 贸易自由化的经济和环境效应密切相关。在原始值基础上增加和减少 20%，构建两种情景：高 Armington 替代弹性和低 Armington 替代弹性。如表 9-9

所示，改变 Armington 替代弹性并没有影响本章研究结论。尽管不同地区的指标数值存在差异，但相关指标的变化方向和地区排名保持一致。RCEP 所有地区的 GDP 都将有所增长，同时确保区域碳排放总量保持不变，表明 CPCF 方案有利于 RCEP 实现经济增长和减缓气候变化的双赢。

表 9-9　国内产品与进口产品替代弹性的敏感性

国家/地区	高 Armington 替代弹性				低 Armington 替代弹性			
	GDP（%）	能源消费量（%）	碳排放量（%）	碳价格（美元/吨 CO_2）	GDP（%）	能源消费量（%）	碳排放量（%）	碳价格（美元/吨 CO_2）
澳大利亚	0. 65	-2. 02	-1. 04	9. 49	0. 64	-2. 51	-1. 29	10. 69
新西兰	0. 74	-3. 65	-2. 85	14. 72	0. 72	-4. 70	-3. 41	16. 58
中国	0. 49	0. 20	0. 54	3. 44	0. 45	0. 32	0. 67	3. 87
日本	0. 67	-0. 35	1. 25	10. 18	0. 63	-0. 81	1. 01	11. 47
韩国	1. 20	2. 15	5. 19	6. 15	1. 15	1. 71	4. 99	6. 92
东盟	1. 07	-1. 14	-0. 81	4. 38	1. 05	-1. 16	-0. 80	4. 94
印度	-0. 04	-0. 47	-0. 47	0. 00	-0. 03	-0. 51	-0. 48	0. 00
美国	-0. 01	-0. 23	-0. 23	0. 00	-0. 01	-0. 26	-0. 25	0. 00
欧盟	-0. 03	-0. 18	-0. 22	0. 00	-0. 03	-0. 11	-0. 16	0. 00
ROW	-0. 05	-0. 24	-0. 34	0. 00	-0. 05	-0. 30	-0. 39	0. 00

9.6　结论与讨论

在减缓气候变化的背景下，RCEP 的建立可能为成员国实施碳定价政策提供了契机。首先，RCEP 贸易自由化将抵消碳定价政策所导致的碳减排成本。其次，可以通过碳定价来减少贸易自由化导致的二氧化碳排放量增加。本章以 RCEP 框架下碳定价协调为重点，探索合理的碳定价机制，实现该区域经济增长与减缓气候变化的双赢。为实现这一目标，本章引入了一种基于成本公平原则的差异化碳定价机制，并利用全球多区域 CGE 模型来量化其对经济和环境影响。此外，本章还比较了差异化和统一碳定价的成本节约情况，并提供了敏感性分析。

实证分析得出以下主要结论：①RCEP 贸易自由化将有助于该地区的经济繁荣，使 GDP 增长率达到 0.639%，但也将导致能源消费和碳排放分别增加 1.962%和 1.897%；②在 CPCF 碳价方案中，发达国家承担主要减排负担，可以用于抵消 RCEP 贸易自由化带来的碳排放增加，同时成员国将保持经济增长；③与 CPCF 相比，统一碳价方案将更有利于降低 RCEP 地区的碳抵消成本，后者的总减排成本比前者低了 24.24%；④统一碳定价将导致 RCEP 内的碳价为 5.83 美元，中国和东盟因其较低的减排成本成为排放权卖家，而日本、韩国、澳大利亚和新西兰因其较高的减排成本而成为排放权买家；⑤RCEP 采用 CPCF 方案将导致 RCEP 以外地区碳排放增加，碳泄漏率为 12%，统一碳定价情景下将降至 9.55%。

RCEP 贸易自由化将为该地区引入碳定价机制带来了宝贵机遇，原因在于贸易自由化的经济红利可降低减排成本。本书建议 RCEP 地区采用 CPCF 碳价机制作为潜在的碳定价方案选择，主要基于以下两个原因：首先，CPCF 机制考虑了不同国家的经济承受能力，减少了由于差异化减排责任导致的国际竞争力的扭曲，并保护了不同国家的发展权益，具有较强的政策可接受性。其次，在 CPCF 机制下，RCEP 各国在保持经济正增长的情况下，能以相对较低的碳价抵消 RCEP 贸易自由化所引致的碳排放增加。实证结果显示，在 CPCF 情景下，RCEP 各地区的 GDP 增长率与通常情况相比均超过 0.4%。此外，发达国家的碳价不超过 16 美元/吨 CO_2，发展中国家低于 5 美元/吨 CO_2。总之，CPCF 对于 RCEP 地区实现经济增长和减缓气候变化的双赢具有重要意义。

展望未来，RCEP 各国应加强在碳减排方面的合作，尝试建立统一碳市场，以降低总体减排成本。实证结果表明，与 CPCF 相比，统一碳市场下 RCEP 碳补偿的总减排成本可降低约 24%，表明其成本节约效果显著。为此，建议 RCEP 地区先行试点差异化碳定价机制。未来随碳市场体系和各国监管实施机制的不断完善，RCEP 地区有可能打破市场分割，构建统一碳交易平台。

尽管本章研究有着重要的贡献，但仍存在一些局限性。首先，为了便于分析，将 GTAP 第 10 版数据库汇总为 10 个地区和 16 个部门，尽管这种方法在学术界被广泛使用，但部门和地区的汇总可能对模拟结果产生轻微影响。其次，提供了相对静态的分析，并未考虑相关政策的动态影响。这是因为近年的不确定事件对全球经济产生了重大影响，各国未来经济增长和能源消费存在极大的不确定性，无法进行有效量化。最后，鉴于 RCEP 成员包括许多如日本和韩国等美国的盟友，研究没有考虑国家间潜在的政治冲突。随着中美之间冲突不断加剧，RCEP 的发展可能会受到外部政治力量影响。未来的研究应解决这些局限。

参考文献

［1］ Abdula R D. Computable general equilibrium analysis of the economic and land-use interfaces of bio-energy development ［R］. Presented at the 2006 Annual Meeting of the International Association of Agricultural Economists, Queensland, Australia, 12 August 2006.

［2］ Adelman I, Robinson S. Income distribution policy in developing countries: A case study of Korea ［M］. Stanfora Stanford University Press, 1978.

［3］ Al-Qudah A A, Al-Okaily M, Alqudah H. The relationship between social entrepreneurship and sustainable development from economic growth perspective: 15 "RCEP" countries ［J］. Journal of Sustainable Finance & Investment, 2022, 12 (1): 44-61.

［4］ Anderson E. The impact of trade liberalisation on poverty and inequality: Evidence from CGE models ［J］. Journal of Policy Modeling, 2020, 42 (6): 1208-1227.

［5］ Andy L. Siy, Anzhou Wang, Tingting Zheng, Xian Hu. Research on the impact of the EU's carbon Border adjustment mechanism: Based on the GTAP model ［J］. Sustainability, 2023 (15).

［6］ Arndt C, Robinson S, Tarp F. Parameter estimation for a computable general equilibrium model: A maximum entropy approach ［J］. Economic Modelling, 2002, 19 (3): 375-398.

［7］ Arndt C. HIV/AIDS, human capital, and economic growth prospects for Mozambique ［J］ Journal of Policy Modeling, 2006, 28 (5): 477-489.

［8］ Arikan Y, Kumbaroğlu G. Endogenising emission taxes: A general equilibrium type optimisation model applied for Turkey [J]. Energy Policy, 2001, 29 (12): 1045-1056.

[9] Bajona C, Kelly D L. Trade and the environment with pre-existing subsidies: A dynamic general equilibrium analysis [J]. Journal of Environmental Economics and Management, 2012, 64 (2): 253-278.

[10] Balistreri E J, Maliszewska M, Osorio-Rodarte I, et al. Poverty, welfare and income distribution implications of reducing trade costs through deep integration in eastern and Southern Africa [J]. Journal of African Economies, 2018, 27 (2): 172-200.

[11] Balistreri E J, Tarr D G. Comparison of deep integration in the Melitz, Krugman and Armington models: The case of The Philippines in RCEP [J]. Economic Modelling, 2020 (85): 255-271.

[12] Ballard C L, Fullerton D, Shoven J B, et al. A general equilibrium model for tax policy evaluation [M]. Chicago: University of Chicago Press, 1985: 6-24.

[13] Bandara J S. Computable general equilibrium models for development policy analysis in LDCs [J]. Journal of Economic Surveys, 1991, 5 (1): 3-69.

[14] Banerjee S. Carbon adjustment in a consumption-based emission inventory accounting: A CGE analysis and implications for a developing country [J]. Environmental Science and Pollution Research, 2021, 28 (16): 19984-20001.

[15] Beckman J, Hertel T, Tyner W. Validating energy-oriented CGE models [J]. Energy Economics, 2011, 33 (5): 799-806.

[16] Beckman J, Zahniser S. The effects on intraregional agricultural trade of ending NAF-TA's market access provisions [J]. Canadian Journal of Agricultural Economics/Revue can-adienne d'agroeconomie, 2018, 66 (4): 599-612.

[17] Berg C. Household transport demand in a CGE-framework [J]. Environmental and Resource Economics, 2007, 37 (3): 573-597.

[18] Bergman L. Energy policy modeling: A survey of general equilibrium approaches [J]. Journal of Policy Modeling, 1988, 10 (3): 377-399.

[19] Bergman L. The development of computable general equilibrium modeling [M]. Economic Research Institute, Stockholm School of Economics [Ekonomiska forskningsinstitutet vid Handelshögskolan i Stockholm] (EFI), 1990: 3-30.

［20］ Borges A M. Applied general equilibrium models：An assessment of their usefulness for policy analysis ［J］. OECD Economic Studies，1986（7）：289-311.

［21］ Bozatli O，Akca H. The effects of environmental taxes，renewable energy consumption and environmental technology on the ecological footprint：Evidence from advanced panel data analysis ［J］. Journal of Environmental Management，2023（345）：118857.

［22］ Burniaux J M，Martin J P，Oliveira-Martins J. et al. The costs of reducing CO_2 emissions：Evidence from GREEN ［J］. Organisation for Economic Co-operation and Development，1992.

［23］ Burniaux J M，Truong T P. GTAP-E：An energy-environmental version of the GTAP model ［D］. GTAP Technical Papers，2002：18.

［24］ Burniaux J，Van Der Mensbrugghe D. Trade policies in a global context：Technical specifications of the rural/urban-north/south （RUNS） applied general equilibrium model ［R］. OECD Development Centre Working Papers，1991.

［25］ Byeongho Lim，Kyoungseo Hong，Jooyoung Yoon，Jeong-In Chang，Inkyo Cheong. Pitfalls of the EU's Carbon border adjustment mechanism ［J］. Energies，2021，14（21）.

［26］ Böhringer C，Vogt C. Economic and environmental impacts of the Kyoto Protocol ［J］. Canadian Journal of Economics/Revue Canadienne D'économique，2003，36（2）：475-496.

［27］ Casiano Manrique de Lara Peñate，and Dolores Santos Peñate. New Nonlinear Approaches for the Adjustment and Updating of a SAM ［J］. Economic Change and Restructuring，2003，36（3）：259.

［28］ Cattaneo A. Balancing agricultural development and deforestation in the Brazilian Am-azon ［M］. Intl Food Policy Res Inst，2002.

［29］ Cecilia Bellora，Lionel Fontagné. EU in search of a Carbon Border Adjustment Mechanism ［J］. Energy Economics，2023（123）.

［30］ Chitiga M，Mabugu R. Evaluating the impact of land redistribution：A CGE microsi-mulation application to Zimbabwe ［J］. Journal of African Economies，2008，17（4）：527-549.

［31］ Chumacero R，Schmidt-Hebbel K. General equilibrium models：An overview [R]. Series on Central Banking, Analysis, and Economic Policies, 2005.

[32] Clarete R L, Roumasset J A. CGE models and development policy analysis: Problems, pitfalls, and challenges [J]. American Journal of Agricultural Economics, 1986, 68 (5): 1212-1216.

[33] Corong E L, Hertel T W, McDougall R, et al. The Standard GTAP Model, Version 7 [J]. Journal of Global Economic Analysis, 2017, 2 (1): 1-119.

[34] Costantini V, Sforna G. A dynamic CGE model for jointly accounting ageing population, automation and environmental tax reform, European Union as a case study [J]. Economic Modelling, 2020 (87): 280-306.

[35] Cui L, Song M. Economic evaluation of the Belt and Road Initiative from an unimpeded trade perspective [J]. International Journal of Logistics Research and Applications, 2019, 22 (1): 25-46.

[36] Cui L, Sun Y, Melnikiene R, et al. Exploring the impacts of Sino-US trade disruptions with a multi-regional CGE model [J]. Economic Research-Ekonomska Istraživanja, 2019, 32 (1): 4015-4032.

[37] Cui L, Yue S, Nghiem X H, et al. Exploring the risk and economic vulnerability of global energy supply chain interruption in the context of Russo-Ukrainian war [J]. Resources Policy, 2023 (81): 103373.

[38] Cui L, Zhu L, Fan Y. A feasibility analysis of china's active emission reduction strategies in the context of carbon tariffs [J]. Journal of Management Science, 2013, 26 (1): 101-111.

[39] Darwin R F, Tol R S J. Estimates of the economic effects of sea level rise [J]. Environmental and Resource Economics, 2001, 19 (2): 113-129.

[40] Darwin R, Tsigas M, Lewandrowski J, et al. Land use and cover in ecological economics [J]. Ecological Economics, 1996, 17 (3): 157-181.

[41] Darwin R. World agriculture and climate change: Economic adaptations [M]. US Department of Agriculture: Economic Research Service, 1995.

[42] De Melo J. Computable general equilibrium models for trade policy analysis in developing countries: A survey [J]. Journal of Policy Modeling, 1988, 10 (4): 469-503.

[43] De Souza Ferreira Filho, J. B., Mark H. Ethanol expansion and indirect

land use change in Brazil [J]. Land Use Policy, 2014 (36): 595-604.

[44] Decaluwé B, Martens A, Monette M. CGE modeling and developing economies: A concise empirical survey of 73 applications to 26 countries [J]. Journal of Policy Modeling, 1988, 10 (4): 529-568.

[45] Decaluwé B, Patry A, Savard L, et al. Poverty analysis within a general equilibrium framework [R]. CIRPEE Working Paper, 1999 (1): 3-43.

[46] Deng X, Tang W, Zhu H, et al. Influencing factors of China's direct investment in RCEP countries: Evidence from panel quantile regression [J]. Applied Economics, 2023, 55 (29): 3347-3364.

[47] Devarajan S, Robinson S. 15 The Influence of computable general equilibrium models on policy [R]. Frontiers in Applied General Equilibrium Modeling: In Honor of Herbert Scarf, 2005: 402-428.

[48] Dewatripont M, Michel G. On closure rules, homogeneity and dynamics in applied general equilibrium models [J]. Journal of Development Economics, 1987, 26 (1): 65-76.

[49] Dixon S, McDonald S, Roberts J. AIDS in Botswana: Evaluating the general equilibrium implications of healthcare interventions [A]. Discussion Paper, 2004.

[50] Dong Y, Ishikawa M, Hagiwara T. Economic and environmental impact analysis of carbon tariffs on Chinese exports [J]. Energy Economics, 2015 (50): 80-95.

[51] Dávila Flores A, Sobarzo Fimbres H E, Valdés Ibarra M. Mexico and NAFTA: Trade policy scenarios, Simulations with an applied general Equilibrium model [J]. El trimestre Económico, 2018, 85 (340): 703-744.

[52] Esmaeili A, Karami A, Najafi B. Welfare effects of alternative targeted food subsidy programs in Iran [J]. Food Security, 2013, 5 (3): 451-456.

[53] Ezaki M. CGE model and its micro and macro closures [R]. Computable General Equilibrium Approaches in Urban and Regional Policy Studies, World Scientific, 2006: 9-24.

[54] Fan Y, Liang Z, Yao X. Regional power system transitions towards carbon neutrality: The case of North China [J]. Economic and Political Studies, 2022, 10 (4): 416-441.

[55] Feldstein M, Horioka C. Domestic saving and international capital flows

[J]. The Economic Journal, 1980, 90 (358): 314-329.

[56] Filippo D P, Patrizio L, Simone S. Regional economic resilience in the European Union: A numerical general equilibrium analysis [J]. Spatial Economic Analysis, 2021, 16 (3): 287-312.

[57] Fraser I, Waschik R. Agricultural land retirement and slippage: Lessons from an Australian case study [J]. Land Economics, 2005, 81 (2): 206-226.

[58] Freund F. The role of coalitions at international tariff negotiations: A CGE perspective [J]. Review of World Economics, 2021, 157 (3): 583-601.

[59] Fujimori S, Hasegawa T, Masui T, et al. Land use representation in a global CGE model for long-term simulation: CET vs. logit functions [J]. Food Security, 2014, 6 (5): 685-699.

[60] Fullerton D, Ta C L. Public finance in a nutshell: A cobb Douglas teaching tool for general equilibrium tax incidence and excess burden [J]. National Tax Journal, 2017, 70 (1): 155-170.

[61] Gelan A. Trade liberalisation and urban-rural linkages: A CGE analysis for Ethiopia [J]. Journal of Policy Modeling, 2002, 24 (7-8): 707-738.

[62] Georges P. Dispensing with NAFTA rules of origin? Some policy options [J]. The World Economy, 2010, 33 (11): 1606-1637.

[63] Georges P. Liberalizing NAFTA rules of origin: A dynamic CGE analysis [J]. Review of International Economics, 2008, 16 (4): 672-691.

[64] Gilbert J, Wahl T. Applied general equilibrium assessments of trade liberalisation in China [J]. The World Economy, 2002, 25 (5): 697.

[65] Gonseth C, Vielle M. A general equilibrium assessment of climate change impacts on Swiss winter tourism with adaptation [J]. Environmental Modeling Assessment, 2019, 24 (3): 265-277.

[66] Goswami G G, Khan F, Labiba K, et al. Should Bangladesh join regional comprehensive economic partnership (RCEP)? The gravity explanation of Bangladesh dilemma [J]. International Journal of Emerging Markets, 2022 (1).

[67] Guo Chen. Impact of carbon border adjustment mechanism on China's manufacturing sector: A dynamic recursive CGE model based on an evolutionary game [J]. Journal of Environmental Management, 2023 (1).

[68] Guo J, Huang Q, Cui L. The impact of the Sino-US trade conflict on global shipping carbon emissions [J]. Journal of Cleaner Production, 2021 (316): 128381.

[69] Guo Q, Mai Z. Do Chinese photovoltaic products have trade potential in RCEP countries? A BP neural-network-improved trade gravity model analysis [J]. Sustainability, 2022, 15 (1): 463.

[70] Hallaert J J. Can Regional Integration Accelerate Development in Africa? CGE Model Simulations of the Impact of the SADC FTA on the Republic of Madagascar [R]. IMF Working Papers, 2007 (66).

[71] Hanoch G., Production and demand models with direct or indirect implicit additivity [J]. Econometrica, 1975, 43 (3): 95-419.

[72] Harberger A C. The incidence of the corporation income tax [J]. Journal of Political Economy, 1962, 70 (3): 215-240.

[73] Harrison G W, Rutherford T F, Tarr D G. Quantifying the Uruguay round [J]. The Economic Journal, 1997, 107 (444): 1405-1430.

[74] Harrison W J, Pearson K R. Computing solutions for large general equilibrium models using GEMPACK [R]. Preliminary Working Paper, 1996 (9): 83-127.

[75] Harrison W J, Pearson K R. An Introduction to GEMPACK, Melbourne: Centre of Policy Studies and Impact Project [M]. Monash University, 1998.

[76] Helming J, Tabeau A. The economic, environmental and agricultural land use effects in the European Union of agricultural labour subsidies under the Common Agricultural Policy [J]. Regional Environmental Change, 2018, 18 (3): 763-773.

[77] Hertel T W, Brockmeier M, Swaminathan P V. Sectoral and economy-wide analysis of integrating Central and Eastern European countries into the EU: Implications of alternative strategies [J]. European Review of Agricultural Economics, 1997, 24 (3-4): 359-386.

[78] Hertel T W, Tsigas M E. Tax policy and US agriculture: A general equilibrium analysis [J]. American Journal of Agricultural Economics, 1988, 70 (2): 289-302.

[79] Hertel T W. Applied general equilibrium analysis of agricultural and resource policies [J]. Handbook of Agricultural Economics, 2002 (2): 1373-1419.

[80] Howe H. Development of the extended linear expenditure system from simple saving assumptions [J]. European Economic Review, 1975, 6 (3): 305-310.

[81] Ji H. The impact of public educational expenditures on educational equity and region-al human capital growth: A financial computable general equilibrium model for Korea [M]. Cornell University, 1999.

[82] Jia Z, Yang X. Assessment of the role of renewable energy financing and information and communication technology in carbon neutrality: Evidence from RCEP economies [J]. Environmental Science and Pollution Research, 2023, 30 (12): 33636-33649.

[83] Jiajia Guo, Qingbo Huang, Lianbiao Cui. The impact of the Sino-US trade conflict on global shipping carbon emissions [J]. Journal of Cleaner Production, 2021, 316 (9) .

[84] Jiarui Zhong, Jiansuo Pei. Carbon border adjustment mechanism: A systematic literaturereview of the latest developments [J]. Climate Policy, 2023.

[85] Johansen L. A multi-sector study of economic growth [M]. North-Holland Publishing Company, 1960.

[86] Kawasaki K. The relative significance of EPAs in Asia-Pacific [J]. Journal of Asian Economics, 2015 (39): 19-30.

[87] Kehoe T J, Serra-Puche J. A computational general equilibrium model with endogenous unemployment: An analysis of the 1980 fiscal reform in Mexico [J]. Journal of Public Economics, 1983, 22 (1): 1-26.

[88] Keller W J, Tax incidence: A general equilibrium approach [M]. Amsterdam: North-Holland Publishing, 1979.

[89] Kim E, Ju J. Economic analysis of urban land use and housing supply: An application of urban land use and a CGE model for Seoul [M]. Computable General Equilibrium Approaches in Urban and Regional Policy Studies. 2006: 167-186.

[90] Kim E, Kim K. Impacts of the development of large cities on economic growth and income distribution in Korea: A multiregional CGE model [J]. Papers in Regional Science, 2003, 82 (1): 101-122.

[91] Kim E, Kwon Y J. Analyzing indirect economic impacts of wildfire damages on regional economies [J]. Risk Analysis, 2023 (1): 1-13.

［92］ Ko J H， Ito S. Simulation for Japan-Korea FTA and its economic impacts on agriculture： A CGE approach ［J］. Journal-Faculty of Agriculture Kyushu University， 2017， 62 （1）： 283-294.

［93］ Lakatos C， Walmsley T. Investment creation and diversion effects of the ASEAN-China free trade agreement ［J］. Economic Modelling， 2012， 29 （3）： 766-779.

［94］ Latif Y， Shunqi G， Fareed Z， et al. Do financial development and energy efficiency ensure green environment? Evidence from RCEP economies ［J］. Economic research-Ekonomska istraživanja， 2023， 36 （1）： 51-72.

［95］ Lee H， Martins J O， Van der Mensbrugghe D. The OECD GREEN model： An updat-ed overview ［R］. Working Paper， 1994 （97） .

［96］ Li F， Yang C， Li Z， et al. Does geopolitics have an impact on energy trade? Empirical research on emerging countries ［J］. Sustainability， 2021， 13 （9）： 5199.

［97］ Li G， Zhang R， Masui T. CGE modeling with disaggregated pollution treatment sectors for assessing China's environmental tax policies ［J］. Science of the Total Environment， 2021 （761）： 143264.

［98］ Li J， He S， Wang J， et al. Investigating the spatiotemporal changes and driving factors of nighttime light patterns in RCEP Countries based on remote sensed satellite images ［J］. Journal of Cleaner Production， 2022 （359）： 131944.

［99］ Li N， Shi M， Shang Z， et al. Impacts of total energy consumption control and energy quota allocation on China's regional economy based on a 30-region computable general equilibrium analysis ［J］. Chinese Geographical Science， 2015， 25 （6）： 657-671.

［100］ Lianbiao Cui， Rongjing Li， Malin Song， Lei Zhu. Can China achieve its 2030 energy development targets by fulfilling carbon intensity reduction commitments? ［J］. Energy Economics， 2019， 83 （9） .

［101］ Lianbiao Cui， Suyun Yue， Xuan-Hoa Nghiem， Mei Duan. Exploring the risk and economic vulnerability of global energy supply chain interruption in the context of Russo-Ukrainian war ［J］. Resources Policy， 2023， 81 （3） .

［102］ Lianbiao Cui， Yi Sun， Rasa Melnikiene， Malin Song， Jianlei Mo. Exploring the impacts of Sino – US trade disruptions with a multi – regional CGE model [J]. Economic Research–Ekonomska Istraživanja, 2019, 32 (1) .

[103] Liang L, Qin K, Jiang S, et al. Impact of epidemic–affected labor shortage on food safety: A Chinese scenario analysis using the CGE model [J]. Foods, 2021, 10 (11): 2679.

[104] Ling D, Lv C. Research on the impact of RCEP on China's manufacturing output and trade: Based on GTAP simulation [J]. iBusiness, 2022, 14 (2): 41–55.

[105] Liu B, Chen S. Research on economic effects of reducing TBT under RCEP framework: An empirical analysis based on GTAP model [J]. Journal of International Trade, 2014 (6): 91–98.

[106] Liu Y, Chen X, Tian Y. Modelling the impact of RCEP Agreement on the economic and trade environment of Beijing [J]. Discrete Dynamics in Nature and Society, 2022 (2022): 1–7.

[107] Lofgren H, Harris R L, Robinson S. A standard computable general equilibrium (CGE) model in GAMS [M]. Intl Food Policy Res Inst, 2002.

[108] Markandya A, Antimiani A, Costantini V, et al. Analyzing trade–offs in international climate policy options: The case of the green climate fund [J]. World Development, 2015 (74): 93–107.

[109] Matsumoto K. Climate change impacts on socioeconomic activities through labor productivity changes considering interactions between socioeconomic and climate systems [J]. Journal of Cleaner Production, 2019 (216): 528–541.

[110] McDougall R, Golub A. GTAP–E: A revised energy–environmental version of the GTAP model [J]. GTAP Research Memorandum, 2007 (15) .

[111] McKibbin W J, Wilcoxen P J. The theoretical and empirical structure of the G–Cubed model [J]. Economic Modelling, 1999, 16 (1): 123–148.

[112] McKitrick R R. The econometric critique of applied general equilibrium modeling: A comparative assessment with application to carbon taxes in Canada [D]. University of Bri–tish Columbia, 1996.

[113] McKitrick R R. The econometric critique of computable general equilibrium modeling: The role of functional forms [J]. Economic Modelling, 1998, 15 (4): 543–573.

[114] Meng S, Siriwardana M, McNeill J, et al. The impact of an ETS on the Australian energy sector: An integrated CGE and electricity modelling approach [J]. Energy Economics, 2018 (69): 213-224.

[115] Naranpanawa A, Arora R. Does trade liberalization promote regional disparities? Evidence from a multiregional CGE model of India [J]. World Development, 2014 (64): 339-349.

[116] Nguyen M T, Dang T L, Huynh T H H. Trade liberalization and income distribution in Vietnam: Dynamic CGE approach [J]. Asian Economic Journal, 2020, 34 (4): 404-429.

[117] Nong D, Simshauser P, Nguyen D B. Greenhouse gas emissions vs. CO_2 emissions: Comparative analysis of a global carbon tax [J]. Applied Energy, 2021 (298): 117223.

[118] Nordhaus W D, Yang Z. RICE: A regional dynamic general equilibrium model of optimal climate-change policy [J]. American Economic Review, 1996, 86 (4): 741-765.

[119] Nordhaus W D. An optimal transition path for controlling greenhouse gases [J]. Science, 1992, 258 (5086): 1315-1319.

[120] Nordhaus W D. The "DICE" model: Background and structure of a dynamic integrated climate-economy model of the economics of global warming [R]. Cowles Foundation Discussion Papers, 1992, 1009.

[121] Oberheitmann A. A new post-Kyoto climate regime based on per-capita cumulative CO_2-emission rights—rationale, architecture and quantitative assessment of the implication for the CO_2-emissions from China, India and the Annex-I countries by 2050 [J]. Mitigation and Adaptation Strategies for Global Change, 2010, 15: 137-168.

[122] O'Rourke K H. War and welfare: Britain, France, and the United States 1807-1814 [J]. Oxford Economic Papers, 2007, 59 (1): 8-30.

[123] Partridge M D, Rickman D S. Regional computable general equilibrium modeling: A survey and critical appraisal [J]. International Regional Science Review, 1998, 21 (3): 205-248.

[124] Peters J C, Hertel T W. Achieving the Clean Power Plan 2030 CO_2 target

with the new normal in natural gas prices [J]. The Energy Journal, 2017, 38 (5) .

[125] Piermartini R, Teh R. Demystifying modelling methods for trade policy [R]. WTO Discussicn Paper, 2005.

[126] Qian Z, Zhao Y, Shi Q, et al. Global value chains participation and CO_2 emissions in RCEP countries [J]. Journal of Cleaner Production, 2022 (332): 130070.

[127] Radulescu D M, Stimmelmayr M. The welfare loss from differential taxation of sectors in Germany [J]. International Tax and Public Finance, 2010, 17 (2): 193-215.

[128] Rimmer M. T. , Powell A. A. An Implicitl Directly Additive Demand System: Estimates for Australia [R]. Preliminary Working Paper, N No. OP-73, 1992.

[129] Ringius L, Torvanger A, Underdal A. Burden sharing and fairness principles in international climate policy [J]. International Environmental Agreements, 2002 (2): 1-22.

[130] Robinson S, Cattaneo A, El-Said M. Updating and estimating a social accounting matrix using cross entropy methods [J]. Economic Systems Research, 2001, 13 (1): 47-64.

[131] Rokicki B, Haddad E A, Horridge J M, et al. Accessibility in the regional CGE fra-mework: The effects of major transport infrastructure investments in Poland [J]. Transport-ation, 2021, 48 (2): 747-772.

[132] Rongrong Gu, Ji Guo, Yuxiang Huang, Xianhua Wu. Impact of the EU carbon border adjustment mechanism on economic growth and resources supply in the BASIC countries [J]. Resources Policy, 2023, 85 (10) .

[133] Rutten M, Blake A, Reed G. The economic impact of health care provision: A preliminary CGE assessment for the UK [J]. Ecomod, 2003 (1) .

[134] Sato. EU's Carbon Border Adjustment Mechanism: Will It Achieve Its Objective (s)? [J]. Journal of World Trade, 2022, 56 (3): 383-404.

[135] Savard L. Poverty and inequality analysis within a CGE framework: A comparative analysis of the representative agent and microsimulation approaches [J]. Development Policy Review, 2005, 23 (3): 313-331.

[136] Scarf H. E. On the Computation of Equilibrium Prices [D]. Cowles Foun-

dation, Yale University, 1967.

[137] Schaefer A, Jacoby H D. Technology detail in a multisector CGE model: Transport under climate policy [J]. Energy Economics, 2005, 27 (1): 1-24.

[138] Scollay R, Gilbert J. Measuring the gains from APEC trade liberalisation: An overview of CGE assessments [J]. The World Economy, 2000, 23 (2): 175.

[139] Sen A k, Neo-Classical and neo-keynesian theories of distribution [J]. Economic Record, 1963, 39 (85): 53-64.

[140] Shoven J B, Whalley J. Applied general-equilibrium models of taxation and international trade: An introduction and survey [J]. Journal of Economic Literature, 1984, 22 (3): 1007-1051.

[141] Simola A. Intensive margin of land use in CGE models-Reviving CRESH functional form [J]. Land Use Policy, 2015 (48): 467-481.

[142] Song M, Cui L. Economic evaluation of Chinese electricity price marketization based on dynamic computational general equilibrium model [J]. Computers & Industrial Engineering, 2016 (101): 614-628.

[143] Steininger K W, Friedl B, Gebetsroither B. Sustainability impacts of car road pricing: A computable general equilibrium analysis for Austria [J]. Ecological Economics, 2007, 63 (1): 59-69.

[144] Stenberg L C, Siriwardana M. Forest conservation in the Philippines: An economic assessment of selected policy responses using a computable general equilibrium model [J]. Forest Policy and Economics, 2007, 9 (6): 671-693.

[145] Stenberg L C, Siriwardana M. The appropriateness of CGE modelling in analysing the problem of deforestation [J]. Management of Environmental Quality: An International Journal, 2005, 16 (5): 407-420.

[146] Summers L. Capital taxation and accumulation in a life cycle grouth model [J]. American Economic Review, 1981, 71 (4): 533-544.

[147] Taylor L, Lysy F J. Vanishing income redistributions: Keynesian clues about model surprises in the short run [J]. Journal of Development Economics, 1979, 6 (1): 11-29.

[148] Taylor L. CGE applications in development economics [J]. Journal of Policy Modeling, 2016, 38 (3): 495-514.

［149］ Thissen M. A classification of empirical CGE modelling ［R］. University of Groningen, Research Institute SOM Research Report, 1998.

［150］ Tian K, Zhang Y, Li Y, et al. Regional trade agreement burdens global carbon emissions mitigation ［J］. Nature Communications, 2022, 13 (1): 408.

［151］ United Nations. Central product classification (CPC): Version 2. 1 ［M］. New York: United Nations Publishing Division, 2015.

［152］ United Nations. International standard industrial classification of all economic activities (ISIC), Revision. 4 ［M］. New York: United Nations Publishing Division, 2008.

［153］ Varian H R. Microeconomic analysis ［M］. New York: Norton, 1992.

［154］ Wen H, You Y, Zhang Y. Effects of tariff reduction by regional comprehensive economic partnership (RCEP) on global value chains based on simulation ［J］. Applied Economics Letters, 2022, 29 (20): 1906-1920.

［155］ Weng Y, Chang S, Cai W, et al. Exploring the impacts of biofuel expansion on land use change and food security based on a land explicit CGE model: A case study of China ［J］. Applied Energy, 2019 (236): 514-525.

［156］ Wolkinger B, Haas W, Bachner G, et al. Evaluating health co-benefits of climate change mitigation in urban mobility ［J］. International Journal of Environmental Research and Public Health, 2018, 15 (5): 880.

［157］ Wong G M Y. Forests and carbon: An integrated modeling approach to investigate climate policies ［M］. University of Florida, 2003.

［158］ Wu P, Weng C X, Joseph S A. Crossing the Rubicon? The implications of RCEP on anti-monopoly enforcement on dominant E-commerce platforms in China ［J］. Computer Law & Security Review, 2021 (42): 105608.

［159］ Xu L, Jiang S. Hedging effect of trade agreements: A comparative analysis based on RCEP and CPTPP ［J］. Asia - Pacific Economic Review, 2021 (6): 52-59.

［160］ Zhang C, Chen P. Applying the three-stage SBM-DEA model to evaluate energy efficiency and impact factors in RCEP countries ［J］. Energy, 2022 (241): 122917.

［161］ Zhang S, Wu Y, Liu X, et al. Co-benefits of deep carbon reduction on air quality and health improvement in Sichuan Province of China [J]. Environmental Research Letters, 2021, 16 (9): 095011.

[162] Zhang W, Cao S, Zhang X, et al. COVID-19 and stock market performance: Evidence from the RCEP countries [J]. International Review of Economics & Finance, 2023 (83): 717-735.

[163] Zhou M F, Liu Y, Zhang J Z, et al. COVID-19 and its macroeconomic countermeasures in China: Impact and effectiveness [J]. The Journal of Quantitative & Technical Economics, 2020, 37 (8): 24-41.

[164] Zhu L, Cui L, Schleich J. Designing a globally acceptable carbon tax scheme to address competitiveness and leakage concerns [J]. Climate Change Economics, 2020, 11 (2): 2050008.

[165] Zhu N, Qian L, Jiang D, et al. A simulation study of China's imposing carbon tax against American carbon tariffs [J]. Journal of Cleaner Production, 2020 (243): 118467.

[166] 崔连标，翁世梅，莫建雷，宋马林，夏炎．国际禁运联盟、供应链中断风险与我国宏观经济易损性——以芯片为例 [J]．财经研究，2022 (12)：92-105+165.

[167] 崔连标，翁世梅，莫建雷．中国芯片进口供应链中断风险、可替代性及其经济影响评估 [J]．国际贸易问题，2023 (3)：124-140.

[168] 崔连标，朱磊，范英．基于碳减排贡献原则的绿色气候基金分配研究 [J]．中国人口·资源与环境，2014，24 (1)：28-34.

[169] 崔连标，朱磊，宋马林，等．中美贸易摩擦的国际经济影响评估 [J]．财经研究，2018，44 (12)：4-17.

[170] 邓嵩松，鹿洪源，郭权．欧盟碳关税对我国的影响和对策 [J]．税务研究，2023 (12)：80-86.

[171] 董婉璐，李慧娟，杨军．RCEP 对全球及中国区域电子产业发展的影响分析——基于全球与中国区域（含深圳）的 CGE 模型系统 [J]．经济与管理评论，2023，39 (1)：119-133.

[172] 董战峰，龙凤，毕粉粉，周佳，连超．欧盟碳关税的影响与应对分析 [J]．中国环境管理，2022 (2)：43-48.

[173] 段玉婉，蔡龙飞，陈一文．全球化背景下中国碳市场的减排和福利效

应［J］．经济研究，2023，58（7）：121-138.

［174］范金，万兴．投入产出表和社会核算矩阵更新研究评述［J］．数量经济技术经济研究，2007（5）：151-160.

［175］范子杰，张亚斌，魏思超．扩大进口政策的贸易与福利效应——基于投入产出结构的一般均衡模型分析［J］．国际贸易问题，2022（4）：1-19.

［176］何伟刚，李美洲，蔡晓琳，廖欣瑞，李锋森，邓伟平．发达经济体碳关税政策冲击与中国的应对之策——基于GTAP-E模型的模拟分析［J］．南方金融，2023（8）：3-21.

［177］侯瑜．社会核算矩阵的构建方法及平滑技术［J］．统计与信息论坛，2004（3）：24-28+31.

［178］姜婷婷，徐海燕．欧盟碳关税的性质、影响及我国的应对举措［J］．国际贸易，2021（9）：38-44.

［179］蒋庭松，梁希震，王晓霞，等．加入WTO与中国粮食安全［J］．管理世界，2004（3）：82-94.

［180］解垩．公共转移支付对再分配及贫困的影响研究［J］．经济研究，2017，52（9）：103-116.

［181］瞿小松，邓翔，余子楠．全球碳排放交易及其效率——基于一个动态CGE模型的实证分析［J］．财经科学，2017（4）：99-107.

［182］李宝锋，付燕妮，李超民．增值税税负归宿与调节收入分配效应研究［J］．管理现代化，2023，43（2）：38-45.

［183］李科，马超群，葛凌．区域经济体可计算一般均衡模型的研究与应用［J］．系统工程理论与实践，2008（5）：55-63.

［184］李岚春，陈伟．欧美碳边境调节机制比较及对我国影响与启示研究［J］．世界科技研究与发展，2023（6）：703-712.

［185］李侨敏，王晓岭．中美贸易摩擦背景下我国稳外资政策有效性评估：基于异质性CGE模型的分析［J］．国际经贸探索，2021，37（9）：51-67.

［186］李毅，石威正，胡宗义．基于CGE模型的碳税政策双重红利效应研究［J］．财经理论与实践，2021，42（4）：82-89.

［187］梁俊．国际金融市场震荡对我国的潜在冲击与应对——基于金融CGE模型的分析［J］．上海经济研究，2021（8）：102-116.

［188］林伯强，赵恒松．欧盟碳关税背景下中国低碳转型的风险研究［J］．

保险研究，2023（11）：21-29.

［189］林泽伟，汪鹏，任松彦，等．“碳达峰”倒逼高耗能行业转型的经济影响评估——以陕西省为例［J］．生态经济，2022，38（6）：13-21.

［190］刘斌，赵飞．欧盟碳关税对中国出口的影响与对策建议［J］．中国冶金，2023（2）：135-140.

［191］刘磊，张永强．增值税减税政策对宏观经济的影响——基于可计算一般均衡模型的分析［J］．财政研究，2019（8）：99-110.

［192］马晓哲，王雅晴，刘昌新，等．碳税政策对农业土地利用变化及其碳排放的影响［J］．生态学报，2019，39（5）：1815-1828.

［193］门柯平，孙慧，寇明龙．中国应对发达经济体征收碳关税威胁的路径选择［J］．技术经济与管理研究，2022（3）：9-14.

［194］庞军，李戈．碳税的计税依据：燃料端还是排放端？——基于中国多部门 CGE 模型［J］．山西大学学报（哲学社会科学版），2023，46（5）：131-142.

［195］庞军，邹骥．可计算一般均衡（CGE）模型与环境政策分析［J］．中国人口·资源与环境，2005（1）：59-63.

［196］任亚楠，田金平，陈吕军．中国工业产品出口贸易及碳关税影响研究［J］．中国环境管理，2022（6）：100-109.

［197］孙晔，吕康银．人口老龄化对收入不平等的影响——基于多区域动态 CGE 模型的研究［J］．辽宁大学学报（哲学社会科学版），2019，47（2）：92-105.

［198］汤娜．基于碳排放约束的陕西省土地可持续利用优化研究［D］．西安建筑科技大学，2019.

［199］屠新泉，金兴雪，秦若冰．欧盟碳关税及贸易影响分析［J］．东南学术，2023（5）：67-76.

［200］万兴，范金，胡汉辉．社会核算矩阵不同更新方法的比较研究［J］．统计研究，2010，27（2）：77-82.

［201］汪惠青，王有鑫．欧盟碳关税的外溢影响与我国的应对措施［J］．金融理论与实践，2022（8）：111-118.

［202］温丹辉．不同碳排放计算方法下碳关税对中国经济影响之比较——以欧盟碳关税为例［J］．系统工程，2013，31（9）：84-92.

［203］吴先华，曹诗语，谭玲，等．基于动态 CGE 模型的 COVID-19 疫情灾害综合经济损失评估研究［J］．中国软科学，2020（12）：33-44.

［204］吴先华，王长源，郭际，等．基于 CGE 的政治争端事件对中国经济的影响研究——以中日 2012 年“钓鱼岛事件”为例［J］．中国软科学，2018（4）：165-171.

［205］信春华，郭凤琪．中国水资源税制体系政策效应模拟——基于动态 CGE 模型的分析［J］．中国人口·资源与环境，2023，33（8）：166-179.

［206］邢源源，王雅婷，王雪源．国际贸易隐含碳研究进展［J］．经济学动态，2023（5）：141-160.

［207］徐斌，李彦江，吴千羽．碳关税对中国高耗能商品及能源市场影响——基于可计算一般均衡模型分析［J］．产业经济研究，2015（2）：23-32.

［208］徐滇庆．中国加入关贸总协定的策略研究［J］．经济社会体制比较，1993（3）：39-44.

［209］徐晓亮，程倩，车莹，等．煤炭资源税改革对行业发展和节能减排的影响［J］．中国人口·资源与环境，2015，25（8）：77-83.

［210］徐昕，吴金昌．欧盟碳边境调节机制的实质、影响及中国因应——基于全球气候治理与国际贸易双重视角［J］．国际贸易，2023（4）：51-59.

［211］许明．RCEP 生效的出口贸易红利及美欧征收碳关税的应对［J］．亚太经济，2022（3）：54-61.

［212］杨新吉勒图，王文正，韩炜宏等．增值税改革对地区战略性新兴产业和高耗能产业的影响［J］．大连理工大学学报（社会科学版），2021，42（1）：27-35.

［213］杨燕萍．嘉峪关市生态用地 CGE 模型构建与应用研究［D］．兰州大学，2013.

［214］俞晓凡．浅析碳定价及其跨境调节机制对我国的影响［J］．国际税收，2023（4）：23-28.

［215］袁嫣．基于 CGE 模型定量探析碳关税对我国经济的影响［J］．国际贸易问题，2013（2）：92-99.

［216］袁永科，王奕潼，王奕兴．中国碳排放关键部门碳市场减排策略的情景分析［J］．环境经济研究，2022，7（4）：61-84.

［217］袁永娜，石敏俊，李娜，等．碳排放许可的强度分配标准与中国区域

经济协调发展——基于 30 省区 CGE 模型的分析 [J]. 气候变化研究进展，2012，8（1）：60-67.

[218] 张宁，庞军，王琦瑶，等．基于 CGE 模型的可再生能源绿证交易机制模拟及其经济影响 [J]. 中国人口·资源与环境，2023，33（2）：51-62.

[219] 张友国，郑世林，周黎安，石光．征税标准与碳关税对中国经济和碳排放的潜在影响 [J]. 世界经济，2015（2）：167-192.

[220] 张友国．碳强度与总量约束的绩效比较：基于 CGE 模型的分析 [J]. 世界经济，2013，36（7）：138-160.

[221] 张友国．实现碳达峰的需求结构效应 [J]. 中国工业经济，2023（3）：20-38.

[222] 张友国．疫情对中国碳脱钩进程的潜在影响——基于动态 CGE 模型的分析 [J]. 中国软科学，2021（8）：19-29.

[223] 钟诗雨，张晓敏，吴佳，邬娜，封强，傅泽强．隐含碳及其测算方法研究综述 [J]. 生态经济，2023（6）：31-37.

[224] 钟晓君，吴建新．碳关税的本质、影响与应对策略：中国制造业出口企业视角 [J]. 学术探索，2023（12）：124-128.

[225] 朱光明．长春市土地利用结构变化及优化研究 [D]. 东北师范大学，2012.

[226] 庄序莹，侯敬雯．高速铁路、公路建设的财政投资效益研究——基于可计算一般均衡（CGE）模型的分析 [J]. 财贸经济，2012（6）：43-49.